国家级新区研究报告

研究报告

2022~2023

RESEARCH REPORT ON

STATE-LEVEL

NEW

DISTRICT

主编／卢山冰 邢 姣

副主编／成波霖 姜渭涛

社会科学文献出版社
SOCIAL SCIENCES ACADEMIC PRESS (CHINA)

引　言

　　国家级新区是由国务院批准设立，承担国家重大发展和改革开放战略任务的综合功能区。我国自 1992 年设立上海浦东新区至今，先后设立了 19 个国家级新区。[①] 这些国家级新区在扩大对外开放、综合配套改革试验、海洋经济发展、"两型"社会建设、新型城镇化等重大改革方面先行先试，在适应经济发展新常态要求、应对经济下行压力、促进区域协调发展等方面发挥了重要作用，成为全方位扩大对外开放的重要窗口、创新体制机制的重要平台、辐射带动区域发展的重要增长极和产城融合发展的重要示范区。那么，现有国家级新区的发展状况如何？是否与设立国家级新区的初衷相契合？各新区战略性新兴产业的发展情况如何？有哪些促进新区发展的政策值得推广？"十四五"时期各新区又取得了怎样的成果？为解答上述问题，特编写《国家级新区研究报告（2022~2023）》。

　　本书从经济原理、发展规划、经济数据、政策发布等多角度对现已批复的国家级新区的基本状况进行了梳理，了解各国家级新区在基础条件、新区架构、战略规划、发展路线、产业布局、建设推进等方面的普遍做法、一般规律和相互差异，总结每个国家级新区在发展中的创新之处、独到之处和特别之处，最终期望为各个国家级新区的建设提供助力，尤其是对陕西西咸新区的战略决策、规划调整、产业引导、效率提升、效益提高等提供切实可行的对策和建议。

　　本书共分为六部分，分别是经济发展篇、金融发展篇、产业发展篇、基

---

　　① 本书仅对除雄安新区之外的其他 18 个国家级新区进行阐述分析。

层治理与基础设施建设篇、智慧城市发展篇、学术成果展示篇。经济发展篇总结了 2021~2022 年国家级新区的经济发展情况、营商环境情况与对外开放建设情况。金融发展篇梳理了各个国家级新区的金融产品创新、金融机构建设、金融服务平台搭建、金融环境优化情况，并在此基础上对现有经济金融政策进行阐述与分析。产业发展篇包括产业布局、产业规模、产业结构、产业竞争力及产业政策五个层面，对 18 个国家级新区的产业规划、重点发展产业、产业园区进行了研究分析。基层治理与基础设施建设篇包括对 18 个国家级新区基础设施建设情况、基层治理创新、成功示范进行分析，并进一步对新区未来基层治理与基础设施建设提出建议。智慧城市发展篇对智慧城市建设政策、国家级新区智慧城市发展情况、智慧化海绵城市建设及国家级新区智慧城市建设的特色示范点进行梳理与分析，并进一步对新区未来智慧城市建设提出建议。学术成果展示篇对 18 个国家级新区相关的学术成果进行梳理与总结，并从学术视角讨论对国家级新区发展的理论支持。

《国家级新区研究报告（2022~2023）》由卢山冰、邢姣完成总规划和大纲设计，确定各篇基本研究内容。卢山冰教授给予学术指导，本书项目组完成主体撰写工作。各篇章分工如下：经济发展篇由屈海燕完成，金融发展篇由成波霖、王璇完成，产业发展篇由王榆文、王璇完成，基层治理与基础设施建设篇由姜渭涛完成，智慧城市发展篇由金璇、邢姣完成，学术成果展示篇由邢姣完成。各篇初稿完成后，由邢姣进行统稿，最后由卢山冰教授进行审查、润色及加工。

目 录 ⌐⅃

经济发展篇

金融发展篇

产业发展篇

基层治理与基础设施建设篇

智慧城市发展篇

学术成果展示篇

经济发展篇

国家级新区于 20 世纪 90 年代初期开始设立，是承担国家重大发展和改革开放战略任务的综合功能平台，发挥着区域经济增长极、改革开放试验田和创新驱动示范区的重要引领作用。截至 2021 年 7 月，我国已批准设立上海浦东新区、天津滨海新区、重庆两江新区等 19 个国家级新区。① 站在新的发展阶段，中国正迈向现代化国家建设新征程，国家级新区也将进入更高水平发展阶段，在高质量发展中持续发挥引领示范作用。国家级新区已成为带动地区经济发展的重要引擎。新区发展承载着推动当地经济高质量发展的重任，也是加快培育新动能的重要平台。目前新区建设已取得显著成效，在推动城市经济转型发展和拉动区域经济稳步增长中发挥着重要作用。②

建设国际一流营商环境与推动高水平对外开放对新区经济高质量发展起到重要作用。兰州新区充分发挥综合保税区政策叠加优势，持续扩大实体产业规模，强化特色产业支撑，加强区域合作、深化"区港联动"，提升综保区的规模效益和溢出效益。青岛西海岸新区通过加快建设中日（青岛）地方发展合作示范区、高水平建设自由贸易试验区、打造黄河流域经济出海口、在新区全域率先复制自由贸易试验区改革经验等举措，推动全方位高水平对外开放。充分发挥国家级新区的引领作用，需要进一步打造市场化、法制化、国际化的一流营商环境，提升经济吸引力；需要进一步深化改革开放，以开放促发展促改革，切实提升新区建设经营的质量与效益，包括推动与自贸试验区、自主创新示范区等联动发展，探索具有地域特色的国际经贸合作新优势。

---

① 本书仅对除雄安新区之外的其他 18 个国家级新区进行阐述分析。
② 基于数据资料的可得性和局限性，为统一口径分析，本年度报告以 2021~2022 年数据为主。

第一章 2021～2022年国家级新区经济总量分析

近年来，国家级新区整体经济保持稳定增长，发展基础不断夯实，质量和效益稳步提升，引领带动作用逐步增强，国家级新区已成为带动地区经济发展的重要引擎，为促进我国经济增长起到重要作用。本章主要对国家级新区经济总量作对比分析，并介绍国家级新区经济建设情况和发展路径。

第一节 国家级新区经济总量对比分析

国家级新区是其所属区域的经济重心，对于当地经济增长的贡献度持续增加。近年来，新区经济增长迅速，以上海浦东新区、天津滨海新区、青岛西海岸新区为代表的部分国家级新区列我国城区经济的第一梯队，部分位处西北、西南地区的国家级新区则肩负着整合所在区域资源、挑头发展的重任。

一 经济总量稳步增长

表1-1显示了2021～2022年主要国家级新区的GDP及其增速、对其所在省（区市）经济的贡献率等情况。

表1-1 2021～2022年主要国家级新区GDP相关情况

单位：亿元，%

新区	2021年			2022年		
	GDP	增长率	贡献率	GDP	增长率	贡献率
上海浦东新区	15352.99	10.0	35.50	16013.00	1.1	35.90
天津滨海新区	6715.49	7.3	42.80	8760.15	7.7	53.70
重庆两江新区	4206.94	9.8	15.13	4550.56	3.0	15.62

续表

新区	2021 年			2022 年		
	总量	增长率	贡献率	总量	增长率	贡献率
浙江舟山群岛新区	1703.62	8.4	2.32	1951.30	8.5	2.51
甘肃兰州新区	300.07	20.0	2.93	352.00	17.3	3.14
广州南沙新区	2131.61	9.6	1.71	2252.58	4.2	1.74
陕西西咸新区	652.78	3.7	2.19	624.85	3.5	1.91
贵州贵安新区	150.20	14.8	0.77	185.30	12.5	0.92
青岛西海岸新区	4368.53	10.3	5.26	4691.85	4.8	5.37
大连金普新区	2576.30	9.0	9.34	2705.00	5.0	9.34
四川天府新区	4158.80	9.7	7.72	4450.00	4.0	9.14
湖南湘江新区	3674.20	8.4	7.98	4282.30	5.0	8.80
南京江北新区	2561.70	18.0	2.20	2628.00	2.5	2.14
福建福州新区	2712.00	9.8	5.56	—	—	—
云南滇中新区	929.20	1.3	3.24	1000.14	5.2	3.45
黑龙江哈尔滨新区	852.50	7.0	5.73	—	—	—
吉林长春新区	869.70	6.5	6.57	842.90	−2.2	6.45
江西赣江新区	960.00	10.3	3.42	—	—	—

数据来源：各国家级新区政务网、地区统计年鉴。

由表 1-1 可知，国家级新区经济总量平稳增长，经济发展势头较好。2021 年，18 个国家级新区创造的地区生产总值约 5.5 万亿元，以占全国 0.12% 的面积创造了全国约 4.8% 的生产总值。上海浦东新区完成生产总值 15352.99 亿元，列第 1 位；天津滨海新区（6715.49 亿元）列第 2 位；青岛西海岸新区（4368.53 亿元）列第 3 位；重庆两江新区（4206.94 亿元）列第 4 位；四川天府新区（4158.80 亿元）列第 5 位；湖南湘江新区（3674.20 亿元）超越大连金普新区（2576.30 亿元）、福建福州新区（2712.00 亿元），列第 6 位；云南滇中新区（929.20 亿元）连续超越吉林长春新区、黑龙江哈尔滨新区，列第 13 位。2022 年新区经济整体稳步上升，排名几乎没有发生变动。

整体来看，经济数据基本反映了现阶段新区的发展特点和展趋势，即地处新兴发展区域、经济增长处于上升期的新区，经济总量基数小，发展速度较快；具有较好的经济基础和人力资本条件的新区，经济总量较大，辐射带动能力强，已经成为重要的区域经济增长极。

二　按经济发展水平分"三大方阵"

图1-1显示了2021年国家级新区地区生产总值，18个国家级新区按照经济总量可分为三大方阵。

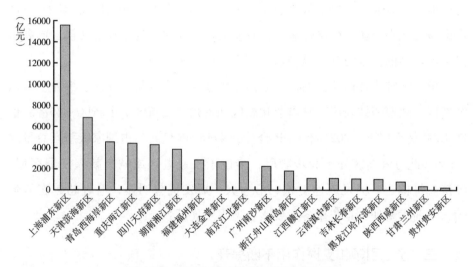

图1-1　2021年国家级新区地区生产总值

第一方阵为上海浦东新区和天津滨海新区，经济总量均在6000亿元以上，2021年GDP分别为15352.99亿元、6715.49亿元，合计占国家级新区总量的40.2%。这一方阵的新区成立时间早，地处直辖市，辖区面积大，产业基础较好，经济体量大，发展平稳，进入较为成熟的高质量发展阶段，是国家级新区中的"领头羊"。其中，上海浦东新区的生产总值最大，作为国务院批复的首个国家级新区，其生产总值从1990年的60亿元跃升至2021年的15352.99亿元。2021年发布的《中共中央　国务院关于支持浦东新区高水平改革开放打造社会主义现代化建设引领区的意见》提出，浦东新区要成为更高水平改革开放的开路先锋、自主创新发展的时代标杆、全球资源配置的功能高地、扩大国内需求的典范引领、现代城市治理的示范样板。浦东新区的"领头羊"作用将更加凸显。

第二方阵为青岛西海岸新区、重庆两江新区、四川天府新区、湖南湘江新区、福建福州新区、大连金普新区、南京江北新区、广州南沙新区和浙江舟山群岛新区9个新区，经济总量在1000亿~5000亿元，2021年GDP合计为28093.7亿元，占国家级新区总量的51.2%。此方阵新区地处直辖市、副省级城市、省府或具经济战略意义区域，具备现代城市基础，汇聚了本省、本区域的优势资源，经济体量较大且发展速度较快，处于动能转换、向高质量发展转型的关键时期，是国家级新区中的中坚力量。

第三方阵为江西赣江新区、云南滇中新区、吉林长春新区、黑龙江哈尔滨新区、陕西西咸新区、甘肃兰州新区和贵州贵安新区7个新区，经济总量在1000亿元以下，2021年GDP合计为4714.45亿元，占国家级新区总量的8.6%。此方阵新区处于起步阶段，多位于工业老区或城市新兴发展区域，经济总量偏小，但发展速度快、潜力大，后发优势明显，追赶超越态势强劲，当前主要任务是集聚各类要素，增强发展后劲。

三 示范引领和支撑作用不断提升

国家级新区建设可以有效打通要素流动的网络通道，促进资源要素的有序流动和优化配置，对于推动区域经济高质量发展具有重要意义。[①] 从增速看，2021年国家级新区经济平均增速9.7%，绝大部分新区经济增速高于全国平均水平和所在省（区市）平均水平，充分发挥了地区经济新引擎和示范带动作用。甘肃兰州新区、南京江北新区、贵州贵安新区、青岛西海岸新区、江西赣江新区、上海浦东新区经济增速在两位数以上，分别为20.0%、18.0%、14.8%、10.3%、10.3%、10.0%，均处于所在省（区市）前列。

---

① 史明灿：《国家级新区设立与区域经济高质量发展：内在机制与经验证据》，《区域经济评论》2023年第2期。

其中，兰州新区经济增速（20%）高出甘肃省和兰州市约10个百分点，并且连续多年保持国家级新区经济增速第1位。

从新区对所在省（区市）贡献率来看，国家级新区对当地经济的贡献度不断增加。天津滨海新区生产总值占天津市的比例达42.8%，上海浦东新区生产总值占上海市的比重为35.5%，重庆两江新区生产总值占重庆市的比重为15.13%；大连金普新区、四川天府新区、吉林长春新区、湖南湘江新区、黑龙江哈尔滨新区、福建福州新区、青岛西海岸新区生产总值占其所在省（区市）的比重均超过5%。整体来看，新区对所在地区经济的支撑作用不断提升。未来，应继续强化国家级新区的核心战略定位，完善国家级新区空间布局，以充分发挥国家级新区对当地经济高质量发展的核心引擎作用与辐射效应。①

第二节 国家级新区经济建设情况

近年来，国家级新区不断优化营商环境，加快基础配套建设，持续加大招商引资和产业扶持力度，引入多项高科技、数字化项目，推动产业园区项目建设，整合各类资源，区域吸引力和产业综合竞争力显著增强，发展动能加快培育，经济发展呈现向好态势。

一 招商引资结硕果，项目投资促进经济发展

各国家级新区持续优化营商环境，积极开展招商引资交流活动，吸引一大批重点项目注册落户，招商引资成果丰硕，为区域经济高质量发展提供有力支撑。

（一）项目建设是推动经济高质量发展的载体和引擎

贵州贵安新区数字经济项目发展取得重大进步。2022年11月，贵安中电光谷数字经济产业园项目签约落地——总投资约300亿元，助力贵安加快

---

① 史明灿：《国家级新区设立与区域经济高质量发展：内在机制与经验证据》，《区域经济评论》2023年第2期。

推进"东数西算"工程建设。为加快推进项目建设，双方在贵安中电光谷数字经济产业园规划建设"东数西算"贵安新区算力产业集群配套项目，以"东数西算"为主导，以集聚中国电子在贵州重点发展的产业板块及其产业生态为引领，以"数字经济+科创+智能制造"为主导方向，促进贵安新区智能制造产业集聚与经济结构升级，构建以数字经济为引领的现代产业体系。该项目获批国家发改委13.85亿元政策性开发性金融工具基金支持。[1]

甘肃兰州新区项目建设硕果累累。2022年，兰州新区牵头新引进招商引资项目208个、总投资622.6亿元。其中，新签投资亿元以上项目62个、10亿元以上项目9个，投资总额578.5亿元。新引进、新开工宝武、海亮、东方希望、金川镍都、金川科技园投资项目5个，专精特新"小巨人"企业项目1个、行业头部企业项目5个，签约落地项目投资规模、产品技术含量、带动引领作用为历年之最，有力推动新区产业基础高级化、产业链现代化。[2] 在2022年"兰洽会"期间，兰州新区签约产业项目32个，总投资700.2亿元。签约的所有项目均为投资亿元以上产业项目，涉及新材料、绿色化工、先进装备制造、新能源、商贸物流、现代农业、食品加工、节能环保等重点产业。这些项目的签约落地对延伸产业链条、培育增长动能、推动转型升级、提升新区城市品质将发挥重要的引领和支撑作用。[3]

（二）新区经济在重大项目投资带动下蓬勃发展

大连金普新区在项目投资带动下经济快速发展。2022年，金普新区上报固定资产投资462.5亿元，同比增长14.3%，其中建设项目311.5亿元，房地产项目151亿元。扩大有效投资成为稳增长的有效手段。全年，金普新区谋划储备项目1269个，总投资1.16万亿元。一年来，在金普新区，推动

① 《贵安中电光谷数字经济产业园项目签约落地——总投资约300亿元，助力贵安加快推进"东数西算"工程建设》，http://www.gaxq.gov.cn/xwdt/gayw/202212/t20221202_77309803.html，2022年12月2日。
② 《再创新高　新区今年新签62个亿元以上项目》，http://www.lzxq.gov.cn/system/2022/12/09/030677974.shtml，2022年12月9日。
③ 《本届兰洽会新区签约32个项目总投资700.2亿元　朱天舒张锦刚出席签约仪式》，http://www.lzxq.gov.cn/system/2022/07/08/030588522.shtml，2022年7月8日。

项目向园区集中、产业向园区集聚，园区作为项目建设主阵地、产业集聚主载体的作用日益凸显——大连自贸片区（保税区）氢能产业园二期项目开工建设，持续优化氢能产业"制、储、运、加、用"各环节，着力构建产业链条完整的氢能产业发展高地；国创氢能燃料电池和洺源科技氢燃料电池动力总成两个项目落地，预计年产值45亿元，为金普新区再添"绿色动能"。项目是金普新区稳增长的硬支撑，未来金普新区的经济发展令人期待。

陕西西咸新区2022年重点项目提速增效，招商引资成果丰硕。434个新区级在建重点项目完成投资超过2000亿元、超额完成年度投资计划。电池技术世界领先、全球单体最大、产能最高的隆基绿能电池生产基地正式投产，创维电子、三一西安智能制造、秦川机床、西部超导等一批优质项目加快建设。全年签约项目213个，引进世界500强企业18家、中国500强企业24家。总投资452亿元的隆基绿能单晶硅片和单晶电池项目成功签约落地。[①]

黑龙江哈尔滨新区引进多个高质量项目，对推动地区经济高质量发展起到重要的作用。2022年新区聚焦生物经济、数字经济，累计引入产业项目48个，实现协议引资额230.1亿元，实现内资到位135.1亿元，完成全年指标的61.7%，占全市的33.6%，总量居全省第一。实际利用外资0.33亿美元，占全市的30%。高新技术企业第一批申报539家，入库科技型中小企业607家，占全省的1/3。亚洲数字能源领域估值最高的"独角兽"企业万帮新能源等高质量项目落户新区，成为新一轮的经济增长点。

二 产业园区建设推动经济发展

大连金普新区的数字经济在京东科技数字经济产业园的支撑下快速发展，新区智慧城市建设加快。2022年9月，京东科技数字经济产业园项目

---

① 《从数据中看2022年西咸新区的成绩》，http：//www.xixianxinqu.gov.cn/gzfw/zsyz/tzfw/63f484bdf8fd1c4c2142097b.html，2023年2月17日。

正式落户大连金普新区。京东科技数字经济产业园项目选址金石滩国家旅游度假区，包括金普新区线下数字经济展示中心、京东科技创新中心、产业聚集中心、数字经济孵化中心、数字经济人才培育中心、文旅旗舰店、跨境电商OTO体验店等，同时策划举办城市消费节活动，打造"永不落幕"的"金普·京东之夜"。项目将依托新区的区位优势及数字基础，发挥京东在大数据、人工智能、云计算、区块链等技术领域的优势，依托京东科技核心服务能力，在生产、流通、消费等环节为新区企业提升产品创新能力、市场拓展能力和完善供应链服务，推动新区新型智慧城市建设取得实效，推动数字经济与实体经济融合发展，推动新区重要品牌智能化建设，助力新区打造智慧城市和数字经济示范区。随着项目的签约落地，双方将携手打造新区数字经济产业集群，培育壮大旅游、电商等特色优势产业；引入京东品牌，依托京东产业招商大数据平台，导入企业、技术、资金、市场、人才、生态伙伴等优势资源，为新区数字经济发展赋能。

青岛西海岸新区直播带岗产业园有效促进了人力资源产业的发展。2022年8月，全国首家直播带岗产业园在青岛西海岸新区开园，同时成立人力资源发展促进会。这是一个由人力资源服务机构、咨询培训机构、企事业单位等产、供、需三方自愿组成的非营利性、具有法人资格的社会团体，有会员单位85家。青岛直播带岗产业园为全国首创，位于福瀛电商新谷园区内，是集短视频直播招聘、人力资源供应链构建、创业就业服务等功能于一体的综合性数字经济园区，首期运营面积1万平方米，将打造以青岛为中心、辐射山东、服务全国的直播带岗招聘业务交付中心。近年来，新区高度重视人力资源产业的发展，2021年全区人力资源服务业规模以上企业达77家，实现营收44.6亿元。

陕西西咸新区秦创原（泾河）智造创新产业园有效促进"两链"融合与产业链延伸。2022年8月，西咸新区秦创原（泾河）智造创新产业园（一期）项目开园。秦创原（泾河）智造创新产业园项目作为泾河新城省级重点建设项目之一，既是新城推动秦创原"两链"融合促进器示范区建设的重要平台，也是新城着力推进延链、补链、强链的重要载体。正式开园后，各大企业相继进驻投产，有效填补新城在新能源、新材料等重点产业链上下游的空白，为泾河新城、西咸新区经济高质量发展增添全新动能。[①]

三 数字经济赋能新区经济发展

协同推进数字产业化发展和产业数字化转型，正成为当前各地区经济高质量发展的关键动力。[②] 近年来，国家级新区积极抢抓数字新基建发展机遇，推动新区数字经济发展再上新台阶，为经济高质量发展贡献力量。

（一）信息技术改革让实体经济走上"云端"

贵安新区加快建设数字经济发展创新区。中国电信云计算贵州信息园是中国南方运行规模最大的数据中心，也是贵州省数据交互最活跃、数据量最大的云网数据中心。作为贵安新区第一家启动建设、第一家运营投产的数据中心，中国电信云计算贵州信息园的建设，拉开了贵安新区数据中心集群建设的序幕。截至2022年，贵安新区已建成数据中心7个，规划服务器302万台，包括中国电信云计算贵州信息园、中国移动数据中心、中国联通数据中心、贵安华为云数据中心（七星湖）、贵安华为云数据中心（高端园）、苹果贵安数据中心和腾讯贵安七星数据中心。目前，贵安新区以腾讯贵安七星数据中心为圆心，在半径4公里区域内规划建设了14个超大型数据中心，总占地面积11184亩，预计总投资超过400亿元，可承载服务器超过400万台。

贵安新区数据中心建设如火如荼，大数据上下游企业发展势头强劲。华为云计算技术有限公司、白山云科技公司、云上艾珀等云计算业务快速发展，从事国有数据交易的数据宝公司拥有数据价值解读、产品应用、数据整合能力，累计服务上万家企业。浪潮服务器、鲲鹏服务器等智造产业相继落户，为数字经济发展提供强劲动力。随着"东数西算"工程的全面启动，贵安新区迎来新的发展机遇，软件和信息技术服务业营业收入大幅增加。贵安新区在做强

---

① 《西咸新区秦创原（泾河）智造创新产业园（一期）项目开园》，http://www.xixianxinqu.gov.cn/xwzx/xcdt/62fb01b7f8fd1c4c2110d1cf.html，2022年8月3日。

② 易明、张兴、吴婷：《中国数字经济核心产业规模的统计测度和空间特征》，《宏观经济研究》2022年第12期。

做大实体经济的同时，坚持把大数据与实体经济深度融合作为主攻方向。在大数据、人工智能等新一代信息技术的助力下，促进一批领军企业实现质量变革、效率变革、动力变革，加快构建现代产业体系，让实体经济走上"云端"。①

（二）数字经济产业生态圈建设不断完善

江西赣江新区逐浪数字经济新蓝海。赣江新区儒乐湖数字经济产业园、经开组团中国（南昌）数字经济港成功获批为第一批省级数字经济集聚区。数字经济港以数字经济产业研究研发、培育孵化和项目产业化"三位一体"为主要业态定位，并在数据平台、技术应用、区块链产业、智慧视觉方面成功引进了华为新一代智慧视觉中心、赣都数据湖一期、中国电信、中国联通、江西广电和"区块链+智慧城市应用"等数据应用项目，将数字经济产业链向下游应用端延伸，进一步加快数字经济产业生态圈建设。2022年，新区经开组团数字经济核心规上企业65家，数字经济产业实现营收499亿元，打造数字经济产业的强磁场。

赣江新区儒乐湖数字经济产业园通过引进高精尖数字经济研发企业，带动集聚区快速发展。园区依靠宜居宜业宜游的现代智慧城市，提供就业机会、发展平台、优质生活条件，以留住人才。目前，园区集聚了海克斯康、阿里云创新中心、亚马逊CIC创新中心、江西省亿发姆农业发展有限公司等一批重点数字经济企业。为全面推进数字经济"一号发展工程"，新区将加强运行管理，积极指导和帮助数字经济集聚区建设，以营商环境优化支持中小企业健康成长，培育数字经济企业，打造一批数字经济领域的"专精特新"企业，在政策、项目和资金等方面给予大力支持，以建设数字经济集聚区为依托，促进新区经济和社会持续健康发展。

第三节　国家级新区经济发展路径

国家级新区是承担国家重大发展和改革开放战略任务的综合功能平台。

---

① 《背靠"大数" 勤耕"云"——贵安新区奋力建设数字经济发展创新区》，http：//www.gaxq.gov.cn/xwdt/gayw/202206/t20220629_75327257.html，2022年6月29日。

近年来，新区建设发展取得了显著成效，但也不同程度地面临主导产业优势不够突出、全方位开放不够深化等问题。未来，新区要加大创新创业力度，加强改革系统集成，扩大高水平开放，打造实体经济发展高地，引领经济高质量发展。

一　着力提升关键领域科技创新能力

科技创新能力既是科技安全的核心组成部分，又可赋能于总体国家安全观所涵盖的重点领域，进而有效提高国家安全体系的整体实力。[1] 国家级新区要着眼重点领域的技术创新需求，提升基础研究和战略高技术能力，深入实施创新驱动发展战略。

（一）打造若干竞争力强的创新平台

国家级新区深入实施创新驱动发展战略，通过多种途径促进科技与经济深度融合、重大科技创新和大众创业万众创新相互推动，积极打造高水平创新平台。高水平建设上海张江综合性国家科学中心、天津国家自主创新示范区，进一步释放天津滨海—中关村科技园、成都科学城等创新平台的活力。鼓励高校、科研院所优先在新区设立科研中心、研发机构等，国家重大战略项目、科技创新2030—重大项目等优先在有条件的新区布局，鼓励建设主导产业协同创新公共服务平台和工程数据中心，建设国家大科学装置和国家科技创新基地。鼓励由优秀创新型企业牵头，与高校、科研院所和产业链上下游企业联合组建创新共同体，建设制造业创新中心，围绕优势产业、主导产业，瞄准国际前沿技术加强攻关，力争在重大"卡脖子"技术和产品上取得突破。

（二）完善创新激励和成果保护机制

健全科技成果转化激励机制和运行机制，支持新区科研机构开展赋予科研人员职务科技成果所有权或长期使用权试点，落实以增加知识价值为导向

---

[1]　贾淑品、顾卿颖：《总体国家安全观视域下我国科技创新的发展历程与推进路径》，《邓小平研究》2023年第3期。

的分配政策，自主开展人才引进和职称评审。健全知识产权创造、运用、管理、保护机制，加强知识产权保护、运营服务、维权援助、仲裁等工作，鼓励和支持企业基于知识产权参与市场竞争，打造一批拥有知名品牌和核心知识产权的优势企业。

（三）积极吸纳和集聚创新要素

支持新区探索更加开放便利的海外科技人才引进和服务管理机制，建设海外人才离岸创新创业基地。允许高校、科研院所和国有企业的科技人才按规定在新区兼职兼薪、按劳取酬。支持有条件的新区开展优化非标准就业形式下劳动用工服务试点。充分利用首台（套）重大技术装备示范应用等政策措施，通过政府采购等方式，促进重大创新成果市场化应用和规模化推广。鼓励省级层面对新区创新平台基础设施建设、实验设备购置等予以补助，加大投入力度。鼓励创投、风投和各类产业投资基金加大对新区企业"双创"的支持力度。

二　加快推动实体经济高质量发展

实体经济是国民经济的基础和支撑，是保持经济持续稳定增长的主要推动力。国家级新区要积极推进产业转型升级，把培育和扶持战略性新兴产业发展作为推动实体经济高端化、智能化、绿色化转型的支点。[①] 建设现代化产业体系，要坚持把发展经济的着力点放在实体经济上。

（一）做精做强主导产业

引导新区大力改造提升传统产业，培育壮大优质企业，加快引进先进制造业企业和产业链龙头企业。深入实施新一轮重大技术改造升级工程，完善企业技改服务体系，支持制造业企业运用新技术、新工艺、新材料、新模式，加速向智能、绿色、服务型制造转型升级，推动制造业迈向中高端。瞄准产业链关键环节和突出短板，实施先进制造业集群培育行动，推动制造业

---

① 张凯丰、宋永华、张晓旭：《虚拟经济冲击、产业政策扶持与实体经济高质量发展——基于动态随机一般均衡模型的研究》，《宏观经济研究》2023 年第 5 期。

强链补链固链，打造更强创新力、更高附加值的产业链。实施现代服务业优化升级行动，推动先进制造业和现代服务业深度融合发展。鼓励金融机构按照市场化原则，扩大对新区制造业企业的中长期贷款和信用贷款投放规模。

（二）培育新产业新业态新模式

支持新区加快发展战略性新兴产业，培育发展一批特色产业集群，提高专业化和创新发展水平，培育一批具有全球竞争力的"瞪羚"企业、新领军者企业、专精特新"小巨人"企业和细分领域"单项冠军"企业。加快推动区块链技术和产业创新发展，探索"区块链+"模式，促进区块链和实体经济深度融合。

（三）精准引进建设一批重大产业项目

支持具备条件的新区建设制造业高质量发展国家级示范区、新型工业化产业示范基地，有针对性地引导外资项目和国家重大产业项目优先在新区布局。推动中西部和东北地区新区与东部地区建立精准承接制造业产业转移长效机制，探索完善地区间投入共担、利益共享、经济统计分成等跨区域合作机制，采取共建园区等形式深化产业合作。

三 推动全方位高水平对外开放

我国全面对外开放水平的提升能够显著地促进地区经济增长。[1] 国家级新区作为全方位扩大开放的重要引擎和窗口，要积极发挥引领带头作用，以开放促进地区经济增长。

（一）进一步增强国际竞争力

引导新区企业树立精益管理理念，推广先进生产管理模式，对接国际通行经贸规则、高端标准和品质要求，提升企业核心竞争力。支持新区建设国际合作园区，鼓励采取"一园多区"等模式，承接重大外资项目，积极引进跨国公司地区总部和研发、财务、采购、结算等功能性机构。支持有条件

---

[1] 李强：《全面对外开放与中国经济发展：改善分配还是促进增长》，《经济问题探索》2019年第4期。

的新区开展资本项目收入结汇支付便利化试点。鼓励新区共同搭建招商平台，开展联合招商，形成规模效应，提高引资水平。

（二）提升投资贸易便利化水平

鼓励新区在政府职能转变、投资贸易便利化等重点领域加大改革力度，充分发挥引领示范作用。支持新区结合实际按程序复制推广自贸试验区改革创新经验。支持在确有发展需要、符合条件的新区设立综合保税区，建设外贸转型升级基地和外贸公共服务平台，推进关税保证保险改革。推动国际货运班列通关一体化，在有效监管、风险可控的前提下，研究依托内陆国家物流枢纽实行启运港退税的可行性。支持新区发展跨境电子商务，复制推广成熟的经验和做法。[①]

（三）打造一流营商环境

营造一流的营商环境是经济高质量发展的内在要求。[②] 国家级新区要复制借鉴京沪两地优化营商环境的先进改革举措，进一步转变政府管理理念和方式，在深化"放管服"改革方面走在前列。

新区要开展体现自身特色的营商环境评价，下硬功夫打造好发展软环境。持续深化商事制度改革，大幅压缩企业开办时间。开展"证照分离"改革，重点是"照后减证"，对确需保留的工业产品生产许可开展"先证后核"等改革。要提升"互联网+政务服务"水平，强化省级层面对相关数据交换和数据服务的支撑，推动将具备条件的政务服务事项全面纳入全国一体化在线政务服务平台办理。同时，要健全制度化监管规则，实施以"双随机、一公开"监管为基本手段、以重点监管为补充、以信用监管为基础的新型监管机制，完善与创新创业相适应的包容审慎监管方式。

---

① 《国务院办公厅关于支持国家级新区深化改革创新加快推动高质量发展的指导意见》，http://www.gov.cn/zhengce/content/2020-01/17/content_5470203.htm，2020年1月17日。

② 杨巧、蒋勇：《营商环境对经济高质量发展的影响——来自跨国面板数据的证据》，《国际商务研究》2023年第4期。

第二章　国家级新区的营商环境

良好的营商环境能有效提高科技创新水平，进而促进经济高质量发展。[①] 2020 年，中国营商环境评价体系首次将 18 个国家级新区纳入评价范围。这是国务院的部署，是高质量发展的要求，也是工作实践的需求。这有助于推动国家级新区更好地发挥开放高地的作用，激发"鲶鱼效应"，带动更多地方主动对标先进、复制借鉴提升，进一步加快改革步伐，为推动全国层面向纵深推进改革积累经验、增添动力。本章主要介绍国家级新区的营商环境建设情况、国家级新区优化营商环境的特色案例以及国家级新区未来营商环境优化路径。

第一节　国家级新区营商环境建设情况

营商环境是指企业等市场主体在市场经济活动中所涉及的制度要素和社会条件，是一国治理能力、体制机制、社会环境、资源禀赋、基础设施和思想观念等因素的综合反映。良好的营商环境，有利于吸引更多的人才、资金、技术，释放市场活力、激活发展潜力、提升国际竞争力，推动经济高质量发展。[②] 国家级新区高度重视营商环境建设，遵循市场化、法治化、国际化全面推进的路径，制定和实施了一系列优化营商环境的方案，且成效显著。

[①] 张曾莲、孟苗苗：《营商环境、科技创新与经济高质量发展——基于对外开放调节效应的省级面板数据实证分析》，《宏观质量研究》2022 年第 2 期。

[②] 中国行政管理学会课题组：《聚焦市场主体关切持续打造市场化法治化国际化营商环境》，《中国行政管理》2021 年第 8 期。

一　市场化营商环境建设

推动市场化营商环境建设，是优化市场要素配置、激发市场主体活力的重要方式。[①] 近年来新区高度重视市场化营商环境建设，始终坚持以人民为中心，全面深化改革创新，通过不断优化办事流程，为企业和群众提供最简、最优政务服务，努力营造良好的营商环境。加大"黄金30条"等系列"政策组合拳"兑现力度，逐步由"管理中体现服务"向"服务中体现管理"转变。[②]

（一）打造高效透明的市场主体准入环境

1. 企业开办流程便利化

新区持续深化"一业一证"改革。四川天府新区实行系列政务融合服务改革。2021年12月启动"一业一证"改革2.0版本，通过开展试点"企业身份码"工作，将市场主体涉及的所有行政许可信息归集到营业执照二维码中，实现市场主体"一照一码"。2022年10月启动3.0版本改革，即"融合审批一件事"改革，通过向核准人员"双向赋权"，实行了"一人受理、一人核准"的服务模式。上海浦东新区自2021年10月起施行"一业一证"法规。餐饮等10个行业办理相关事务的时限从95个工作日压缩至5个工作日，办证效率大幅提升。南京江北新区研究制定"一证准营"改革试点工作方案，实现22个行业"一业一证"在江北新区受理发证，建立"一证准营"的行业综合许可制度。黑龙江哈尔滨新区在全省率先试行"一枚印章管审批"，创新推出了承诺代证、一业一证、无感续证、远程验证和跨境发证等"五证服务"，积极推动与深圳市审批互认。

2. 跨地区办理业务范围持续扩大

新区不断推进跨地区业务办理，减少群众办事成本。重庆两江新区深入

[①]　刘涛：《我国市场化营商环境建设的现状、问题及对策》，《南宁职业技术学院学报》2022年第4期。

[②]　李韶辉：《优化营商环境 国家级新区干在实处走在前列》，《中国经济导报》2022年3月29日。

推进"跨省通办""川渝通办",实现开办企业"一网通办、一次提交、一窗领取、一日办结"。甘肃兰州新区在全省率先推行电子证照跨区域核验,与20个省170个市县区成立跨省通办联盟,实现140项高频事项异地通办。大连金普新区在全市率先推出"跨区通办",与甘井子区联合推出政务服务事项"跨区通办",梳理217项政务服务事项,两区企业群众就近能办、异区可办、少跑快办。

3. 涉企服务"一厅联办""一网通办"全流程管理

新区着眼于服务市场主体由生到退的全生命周期。天津滨海新区打通"准入""准营""运营""退出"全链条,为企业"松绑""解绊",试点推行市场主体住所标准化登记,市场监管、公安等部门加强信息共享,进一步提高企业开办便利度。浙江舟山群岛新区实现企业开办全流程零成本4个工作时办结。新区将注册登记、公章刻制、发票申领、银行开户以及企业税务、公积金、社保、医保开户纳入全流程管理。贵州贵安新区政务综合服务中心牵头深化"一网通办""一窗通办"改革,持续加快线上平台和线下窗口建设,积极推动"八办"改革,推动服务模式从"分散"到"集成"。江西赣江新区优化"一照通办"信息化系统平台,实现企业开办各环节"一次录入、即时互认;一网申请、全程网办",最快3个小时办结。湖南湘江新区在全市率先搭建"多规合一"平台,并依托该平台打造行政审批网上办事大厅,健全从申请、受理、审批到办结的"一条龙"网上服务流程,被省委宣传部推介为"互联网+行政审批"的"湖南样本"。

（二）提升项目建设便利度,优化经常性涉企服务

1. "拿地即开工",加快项目建设速度

重庆两江新区探索实行工业用地"拿地即开工"模式。在已实现"交地即交证"的基础上,进一步优化工业用地报价审批服务流程,并完善全流程监管机制。天津滨海新区在集成准建服务方面,推进"用地清单制"改革。优化"拿地即开工""一套材料办审批"模式,实施工程建设项目联合交底,加快项目开工速度。在城市排水许可中,实行"智能审批+智能监管"模式,从申请人角度优化办事流程,形成审管衔接新格局,实现审批、

监管效率"双提升"。①

2. 深化"标准地"改革，优化项目审批流程

浙江舟山群岛新区深化"标准地"改革。除负面清单外，新批工业用地100%按照"标准地"供地，深化测绘验收"多测合一""多验合一"改革，探索分阶段施工许可、分期竣工验收等审批服务模式。全面推行工程建设项目图纸数字化管理，推广应用工程建设全过程图纸数字化管理系统，加强图纸数据信息共享应用，巩固和提升施工图分类管理成效。落实好工程建设项目监管验收服务集成改革试点工作。探索推进"工程质量保险+建筑师负责制"综合改革。吉林长春新区持续推进"标准地+承诺制"改革。项目建设有多重要，"标准地+承诺制"改革就有多重要。2021年，长春新区聚焦进一步优化工程建设项目审批流程，提高审批效率，降低项目建设成本，启动实施"多改并举"战略，先后推出"先证简（减）图""管网综合条件图""多测合一"等系列改革举措，打造"标准地+承诺制"升级版，助力项目建设实现"拿地即开工"。同时，新区率先开展工程建设项目审批制度改革，充分发挥全省工程建设项目审批制度改革试点作用，积极推行"142N"系列改革，即1张"一单五清"告知单、"4到位"管网综合条件图、2个"先证简（减）图"改革、N个部门"联合竣工验收"。

3. 推动"数字政府"建设，缩短项目审批时限

广州南沙新区"放管服"改革取得新进展。新区的政府投资、社会投资工程项目审批时限分别压缩到70个、15个工作日内，"带设计方案"项目实现"交地即开工"，全域综合行政执法改革走在前列，在全国首推5G政务应用，推出"南沙政务全球通办"，"数字政府"实践实现98%（1420项）政务服务事项"零跑动"，"微警认证"应用到粤省事、粤商通等省数字政府平台，率先全面推行区块链电子发票，实现出口退税3日内办结。

大连金普新区全面推进数字政府建设，开展"一网协同"项目建设。

①《重庆两江新区管理委员会办公室关于印发2022年两江新区政务服务工作要点的通知》，http://ljxq.cq.gov.cn/zwgk_199/zfxxgkml/xqgw/qtwj/202204/t20220425_10657120.html，2022年4月25日。

新区配合市大数据中心完成"一网通办"等共性政务信息系统的升级工作，完成新区 OA 系统与市"一网协同"系统对接工作；推进"一网统管"场景建设，"金普社区通""社会治理智慧平台"上线运行；"四好农村路平台""智慧环保""燃气监管平台"试运行；"智慧森林防火平台"正在推进部署；"交警指挥平台二期"完成招标；"数字城市安全与应急综合管理平台"进行招标前期准备工作。打造政务资源共享平台，新区政务资源共享平台建设基本完成，已测试挂载 22 个单位的 242 个数据项。①

（三）优化保障环境支持市场主体高质量发展

1. 优化金融营商环境，支持市场主体高质量发展

重庆两江新区扩大"金融服务港湾"覆盖面。新区以现有银行网点为载体，加快在各街道、园区、商圈建设标准化的金融服务港湾，推进金融服务下沉，扩展金融服务半径，打通金融服务实体经济"最后一公里"。四川天府新区"天府 e 融码"打通中小微企业融资通道。2022 年 6 月，西南首个融资需求线上服务平台"天府 e 融码"正式发布上线，以二维码为标识，支持注册地在四川省的中小微企业和个体工商户，通过微信扫码，填写简单信息，3 个工作日即有银行金融机构主动对接融资需求。一改传统的线下对接模式为线上，操作流程更简约，融资更省时高效；同时，"天府 e 融码"后台可对企业信息进行整理，分析不同产业、类型的企业融资特点，同时还设置"融资问题反馈"渠道，收集企业对金融服务的意见建议，有利于完善、调整、优化新区金融服务，打造一流的金融营商环境。

2. 全面解决企业诉求，提升企业服务水平

贵州贵安新区围绕企业发展所需的教育、交通、人才、融资、场地等，持续推进靠前服务。推行企业包保服务，广泛推广"贵商易"平台，精准推送惠企政策，发布《关于征集影响营商环境问题线索的公告》，畅通反馈渠道，着力回应企业各种诉求，不断提升企业满意度。黑龙江哈尔滨新区坚

① 《金普新区营商环境建设局 2022 年度法治政府建设情况报告》，https://www.dljp.gov.cn/tz/003006/20230313/6f716acb-120e-47f5-95cd-5a2400fb5b0f.html，2023 年 3 月 13 日。

持当好"企业服务员"，强化"包联机制"，助力企业做大做强。新区定期开展"政企交流见面会"，了解企业生产经营情况，就企业遇到的难点痛点堵点问题建立助企纾困台账，相关部门迅速联动处理。提倡"九步包联工作法"，认真服企利企，以"服务员""店小二"的姿态服企利企，构建"亲清政商关系"，助推经济行稳致远。[①]

吉林长春新区开展"信用修复"，提供精准有效服务。2022年6月，长春市全市范围内宣传推介长春新区"管家式"信用修复服务做法，变事后排查督促为事前告知提醒，变被动接受修复为主动学习了解，变单一修复指导为综合赋能服务，进一步提升信用监管效能，切实保障市场主体合法权益，真正实现以信用赋能企业发展，全面助力中小微企业健康发展。为破解企业对惠企政策"不知晓""不理解""不会办"等难题，2021年长春新区针对金融、科技、人才等13项政策实施"免申即享"，由"人找政策"变为"政策找人"，企业不需要提供任何资料即可获得政策资金支持。

3. 强化惠企政策服务，推进技术创新

南京江北新区优化"政策罗盘"智能化服务平台，实现惠企政策精准推送、自动匹配、"一键直达"。《江北新区（南京自贸片区）优化营商环境政策30条（2021年）》提出，深化"融资+融智"模式服务创新，实现多方资源互联互通，赋能科创企业。江西赣江新区实施惠企政策。新区对各类市场主体在生产许可、项目申报、认证认可、检验检测等方面给予帮扶指导，坚决查处涉企不合理收费、强制服务等行为，让市场主体充分享受政策红利。落实公平竞争审查制度，健全反不正当竞争联席工作机制，有效清理妨碍统一市场、公平竞争的各类政策文件。用好用足省知识产权驻赣江新区分中心的政策优势和第三方服务机构的专业优势，对新区所有新落户企业无偿提供两年知识产权服务，引导鼓励企业加大研发投入、推进技术创新，着力构建知识产权创造、运用、保护全链条服务格局。

---

① 《哈尔滨新区厚积营商环境沃土谱写高质量发展新篇章》，http：//bec.hlj.gov.cn/bec/c105287/202209/c00_31320158.shtml，2022年9月。

二 法治化营商环境建设

法治化营商环境作为市场经济的重要组成部分标志着一个地区的综合竞争力。完善法治化营商环境，基于法律要素为营商环境建立起一个保障平台具有重要意义。[①] 营商环境法治化为市场主体从事经济活动、营利行为提供全方位的行为规制与法治保障。近年来，国家级新区不断增强依法办事能力，加快法律设施平台建设，法治化营商环境大幅优化。

（一）完善法律服务体系

1. 不断完善法规制度

上海浦东新区不断完善与改革相适应的法治保障体系。一年多来，先后出台"商事登记确认""市场主体准营承诺"等 15 部浦东新区法规、2 部地方性法规浦东专章以及"商事调解""特色产业园区"等 13 项管理措施。综合监管机制持续强化，以信用为基础的分级分类监管覆盖 57 个主要行业领域，率先试点以企业信用信息报告代替行政合规证明新机制。

广州南沙新区国际化法律服务体系逐步完善。新区获评全国首批法治政府建设示范区（区县级），建成粤港澳大湾区暨"一带一路"法律服务集聚区。集聚区入驻 30 家法律服务机构，全国率先试点聘任港澳籍劳动人事争议仲裁员，自贸区法院获评全国优秀法院，工商联获评全国"五好"工商联。

2. 持续推进智慧法务区建设

四川天府新区"三中心 e 法亭"助推法治化营商环境建设。新区依托全国首个省级现代法务集聚区——天府中央法务区，打造集合多元商事解纷资源的"商事争议调解中心"，一站式集中办理保全事务的"民事财产保全中心"，就近办理、立等可取的"司法确认中心"，集审判、执行各流程环节功能于一体的移动智慧法庭——"天府智法院·e 法亭"，形成"三中心e 法亭"格局，全面打造一体化、智能化、全能化智慧诉讼新模式，进一步

---

① 马娟娟：《营商环境的法治保障研究》，《淮南职业技术学院学报》2022 年第 6 期。

增强区域空间司法辐射效应、集聚效应，完善全功能、全生态链的商事法律服务保障体系，实现诉讼事务办理更省心、更快捷。

南京江北新区不断强化法治营商环境建设。新区建设全国首个法治园区，集聚优质法律资源，设立江苏自贸试验区南京仲裁院，成立江苏首个自贸试验区国际商事调解中心，全省首创境内外律所"多元复合式"联营模式，服务保障新区高质量发展。

吉林长春新区智慧法务区成为擦亮法治营商环境的"金字招牌"。2022年7月，由吉林省、长春市、长春新区三级共建的长春新区智慧法务区正式揭牌运行。法务区犹如一个专业法律服务的"综合体"，以企业需求为导向，依托大数据、人工智能等前沿技术，提升法律服务专业化精细化水平，推动法务服务质量由粗放对接向精准匹配转变，为企业和群众提供优质便捷、全面专业的一站式、全流程服务。各类司法行政机构聚集带来的虹吸效应持续增强，优质法律服务资源在法务区加快集聚，东北振兴法律服务高地正在兴起。设立"一带一路"律师联盟长春中心等涉外法治功能区，长春新区将智慧法务区作为建设高质量法律服务高地和现代化国际城市的重要抓手，打造兼具国际开放合作与综合服务的高端法律服务集群，构建具有国际影响力的法律新高地。①

（二）优化市场监管机制

天津滨海新区完善市场监管机制，推行包容审慎监管模式。在东疆保税港区，对于企业登记事项、年报公示信息中发现的问题，可更正的指导企业予以更正，企业更正完毕的按未发现问题处理。针对新技术、新产业、新业态、新模式等，分类量身定制监管规则和标准，开展柔性监管和智慧监管，对重点行业实行信用监管。完善金融领域多元解纷机制，探索建立"执行事务中心"，进一步提高合同执行效率。此外，重庆两江新区探索推进动态"信用+风险"税务监控，探索整合企业所得税和财产行为税综合申报表，

---

① 《长春新区：推进长春智慧法务区建设　打造法治吉林新名片》，http：//www.jl.gov.cn/zw/yw/zwlb/sx/sz/202207/t20220725_8520263.html，2022年7月25日。

探索开展公证参与行政执法辅助性事务试点等。

江西赣江新区坚持严格监管和精准执法并重。新区深化"1+7"全领域综合行政执法改革，严格执行行政执法公示制度、执法全过程记录制度、重大执法决定法制审核制度，做到执法办案程序化、规范化。探索实践"递进执法""柔性执法"，绝不以罚代管、一罚了之，让行政执法既有力度更有温度。同时，构建"审批—监管—处罚—结果公开"和"巡查—调查—处罚决定—复议诉讼"的全流程双闭环执法监督体系，着力营造赣江新区公平公正的法治环境。

三 国际化营商环境建设

近年来，世界经济低迷、我国人口红利逐渐消失、经济发展模式与产业结构正经历调整，营商环境国际化将为提高外资利用率发挥重要作用。[①] 国家级新区致力于建设国际一流的营商环境，向世界展示中国坚定不移扩大开放、与全球共享发展机遇的决心，成为国内国际双循环的战略连接。

（一）不断提升跨境贸易便利度，优化审批流程

1. 简化通关模式，优化企业服务

天津滨海新区将深化"提前申报""两步申报"通关模式，进一步推广进口货物"船边直提"和出口货物"抵港直装"，提升跨境贸易便利度。新区深入落实负面清单机制，促进各类市场主体公平竞争，建立健全涉外商事纠纷解决联动机制，实现诉讼与仲裁、调解的有机衔接。深化落实外籍人才分类认定标准，针对持有相关专业得到广泛认可的国际职业资格证书的国际人才，允许其在新区从业。青岛西海岸新区开通"跨境贸易便利化直通车"，畅通政企互通渠道，进一步优化口岸营商环境，有力促进贸易便利化，加强自贸试验区制度创新，构建新型服务机制，更好地服

---

① 苏泠然：《营商环境国际化：理论基础、实践差距与应对》，《当代经济管理》2021年第3期。

务市场主体。

2. 推动全流程"线上通关""单一窗口"办理

浙江舟山群岛新区开展制度创新，打造油气产业新高地。在国际贸易"单一窗口"的基础上，新区大力推动无纸化全流程通关，通过网络即可申请行政许可，真正实现数据"多跑路"、群众"零次跑"。针对油品企业，制定实施油气贸易企业监管、保税船用燃料油供应、外商投资、内资融资租赁、公共信用信息平台等10余项监管制度和600余项"证照分离"监管措施。从一般企业投资项目审批"最多80天"改革到工程建设项目"清单制+告知承诺制"审批制度改革，企业投资项目审批时效明显缩短，申请材料由286项精减至58项。

广州南沙新区切实发挥国家级新区和自贸区改革先行先试的优势，连续多年对标改革，在全国首创商事登记确认制，企业开办和获得电力便利度全球领先。新区自由贸易账户（FT账户）制度落地实施，全面实现社会投资项目"交地即开工"，推出160项"湾区通办"政务服务事项，率先打造的"无证明自贸区""微警认证"成为全国首个亿量级政务数据应用平台，在全市率先建设起区级"信易+"公共服务平台，推出全国功能集成度最高的国际贸易"单一窗口"，进出口整体通关效率全国领先。贸易便利化改革走在前列。在13个APEC成员方贸易体系推广全球溯源体系，全球优品分拨中心累计进出口货值达20亿元，全球报关服务系统开启实单运营，推出智能审证、七天常态化通关等举措。在全国率先推进"互联网+"改革，全流程"线上海关"建设实现"单一窗口"主要业务应用率100%，企业办事效率提升80%以上。打造全天候智能通关模式，实现查验效率提升30%以上。

（二）提供便捷高效的知识产权服务

南京江北新区"开展进出口企业'基础+特定'资质备案新模式""试点'跨境电商B2B直接出口''跨境电商出口海外仓'等海关监管改革"，不断促进新区跨境贸易便利化。新区在借鉴国际国内先进做法的基础上，勇于突破，如"探索高层次人才多元化分类评价机制""开展高层次人才'双聘制'改革试点""建设原创认证知识产权保护平台""探索开展特殊物品集中查验"等举措，在全省乃至全国都具有一定的创新性。①

大连自贸区提供"管家式"知识产权服务。为抢抓 RCEP 机遇，帮助科技型初创企业和知识产权密集型企业充分运用相关规则，安全、合规、高效地开展经贸活动，打造便捷高效的知识产权服务、保护和管理体系，大连自贸片区推出知识产权"管家式"全链条全天候服务新机制，为相关企业提供知识产权 7×24 小时"一站式托管"服务，包括提供专利申请、版权登记、商标申请等服务。这些服务帮助企业对接专业机构，完成海外知识产权布局、国际商标专利注册申请、国家高新技术企业申请等增值服务，全力推动 RCEP 落地生效。同时还提供知识产权质押融资高效通道、知识产权司法保护与保险服务，探索并建立海外知识产权诉讼和维权新模式，为相关企业规避知识产权交易风险、侵权风险与维权费用支出提供保障。除此之外，新区鼓励推动保险机构打造与 RCEP 体系更加匹配的知识产权保险类服务产品。

四　以方案落实建设新区一流营商环境

优化营商环境是培育和激发市场主体活力、增强发展内生动力的关键之举，党中央、国务院对此高度重视。2021 年国务院发布了《关于开展营商环境创新试点工作的意见》，形成了一批可复制推广的试点经验。2022 年 10 月国务院办公厅发布了《关于复制推广营商环境创新试点改革举措的通知》，提出多项改革举措。国家级新区认真落实国家相关政策，始终将优化营商环境作为全面深化改革的重点任务和提升城市核心竞争力的重要抓手，持续深化"放管服"改革，聚焦改革创新，采取一系列举措推动市场主体健康、规范发展，充分激发市场主体活力（见表 2-1）。

---

① 《〈江北新区（南京自贸片区）优化营商环境政策 30 条（2021 年）〉正式发布》，http：// njna. nanjing. gov. cn/zmq/zmqdt/202106/t20210618_ 2972681. html，2021 年 6 月 18 日。

表 2-1　国家级新区建设营商环境部分重点方案（2021~2022 年）

国家级新区	发布日期	方案名称
上海浦东新区	2021 年 5 月	《2021 年浦东新区优化营商环境工作要点》
天津滨海新区	2021 年 8 月	《滨海新区进一步优化营商环境深化用气报装服务改革实施方案》
	2022 年 10 月	《滨海新区"四免"改革事项清单》
	2022 年 10 月	《滨海新区"稳经济 保增长 促发展"营商环境再提升攻坚行动方案》
重庆两江新区	2021 年 5 月	《两江新区水电气项目审批事项告知承诺实施方案》
	2021 年 5 月	《两江新区水电气项目审批事项容缺受理实施方案》
甘肃兰州新区	2022 年 10 月	《兰州新区规范行政执法行为优化法治化营商环境实施意见》
广州南沙新区	2021 年 5 月	《广州南沙新区(自贸片区)优化金融服务业创新营商环境暂行办法》
陕西西咸新区	2021 年 9 月	《西咸新区优化提升营商环境若干措施》
	2022 年 6 月	《西咸新区 2022 年优化营商环境重点任务清单》
贵州贵安新区	2021 年 7 月	《贵安新区优化营商环境三年攻坚行动方案(2021—2023 年)》
	2022 年 7 月	《贵阳贵安做优"贵人服务"品牌打造一流营商环境攻坚行动方案(2022—2025 年)》
	2022 年 12 月	《贵安新区关于支持服务新经济(数字经济)市场主体实施包容审慎监管的工作意见(试行)》
青岛西海岸新区	2021 年 7 月	《青岛西海岸新区优化营商环境三年行动计划》
大连金普新区	2021 年 7 月	《金普新区营商环境提升年实施方案》
	2022 年 12 月	《金普新区营商环境升级行动方案(2022—2024 年)》
四川天府新区	2022 年 4 月	《四川天府新区 2022 年营商环境建设综合改革实施方案》
南京江北新区	2021 年 6 月	《江北新区(南京自贸片区)优化营商环境政策 30 条(2021 年)》
	2022 年 1 月	《江北新区深化"证照分离"改革进一步激发市场主体发展活力工作方案》
云南滇中新区	2022 年 12 月	《云南滇中新区全面优化提升营商环境三年行动方案(2022—2024 年)》
吉林长春新区	2021 年 1 月	《长春新区打造一流营商环境 2021 年工作方案》

资料来源：各国家级新区政务网。

（一）全方位推进营商环境建设

全面优化营商环境，是我国经济实现高质量发展的必经之路。要打造良好的法治环境，全面拓展企业融资渠道，探索创新政府、银行、金融中介等相关机构的金融服务模式；也要引导优势产业聚集，打造更为完备的商业生态链。① 国家级新区为全面优化营商环境做出了诸多努力，出台了具有针对性的纾困解难优惠政策，营商环境得到了大幅改善。

上海浦东新区落实"工作方案"聚焦"六大环境"全面建设。2022 年3 月，浦东新区制定印发落实《浦东新区贯彻落实〈上海市营商环境创新试点实施方案〉打造一流营商环境工作方案》，聚焦"六大环境"，提出 35项、138 条工作举措，进一步激发市场活力和社会创造力，加快建成市场化法治化国际化的一流营商环境。南京江北新区全方位优化营商环境，发布了《江北新区（南京自贸片区）优化营商环境政策 30 条（2021 年）》，包括深化政务服务改革、构建精准监管体系、优化企业全生命周期管理服务、提升市场开放透明度、促进创新要素集聚、创新国际化法律服务等内容，覆盖了营商环境优化的方方面面。

（二）聚焦服务优化营商环境

城市营商环境的优化，既要注重政策供给在城市竞争中的超前性，又要关注营商环境政策供给与企业"用户体验"的交互性，要关注企业反馈，提升企业服务。② 近年来，国家级新区不断优化营商环境，进一步提升为企业服务水平。

贵州贵安新区打造"贵人服务"品牌。贵安新区高度重视营商环境工作，印发《贵阳贵安做优"贵人服务"品牌打造一流营商环境攻坚行动方案（2022—2025 年）》。拟定《2022 年贵安新区营商环境攻坚任务清单》，明确了 2022 年新区在政务服务、获得信贷、执行合同等 18 项指标上的具体目标，并将"实施政务服务提档行动""实施审批效率提速行动""实施服务能力提质行动""实施市场环境提升行动""实施数据通融行动""实施打造'贵人服务'品牌行动"作为主要任务。

天津滨海新区实施便捷化知识产权服务体系构建行动。制定《天津市

---

① 黄婷：《全面优化营商环境推动经济高质量发展》，《老字号品牌营销》2023 年第 12 期。
② 高进、刘聪：《"小步快跑"：城市优化营商环境的政策迭代及其动力机制——基于"上海样板"的案例》，《甘肃行政学院学报》2021 年第 5 期。

滨海新区国家知识产权强市建设示范城市建设工作方案（2022—2024年）》，从知识产权管理、创造、保护、运用、服务五个方向，聚焦滨海新区"1+3+4"产业布局和十二大产业链，提出了"推进知识产权政策制度体系建瓴行动""实施高质量知识产权创造强基行动""推动全过程知识产权保护铸魂行动""开展高效率知识产权运用深耕行动""推进高效率知识产权运营锻造行动""推动深层次体制机制改革引领行动""开展全球化知识产权环境塑造行动"等 34 项工作任务、90 项具体工作。新区先行先试，打造样板，努力突出突破性、实用性、原创性的创新成果，为全国优化营商环境贡献滨海力量。①

（三）系列方案持续优化营商环境

四川天府新区在营商环境建设过程中，始终坚持系统谋划，持续推出一系列改革政策。截至 2022 年，连续 4 年出台优化营商环境 1.0 版、2.0 版、3.0 版、4.0 版改革政策，共推出 363 项改革措施。福建福州新区启动营商环境 5.0 版改革。2022 年，福州发布《福州市营商环境创新改革行动计划》。在此次改革中，福州将以深刻转变政府职能为核心，创新体制机制、强化协同联动、完善法治保障，以更大力度、更高水平、更实措施全面优化营商环境，进一步深化"放管服"改革，全力打造市场化、法治化、便利化、国际化的一流营商环境。

天津滨海新区推出优化营商环境改革 5.0 版。天津滨海新区主动对标国家营商环境创新试点改革事项清单和创新试点城市做法，制定《滨海新区对标国家营商环境创新试点打造国际一流营商环境 2022 年行动计划》，包括 26 项重点任务、134 项具体改革举措。这是 19 个国家级新区中第一批推出的贯彻落实国家营商环境创新试点工作的实施方案，也是率先借鉴世界银行宜商环境评估体系的改革方案。2022 年行动计划紧跟国际新趋势，更加注重企业感受，更加注重普惠性。采取优化联合验收方式，根据不同项目类型并行实施联合验收和单项验收；优化"惠企政策适配器"，整合各层级各部

---

① 《〈天津市滨海新区国家知识产权强市建设示范城市建设工作方案（2022—2024 年）〉正式印发》，http://scjgj.tjbh.gov.cn/contents/330/541528.html，2022 年 10 月 17 日。

门惠企政策，充实政策数据库，完善推送机制；优化电力服务，开展外电源建设（10千伏）项目，结合客户用电意愿和需求，与客户签订约定书，按照商定时序开展外电源建设。

（四）持续深化"放管服"改革

"放管服"（简政放权、放管结合、优化服务）改革，是党的十八大以来党中央、国务院促进简政放权、激发市场活力、提高国际竞争力的重要战略部署，有助于深化行政管理体制改革、加快政府职能转变。[①] 国家级新区持续优化营商环境，为市场主体营造公平竞争的优良营商环境，推动有效市场和有为政府的更好结合。

大连金普新区持之以恒地打造"最舒畅"的营商环境。在优化营商环境、提高政务服务效能等方面，积极探索、开拓创新，先后出台《金普新区深化"放管服"改革优化营商环境两年行动方案（2020—2021）》《金普新区营商环境升级行动方案（2022—2024年）》等政策文件，提出71项改革任务和208条具体措施。黑龙江哈尔滨新区出台了《哈尔滨新区2022年"放管服"改革实施方案》，及时掌握工作推进情况、发现和解决存在的问题，统筹推进各项任务落实。

吉林长春新区以简环节、压时间、降成本为重点，持续深化"放管服"改革。新区制定实施了涵盖5方面60条高含金量改革举措的《长春新区打造一流营商环境2021年工作方案》，在政务环境、市场环境、法治环境、创新环境、服务环境等方面实现创新突破，以"升级版"营商环境激活经济发展新动能。制定2022年长春新区打造一流营商环境新60条举措，全面优化营商环境评价指标体系，打造"东北最优、全国一流"的营商环境。

第二节　国家级新区优化营商环境特色案例

对于起到示范性效果的试点政策，我国已经建立起一套成熟的复制推广

---

① 何颖、李思然：《"放管服"改革：政府职能转变的创新》，《中国行政管理》2022年第2期。

体系。在"放管服"改革中，试点政策的示范效应是推广的根本动力。① 因此要增强新区优秀营商环境案例的示范效应，最大化政策创新扩散作用。近年来，新区营商环境持续改善，特别是部分地方主动对标国际先进，加大营商环境改革力度，并取得明显成效，对推动营商环境整体优化、培育和激发市场主体活力发挥了较好的示范带动作用。2022 年，中国发展改革报社开展营商环境创新发展典型案例宣传活动，推出了一批优化营商环境的标杆。其中，甘肃兰州新区、陕西西咸新区以及天津滨海新区三个国家级新区脱颖而出，成功入选。此外，青岛西海岸新区成立"联合会"也是优化营商环境的一大创新特色，值得推广。

一 以"险"定级，因"施"分类：西咸新区积极探索基于风险等级的分级分类审批

近年来，陕西西咸新区持续优化营商环境，提升项目审批效率，不断创新审批举措，通过优化审批流程，大胆探索，创新推出"带方案出让+""拿地即开工""四个一帮代办"等审批服务新模式，推动工程建设项目审批提速增效。《以"险"定级 因"施"分类：西咸新区积极探索基于风险等级的分级分类审批》是深化"放管服"改革、构建国际一流营商环境的应有之义。

（一）以"风险"定级推行"三种模式"

西咸新区立足实际、守正创新，积极探索基于风险等级的分级分类审批。根据建筑结构安全标准，以及工程建设项目类型、规模、区域、复杂程度等情况，制定《西咸新区基于风险等级的分级分类审批改革实施方案》，将工程建设项目分为低风险类项目、中风险类项目和高风险类项目三个级别。对低风险类项目推行"告知承诺"，对中风险类项目推行"简化审批"，对高风险类项目推行"严格审查"。

---

① 廖福崇：《"放管服"改革的政策创新研究：试点—推广的政策逻辑》，《暨南学报》（哲学社会科学版）2021 年第 10 期。

（二）因"措施"分类紧扣"三个要求"

1. 提升低风险项目审批效能

在低风险领域推行"一站审批""告知承诺""合并办理""简易验收"。例如，在"合并办理"中，将工程建设许可与施工许可两阶段合并。在"简易验收"中，质量竣工验收由建设单位自行组织，不需要监督机构现场监督，取消建设工程消防验收备案和竣工验收备案。

2. 完善中风险项目审批服务

在中风险领域推行"五证联办""环评简化""节能备案""分段验收"。"五证联办"即先行申办基坑施工许可时，由政务中心统一收集相关信息，内部推送业务审批部门进行资料审查，实现立项、用地、土地、工规、施工许可五证联办。"分段验收"即分两段申请联合验收，第一段须包含质监和消防验收，其他事项作为第二段申请验收，全部内容验收合格后方可办理竣备，两段时间间隔不得超过3个月。

3. 严格高风险项目审批方式

在高风险领域坚持到位不越位，对于符合国家产业政策、地方发展规划、行业准入条件，满足能源利用及安全环保要求的建设项目，坚持提前介入，优化办理程序，压缩办理时限。对于不符合产业政策要求、准入条件的建设项目，不以任何名义任何方式办理手续。

（三）"服务"提升落实"三项标准"

1. 全程包办，"高效化"服务

按照工程建设项目四个阶段办理事项及审批要求，根据企业需求"量身定做"专属包办服务，高效为企业提供"点对点咨询""一对一指导""手帮手服务"，同时建立项目问题台账、回访台账，详细记录存在的问题、解决方案。

2. 全量代办，"专业化"服务

依据项目特点组建专业代办队伍，抽取土地供给、方案设计、施工管理等专业人才，通过制定工作流程、明确办理内容、实行全量服务三种方式无偿为低、中、高风险项目审批提供咨询、指导、协调、办理等全链条全周期服务。

3. 全域通办，"便捷化"服务

针对每类风险等级项目制定统一标准办事指南，实现"同标准受理、无差别审批"。企业在任何地方登录西咸新区工程建设项目并联审批平台申报项目，材料均可推送至属地政务大厅，实现"异地申报、属地审批、便捷送达"。

下一步，西咸新区将以基于风险等级的分级分类审批为重点，不断寻求自我突破，为构建国际一流营商环境、推进治理体系和治理能力现代化、实现高质量发展贡献更大力量。①

二 甘肃兰州新区"绿金通"平台：打造"永不下线"的绿色金融超市

近年来，甘肃兰州新区以绿色金融改革创新试验区建设为契机，大胆尝试、勇于创新，在体制机制、部门协同、体系建设等方面下功夫，积极推动普惠金融与绿色金融高质量协同发展，取得了丰硕成果。截至 2022 年末，兰州新区绿色贷款从 2020 年一季度末的 80 亿元增加至 205.7 亿元，普惠型小微企业贷款余额达 19 亿元。新区连续三年获评"最具投资吸引力新区"。在甘肃省法治政府建设示范地区和项目中，兰州新区"发挥政策优势，力推工程建设项目审批制度改革"名列其中。

（一）基本情况

2020 年 8 月，作为落实兰州新区建设国家绿色金融改革创新试验区的创新性举措之一，以集聚金融机构、汇集信贷产品、实现在线融资为目标的"一站式"绿色金融综合服务平台——兰州新区"绿金通"平台上线运行，极大地提升了银企融资对接效率，进一步优化了营商环境。

（二）做法与经验

依托"绿金通"综合服务平台，新区推出小微企业线上融资、小微企业互助担保贷款等多种绿色普惠金融产品，通过企业线上申请、金融机构线上审批，

---

① 《西咸新区报送的案例入选 2022 年营商环境创新发展典型宣传推广案例》，http://www.xixianxinqu.gov.cn/xwzx/ztzl/shfgfggyhyshj/640ee438f8fd1c163f6ba40b.html，2023 年 3 月 13 日。

随时随地实现绿色金融需求端和供给端的快速精准对接，降低绿色企业融资成本，有效缓解绿色企业短期资金流动性困难，让企业"足不出户"便可享受金融服务。

（三）成效与亮点

经过两年的发展，"绿金通"平台已有 30 多家金融机构入驻。平台紧密连接融资企业、金融机构、运营机构，畅通"政银企"融资信息、政策支持信息与服务通道，先后推出小微企业线上融资、现代农业园区固定资产贷款、小微企业互助担保贷款等 171 种绿色金融产品，涵盖绿色信贷、基金、保险、担保、融资租赁、供应链等多种类别，让企业"足不出户"即可享受金融服务。2022 年 11 月，兰州新区"绿金通"平台企业用户数突破 1 万，注册企业 1212 家，实现融资总额 176.57 亿元。在 2022 年营商环境创新发展典型案例宣传活动中，兰州新区"绿金通"平台案例从 1443 个案例中脱颖而出，成功入选 2022 年营商环境创新发展典型宣传推广案例，获评为专题案例。随着"绿金通"平台的影响力不断提升，新区将借助"绿金通"平台绿色金融服务专区，对绿色金融改革创新试验区自成立以来的政策、资讯、活动等进行宣传，形成可复制、可推广的绿色金融改革创新兰州新区经验。①

三　天津滨海新区"确认登记制"落地　实现市场主体"极简"登记

天津港保税区代表滨海新区的《"确认登记制"落地　实现市场主体"极简"登记》入选 2022 年营商环境创新发展典型宣传推广案例，入选天津市 2022 年度优化营商环境十佳典型案例。该案例的入选不仅体现了天津港保税区创新服务举措，推动区域营商环境持续优化，还充分展示了天津滨海新区市场监管系统深化商事制度改革的最新成果。

（一）基本情况

2022 年 5 月 1 日起，天津港保税区管委会管辖的中国（天津）自由贸易试验区天津机场片区（以下简称"天津自贸试验区天津机场片区"）开始实施市场主体确认登记制，这种极简的登记管理模式最大限度地尊重企业

---

① 《2023 年兰州新区工作报告》，http://www.lzxq.gov.cn/system/2023/01/16/030701881.shtml，2023 年 1 月 16 日。

登记注册自主权，将更多市场主体自主决策的事项放权给市场主体，减少登记机关干预。确认登记制度的施行使市场主体登记更加简单、高效，更有利于提升市场主体的获得感，进一步优化营商环境。

（二）做法与经验

确认登记制是进行市场主体登记的申请人依据流程和条件申请设立、变更、注销登记，登记机关依职权对材料齐全、符合法定形式的予以确认、登记并公示的一种制度。确认登记制改革实施后，申请人可通过天津市市场主体—网通办平台中的"中国（天津）自由贸易试验区市场主体确认登记开办专区"申请设立登记，申请材料大幅减少，登记程序更简化，特别是将现行各类市场主体备案事项调整为市场主体自行公示事项，未完成自行公示内容的，不可办理变更、注销业务。

（三）成效与亮点

1. "减"材料

取消了登记材料中多种类型的过程性文件，比如董事、监事、高级管理人员的任免职文件，联络员，外国（地区）投资者法律文件送达委托书，转股协议，清算报告，股东会决议，股东大会会议记录，合伙人变更决定书，合并（分立）协议，简易注销全体投资人承诺书（只公示），《住所（经营场所）登记承诺书》《信用承诺书》《企业名称申报登记承诺书》等。

2. "简"流程

登记程序更加简化，将现行各类市场主体备案事项调整为市场主体自行公示事项。天津市市场主体—网通办平台开辟了"企业专属服务空间"，全流程无纸化申报登记的市场主体，可通过电子营业执照扫码进入专属空间自行下载打印各类相关的确认登记通知书以及确认提交的申请材料。

3. "降"成本

申请人可以通过天津市市场主体信用信息公示网免费发布执照遗失、减资、注销、合并（分立）等公告以及清算组（人）备案信息。①

---

① 《"确认登记制"落地　市场主体实现"极简"登记》，http：//zwb.tjbh.gov.cn/contents/4393/541120.html，2022 年 10 月 21 日。

四 青岛西海岸新区擦靓营商环境"金招牌"

2021年6月，由政府主导、企业参与的青岛西海岸新区中外企业联合会（以下简称"联合会"）正式成立。联合会秉承营商环境就是生产力、竞争力的发展理念，打造各类要素资源集聚的"强磁场"，不断帮助企业寻求结合点、焊接产业链，深耕细作、优质服务，擦靓新区营商环境"金字招牌"，激活新区经济发展的"一池春水"，为打造市场化、法治化、国际化的一流营商环境贡献力量。

（一）搭建政企沟通平台

联合会就是政府与企业、企业与企业交流的平台。为充分发挥西海岸新区高校多的优势，力推企业发展，促进校企合作，联合会先后组织哈尔滨工程大学、中国石油大学（华东）与北船重工、赛轮等6家企业举办合作联席会，签订战略合作框架协议，在科技创新和人才培养方面开展合作，为企业招聘人才、学生见习就业架起沟通的桥梁。

（二）赋能产业协同发展

联合会多措并举推动区域性产业协同发展。联合会先后深入船舶海工、汽车制造、海洋生物医药、高效农业、人工智能等领域调研，多次组织召开中外企业家座谈会，形成了《关于西海岸新区海洋生物医药产业高质量发展的调研报告》《新区外商投资企业基本情况分析》等调研文章。为推动节能环保产业集聚发展，联合会携手惠城环保、思普润环保头部企业，与海发集团联合成立省内首家采取双向混改模式组建的区域性环保产业发展平台，助推新区环保产业做大做强。

联合会推动新区生物医药产业进一步发展。为促进新区生物医药和大健康产业深入发展，联合会邀请省药监局、中国老龄产业协会等到新区相关企业调研指导。成立了26家企业和单位参与的新区生物医药和大健康领域协同创新联合体，推动新区生物医药健康产业创新发展，实现全产业链的资源整合，全面促进新区海洋生物医药健康产业转型升级。

（三）提供坚强法治保障

联合会努力畅通企业诉求渠道。联合会先后与青岛仲裁委、区法院建立商事多元解纷诉调、仲裁规则机制，与区人社局、区工商联、区市场监管局等单位建立"企业维权中心""商事调解委员会"，探索服务企业普法、法律培训咨询、商事解纷诉调、劳动关系协调、知识产权维护的路径，畅通企业诉求渠道。

联合会助力新区法治化营商环境建设。为更好地服务新区中外企业，联合会聘请专业素养高、有服务企业情怀的 38 名社会知名专家组成专家库。联合会获授新区首批商标品牌工作指导站，并于 2022 年 4 月与市区有关部门单位联合成立山东省首家知识产权法律服务联盟。此外，联合会先后协调多家会员企业解决维权纠纷，为优化新区法治营商环境打造"新区样板"。

（四）护航企业健康发展

"培训跟着需求走，人才随着企业长"是联合会服务新区企业的一大宗旨。联合会不断创新企业咨询培训工作，开辟"企业大讲堂"，邀请中外知名专家上门授课、分享经验。合理分配培训资源，为初创企业邀请成功企业家分享创业经历和管理经验，为发展中企业搭建高层次人才治理企业经验分享平台，为成熟企业解读经济政策与发展形势。①

第三节　国家级新区优化营商环境路径

营商环境是企业等市场主体在市场经济活动中所涉及的制度要素和社会条件，只有良好的营商环境，才能吸引更多的人才、资金、技术，释放市场活力、激活发展潜力，推动经济高质量发展。党中央、国务院高度重视营商环境建设，习近平总书记指出，必须善于通过改革破除发展面临的体制机制

---

① 《西海岸新区中外企业联合会：擦靓营商环境"金招牌"》，https：//www.xihaian.gov.cn/ywdt/zwyw/202206/t20220628_6209911.shtml，2022 年 6 月 28 日。

障碍，改善营商环境，推动简政放权，加强事中事后监管，优化服务，激活发展潜能。[①] 只有国家级新区营商"软环境"的不断优化，才能培育发展更多"硬实力"。

一 聚焦市场主体关切，深化"放管服"改革，将营商环境制度创新成果转化为经济治理效能

党的十八大以来，面对极其复杂的国内外形势，以习近平同志为核心的党中央保持战略定力，继续深化改革开放，大力推进简政放权和行政审批制度改革，最大限度减少政府对市场资源的直接配置，最大限度减少政府对市场活动的直接干预，创新市场监管体制机制，优化企业和市场竞争环境。

（一）简政放权为市场主体松绑减负，激发企业能动性和创造性

优化营商环境对激发市场主体活力具有关键作用。在推进"放管服"改革、优化营商环境的过程中，国家级新区围绕降低市场准入门槛、培育和发展市场主体等采取了很多措施，为市场主体松绑减负，激发企业的能动性和创造性。

一是减少干预，更多自主。从企业设立、运行到注销全生命周期，市场主体的自主权得到充分保障，创造性不断得到激发。二是非禁即入，更多机会。让各类市场主体在更多的领域实现权利平等、机会平等、规则平等。三是优化流程，更快运营。持续推进"一业一证""一证准营""多证合一"，优化审批服务。四是减税降费，更低成本。除了制度性交易成本外，关注如何切实降低市场主体的生产运营成本，在减税、降费、加大金融支持力度等方面多措并举，让企业能够轻装上阵开拓创新。

（二）创新监管规范市场主体，营造公平竞争市场环境

在中国特色社会主义新时代，一方面，新技术新模式对监管理念和监管架构提出适应性提升要求；另一方面，资本借助平台经济跨界竞争、高度聚

---

① 中国行政管理学会课题组：《聚焦市场主体关切持续打造市场化法治化国际化营商环境》，《中国行政管理》2021 年第 8 期。

集，萌发新型垄断苗头，增加了监管的复杂性，发展环境变化对市场监管改革创新提出新要求。① 新区在简政放权改革的同时，不断强化事中事后监管，创新和改进监管方式，提升市场监管水平。通过公正监管营造公平竞争的市场环境，逐步建立起以"双随机、一公开"监管为基本手段、以重点监管为补充、以信用监管为基础的新型监管机制。

一是创新监管机制，监管更简便。推行"双随机""进一次门、查多项事"等模式，更好发挥社会信用体系对事中事后监管的支撑作用。二是实施重点监管，监管更有效。各新区要以最严谨的标准对食品药品安全、特种设备安全、工程质量安全、生产安全、市场秩序维护、金融诈骗、知识产权保护等领域实施重点监管，有效守好安全和质量底线。三是实行包容审慎监管，监管更灵活。本着鼓励创新、包容审慎原则，新区制定新兴产业监管规则，引导和促进新兴产业健康发展。四是完善"互联网+监管"，监管更精准。要加快建设数字化市场监管模式，打造"智慧监管""精准监管"系统，推进"一网通管"。

（三）优化服务便利市场主体运营，提升企业全生命周期运转效能

以市场主体需求为导向，聚焦企业需求，不断创新服务方式。要优化服务流程、推进"互联网+政务服务"，打造"马上办""就近办""异地办"等新型服务模式，让企业在全生命周期都能享受到高效便捷、公平可及的公共服务。

一是优化服务体系和流程，实现"就近办"和"一次办"。推进"一件事集成"改革，精简审批环节，推进多个关联事项"一表受理、一窗办理"。二是推进"互联网+政务服务"，实现"网上办"和"掌上办"。逐渐把现场办理搬到网络终端，并进一步向手机等移动自助终端延伸，打造"24 小时不打烊"政府，便利企业和群众办事。三是创新服务理念和机制，实现"协同办"和"异地办"。同步建立清单化管理制度和更新机制，

---

① 张林山、李叶妍、公丕明等：《新时代中国特色社会主义市场监管改革创新研究》，《中国物价》2023 年第 1 期。

逐步纳入其他办事事项，有效满足各类市场主体和广大人民群众异地办事需求。

二　扩大开放推进营商环境国际化，以法制建设巩固改革开放发展成果

营商环境国际化的本质在于制度环境国际化，只有与国际规则相匹配的制度体系才能对外资产生足够的吸引力。但是，激发投资兴趣仅是吸引外资的第一步，对于投资者而言，投资地区的安全感是其作出投资决策的必要条件。①

（一）深化开放推动经济发展国际化，提升我国经济吸引力竞争力

继续深化对外开放，加快构建开放型经济新体制，通过开放促进体制机制改革，改善营商环境和创新环境。进一步降低市场运行成本，提高运行效率，提升国际竞争力和吸引力。

一是深入推进便利外商投资的体制机制改革，提升新区经济吸引力。实施投资自由化便利化政策举措，保护外商投资合法权益，规范外商投资管理，持续优化外商投资环境。二是创新监管和服务方式，促进跨境贸易便利化。推进国际贸易"单一窗口"办理，优化简化通关流程，推行"船边直提""抵港直装"，简化边检等环节手续，压减通关成本。三是对标国际通行规则，不断缩小与国际一流营商环境的差距。不断深化金融开放创新，加快政府职能转变和事中事后监管创新，加快构建开放型经济新体制，形成负面清单管理、"证照分离"、"一照一码"等百余项可复制、可推广的制度创新成果，推进新一轮高水平对外开放的"先手棋"。

（二）加强法治建设稳定企业预期，巩固改革开放制度成果

新区要不断将"放管服"改革和营商环境建设的成果制度化和法制化，以法制规范政府和市场行为，给市场主体以稳定的预期。

一是加快制定对内外资企业等各类市场主体一视同仁的营商环境基本制度规范，不断完善适应新时代的营商环境法律法规制度。二是强化

---

① 苏泠然：《营商环境国际化：理论基础、实践差距与应对》，《当代经济管理》2021 年第 3 期。

政府管理公开化和规范化，促进依法行政。接受公众和社会的监督，做到法定职责必须为、法无授权不可为。三是强化市场主体权益保障，建立公正高效的法律服务体系。进一步加强案件执行力度，保障市场经营主体司法救济落到实处，同时加大对民营企业的法律保护力度，加大知识产权保护力度。

三 立足新发展阶段，构建新发展格局，加快推进市场化、法治化和国际化营商环境制度创新

当前经济全球化遭遇逆流，单边主义、保护主义抬头，世界面临的不稳定性不确定性更加突出。与此同时，我国正处在转变发展方式、优化经济结构、转换增长动力的攻关期，还面临市场发育不充分、市场激励不足、资源配置效率不高等问题，推动高质量发展仍存在不少体制机制障碍。在新的历史时期，必须进一步解放思想，坚定不移地深化改革开放，不断在经济体制关键性基础性重大改革上突破创新，加快打造市场化、法治化和国际化的营商环境。[①]

（一）要建立有效的市场，加快推进以充分发挥市场在资源配置中的决定性作用为目标的营商环境基础制度创新

充分发挥市场在资源配置中的决定性作用，这是社会主义市场经济的基本要求，也是营商环境建设的首要目标。

一是要全面深化改革，破除阻碍要素自由流动的体制机制障碍，切实打破行政性垄断，防止市场垄断。二是加强支持非公有制经济高质量发展的制度建设，健全支持民营经济、外商投资企业发展的市场、政策、法治环境，健全中小微企业贷款信用担保制度。三是坚持市场化改革方向，进一步放宽市场准入，全面实施市场准入负面清单制度，提升准入政策的透明度和负面清单使用的便捷性。四是完善各类市场主体公平竞争的法治环境，消除市场

---

① 中国行政管理学会课题组：《聚焦市场主体关切持续打造市场化法治化国际化营商环境》，《中国行政管理》2021 年第 8 期。

主体歧视，保障企业充分参与竞争，完善市场主体退出机制。五是实施更大范围、更宽领域、更深层次的全面开放，促进内外资企业公平竞争，推动对外贸易多元化。

（二）要建立有为的政府，加快推进以更好发挥政府作用为目标的营商环境运行机制创新

各新区加快转变政府职能，建设职责明确、依法行政的政府治理体系，做到放活与管好有机结合，提升监管和服务能力。

一是创新和加强宏观调控，加大对技术创新和结构升级的支持力度，加强产业政策和竞争政策协同。二是改善市场监管，大力推行"互联网＋监管"和"双随机、一公开"监管。三是改善社会管理，推动政府管理服务制度创新，构建全流程、一体化的在线服务平台，实现更多政务服务事项网上办、掌上办、一次办、"异地办"和"跨省通办"。四是完善公共服务体系，推进基本公共服务均等化、可及性，发展"互联网＋流通"，降低全社会物流成本。五是完善生态文明制度体系，促进人与自然和谐共生。宜居的生态环境能够吸引大量的企业入驻，也是重要的营商环境评价指标。

（三）要建立有活力的社会，加快推进以实现政府、市场、社会良性互动为目标的营商环境保障体系创新

营商环境建设作为一项公共治理活动，离不开政府、市场和社会的合作，政府有力引导、市场有效回应、社会有序参与是营商环境建设中必不可少的保障。

一要深化改革为企业和社会主体营造良好的创业创新环境。推进政务服务集成改革，积极推行"证照分离"改革，努力为市场主体和群众营造良好的创业办事环境。二要健全有利于更充分更高质量就业的促进机制。营造公平就业环境，加快建立协调衔接的劳动力、人才流动政策体系和交流合作机制。三要完善覆盖全民的社会保障体系，落实社保转移接续、异地就医结算制度等，加强配套设施建设和多元政策支持。四要加强社会信用体系建设，进一步营造公平竞争的社会文化环境，构建诚信守法的社会环境，着力

构建亲清政商关系。五要完善企业和社会个体参与营商环境建设的机制，扩大公众参与，通过"一站式"政务服务实体大厅，为企业和群众提供面对面政策解读和办事服务，重视市场主体和社会主体在营商环境评价中的主体地位，以评促建、以评促改、以评促优。①

---

① 中国行政管理学会课题组：《聚焦市场主体关切持续打造市场化法治化国际化营商环境》，《中国行政管理》2021 年第 8 期。

第三章　国家级新区的对外开放

推进高水平对外开放是新征程上加快构建新发展格局、推动高质量发展的重要举措，是中国经济四十多年来实现高速增长的重要引擎。[①] 20 世纪80 年代至今我国实施了"区域开放、梯次推进、逐步扩大"的发展战略，从建立经济特区到开放沿海、沿江、沿边、内陆地区，再到开放自由贸易区，走过了一个渐进式的改革开放历程。2020 年党中央提出要构建以国内大循环为主体、国内国际双循环相互促进的新发展格局。国家级新区是全方位扩大开放的重要引擎和窗口。大部分国家级新区设有自由贸易区或保税区，依托特殊政策和优惠条件，新区持续吸引国际资本和技术，构建面向国际的高端产业体系，力争打造开放层次更高、营商环境更优、辐射作用更强的开放新高地。本章主要介绍国家级新区对外开放建设情况、国家级新区对外开放制度以及新时期国家级新区的对外开放路径。

第一节　国家级新区对外开放建设情况

以开放促改革、促发展、促创新，是我国发展不断取得新成就的重要法宝。近年来，在党中央坚强领导下，国家级新区坚持以习近平新时代中国特色社会主义思想为指导，以共建"一带一路"为引领，推动开放型经济新体制建设迈上新台阶，在重点领域改革和高水平开放上发挥示范效应，深入推动自贸区建设，发挥政策叠加效应，拓展发展空间，持续扩大对外开放。

[①] 李向阳、赵永辉、柯稚晖：《贸易开放与地区经济增长：基于市场一体化的门槛效应考察》，《科学决策》2022 年第 6 期。

一 改革开放力度持续加大，取得丰富的贸易成果

近年来，新区对外贸易规模实现稳定增加，利用外资额持续增加，在新时期，新区要进一步提高贸易质量，优化进出口结构，有效地利用外资，优化外资利用布局与结构，帮助我国更好地构建双循环新发展格局。

（一）商品和服务贸易总额持续增长

扩大商品和服务贸易是对外开放的基本形式。近年来，国家级新区对外开放势头良好，进出口成为国家级新区经济发展的新增长点。多个新区进出口大幅增长，显示出良好的发展态势。

2021年新区外贸取得了较好的成绩。根据表3-1，在有进出口总额数据的10个新区中，5000亿元以上的新区有2个，分别是上海浦东新区（23886.07亿元）和天津滨海新区（6339.1亿元）；2000亿~5000亿元的新区有5个，分别是浙江舟山群岛新区（2354.87亿元）、大连金普新区（2570亿元）、广州南沙新区（2600.29亿元）、重庆两江新区（2903.32亿元）和青岛西海岸新区（3115.6亿元）。甘肃兰州新区2021年完成进出口贸易额82.4亿元，对全省外贸增量贡献率达35.4%，引领甘肃对外开放实现新跨越，逐步形成向西为主、多向并进的开放新格局。"兰洽会"首次设立兰州新区分会场，吸引国内外百余家企业参展，签约投资额增长36%，获批国家进口贸易促进创新示范区。[①] 四川天府新区成都直管区实现进出口总额80.68亿元，开放门户功能持续增强。

表3-1 2021年部分国家级新区进出口总额

单位：亿元

新区	进出口总额	新区	进出口总额
上海浦东新区	23886.07	大连金普新区	2570.00
天津滨海新区	6339.10	浙江舟山群岛新区	2354.87

---

① 《2022年兰州新区工作报告》，http://www.lzxq.gov.cn/system/2022/01/11/030480409.shtml，2022年1月11日。

续表

新区	进出口总额	新区	进出口总额
青岛西海岸新区	3115.60	湖南湘江新区	922.80
重庆两江新区	2903.32	甘肃兰州新区	82.40
广州南沙新区	2600.29	四川天府新区	80.68

数据来源：各国家级新区年度统计公报、地区统计年鉴。

新区外贸发展势头良好。根据图3-1，2021年，甘肃兰州新区2021年进出口贸易额同比增长103%，进出口总额增幅在新区中排第一。青岛西海岸新区进出口总额增幅达44.2%，仅次于兰州新区，四川天府新区虽然进出口总额相对较低，但经济发展向好，进出口总额增幅达到43.6%，位居第三。浙江舟山群岛新区进出口总额增幅也相对较大，达到41.8%。其他国家级新区外贸整体呈增长趋势。

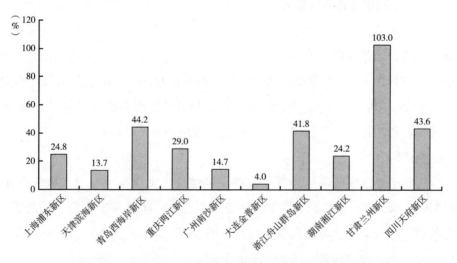

图 3-1　2021 年部分国家级新区进出口总额同比增长率

数据来源：各国家级新区年度统计公报、地区统计年鉴。

甘肃兰州新区进出口总额增幅之所以居各新区第一，得益于其经贸合作的持续拓展，不断构筑向西开放新高地。产自兰州新区的钻机、铜材、线缆、新能源汽车、农药等远销欧美、日本等国家或地区，面向"一带一路"沿线国家的物流集散枢纽和多式联运中心加快形成。[①] 新区 2022 年新设海外仓 2 个，基于木材加工业务开拓东南亚及欧美市场，农副产品海外销量剧增，电子信息、化工产品、新材料、中药材等特色产品出口持续增加，外商投资业务发展壮大，经贸往来国家或地区超 60 个，贸易产品达 200 余种。打造西北进出口贸易分拨中心和商品交易中心，商贸物流营收突破 2800 亿元，同比增长 45%。全省首个进口亚麻籽分拨中心建成投运，西北首批"国六"排放标准整车进口入区。新开辟国际班列特色线路 9 条，到发班列数增长 62.5%，化工园区获批全省专业化工外贸转型升级基地，国家物流枢纽效应日益凸显。京东亚洲（兰州）智能电商产业基地、跨境电商综合交通物流园等加快建设，顺丰一级分拨中心建成运营，跨境电商贸易额增长 30 多倍、全省占比超 50%。[②]

（二）利用外资成效显著

利用国外的资金和技术是对外开放的重要形式，更大力度促进外资稳存量、扩增量，是我国扩大高水平对外开放的重要举措，也是服务构建新发展格局的应有之义。[③] 要重视提高利用外资的质量和水平，把利用外资与经济结构调整、国有企业改组改造结合起来，积极引进国外的先进技术和设备，通过吸收和消化，加快技术进步，促进产业结构和产品结构的升级换代，增强企业国际竞争力。

近年来新区实际利用外资额保持稳定增长，实现稳中有增、量质齐升。根据表 3-2，在可获得数据的 9 个国家级新区中，2021 年，实际利用外资额排名前三的分别为上海浦东新区（107.03 亿美元）、广州南沙新区（100.06 亿美元）和天津滨海新区（43.24 亿美元）。

---

① 任卫东、宋常青、王铭禹等：《兰州新区：连续五年 GDP 增速超 15%》，《经济参考报》2022 年 5 月 31 日。

② 《2023 年兰州新区工作报告》，http：//www.lzxq.gov.cn/system/2023/01/16/030701881.shtml，2023 年 1 月 16 日。

③ 欧阳洁、罗珊珊、李刚等：《扩增量，利用外资上台阶》，《中国外资》2023 年第 3 期。

表 3-2 2021 年部分国家级新区实际利用外资额

单位：亿美元

新区	实际利用外资额	新区	实际利用外资额
上海浦东新区	107.03	青岛西海岸新区	14.50
广州南沙新区	100.06	大连金普新区	11.42
天津滨海新区	43.24	陕西西咸新区	7.23
重庆两江新区	32.80	黑龙江哈尔滨新区	3.02
湖南湘江新区	18.50		

数据来源：各国家级新区年度统计公报、地区统计年鉴。

天津滨海新区天津港积极探索跨境电商"线下保税展示+线上扫码交易"O2O新零售模式，推动跨境电商综合试验区建设，招商引资取得新成效，2022年全年新设外商投资企业481家，来自40个国家和地区。[①] 广州南沙新区紧抓粤港澳大湾区建设重大机遇，积极开展对外交流与合作。新区连续5年举办国际金融论坛（IFF）全球年会，连续4年举办美国财经频道（CNBC）全球科技大会，成功举办第20届亚洲科学理事会大会、大湾区科学论坛、亚洲青年领袖论坛等高端国际会议，南沙的影响力和美誉度不断提升。新区与港澳的合作不断深化，国际航运枢纽建设加快、国际交往功能优化，高水平对外开放门户枢纽的辐射力、影响力、带动力显著增强，吸引外商投资迅速增加，2022年实际利用外资达到172.8亿美元，同比增长72.7%。

二 国际贸易环境得到极大改善，基础设施建设力度不断加大

近年来，国家级新区始终坚持对标国际准则，打造一流营商环境，坚持制度创新，简化贸易手续，优化监管流程，降低交易成本，进而提升经济吸引力，促进外商投资。此外，不断推动开放平台建设，加快产业园区建设，进一步扩大对外开放。

---

① 天津市滨海新区统计局：《2022年滨海新区统计公报》，http://tjj.tjbh.gov.cn/contents/9827/274969.html，2023年3月。

（一）优化外贸口岸营商环境

天津滨海新区深化进出口货物"船边直提""抵港直装"等改革，重庆两江新区深化自贸试验区探索实践。天津滨海新区推动天津港建成全球首个"智慧零碳"码头，不断优化口岸营商环境。重庆两江新区"一站式"纠纷解决机制入选全国"最佳实践案例"，推进中欧区域政策合作经验做法获全国推广，自贸区新增市场主体4100家、增长11%，累计达3.2万户，占全市的比重超过50%。①

陕西西咸新区空港新城积极降低企业运营成本、提升监管服务效能。2022年新区在功能区联合海关、邮政等部门发挥"空侧安检前置"的资源优势，将国际邮件、快件、跨境电商3个场所、3套监管系统合而为一，实现同场监管、"一站式"通关。该项目投运后预计年均通关量超2000万件，进出境货邮吞吐量5000吨以上，为客户节约一半的运输时间和1/3的经营成本，为促进国际快件业务发展、打造"一带一路"航空物流枢纽提供有力支撑，也对推动跨境电商持续创新发展具有重要意义。借助自贸试验区创新优势，空港新城不断形成创新案例。其中，"大型机场运行协调新机制"案例获全国复制推广，"进口快件智慧监管模式""社会治理网络化管理新模式"2项案例分别获海关总署和国家应急管理部认可，"文勘前置"等6项案例在全省推广。

（二）推动开放平台建设

近年来，国家级新区与国际接轨，不断推动开放平台建设，推动产业园区建设，进一步扩大对外开放。甘肃兰州新区大力提升进出口贸易、通关效率，持续释放中川北站贸易平台和物流枢纽势能。新区深入实施综合保税区提升进位"445"计划，保税物流业务增长2倍，综合保税区加工类贸易同比增长70%，对全省外贸增量贡献率达50%，在全国综合保税区绩效评估中排名提升8个位次。航空口岸率先复制推广"两段准入"通关模式，进

---

① 《2021年重庆两江新区国民经济和社会发展统计公报》，http://ljxq.cq.gov.cn/zwgk_199/fdzdgknr/tjxx/tjtjgb/202206/t20220614_10813062.html，2022年6月14日。

出口贸易、通关效率倍数提升。中川北站贸易平台和物流枢纽作用持续放大，电解铝期货指定交割库开户企业 130 家、营收 125 亿元，货物吞吐量 12 万吨。氧化铝期货交割库即将获批，铜期货交割库启动申报，交割品种、规模加速增加。①

重庆两江新区建设二手车出口新平台。2021 年新区外贸转型升级基地（汽车及零部件）正式挂牌，二手车出口获批试点，引导汽车及零部件企业稳供应链、促增规模，汽车出口增长 60% 以上。

云南滇中新区加快建设十大开放平台，争取国家（区域）间政府合作项目优先落地，深度融入世界市场体系、国际要素循环和全球产业分工。这 10 个开放平台分别是云南自贸区联动创新区、"一带一路"现代物流节点、"航空+入境旅游"消费中心、"一带一路"跨境电子商务平台、"一带一路"国别特别产业园、"一带一路"国际人才社区、滇中科技创新园、区域性人文交流平台、区域性技术合作平台和区域性信息共享平台。云南滇中新区位于东亚、南亚与东南亚交接区域，是我国连"三亚"（东亚、东南亚、南亚）、通"两洲"（亚洲、欧洲）、达"两洋"（太平洋、印度洋）的重要战略节点。滇中新区将全面加强与中国（云南）自由贸易试验区昆明片区、昆明综合保税区的"三区"协调联动、融合发展，推动区域功能互补，形成互促并进的发展新格局。同时积极探索参与国际国内产业分工的路径，打通跨境贸易等通道，为投资新区的企业提供保税仓储、出口加工、转口贸易等诸多便利，实现与南亚、东南亚国家的产业联通。

吉林长春新区打造了中俄、中白、中日等多个国际合作产业园，搭建了科技、物流、信息等开放型功能平台，开放平台的集聚效应逐渐显现，为长春国家区域创新中心建设奠定基础。② 2022 年 7 月，重庆两江新区、中国缅甸经济合作发展促进会（缅甸）重庆代表处、重庆市科学技术研究院三方

---

① 《区位优势平台优势通道优势持续释放　新区对外开放新高地效应快速显现》，http://www.lzxq.gov.cn/system/2022/03/01/030508192.shtml，2022 年 3 月 1 日。

② 《长春新区：推动国际合作园区建设　打造多维度开放平台》，http://jl.people.com.cn/n2/2021/0223/c349771-34589376.html，2021 年 2 月 23 日。

签署战略合作协议，将在两江新区打造中缅产业园。三方将发挥各自在资源、政策、产业、区位、通道等方面的优势，推动在科技创新、贸易物流、数字经济、餐饮旅游等领域及产业投资、文化交流等方面开展合作，打造具有国际影响力的中缅合作示范平台，为促进中国与东盟国家合作发展提供支撑。①

三　积极拓展对外合作，贸易范围持续扩大

高水平对外开放要求开放范围更大，以便更好地服务于中国式现代化。从开放举措上看，更大范围对外开放要以共建"一带一路"为抓手，加强与沿线国家的多双边、次区域合作，促进经贸、物流、投资、制成品、服务业等领域开放全面双向往来。② 新区积极打通贸易新通道，切实有效构建全球创新网络平台，畅通国内国际双循环，促使中国企业快速而低成本地完成复杂产品的研发、设计、生产、制造，增强开放型经济创新驱动发展优势。

（一）打造特色线路通道，探索国际贸易新路径

良好的区位交通条件是国家级新区选址的重要前提，国家级新区通常拥有机场、港口、高铁站等多种交通枢纽资源，依托国际枢纽（航空、海运），发展外向经济，同时通过发达的区域综合交通枢纽（高铁、高速路网），形成区域物流客流的组织中心，成为整个区域对外开放的门户地区。近年来，新区持续开发新路线，不断拓展对外开放新通道。

1. 甘肃兰州新区"网上丝路"助力高质量发展外向型经济

甘肃兰州新区紧紧围绕制度创新和扩大对外开放合作等重点任务，以开放促改革、促发展，积极融入"一带一路"和西部陆海新通道建设，不断拓展国际货运新通道，积极探索国际贸易新路径。2022年12月"印度孟买—钦州港—兰州新区"西部陆海新通道班列成功开行。空铁海公多式联运示范工程通过国家验收，"甘肃—山东—拉脱维亚"物流新通道成功打

---

① 《中缅产业园落户两江新区助力中国与东盟国家合作发展》，http://ljxq.cq.gov.cn/zwxx_199/xqdt/202207/t20220713_10913755.html，2022年7月13日。

② 项松林、苏立平：《扩大高水平对外开放的理论思考》，《财经问题研究》2023年第5期。

通，海运集装箱集散中心加快建设，首开巴斯夫"德国—兰州"中欧化工班列，到发国际货运班列同比增长167%。打通达卡、曼谷等4个城市货运航点，执飞国际货运包机同比增长90%，国际货邮吞吐量同比增长21%。新区跨境电商业务单量增长3倍，京东"亚洲一号"智能电商产业基地建成，民航跨境电商物流园、顺丰一级分拨中心加速建设，"丝绸之路信息港"加快建设，"网上丝路"多点突围。兰州新区以获批"进口贸易促进创新示范区"为契机，按照"通道＋物流＋产业"的发展思路，进一步参与"海上丝绸之路""陆上丝绸之路"建设，持续做好中欧、中亚、南亚及西部陆海新通道"四向五通道"国际货运班列线路运营，助力地区高质量发展外向型经济。

2. 重庆两江新区、西咸新区和贵阳贵安新区加快畅通开放通道

2021年重庆两江新区以果园港为核心节点，实现了扩容提质。向东，果园港集装箱系统与"长江江海联运平台"成功对接，实现"船、港、货"江海联运物流数据等公共信息交换共享；向西，中欧班列（渝新欧）实现在果园港常态化发运；向南，果园港已成为西部陆海新通道重要发运节点之一，着力打造宜宾/宜昌—果园—钦州—东南亚"铁水联运"特色线路；向北，渝满俄班列也从果园港出发，实现稳定开行。

陕西西咸新区积极开拓多条货运通道。空港新城2022年新增西安—大阪、西安—阿拉木图、西安—圣彼得堡、西安—塔什干4条货运航线，全货运航线数增至42条，"向西开放、向东集散、辐射全球"的航空网络初步形成。同时，空港新城依托秦创原持续推进"临空＋科创"的"双轮驱动"。[1]

贵州贵安新区拓展新通道。2022年1月1日，首趟"湛江港—都拉国际物流港"测试班列从湛江发出，于1月3日抵达贵阳都拉营国际陆海通物流港，完成了"上行运输"测试。1月11日，"瓮马铁路—湛江港"黔粤测试班列从贵州省瓮马铁路牛场站发车，标志着两地共建黔粤铁路物流大通

---

[1]《空港新城立足对外开放窗口优势　引领区域经济社会高质量发展》，http://www.xixianxinqu.gov.cn/xwzx/xcdt/63b3886af8fd1c4c2133c23a.html，2022年12月30日。

道实现了第一次"往返开行"。

3. "贸易走廊"推动东北亚与东南亚企业市场对接合作

大连片区与昆明片区共建"日韩—东盟 RCEP 贸易走廊"，助力两地更多企业抢占 RCEP 国家市场，构建我国东北地区与西南地区开放合作的新样板。"贸易走廊"促进了两地产业深度融合，加速两地人才、资本、信息、技术等产业关键要素的流动融通。双方将推动两地海关给予两地货物通关便利，联合海关共同探索推出针对 RCEP 贸易走廊的报关、转关的便利化措施，建立政务互办、信息互换、监管互认的高效便捷通关模式。依托两地跨境电商综合试验区及综合保税区功能优势，加快发展连接 RCEP 覆盖区域南北两端的跨境消费产业，将大连片区、昆明片区打造成日韩、东盟特色精品进入西南、东北市场的"首站"。大连片区将与昆明片区进一步完善协商合作制度。充分对标国际经贸规则，激活 RCEP 互补创新优势，推动东北亚与东南亚企业市场对接合作，加强资源整合，开启东南亚与东北亚的"两亚"经贸互动新通道，打通印度洋与太平洋的"两洋"服务贸易新走廊。

（二）积极打造贸易新业态

外贸新业态新模式是国际贸易发展的重要趋势，是推动贸易高质量发展、培育参与国际经济合作和竞争新优势、服务构建新发展格局等三大重要战略下的必然选择。当前，全球经济不确定性因素增加，传统外贸增长空间有限、动力不足。因此，精准施策培育外贸新业态新模式是落实党中央、国务院"推进贸易高质量发展"统一决策部署的重要举措。[1] 高速发展的数字技术引发数字化发展浪潮和重要发展趋势，形成我国对外贸易高质量发展的重要动能。[2] 各国家级新区积极抓住这一机遇，探索国际贸易新业态新模式。

甘肃兰州新区进一步拓宽外贸新业态发展渠道。自 2019 年兰州新区综合保税区跨境电商"1210"（保税跨境贸易电子商务）进口业务常态化运营

---

[1] 唐晓婷：《外贸新业态新模式的现实逻辑与实践路径》，《南海学刊》2023 年第 3 期。

[2] 夏杰长、李銮淏：《数字化赋能国际贸易高质量发展：作用机理、现实挑战和实施路径》，《国际贸易》2023 年第 1 期。

以来，20 余家注册备案企业中 12 家企业通过拼多多全球购等平台开展业务，业务往来涉及日本、韩国、法国、美国、英国等国家。区内"1210"进口业务量从最初的几十票到 2021 年的达 30 万票。2022 年 3 月甘肃省首单跨境电商"9710"（跨境电子商务企业对企业直接出口）业务成功开启，进一步拓宽了兰州新区综合保税区外贸新业态发展渠道。

重庆两江新区聚焦跨境电商、保税维修等贸易新业态，培育贸易发展新动能。新区依托重庆自贸试验区及中新（重庆）示范项目等平台优势、两路果园港综合保税区等功能平台，成功引进多家跨境电商平台企业，其中不乏天猫、唯品会等跨境电商巨头。同时，瞄准智能化升级，帮助区内重点跨境电商项目打造智能化分拣打包作业系统，进一步带动区域跨境电商高质量发展。2021 年全年跨境电商交易额增长 50% 以上。

广州南沙新区积极推进跨境电商改革。南沙是全国最早开始跨境电商试点的地区之一，依托海港优势，打开跨境电商"新局"，南沙跨境电商应用实例入选商务部"最佳实践案例"。南沙成功打造了多个跨境电商品牌创新项目，全球优品分拨中心搭建了"一仓买全球、卖全球"的应用场景，国内首个跨境公共分拨中心实现了跨境电商包裹"当日处理、24 小时送达"，大湾区机场货运中心打造了海陆空铁立体式的联运通道，有力促进了南沙跨境电商创新发展，使南沙成为国内外知名品牌的集散地。跨境电商业务量从 2014 年的 0.2 亿元增长到 2022 年的约 900 亿元，助力广州跨境电商零售进口规模连续 9 年蝉联全国第一。南沙进口示范区的汽车平行进口、飞机保税融资租赁、文化艺术品保税、保税船燃加注、离岸贸易等新模式、新业态蓬勃发展。汽车平行进口在全国首创"保税+会展""保税仓储+保税流转"模式；广州市首颁的 4 个保税加油牌照均花落南沙企业、新区成功打造粤港澳大湾区"超级加油站"等，让南沙外贸新业态成为亮丽的名片。①

---

① 《南沙进口示范区结硕果　打造华南最大对外开放门户》，http://www.gzns.gov.cn/zwgk/rdzt/nanshafangan/nszxd/content/post_ 8923619. html，2023 年 4 月 17 日。

（三）积极共建"一带一路"

"一带一路"倡议是以习近平同志为核心的党中央顺应时代大势提出的重大国际合作倡议。十年来，共建"一带一路"成为深受欢迎的国际公共产品和国际合作平台，并为探索中国式现代化道路积累了宝贵的经验。[1] 新区进出口贸易的良好发展态势，离不开"一带一路"建设。随着"一带一路"建设的深度推进，我国企业与"一带一路"沿线国家的贸易合作日益紧密。

2020 年 11 月 15 日《区域全面经济伙伴关系协定》（RCEP）签署后，东亚区域尤其是中日韩经贸合作迈上新高度，技术性贸易措施等非关税贸易壁垒也成为中国出口企业亟待解决的现实问题。2022 年 11 月，上海自贸区"一带一路"技术交流国际合作中心东亚分中心在浦东揭挂牌。作为推动国际质量认证交流合作深化拓展的又一重要举措，东亚分中心的揭牌，标志着引领区"专业化、国际化、规模化、集约化、多样化"的检测认证服务已全面升级，将为上海、长三角乃至全国企业更好"走出去"、国外产品更快"引进来"增添新动力。

天津滨海新区立足产业发展基础，优化全方位开放格局。新区发挥天津自贸试验区、港口资源等优势，坚持"走出去"和"引进来"并重，持续提升开放层次和水平，全力打造对外开放新高地，积极融入"一带一路"建设。2022 年天津港新开通 4 条"一带一路"及 RCEP 新航线，集装箱吞吐量 2102.13 万 TEU，同比增长 3.7%。推动中欧班列发展模式创新。2021 年中欧班列开行 5.8 万标箱，比上年增长 23.4%。经贸投资合作持续深化，引入 MTS 海关物流系统和 GoBus 汽车站。2021 年底，建设完成扩展区基础设施、燃气和通信管线共计 2 平方公里，已经投入使用标准厂房 24600 平方米，保税海外仓 5000 平方米。[2]

青岛西海岸新区积极抓住"一带一路"机遇，外贸经济取得良好成果。2021 年对"一带一路"沿线国家进出口 266.7 亿美元，同比增长 64.5%。

---

[1] 李小平、张胄：《深入推进共建"一带一路"》，《前线》2023 年第 5 期。
[2] 天津市滨海新区统计局：《2021 年滨海新区统计公报》，http://tjj.tjbh.gov.cn/contents/9827/268440.html，2022 年 4 月。

全年对"一带一路"沿线国家和地区投资项目 97 个，协议投资额 28.64 亿美元。①

第二节 国家级新区对外开放制度

吸引外资需要良好的内部市场条件与宽松的政策环境共同发挥作用。②建设更高水平开放型经济新体制对开放的层次提出了更高要求，要在持续深化商品和要素流动型开放的同时，稳步拓展制度型开放，在有利于开放发展的制度建设上下功夫。随着多年改革开放的发展，新区商品和要素流动型开放取得积极进展，制定了一系列政策助力进一步高质量开放（见表 3-3）。

表 3-3 2021~2022 年国家级新区部分对外开放重点政策

国家级新区	发布日期	政策
上海浦东新区	2021 年 10 月	《浦东新区深化上海国际贸易中心核心区建设"十四五"规划》
	2021 年 11 月	《上海自贸试验区保税区片区发展"十四五"规划》
	2022 年 1 月	《浦东新区"十四五"期间支持贸易中心建设财政扶持办法》
天津滨海新区	2021 年 3 月	《天津滨海高新区稳住外贸外资基本盘推进外贸创新发展的工作方案》
	2022 年 11 月	《中国（天津）自由贸易试验区高质量落实〈区域全面经济伙伴关系协定〉（RCEP）行动方案》
广州南沙新区	2022 年 12 月	《中国（广东）自由贸易试验区广州南沙新区片区关于促进新型离岸贸易高质量发展若干措施》
贵州贵安新区	2022 年 2 月	《外资外贸服贸跨境电商发展支持》
南京江北新区	2021 年 1 月	《关于促进江北新区跨境电子商务产业生态构建的若干政策（试行）》
	2022 年 2 月	《中国（江苏）自由贸易试验区 南京片区促进制度创新十条措施（试行）》

资料来源：各国家级新区政务网。

---

① 《2022 年西海岸新区统计年鉴精简版》，https://www.xihaian.gov.cn/zwgk/bmgk/qtjj/gkml/zdgz/tjnj/202212/t20221212_6567225.shtml，2022 年 12 月 12 日。

② 陈钊、张卓韧：《稳外资：内部市场条件、对外开放政策及两者的互补性》，《财贸经济》2023 年第 1 期。

党的二十大报告提出要推进高水平对外开放，稳步扩大规则、规制、管理、标准等制度型开放。党的十八大以来，中国以市场化、法治化、国际化手段稳步推进制度型开放。[①] 国家级新区主动参与国际贸易，加快建立与国际规则相适应的制度体系，创新和完善监管模式，为扩大对外开放提供制度供给。

一 积极落实 RCEP 规则，构建开放型经济新体制

《区域全面经济伙伴关系协定》（RCEP）对区域贸易自由化和贸易便利化有着重要的保障作用，对国内大循环和国内外双循环发展新格局有重要的支撑作用。近年来，国家级新区持续推出方案促进 RCEP 在新区落地实施，以促进进一步开放。

（一）天津自贸区推动 RCEP 落地实施

2022 年 11 月，为推动要素流动更加自由、促进数据安全有序流动、实现资源配置更加灵活高效，天津自贸区出台《中国（天津）自由贸易试验区高质量落实〈区域全面经济伙伴关系协定〉（RCEP）行动方案》（以下简称《行动方案》）。《行动方案》以落实 RCEP 规则为基础，积极对标高标准国际经贸规则，结合天津自贸试验区发展实际，明确 8 个方面 20 项重点工作任务，包括合力推动 RCEP 落地实施、提升货物贸易便利化水平、提高电子商务发展水平、深化服务贸易合作等。

1. 打造高水平自由贸易园区

《行动方案》结合天津自贸试验区实际，不断拓展和深化与 RCEP 成员国的经贸合作，努力实现更高合作水平、更高投入效益、更高供给质量、更高发展韧性。《行动方案》提出，总体目标是全面落实 RCEP 经贸规则和标准，推动区域间合作机制更加健全、市场融合更加深入、营商环境更加良好；推动天津自贸试验区投资、贸易、金融、运输、人员等要素流动更加自由，促进数据在区域间安全有序流动，实现资源配置更加灵活高效，打造面

---

① 陈海燕：《新时代对外开放的创新发展与重大意义》，《理论视野》2023 年第 5 期。

向世界的高水平自由贸易园区。

2. 重点任务分为 8 方面"20 条"

一是合力推动 RCEP 落地实施，包括建立跨部门协作推进工作机制、提升国际经贸规则运用水平、开展全方位的宣传培训等内容。二是提升货物贸易便利化水平，包括进一步优化货物通关服务、推动原产地规则适用、扩大机电产品贸易规模等内容。三是提高电子商务发展水平，包括推动跨境电商创新发展、支持海外仓建设布局等内容。四是深化服务贸易合作，包括加快推进服务贸易创新试点、提升数字贸易发展水平等内容。五是提高金融对外开放水平，包括提升本土金融机构国际化服务能力、支持金融业进一步对外开放、增强人民币结算对贸易投资发展的支持作用等内容。六是构建中日韩自贸区战略先导区，包括深化与日韩经贸规则合作、推进与日韩贸易投资对接等内容。七是加大区域经贸合作力度，包括强化招商引资效能、构建多层次的经贸合作网络等内容。八是积极打造一流营商环境，包括强化知识产权运用保护、优化涉外法律服务环境、开展制度规则压力测试等内容。[1]

（二）大连自贸片区高质量实施 RCEP 打造高水平对外开放新高地

2022 年 5 月，中国（辽宁）自由贸易试验区大连片区正式对外发布《高质量实施 RCEP 三年行动方案（2022—2024）》《全面对接 RCEP 加快推动外向型经济高质量发展的若干政策措施》。这是大连片区深入贯彻落实国家、省、市、新区关于高质量实施 RCEP 工作部署，立足独特优势，抢占发展先机，全力打造高水平对外开放新高地的具体举措，将有力推动"两先区"高质量发展。作为大连片区项目化、清单化、工程化实施 RCEP 的行动纲领，三年行动方案在以下五个方面明确了 20 项重点工作任务。

1. 搭建高水平合作平台

片区将改造保税区南门闲置楼宇，打造 RCEP（大连）国际商务区，促

---

[1] 《天津自贸区出台高质量落实 RCEP 行动方案》，http://www.tjbh.gov.cn/contents/12158/542672.html，2022 年 11 月 20 日。

进企业、技术、人才、资金等的高效聚集。设立 RCEP 经贸促进中心，构建宣传推介和服务对接 RCEP 的前沿窗口。搭建 RCEP 精品展销中心，积极招引、举办各类区域内名优产品的专业展会。在逍遥湾国际商务区规划建设 RCEP 大厦，打造研发、设计、贸易、金融等高端服务业聚集的 RCEP 企业总部基地。

2. 深化高质量产业合作

片区将聚焦汽车、集成电路、新能源、生物医药等优势产业，加大力度吸引产业投资。围绕金融、科研、设计等现代服务业，支持相关企业落户，构建面向 RCEP 的高端服务业集聚区。引导企业根据 RCEP 规则优化产业链布局，完善对外投资服务体系，支持企业对 RCEP 成员国投资。

3. 推动外贸高速度发展

片区将支持企业加强汽车零部件、集成电路、智能装备、医疗器械等领域的先进技术、设备和关键零部件进口；扩大对 RCEP 国家优势产品的出口，在重点市场完善国际营销网络布局。进一步培育发展跨境电子商务，推进"保税进口+零售加工"跨境零售新模式及项目落地。积极拓展新型离岸贸易，加快发展数字贸易。

4. 促进要素高效率流动聚集

片区将积极推进 QFLP 试点制度及项目落地，支持 RCEP 区域内资金围绕大连现代产业发展战略开展投资。为海外高端人才的跨境移动提供必要的便利。进一步提升产业创新特区能级，鼓励 RCEP 区域企业或机构在片区落户研发中心。积极构建联通 RCEP 的国际物流枢纽，搭建日韩—东盟商品空中走廊。

5. 打造超一流营商环境

片区将建立全方位、立体式企业服务工作机制，定期举办专家论坛或研讨活动，加强企业运用 RCEP 能力建设。依托知识产权快速维权援助中心，提升国际贸易知识产权保护水平。加强企业海外权益保护体系建设，助力企业合规开展国际经营，提升国际经贸争端应对能力。

二　制度创新稳步扩大制度型开放

制度型开放是新时代我国理论和实践上的重大创新突破，是新发展阶段推进高水平对外开放、建设更高水平开放型经济新体制的必然要求，也是加快构建新发展格局、着力推动高质量发展的重要支撑。[①] 在全面建设社会主义现代化国家的新征程上，新区以高水平对外开放不断增强国内国际两个市场两种资源的联动效应，为加快构建以国内大循环为主体、国内国际双循环相互促进的新发展格局提供更为坚实的制度支撑。

（一）广州海关"48条措施"支持南沙深化粤港澳合作

广州南沙新区采取多项创新举措力促进一步高水平开放。2022 年 10 月，广州海关出台 48 条细化措施（以下简称"48 条措施"）支持南沙深化面向世界的粤港澳全面合作。"48 条措施"包括促进粤港澳大湾区要素便捷流动、支持重点项目建设、支持建设中国企业"走出去"综合服务基地、加强粤港澳三地规则衔接等。

在促进粤港澳大湾区要素便捷流动方面制定相关制度。广州海关将支持开展"跨境科研用物资正面清单"试点，助力南沙建设科研设备进出口公共服务平台；支持试点实施生物医药研发用物品进口"白名单"制度，实行海关便利化通关管理模式；复制推广进境动物源性生物材料检疫监管便利措施；对于港澳科研机构因科研、测试、认证检查所需的产品和样品，凭借市场监管部门出具的《免予办理强制性产品认证证明》加快验放。广州海关还将持续推动粤港澳三地人员便利往来，如配合地方政府争取游艇自由行政策全面落地南沙、支持探索在南沙公立医院开展跨境转诊合作、将海关健康申报信息纳入广东省"粤康码"和香港"港康码"转码范围等。

在支持重点项目建设方面，跨境电商、"保税+"业务和汽车产业发展亮点颇多。"48 条措施"提出，支持企业开展跨境电商零售进口退货中心仓、出口海外仓等业务，并争取在南沙开展港澳 OTC 药品跨境电商进口试

[①]　胡怀国：《全面把握新时代稳步扩大制度型开放的要义》，《国家治理》2023 年第 9 期。

点；助力南沙与港澳共建全球飞机租赁中心，支持开展大宗商品期货保税交割、全球维修、保税油供应国际航行船舶等多项"保税+"业务；支持开展平行进口汽车符合性整改和保税展示交易业务，并推进新能源汽车技术性贸易措施研究评议基地建设，帮助国产汽车顺利"出海"。

广州海关还将率先在南沙口岸试点优化出口监管流程，推动建设技术性贸易措施粤港澳大湾区研究评议基地，并支持全球质量溯源体系在南沙口岸的试点。"48条措施"还提出多项措施以加强粤港澳三地规则衔接。其中，海关将大力推广应用进口货物电子提货单、设备交接单，实现全流程无纸化作业；支持地方政府创建国家级广州（南沙）农业对外开放合作试验区，促进农用机械设备进出口和预制菜产业高质量发展；将符合条件且已在港澳上市药品中属于特殊物品的，纳入低风险管理范围，支持粤港澳大湾区急需药品、医疗器械便利通关。

（二）南京江北新区构建跨境电商完整产业链和生态圈

南京江北新区促进开放平台创新。为支持中国（南京）跨境贸易电子商务综合试验区建设，促进江北新区对外贸易持续快速发展，推进南京江北新区跨境电子商务产业生态构建，江北新区制定《关于促进江北新区跨境电子商务产业生态构建的若干政策（试行）》。该政策遵循新发展理念，全面实施创新驱动发展战略，以改革开放为动力，以推动形成全面开放新格局为目标，按照"进出口并重，双向驱动"的基本思路，构建完整的跨境电子商务产业链和生态圈，加快新区跨境电子商务发展，着力打造对外开放新高地。

新区制定了大幅提升外贸产出水平的总体目标。依托国家级新区与自贸区双区叠加优势，以中国（南京）跨境贸易电子商务综合试验区建设为核心，建设国际贸易全球单一窗口综合服务平台，建设跨境电商服务平台和商品集中展示销售中心。争取到2025年，吸引100家以上优质跨境电商和服务企业入驻新区，实现300亿美元外贸产出的目标。①

---

① 《关于印发〈关于促进江北新区跨境电子商务产业生态构建的若干政策（试行）〉的通知》，http://njna. nanjing. gov. cn/njsjbxqglwyh/202104/t20210408_ 2873065. html，2021年1月8日。

　　该政策的实施对于新区跨境电商的发展起到重要的推动作用。政策支持跨境电子商务产业园建设；支持跨境电子商务平台建设；培育壮大跨境电子商务经营主体；支持跨境电子商务服务体系建设；鼓励国家级商协会设立代表处，从事跨境电子商务促进相关工作。在该政策的支持下，新区的对外开放水平将达到新的高度。

第三节　国家级新区对外开放路径

　　党的二十大报告将更高水平开放型经济新体制基本形成作为未来5年的主要目标任务之一，并指出要推进高水平对外开放。通过纵向和横向比较客观地审视各新区对外开放情况可以发现，新区对外开放取得了辉煌成就。但同时也存在开放型经济发展不平衡不充分、部分体制机制有待完善等问题。在新征程上，为推进高水平对外开放，国家级新区应统筹好开放和发展、开放和改革、开放和创新、开放和安全，稳步扩大制度型开放，推动高质量"引进来"和高水平"走出去"，提升开放监管和风险防控能力。[①]

一　坚持实施更大范围、更宽领域、更深层次对外开放

　　实施更大范围的对外开放。要以"一带一路"建设为重点，不断扩大对外开放的"朋友圈"。一方面，稳住对发达国家的出口；另一方面，重视发展中经济体的发展潜力，尽快打通向西开放的多条关键通道和口岸，尤其是加快建设西部陆海新通道。优化开放空间布局，通过加快自由贸易试验区、自由贸易港等对外开放高地建设，引导沿海内陆沿边开放优势互补，促进区域协同发展。巩固东部沿海地区和全国特大城市的开放先导地位，率先推动全方位高水平开放；加快中西部和东北地区开放步伐，助推内陆地区成为开放前沿；推动沿边高质量开发开放，更好发挥重点口岸和边境城市的内

[①]　郑持平、于文静：《新征程上推进高水平对外开放》，《宏观经济管理》2023年第6期。

外联通作用。

实施更宽领域的对外开放。一是要推动货物贸易优化升级。既要做强一般贸易，又要发展加工贸易，还要创新贸易发展方式，提高跨境电商、离岸贸易和市场采购等外贸新模式新业态所占比重。二是要创新服务贸易发展机制，进一步解放思想，化思想武器为发展动力。三是要大力发展数字贸易，抓住机遇，加快发展。通过放宽市场准入，吸引更多更优质外资在我国市场上同台竞争，推动我国企业和产业不断增强国际竞争力。要稳妥推进银行、证券、保险、基金、期货等金融领域开放，深化境内外资本市场互联互通，健全合格境外投资者制度。完善自由贸易试验区布局，赋予其更大改革自主权，深化首创性、集成化、差别化改革探索，积极复制推广制度创新成果。稳步推进海南自由贸易港建设，以货物贸易"零关税"、服务贸易"既准入又准营"为方向推进贸易自由化便利化，大幅放宽市场准入。

实施更深层次的对外开放。一是要实施自由贸易试验区提升战略。自由贸易试验区是新时代国家重大开放战略，必须以更强的奋斗精神，争取在开放性创新政策上取得新突破。二是要主动扩大面向全球的高标准自由贸易区网络。三是既要持续深化商品、服务、资金、人才等要素流动型开放，又要稳步扩大规则、规制、管理、标准等制度型开放，积极参与全球治理体系改革和建设。① 从新区实际情况出发，构建与国际通行规则相衔接的制度体系和监管模式，营造更加市场化、法治化、国际化的营商环境。健全外商投资准入前国民待遇加负面清单管理制度，促进内外资企业公平竞争。建立健全跨境服务贸易负面清单管理制度，健全技术贸易促进体系。

二　深入推进便利外商投资的体制机制改革，提升新区经济吸引力

外商投资对我国外贸出口、科技创新、市场一体化等均具有积极的促

---

① 项松林、苏立平：《扩大高水平对外开放的理论思考》，《财经问题研究》2023 年第 5 期。

进效应。① 鼓励外国投资者依法在中国境内投资，一直是我国对外开放的重要内容。近年来，我国更是实施了一系列高水平投资自由化便利化政策举措，保护外商投资者的合法权益，规范外商投资管理，持续优化外商投资环境。大部分国家级新区设有自由贸易区或保税区。依托特殊政策和优惠条件，国家级新区要充分发挥好这一优势，吸引国际资本和技术，培育面向国际的高端产业体系，要深入落实国家一系列优惠政策，并根据自身特点制定合理的支撑保障政策，最大程度发挥对外开放优势，提高经济吸引力。

（一）创新监管和服务方式，提升跨境贸易便利化

新区要构建与国际通行规则相适应的制度体系和监管模式。健全外商投资准入前国民待遇加负面清单管理制度，进一步缩减外资准入负面清单，落实准入后国民待遇，促进内外资企业公平竞争。建立健全跨境服务贸易负面清单管理制度，健全技术贸易促进体系。稳妥推进银行、证券、保险、基金、期货等金融领域开放，深化境内外资本市场互联互通，健全合格境外投资者制度。稳慎推进人民币国际化，坚持市场驱动和企业自主选择，营造以人民币自由使用为基础的新型互利合作关系。

优化出入境、海关、外汇、税收等环节的管理服务。具体来看，要按照国家促进跨境贸易便利化的有关要求，依法削减进出口环节审批事项，规范口岸收费，降低通关成本，取消不必要的监管要求，优化简化通关流程，推动口岸和国际贸易领域相关业务统一通过国际贸易"单一窗口"办理，提高通关效率，促进通关便利化。促进各部门系统对接和数据共享，大力推行无纸化通关、进口"两步申报"。天津强化海关、商务、港口、边检等单位联动协作，推行"船边直提""抵港直装"，简化边检等环节手续，压减通关成本，有效促进跨境贸易便利化，对其他地区起到示范作用。

（二）对标国际通行规则，不断缩小与国际一流营商环境的差距

在国际战略格局变迁和大国竞争加剧的外部环境下，营商环境国际化具

---

① 王浩、罗琦、张建武：《外商投资与科技创新——基于市场一体化视角》，《统计研究》2022年第12期。

有积极意义和独特价值。目前，我国已初步形成了"国家+地方"多层次、"行政性+第三方"多元化的营商环境评价体系。① 习近平总书记曾指出，"投资环境就像空气，空气清新才能吸引更多外资。"营商环境是一个地区经济软实力和竞争力的重要体现。为了给外资企业投资广东、落户湾区创造优良的环境，2022 年《广东省外商投资权益保护条例》《中国（广东）自由贸易试验区广州南沙新区片区合格境外有限合伙人（QFLP）境内投资试点管理暂行办法》《深圳经济特区外商投资条例》等相继出台实施。

一流营商环境的构建不仅是各级政府减少审批、优化程序等"给方便"或者对某些项目特别"给政策"，而是要在制度、规则、政策等整体上使市场主体感受到稳定、公平、透明、可预期，从而促进要素流动，降低交易成本。一方面，新区要重点参照世界银行营商环境报告，对标国际通行规则，积极推进营商环境建设的国际化进程。逐一梳理自身的短板弱项，制定重点改革任务台账，不断缩小与国际一流营商环境的差距。另一方面，在自贸区内，要不断深化金融开放创新，加快政府职能转变和事中事后监管创新，加快构建开放型经济新体制，负面清单管理、"证照分离"、"一照一码"等百余项可复制、可推广的制度创新成果成为推进新一轮高水平对外开放的"先手棋"，推动全国形成全面深化改革的良好态势。新区要进一步构建高效运行的市场机制，充分发挥市场对资源配置的决定性作用，促进全球高端要素资源汇聚。加强法规制度体系建设，营造公正高效的司法环境，构建公正审慎的监管体系，依法保护市场主体产权和合法权益。通过规则衔接和制度整合形成区域统一的共同市场，并以此为基础高标准对接国际通行制度规则，打造全球创新创业和投资发展最佳首选地。

（三）提升国际化双向投资水平

双向投资是整合利用国内国际两个市场、高效配置全球资源的重要途径。近年来，新区利用外资规模不断扩大。未来，要坚持"引进来"和

---

① 李富成：《论中国法治化营商环境的优化取向》，《上海交通大学学报》（哲学社会科学版）2021 年第 6 期。

"走出去"并重，以高水平双向投资高效利用全球资源要素和市场空间，完善产业链供应链保障机制，推动产业竞争力提升。更大力度吸引和利用外资，有序推进电信、互联网、教育、文化、医疗等领域相关业务开放。全面优化外商投资服务，加强外商投资促进和保护，发挥重大外资项目的示范效应，支持外资加大在中高端制造、高新技术、传统制造转型升级、现代服务等领域的投资，支持外资企业设立研发中心和参与承担国家科技计划项目。

新区要鼓励外资企业加大投资，引导企业加强合规管理，防范化解境外政治、经济、安全等各类风险。坚持企业主体，创新境外投资方式，优化境外投资结构和布局，提升境外投资风险防范能力和收益水平。完善境外生产服务网络和流通体系，加快金融、咨询、会计、法律等生产性服务业国际化发展，推动企业产品、服务、技术、品牌、标准"走出去"。支持企业融入全球产业链供应链，提高跨国经营能力和水平。推进多双边投资合作机制建设，健全境外投资政策和服务体系，推动境外投资立法。[1]

三　构建现代化产业格局，推动进出口贸易高质量发展

对外贸易是开放型经济的重要组成部分，对于畅通国内国际双循环具有重要意义。建设中国式现代化引领地，必须发展高水平的对外贸易，进口方面要引进高水平的外资、项目和技术，出口方面要优化贸易结构，稳步提高出口附加值。这就需要加快建设现代化经济体系，不断推进产业链优化升级，提升参与全球经济的能力，夯实推动贸易发展的产业基础。

（一）加快外贸发展方式转变，推动进出口协同发展

随着外部环境和我国要素禀赋的变化，未来新区要进一步加快外贸发展方式转变，推动进出口协同发展。完善内外贸一体化调控体系，促进内外贸法律法规、监管体制、经营资质、质量标准、检验检疫、认证认可等相衔接，推进同线同标同质。降低进口关税和制度性成本，扩大优质消费品、先

---

[1] 《"十四五"规划〈纲要〉解读文章之 22 | 建设更高水平开放型经济新体制》，https://www.ndrc.gov.cn/fggz/fzzlgh/gjfzgh/202112/t20211225_1309710.html，2021 年 12 月 25 日。

进技术、重要设备、能源资源等进口，促进进口来源多元化。完善出口政策，优化出口商品结构，稳步提高出口附加值。优化国际市场布局，引导企业深耕传统出口市场、拓展新兴市场，扩大与周边国家的贸易规模，稳定国际市场份额。推动加工贸易转型升级，加快外贸转型升级基地、海关特殊监管区域、贸易促进平台、国际营销服务网络建设，积极发展跨境电商、市场采购贸易等新模式，鼓励建设海外仓，保障外贸产业链供应链畅通运转。

（二）加快贸易结构转变，促进服务贸易发展

除了实体经济外，还需要促进服务贸易发展。在上一轮扩大开放中，中国开放领域主要集中在制造业，无论是吸引外资还是发展外贸，均是如此。然而，在主要发达经济体逆全球化或反全球化举措不断增多的背景下，制成品贸易超高速增长的国际容纳能力开始衰减，单纯以制造业"单兵突进"的原有开放模式难以为继。[①] 未来新区要进一步推进区域内服务贸易要素高效便捷流动，扩大高端服务进口，支持和推动知识密集型服务如研发设计、专业咨询、会计法律和金融保险等的出口，实现服务贸易高质量发展。创新发展服务贸易，推进服务贸易创新发展试点开放平台建设，提升贸易数字化水平。实施贸易投资融合工程。充分利用好国家搭建的贸易平台，如中国国际进口博览会、中国进出口商品交易会、中国国际服务贸易交易会等。

要进一步扩大服务贸易发展，尤其是生产性服务业。在贸易类型结构上，中国外贸增长存在以货物贸易为主且服务贸易所占比重有待提高的问题，但在服务贸易内部，生产性服务贸易增速较快，决定了其很可能成为未来外贸增长的主要动能。之所以突出强调生产性服务贸易的重要性，是因为生产性服务业是由知识、技术、信息和人才密集等生产要素集聚而成的。从产业协调发展看，制造业沿全球分工体系向高端延伸，同样需要现代服务业的支撑。因此，无论是再塑开放型经济竞争新优势，还是促进国内经济高质

---

① 张二震、戴翔：《更高水平开放的内涵、逻辑及路径》，《开放导报》2021年第1期。

量发展或是优化产业结构，扩大服务业开放都是应有之义。因此，与原有开放模式相比，高水平对外开放就要求开放领域更宽，不仅要深化制成品领域的对外开放，而且要有序推动电信、金融、教育和医疗等服务领域的对外开放。[1]

---

[1]　项松林、苏立平：《扩大高水平对外开放的理论思考》，《财经问题研究》2023 年第 5 期。

金融发展篇

金融活，经济活；金融稳，经济稳。金融是实体经济的"血液"，为实体经济服务是金融的职责所在。自20世纪90年代设立国家级新区以来，各新区就积极发展金融业，以金融"活水"助力产业升级、科技创新、乡村振兴以及数字经济发展。此外，新区结合自身发展定位，打造极具地方特色的金融业态，开发特色金融产品，搭建特色金融平台，建设具有竞争力的特色产业集群，力争成为区域经济的重要增长极。本篇从金融产品创新、金融机构建设、金融服务平台搭建、金融环境优化以及经济金融政策扶持等维度，分析了当前18个国家级新区金融产品开发情况、金融机构引进情况、金融平台建设情况、金融环境发展情况以及金融政策扶持情况，并针对金融机构和金融平台建设中的问题提出政策建议。

第四章　金融产品创新

作为金融业推动实体经济发展的基础，金融产品在各新区经济发展中有着举足轻重的地位。本章将从常规金融产品和新区特色金融产品两个层面出发，探讨在 2021~2022 年各新区金融产品的发展情况。

第一节　国家级新区金融产品概述

各新区在 2021~2022 年的发展中积极进行金融产品创新，对新区企业融资、产业发展以及区域建设起到了极为重要的推动作用。本节将从金融产品总体情况和绿色金融发展情况两个层面来分析近两年金融产品发展状况。但基于数据的可得性，下文仅展示部分新区的内容。

一　国家级新区发布的金融产品总述

2021~2022 年，各新区金融机构根据自身发展需求，发布了各类金融产品，助力新区经济发展。表 4-1 是 2020~2022 年部分国家级新区金融产品总体发展情况。

表 4-1　部分国家级新区金融产品总体情况

国家级新区	金融产品
上海浦东新区	2022 年末,金融机构本外币各项存款余额 7.4 万亿元,比年初增长 6.0%;各项贷款余额 4.2 万亿元,增长 5.4%
天津滨海新区	2021 年末,金融机构(含外资)本外币各项存款余额 7300.25 亿元,比上年末增长 10.6%;各项贷款余额 13225.73 亿元,比上年末增长 5.6%
	2022 年末,金融机构(含外资)本外币各项存款余额 8099.27 亿元,比上年末增长 11.0%;各项贷款余额 13451.93 亿元,比上年末增长 1.7%

续表

国家级新区	金融产品
重庆两江新区	2022年末，本外币存贷款余额达3.48万亿元，占全市的35%。外币贷款余额占全市的69%；小贷、保理、融资租赁业务余额占比均超70%
浙江舟山群岛新区	2021年末，金融机构本外币各项存款余额2773.8亿元；金融机构本外币各项贷款余额3276.6亿元；银行融资余额3689.0亿元；全年保险业实现保费收入36.0亿元
	2022年末，金融机构本外币存款余额3310.6亿元；金融机构本外币贷款余额3703.9亿元；保险业实现保费收入38.4亿元
甘肃兰州新区	截至2022年9月，本外币存贷款余额共计1192.21亿元（含农发行贷款余额280亿元），驻区金融机构本外币存贷款余额共计912.21亿元，增速10.21%
广州南沙新区	截至2022年，本外币存款余额2648.85亿元，贷款余额2560.51亿元，增速均超20%
贵州贵安新区	截至2022年12月，金融机构人民币贷款余额完成546.71亿元，同比增长12.52%。其中，企业贷款余额为312.24亿元，同比增长51.32%
青岛西海岸新区	截至2022年10月，共有中基协登记基金管理人48家，备案基金产品209只，基金规模达992.68亿元 截至2022年12月，银行存贷款余额超7000亿元，同比增长16%以上
湖南湘江新区	2020年末，银行业金融机构普惠型小微企业贷款余额同比增加295.69亿元，增速34%。高新技术企业、科技型中小企业新增1507家，获得贷款增量52.42亿元

资料来源：相关新区官网。

从横向角度来看，在这些国家级新区中，上海浦东新区2022年的存贷款余额是最高的，各项存款余额7.4万亿元，各项贷款余额4.2万亿元；从纵向角度来看，这些新区的相关指标增长率均为正，说明这些新区的存贷款余额逐年增加，金融发展向好；从不同地域情况来看，东部地区新区比中西部地区新区存贷款余额更高，南部地区新区比北部地区新区存贷款余额更高，位于直辖市的新区比其他新区存贷款余额更高。

二 绿色金融发展

绿色金融作为各新区金融产业在"双碳"战略下重要的发展方向，备受关注，许多新区推出了多种形式的绿色金融产品，本部分将梳理部分新区绿色金融产品发展情况（见表4-2）。

根据2016年中国人民银行等七部门联合印发的《关于构建绿色金融体系的指导意见》，绿色金融是指为支持环境改善、应对气候变化和资源节约高效利用的经济活动，即对环保、节能、清洁能源、绿色交通、绿色建筑等领域的项目投融资、项目运营、风险管理等所提供的金融服务。

表4-2 2021~2022年部分新区绿色金融产品发展情况

国家级新区	绿色金融产品
重庆两江新区	截至2022年6月，绿色存款余额达1520亿元 2022年，绿色贷款余额约1668亿元
甘肃兰州新区	2021年，绿色贷款余额从2018年的15.6亿元增加到141.86亿元，年均增长达74.16%；累计兑付奖励资金1663万元
贵州贵安新区	2020年，绿色贷款总余额达1817.35亿元；新增绿色保险保费收入约9606万元；累计发行绿色企业债券32亿元
四川天府新区	截至2021年6月，银行绿色信贷余额突破20亿元，相比年初增幅达25%
江西赣江新区	2021年底，绿色贷款余额116.5亿元；新增发绿色债券规模158亿元；绿色股权融资总额达124.7亿元；设立19只绿色产业基金，认缴资金额527.9亿元，实际到账218.3亿元；2021年全年累计办理绿色票据贴现2.16亿元

资料来源：各新区官网。

第二节　国家级新区常规金融产品供给

常规金融产品是指新区面向大部分企业的，为解决企业融资困难的贷款、保险、基金和债券等产品。本部分的常规金融产品包括缓解小微企业和专精特新"小巨人"融资难题、助力新区绿色发展、支持新区产业发展、推动新区乡村振兴、激发新区创新活力的金融产品。

一 金融产品助推中小微企业发展

中小微企业是经济社会发展的重要组成部分，在扩大就业、增加收入等方面有着不可替代的作用①。因此，通过专项金融产品来推动中小微企业发展是十分具有意义的。

（一）上海浦东新区推出"知易贷"专项产品

上海浦东新区为解决知识产权含量高但缺乏传统抵质押品的中小微企业的融资难题，2021年联合上海银行推出"知易贷"专项产品。"知易贷"聚焦浦东新区知识产权密集型中小微企业，首期放贷规模10亿元，具有融资成本低、审批时间短、便捷服务佳和授信金额大等综合优势。"知易贷"主要针对税管在浦东新区，且持有专利、商标、地理标识、集成电路布图设计、著作权等形式的知识产权合计3件及以上的中小微企业。截至2021年，上海银行通过"知易贷"已累计完成知识产权质押1.08亿元，极大地缓解了新区内中小微企业的融资难题。

（二）广州南沙新区推出南沙信贷风险补偿资金池

广州南沙新区于2022年6月推出南沙信贷风险补偿资金池。南沙新区推出的信贷风险补偿资金池具有范围广、门槛低、条件灵活的特点，将安排不超过1亿元专项经费，用于引导银行机构加大对南沙区中小微企业贷款、个体工商户经营性贷款的支持力度，对合作银行符合条件的不良贷款，给予损失本金25%以内的补偿。

（三）陕西西咸新区推出"秦创贷"

陕西西咸新区在2021年7月联合长安银行推出针对科创型小微企业的"秦创贷"。②"秦创贷"针对科研成果转化和产业孵化项目，面向产业链与供应链上的成熟企业、大学老师和高校毕业生的"双创"项目、秦创原招商引资项目以及秦创原创投基金已投资的科技型企业。截至2022年6月末，

---

① 徐丽鹤、王冉冉、王睿新等：《中国中小微企业发展——数据与新发现》，《经济科学》2023年第1期。

② 《西安分行成功落地首笔"秦创贷"》，《城市金融报》2023年5月15日。

长安银行科技型企业贷款余额62.68亿元，支持企业户数209户。"秦创贷"的投放真正解决了秦创原科技型客户融资担保难题，使得新区的科技创新更富活力。

（四）贵州贵安新区推出多款金融产品

2022年贵州贵安新区多家银行积极进行金融产品创新，推出多款帮助小微企业渡过难关的金融产品。中国农业银行贵安分行创新推出"抵押e贷""微捷贷""流动资金贷""链捷贷"等金融信贷产品，截至2022年底累计向福爱电子（贵州）有限公司等83家民营和小微企业投放2.76亿元贷款。中国建设银行贵阳花溪支行通过普惠贷款或流动资金贷款等方式，截至2022年底已向新区631家民营和小微企业累计发放贷款5.73亿元。中国工商银行贵安分行为解决中小微企业面临的资金周转压力大、企业贷款审批流程耗时长等问题，为辖区企业设置了最高额度达300万元的"黔税e贷"项目，帮助企业解忧纾困。

（五）青岛西海岸新区推出"普惠稳岗贷"

青岛西海岸新区于2022年6月推出面向资金紧张的小微企业的"普惠稳岗贷"，专项支持企业稳定就业岗位。"普惠稳岗贷"年利率不高于LPR，单户企业授信总量最高不超过1000万元，通过抵押、担保和纯信用贷款等多种担保方式，最大限度满足企业需求，极大地缓解小微企业面临资金困难。

（六）大连金普新区推出"工信e贷"

大连金普新区在2022年1月与工商银行联合推出线上信用类贷款产品——"工信e贷"。该产品是大连市信用中心与工商银行在公共信用数据与金融数据融合应用方面的新探索，旨在有效支持小微企业持续稳定发展，全力帮助企业解决困难、享受惠好政策，助力本地区经济稳步发展。

二　金融产品赋能专精特新企业成长

专精特新中小企业是指具备专业化、精细化、特色化、新颖化优势的中小企业。具体来说，专精特新中小企业是指在中国境内工商部门登记、连续经营 3 年以上并具有独立法人资格的中小企业。在这里，"专"是指专有技术或采用专有技术、专门工艺研制生产的，专用性强、专业特点明显的专门产品。"精"是指采用先进适用技术或工艺，精心设计、精心制造，按照精益求精的理念完成生产过程的产品。"特"是指人无我有的独特的工艺、技术、配方或特殊原料研制生产的具有地域特点和企业特色的产品。"新"是指依靠自主创新、集成创新或引进消化吸收再创新方式开发的，有别于传统意义上的升级换代的全新产品。①

根据《工业和信息化部办公厅关于开展专精特新"小巨人"企业培育工作的通知》，截至 2022 年底，工业和信息化部已发布四批全国专精特新"小巨人"名单，共计 9279 家企业。培育专精特新企业是国家促进中小企业健康发展的一个重要举措，以激发企业活力，缓解我国中小企业专业化水平不高、核心专利技术缺乏等问题。因此，各新区积极出台培育专精特新企业的金融政策，创新推出扶持专精特新企业发展的各项金融产品。

（一）上海浦东新区为专精特新企业提供专项贷款

上海浦东新区的上海农商银行于 2021 年 11 月发布为专精特新"小巨人"企业提供最高 5000 万元、最长 5 年期的以信用担保为主的贷款。同时上海农商银行聚焦企业科技属性及成长性，建立行内联动服务机制，开辟绿色通道，快审快贷，对符合条件的企业给予信贷倾斜与优惠政策。此外，专精特新"小巨人"企业可被纳入上海农商银行"鑫动能"战略新兴客户培育计划，享受特色外部服务资源等惠企政策。这些金融产品实实在在地为新区内的专精特新企业发展提供了资金支持，缓解了企业的发展难题。

（二）重庆两江新区提供多款支持专精特新企业金融产品

重庆两江新区内各银行机构创新推出"投联贷""批量授信方案""科技成长贷""科技信用贷"等专精特新企业专属融资产品，加大对专精特新企业的支持力度。

---

① 林江：《培育和扶持更多专精特新"小巨人"企业》，《人民论坛》2021 年第 31 期。

其中最具代表性的是"科技成长贷",这款金融产品是两江新区为打造一流营商环境、优化新区科技金融生态环境、健全科技金融债权融资体系推出的。该产品具有无须提供抵押、建立创新风险补偿机制等优势,创新构建多方协同审核机制为企业"增信",通过联合市场监管、社保、税务等进行协同审查,有效利用各方数据,缓解银行与企业之间的信息不对称问题,将切实为企业纾困、降低企业融资成本、提升企业融资效率。这些金融产品极大地助力了新区内专精特新"小巨人"企业的发展,进而推动新区创新发展。

(三)青岛西海岸新区出专精特新企业专属信贷

青岛西海岸新区于 2022 年 5 月联合青岛农商银行对新区专精特新企业整体安排授信,推出专精特新企业专属信贷。① 该金融产品拥有获贷门槛低、利率低、审批速度快、风险低等特征,有利于切实解决专精特新企业融资难、融资贵问题,进一步强化政金企常态化、精准化对接,有利于共同推动金融体系和实体经济形成良性循环,助力专精特新企业和新区制造业高质量发展。

(四)黑龙江哈尔滨新区推出扶持专精特新中小企业金融产品

黑龙江哈尔滨新区在 2022 年 10 月创新推出"科技贷""科技贷款风险补偿金"等金融产品。这些金融产品针对科技型专精特新中小企业在创业初期遇到的融资难等问题,通过知识产权反担保形式,充分发挥企业专利权等无形资产的融资功能,为企业拓宽融资渠道、提供信贷资金支持。

三　金融产品助力新区达成"双碳"目标

为实现"双碳"目标,各新区积极推动绿色金融发展,推出大量的绿色金融产品,拓展绿色融资渠道,完善绿色金融体系。本部分将梳理各新区的绿色金融产品发展情况。

---

① 王凯:《"专精特新"企业获千万元以上授信——西海岸新区推出 50 亿元专属信贷》,《青岛日报》2022 年 4 月 10 日。

（一）上海浦东新区推出多款绿色金融产品

上海浦东新区在 2021 年 11 月联合上海银行发布"绿色金融行动方案2.0"。该项目包含了"绿惠万企""绿联商投""绿融全球""绿享生活"等一系列"含绿量"颇高的金融产品和服务。其中，"绿惠万企"聚焦"生态农业、节能服务、绿色交通"三大绿色普惠发展方向；"绿联商投"致力于为客户在低碳转型、可持续发展中提供"股债贷投"一站式综合金融服务；"绿融全球"则借力上银香港、上银国际等境外机构与沪港台"上海银行"及西班牙桑坦德银行等合作平台，为境内及境外企业提供跨境绿色金融服务；"绿享生活"重点布局绿色信贷、绿色主题卡产品和绿色网点，适应绿色消费趋势，助力乐享绿色生活。

（二）天津滨海新区发布全国首个"碳中和"存证产品

天津滨海新区的天津排放权交易所在 2021 年 7 月发布全国首个基于蚂蚁链的"碳中和"存证产品。[①] 蚂蚁链"碳中和"存证产品，是指蚂蚁集团把区块链技术融入"碳中和"行动，利用区块链技术不可篡改和可溯源的特点，使碳排放、碳减排、清结算、监管、审计等过程公开透明，可随时追溯查证相关记录。该产品的发布有利于激发企业的绿色动能，完善滨海新区绿色金融基础设施，促进新区产业绿色转型以及"双碳"目标的实现。

（三）广州南沙新区发行绿色金融债券

广州南沙新区联合兴业银行、中国银行及 iGreenBank 成员等机构于2021 年 8 月发行"南网融资租赁公司 2021 年度融资租赁第一期绿色资产支持商业票据"（ABCP），发行规模达 16 亿元，票面利率 2.58%。该债券是我国首只公募碳中和资产支持商业票据，对优化能源结构、改善环境质量、引导资金流向绿色低碳领域有积极作用，切实服务于低碳经济发展，助推新区绿色发展。

（四）南京江北新区推出"新创融 绿票惠"

中信银行江北分行于 2021 年 6 月发行"新创融 绿票惠"产品。该产

---

① 曲照贵：《天排所发布首个蚂蚁链碳中和存证产品》，《中国化工报》2021 年 7 月 27 日。

品具有"多、快、好、省"四个亮点，面向人民银行绿色债券支持目录行业范围内的新区企业，包括节能环保设备制造、清洁能源发电、污染防治、资源回收利用、生态保护等，将重点服务民营、小微、科创类等绿色企业，致力于发挥商业汇票在推进绿色发展、推动节能减排、发展清洁环保产业、解决突出环境问题等方面的作用。

（五）江西赣江新区推出两项全国首发的绿色金融产品

江西赣江新区最具代表性的绿色金融产品是"碳足迹"披露支持贷款[①]和"绿色产业数字保"保险产品[②]。这两种金融产品均为国内首发。

"碳足迹"披露支持贷款是中国建设银行赣江新区分行于 2022 年 3 月发放的。该支持贷款是指将企业生产过程中的"碳足迹"与银行贷款利率挂钩，为激励企业主动减污降碳、减少碳排放而创设的一种披露支持类贷款。企业通过加强自身生产过程的"碳管理"，把碳足迹降到预期值以下，即可享受更低的贷款利率，从而降低融资成本。"绿色产业数字保"保险产品是金融机构结合新区数字经济产业特色，于 2022 年 5 月推出的，并实现首单在新区落地。

四 金融产品支持新区产业发展

根据 2020 年 9 月中国人民银行等部门联合发布的《关于规范发展供应链金融 支持供应链产业链稳定循环和优化升级的意见》，金融通过支持实体经济发展，服务供应链产业链完整稳定，提升经济整体运行效率。而作为第三产业，金融业对实体经济的扶持是其重要的发展目标。因此，2021～2022年各新区为推动产业转型发展推出多款金融产品，以激发产业创新活力。

（一）上海浦东新区推动上海市首只 S 基金成立

上海浦东新区积极推动上海市首只 S 基金——上海引领接力创业投资合伙企业一期（有限合伙）成立，总规模 100 亿元，首期 30 亿元。S 基金在

---

① 陈晖：《首笔"碳足迹"披露支持贷款落地赣江新区》，《江西日报》2022 年 4 月 4 日。
② 周小雅：《全国首个"绿色产业数字保"落地赣江新区》，《经济晚报》2022 年 5 月 9 日。

落地后积极参与平台交易，在规范私募股权份额交易市场、提高交易活跃度、促进国有私募股权份额流动等方面积极探索。S 基金的设立将撬动更多社会资金投入实体经济，推动科技创新和新兴产业发展，为浦东新区打造世界级产业集群提供更强的金融动力。

（二）天津滨海新区发起中欧滨海光智低碳智能产业基金

天津滨海新区于 2022 年 5 月发起中欧滨海光智低碳智能产业基金。该基金是由特斯联科技集团有限公司、天津市滨海产业基金和天津港保税区三方共同发起的。该基金将立足滨海新区和天津港保税区，充分利用特斯联科技集团在智能科技领域所积累的技术、资源优势，围绕中欧在城市智能、产业智能和低碳智能三大战略性新兴领域的项目合作，投资引育拥有核心技术竞争力并在中国和欧洲两大市场具有良好发展前景的科技型项目，推动中欧先进制造产业园项目集聚。

（三）甘肃兰州新区投放农发基础设施基金

甘肃兰州新区的农发行皋兰县支行于 2022 年 8 月投放首笔 4800 万元农发基础设施基金,[①] 用于支持新区化工园区基础配套设施项目建设。该设施基金的设立为兰州新区化工园区的建设提供了发展资金，促进了产业园区的建设，也为吸引更多更优质的企业提供了基础保障，进而推动了兰州新区的产业发展。

（四）广州南沙新区设立广金南沙母基金

广州南沙新区于 2021 年联合广州金控共同发起设立广金南沙母基金，总规模 100 亿元，通过"母基金+直投"的方式，引导社会资本投资大湾区规划及南沙重点发展的战略性新兴产业，促进南沙新区科技创新发展，培育战略性新兴产业。

（五）陕西西咸新区发布多款产业发展基金

陕西西咸新区于 2021 年和 2022 年分别设立陕西君盈泰富医药产业发展基金和智能网联汽车产业发展基金。陕西君盈泰富医药产业发展基金是

---

① 张建平：《新区首笔农发基础设施基金落地石化集团》，《兰州日报》2022 年 8 月 20 日。

于 2021 年 3 月在西咸新区空港新城发布的。该基金总规模为 4600 万元，重点投向生物医药领域处于初创期、成长期的创新型、高成长性医药企业。这使空港新城的医药产业发展得到更多的机会，有利于促进新城新兴产业发展。

智能网联汽车产业发展基金是西咸新区在 2022 年 9 月设立的，规模达 20 亿元。基金用于支持新区智能网联汽车企业开展共性关键技术攻关、科技成果转化、小微企业孵化、产业基础平台和智慧交通体系建设等。

（六）南京江北新区发起创业投资基金

南京江北新区科技投资集团有限公司与金雨茂物投资管理股份有限公司以及多家知名机构于 2021 年 4 月共同发起设立一只规模 3 亿元创业投资基金——南京暾智金涌生物医药基金。该基金重点投资生物医药产业链、高端医疗器械、医疗健康消费等领域的科技创新型企业，加速推动优质项目在新区的落地转化，助力创新企业在高质量发展的快车道上稳步前进。

五　金融产品推动乡村振兴

根据 2022 年 3 月印发的《中国人民银行关于做好 2022 年金融支持全面推进乡村振兴重点工作的意见》，金融产业要大力支持我国乡村振兴。本部分将对新区推出的乡村振兴金融产品进行梳理。

（一）天津滨海新区发行全国首单乡村振兴 ABN 产品

天津滨海新区的新希望（天津）商业保理有限公司于 2021 年 4 月发行全国首单乡村振兴 ABN（资产支持票据）产品，规模达 30 亿元，首期规模 2.35 亿元。该笔募集资金为全国首单农业保理资产支持票据产品，主要用于涉农保理产品的投放，反哺农民及中小微农企，积极助力乡村振兴。

（二）陕西西咸新区推出助农的专项信贷和保险产品

陕西西咸新区在 2022 年推出脱贫小额信贷产品和"助农保"专项保险。脱贫小额信贷产品的扶持对象是建档立卡脱贫人口和边缘易致贫人口。脱贫小额信贷产品主要用于发展生产，符合条件的农户应按照贷款合同约定条款，将资金用于法律许可并对环境和社区没有负面影响的产业增收项目。

"助农保"专项保险是为了有效提高相关农户的综合抗风险能力，可用于解决家庭成员意外残疾身故、意外住院医疗、意外门诊、种植业和养殖业市场风险导致的致贫返贫问题。

这两项金融产品的推出为新区农户的发展提供了资金保障，使得农户的生产和生活朝着更高质量、更加韧劲的方向发展。

（三）青岛西海岸新区推出"富民生产贷"和"农担贷"

青岛西海岸新区积极关注农村人口脱贫就业和农户稳定生产，为此推出"富民生产贷"和"农担贷"。"富民生产贷"是指金融机构向各类经营主体（主要是指从事种植养殖、农副产品加工、生态旅游等切实带动贫困户增收的龙头企业、专业合作社或家庭农场）发放的，按每带动1名农村贫困人口给予5万元优惠利率贷款、财政年贴息3%的标准，以带动农村贫困人口实现稳定就业、稳定劳务或稳定增收（签订长期劳动合同或劳务合同或带动脱贫协议）为目的的各类贷款产品。贷款额度最高不超过50万元。

"农担贷"是2021年青岛农商银行向符合条件的家庭农场、种养大户、农户、农民合作社、农业社会化服务组织以及小微农业企业等发放的由青岛市农业融资担保有限公司提供担保的人民币贷款。该金融产品是为了解决部分农业生产经营主体因长期缺乏有效抵押物和担保人而造成的"融资难"、"融资贵"和"担保难"等问题。该产品极大地实现了金融服务与"三农"需求的有效衔接，为农业生产撑起了"保护伞"，给农民增产增收装上了"稳定器"。

六 金融产品激发新区创新活力

创新能力是评价新区发展潜力的重要指标，而金融业作为推动经济发展的重要引擎，其对新区创新活力的激发起着重要的作用。

青岛西海岸新区积极打造新时代人才集聚新高地，致力于以金融"活水"灌溉人才创新。西海岸新区联合青岛银行等金融机构于2021年推出

"人才贷""科技信用贷"等系列产品，最高可为高层次人才所在企业提供1000万元"人才贷"，[①] 对人才创办企业给予当年利息额50%的贷款贴息，解决企业融资难、融资贵和融资慢等难题。截至2022年5月，已为高层次人才发放8笔"人才贷"业务，为6名人才兑现贴息补贴，共计6205万元。

新区于2021年8月设立总规模1亿元的"高校校长基金"，[②] 拨付8000万元重点支持16所高校的科技攻关和技术成果转化，首批1650余万元用于支持山东科技大学等8所高校的47个项目在新区落地。以金融助推人才创新，"人才贷"和"高校校长基金"的推出极大地提升了西海岸新区的人才吸引力和创新活力，为新区的创新发展和产业聚集提供了人才保障和智力支撑。

第三节　国家级特色金融产品创新

各新区所处区位不同，产业基础不一，发展定位各有侧重，因此对应的金融服务和金融产品也各不相同。因此，下文将对部分新区的特色金融产品进行梳理和分析。

一　金融产品助力企业跨境贸易

跨境金融是指金融机构为企业或个人提供跨境贸易、跨境投资、留学和移民各项金融服务。跨境金融包括境外财务管理、境外资产管理、跨境投融资、境外投资银行、移民金融服务、留学金融服务等金融解决方案和服务。各新区积极推出跨境金融服务和产品以解决企业在跨境贸易中遇到的各项金融难题。

（一）重庆两江新区出台全国首个高新技术企业跨境融资产品

重庆两江新区于2021年8月出台全国首个高新技术企业跨境融资产

---

① 张静：《新区推广"人才贷"助力创新创业》，《青岛西海岸报》2021年9月10日。
② 张忠德：《青岛西海岸新区设立"高校校长基金"》，《大众日报》2021年8月25日。

品——科技跨境贷。[①] 该产品是为了有效利用境外低成本资金拓宽企业融资渠道，进一步完善两江新区科技金融服务体系。科技跨境贷即合作银行通过向企业开具融资性外汇保函、备用信用证或提供离岸直贷等方式，为企业向境外银行借入外债提供融资服务。科技跨境贷最高融资额度为 2500 万元，最多可连续申请 5 年。该贷款产品无须抵押，并且由政府与合作银行各按50% 的比例对违约风险进行分担，在大幅降低企业融资成本的同时，也降低了银行的贷款风险。

（二）黑龙江哈尔滨新区创新推出多项跨境金融产品

黑龙江哈尔滨新区的中国建设银行结合区内企业情况创新推出了金融产品——"船跟班"、"对公跨境批量汇款"及"跨境 e 汇"等，有效解决了跨境企业贸易中遇到的资金难题。特别是"跨境 e 汇"，主要针对跨境电商客户外汇资金回流不畅、收款成本高的问题。该产品可实现跨境电商卖家在亚马逊北美站的销售款免手续费，全额回款至企业银行账户。客户在亚马逊北美站开立店铺，且在支行开立对公美元账户，仅需开通建行企业网银，授权建行查询店铺结算信息，便可凭电子交易信息使亚马逊店铺销售的资金直接回流至境内账户，并且外汇资金提现后企业可根据需要自主结汇，全流程网银操作，高效便捷、汇率透明、安全可靠，实现资金"秒到账"，极大地便利了企业跨境贸易。

二　金融产品推动海洋经济发展

海洋金融[②]是按照海洋产业政策，依托海洋产业，为海洋产业服务的所有金融活动的总称，包括融资、保险、结算、衍生品交易等金融手段。

青岛西海岸新区紧紧围绕服务海洋强国战略，加快集聚蓝色金融资源，创新开展海域使用权、渔船抵押贷款等海洋金融信贷产品，聚焦船舶海工、

---

① 《全国首笔科技跨境贷业务在两江新区落地》，《重庆科技报》2021 年 8 月 17 日。
② 朱孟进、刘平、郝立亚：《海洋金融　宁波发展路径研究》，经济管理出版社，2015。

海洋生物医药等海洋特色优势产业保障资金供给。海洋产业的风险高，企业又缺乏银行认可的抵押物，直接造成该类客户融资难、发展难。但新区创新推出的海洋信贷产品为金融与海洋产业联通构建了桥梁，使得渔民与远洋养殖企业能够通过海域和渔船等获得抵押贷款，为海洋产业发展提供了新动能。

第四节　国家级新区配套金融服务升级

金融服务是指金融机构通过开展业务活动为客户提供包括融资投资、储蓄、信贷、结算、证券买卖、商业保险和金融信息咨询等方面的服务。本节将聚焦金融业的不同主体，即企业、个人、政府和金融机构，从不同主体角度梳理各新区的金融服务发展情况。

一　金融机构为区内企业提供金融服务

根据《中国银监会关于银行业进一步做好服务实体经济发展工作的指导意见》，各地区金融机构要发挥金融产业的作用，积极支持实体经济发展。各新区的金融机构针对区内企业的各类需求，提供专项的金融服务，以支持其发展，本部分将梳理各新区的配套金融服务发展情况。

（一）新区为中小微和民营企业提供专项金融服务

各新区积极为中小微和民营企业提供金融服务。民营企业和中小微企业是新区经济发展的重要组成部分，是推动新区经济高质量发展的主力军。因此推动民营企业和中小微企业的发展，是新区经济发展中的重点。金融是助力企业发展的重要手段，各新区积极创新金融产品和金融服务，为解决民营企业和中小微企业的发展难题提供方案。

经过梳理相关的资料可以发现，各新区主要为民营和中小微企业提供专项的金融产品、定制化的金融服务，创新融资服务和评价体系，以解决企业融资难题（见表4-3）。

表 4-3　2021~2022 年部分新区为民营和中小微企业提供的金融服务

新区	机构	服务目标	金融服务
天津滨海新区	天津农商银行滨海分行	支持民营实体经济发展，提升民营企业的发展韧性	给青年企业家联谊会授信 10 亿元，给 7 家企业拟授信信用贷款 4500 万元
重庆两江新区	重庆银行两江分行	通过定制的金融服务，助力小微企业纾困解难	提供专项贷款产品和定制化的金融服务
浙江舟山群岛新区	人民银行杭州中心支行	缓解小微企业的"两高两难"问题，助力政企银三方的有效对接	开展首贷户拓展"五化行动"，建立小微企业和个体工商户"无贷户"名单库
甘肃兰州新区	金控集团	致力于解决中小微企业"融资难"和"融资贵"的问题	推出金融机构评价结果互认，为中小微企业增信
江西赣江新区	中国人民银行南昌中心支行	为破解传统应收账款质押融资"四难"困境	推出应收账款池质押融资服务，创新融资服务

（二）新区为科技企业提供专项科技金融服务

各国家级新区为解决科技企业的融资难题提供了专项的金融服务。科技企业自筹资金、自主经营、自我发展、自负盈亏的属性决定了其在初次注册时资金较少，属于典型的"轻资产"企业。但这类企业的研发投入及科技成果转化需要投入大量的时间和资金，其融资面临"无抵押"的难题。为解决此类问题，新区金融机构为企业提供了定制化的金融服务（见表 4-4）。

表 4-4　2021~2022 年部分新区为科技企业提供的金融服务

新区	机构	服务目标	金融服务
上海浦东新区	上海农村商业银行	提供专项科技金融服务助力专精特新"小巨人"企业发展	为专精特新"小巨人"企业提供专项贷款支持，给予信贷倾斜与优惠政策
天津滨海新区	多家银行及担保机构	致力于解决科技企业轻资产、无抵押融资难题	为新区内多家科技企业提供定制化的金融产品和金融服务

续表

新区	机构	服务目标	金融服务
重庆两江新区	新区内金融机构	畅通科技企业融资渠道，帮助企业解决融资难、融资贵等问题，助推企业成长壮大	推出多种金融产品，打造"债权+股权""种子+天使+风险"等多方位、多层次的科技金融服务体系
贵州贵安新区	中国建设银行贵阳花溪支行	为新区高精特新企业提供定制化的金融服务，助力科技企业高质量发展	创新科技企业获取贷款方式；设立专属绿色准入、评估、审批、放款通道；推出支持科技企业发展的金融产品
南京江北新区	新区内金融机构	支持新区科技金融的发展，致力于为区域内科技企业提供"保姆式"服务	新区先后出台多个支持科技型企业融资的文件，政策支撑金融服务科技企业；探索多种金融产品，形成了 N 个产品矩阵

资料来源：战旗、张惺卓：《4500 万元信用贷"解渴"民企》，《滨城时报》2021 年 4 月 16 日；《江北新区启动"灵雀"计划》，《新华日报》2017 年 4 月 26 日。

（三）新区为乡村振兴提供多样化服务

各新区积极为乡村振兴提供专项金融服务。乡村振兴是我国新时代农村发展的重大战略，是我国重要的经济发展战略。因此，支持乡村振兴是各新区发展的重要内容。各新区为支持区内农村群体和相关农业企业的发展，提供了专项的金融服务和相关金融产品。本部分将对部分国家级新区为乡村振兴提供的多样化服务进行梳理（见表 4-5）。

表 4-5 2021~2022 年部分新区为乡村振兴提供的金融服务

新区	机构	服务目标	金融服务
上海浦东新区	中国银行上海市分行	结合区域特色，聚焦特色农业的主要金融需求，为涉农企业提供精准营销方案和配套信贷产品	推出"中银惠农通宝"服务方案，为各类农产品生产、加工、销售环节小微企业提供授信支持
重庆两江新区	重庆小雨点小额贷款有限公司	在推动新区农业数字普惠金融发展的同时，为乡村和涉农企业的发展提供资金支持	创新农业供应链金融业务模式，根据农业行业的特点和人群打造多款金融助农产品

续表

新区	机构	服务目标	金融服务
四川天府新区	新区内相关部门和金融机构	为新区落户企业、合作社、个体工商户等各类经济主体提供乡村振兴"一站式"综合服务	搭建"四川天府新区公园城市乡村振兴服务中心"；区内金融机构派驻服务中心，提供"一条龙"的金融服务

资料来源：陈婧：《重庆小雨点小额贷款有限公司与农机手一起耕种在希望的田野上》，《中国农村信用合作报》2022年9月27日。

（四）新区为企业提供专项跨境金融服务

部分新区为支持区内企业跨境贸易提供了针对性的跨境金融服务，这些金融服务致力于解决新区企业在开展国际贸易时的融资难题，助力企业跨境贸易高质量发展，推动新区外贸新业态的集聚（见表4-6）。

表4-6　2021~2022年部分新区专项跨境金融服务

新区	机构	服务目标	金融服务
上海浦东新区	中国银行上海市分行	通过制定配套金融服务措施，助力新区多家企业"尝鲜"跨境贸易的政策红利	为企业提供定制化的跨境支付金融产品，真正实现"无感支付"
天津滨海新区	新区内相关金融机构	助力新区中小微出口企业开展国际贸易、拓展海外市场，促进外贸新业态加速集聚	创新跨境保理模式，提高企业融资效率
广州南沙新区	粤科港航融资租赁有限公司	致力于解决中小企业出海发展面临的融资问题，创新以往境外公司取得境内贷款常见的"内保外贷"模式	通过"跨境保理+中国信保承保"的方式直接保理给中国光大银行南沙分行，打通了境外船舶租赁资产直接跨境保理的渠道

资料来源：张广艳：《天津自贸区实现跨境保理模式新突破》，《滨城时报》2021年10月21日。

（五）新区开展助力企业上市工作

各国家级新区不断加强上市后备资源培育，积极推进企业规范管理。在制定一揽子政策之后，通过组织新区内各类金融机构为企业提供"一对一"上市"陪跑"服务，引导企业规范运作，帮助企业借助多层次资本市场平台走上多元化发展道路，加快推动重点企业上市挂牌进程（见表4-7）。

表4-7 部分新区2021~2022年助力重点企业专项金融服务

新区	机构	服务目标	金融服务
天津滨海新区	新区相关部门	围绕培育科技企业上市工作,针对科技企业成长的全周期谋篇布局,加速科技企业成长	在企业发展初期,支持研发机构建设,设立专项基金,支持项目产业化;在企业高成长期,出台一揽子科技金融措施
重庆两江新区	新区部门组织,多家机构参与	帮助园区企业解决发展难题,助推企业做大做强、成功上市	成立重庆两江数字经济产业园企业上市服务专班,为企业提供定制化服务

资料来源：天津市滨海新区人民政府：《滨海新区推进创新立区、打造自主创新升级版若干措施（试行）》，2021年8月。

二 新区助力金融机构业务服务高质量化

新区内的科技企业利用大数据、区块链等数字技术为金融机构数字化转型提供服务，极大地提升了金融机构的业务效率和业务安全。

（一）重庆两江新区助力金融机构数字化转型

位于两江数字经济产业园的盛宝金融科技有限公司与嘉实基金管理有限公司于2022年3月签署合作协议，全面推进"SupaPhly引擎—影子定价项目"部署与实施。[1] 该项目是盛宝金科"基于风险计量引擎和大数据金融市场风险分析平台"的重要产品之一。盛宝金科将利用快速、精准、灵活的金融计算引擎技术，为嘉实基金提供金融科技的"最强大脑"，协助完成数据处理、传统业务模式升级，并提供基于客户需求的个性化定制服务，共同为基金行业的发展插上科技的翅膀，提供中国债券市场风险定价新解决方案，推动债券市场高质量发展。

---

[1] 《两江新区企业盛宝金融科技SupaPhly引擎—影子定价项目与嘉实基金达成合作》，http://www.liangjiang.gov.cn/Content/2022-03/17/content_ 10323009.htm，2022年3月17日。

（二）广州南沙新区推动金融机构降低业务风险

广州南沙新区企业助力金融机构业务升级，助推金融机构业务流程化和风险最低化。

广州南沙新区的广州银行股份有限公司信用卡中心建设金融风险中台，结合企业贷前、贷中、贷后三个阶段不同的风控需求，为各个风险系统提供高效、准确、可靠的风险服务，有效减少金融机构业务运营成本，全自动审批案件的全流程耗时仅约30秒，风险策略迭代效率从原来的2个月缩短至1周，极大地方便了金融机构开展业务，降低了金融风险。

广州南沙新区的中邮消费金融有限公司采用大数据技术建立基于关系图谱的复杂关系网络，深入挖掘申请人背后存在的各类潜在风险，并应用于贷前贷中的风险评估、贷后催收与失联修复等场景，工作效率提高近30倍，实现98%的贷款在线审批。截至2021年累计注册用户达6000万，资产规模近450亿元。该项技术在帮助金融机构开展业务的同时，也提升了企业融资效率和安全。

三 新区促进银企深入沟通

金融机构和企业之间的信息不对称是企业"融资难"、"融资慢"和"融资贵"的重要原因，为了解决银企沟通难题，各新区积极提供专项服务，在解决企业融资难题的同时也提高了金融机构的工作效率。

（一）重庆两江新区打造"金融服务超市"

2021年，重庆两江新区为解决企业融资难、融资贵的问题，与渝兴公司等金融机构建立常态化合作机制，打造"金融服务超市"，为企业提供股权、债券等融资服务，拓展了企业的融资渠道，提高了融资的效率，降低了融资的风险，极大地推动了企业的发展。

（二）青岛西海岸新区创新推出"金融管家"服务

青岛西海岸新区于2021年8月起开始试点"金融管家"。① "金融管家"

---

① 董梅雪、周莹：《"金融管家"服务上门》，《青岛西海岸报》2021年8月18日。

是专门服务区域经济发展的团队，成员来自银行、保险、证券、创投等金融机构，通过下沉服务，建立良性互动、深度融合的工作机制，为企业提供常态化、精准化、全方位的金融服务。"金融管家"将深入新区金融服务的多个领域，助力新区经济发展。

（三）吉林长春新区推出"金融集市"

2021 年，吉林长春新区推出的"金融集市"，是创新金融服务的全新尝试。新区联合银行、保险、担保、股权投资基金和科技金融服务中心等金融机构，充分发挥各渠道的优势，开办各类主题的专场金融集市，为企业搭建常态化银企对接机制。"金融集市"的推出将进一步提升新区金融服务能力，优化新区营商环境，确保金融服务助力企业取得"开门红"。

四 金融机构为新区经济社会发展提供金融支持

金融机构除了为企业提供金融服务之外，也需要为社会发展提供资金支持，助力新区完成发展目标，推动普惠金融发展。

（一）金融机构助力天津滨海新区社会经济发展

2021 年 2 月 23 日，滨海新区与盛京银行举行签约仪式，达成全面战略合作意向。盛京银行天津分行分别与滨海建投、天保控股签订战略合作协议，合作融资总量均为 80 亿元。协议签订后，盛京银行五年内为滨海新区提供不低于 300 亿元人民币的各类金融服务支持，重点合作领域包括京津冀协同发展、国有资产整合等。

（二）重庆两江新区金融机构推动新区普惠金融发展

重庆两江新区的马上消费金融股份有限公司坚持用科技和金融推进乡村金融发展。2021 年，马上消费启动了"5+1"行动。其中，"5"是指数字普惠金融、知识帮扶、科技助力、消费帮扶、金融知识普及 5 项行动；"1"是指建设 1 个金融服务乡村振兴开放平台。马上消费致力于通过"5+1"行动，创新金融支农产品和服务，打破传统服务烦琐的程序和时空上的限制，提高乡村地区的"金融可得性"，在满足乡村金融需求的同时，推动新区的普惠金融高质量发展。

第五章 金融机构建设

金融机构是指专门从事货币信用活动的中介组织，是金融活动的载体和媒介，在金融运作中处于重要地位。[①] 本章将对各新区的金融机构进行概括性梳理、总结新区金融机构在发展中存在的问题，并针对这些问题提出解决方案。

第一节 国家级新区金融机构概述

本节将对各国家级新区金融机构的发展情况、金融机构相关政策进行梳理和总结，但由于数据可得性，只展示部分新区的情况。

一 国家级新区引进和激励金融机构的政策

国家级新区为了引进各类金融机构，丰富金融业态，创新金融发展模式，提升实体经济的发展韧劲，发布了各类金融政策。表 5-1 是部分新区围绕各类金融机构所发布的相关政策。

表 5-1 部分新区发布的激励金融机构的政策

国家级新区	政策
上海浦东新区	《浦东新区"十四五"期间促进金融业发展财政扶持办法》
天津滨海新区	《滨海新区落实支持"滨城"建设若干政策措施的工作方案》
重庆两江新区	《重庆两江新区促进现代金融产业高质量发展专项政策》

---

① 李小丽主编《金融学》，西安电子科技大学出版社，2018。

续表

国家级新区	政策
甘肃兰州新区	《2022年兰州新区普惠金融发展示范区建设实施方案》
广州南沙新区	《关于优化提升广州南沙新区（自贸片区）"1+1+10"产业政策体系文件之金融服务业发展扶持办法的实施细则》
陕西西咸新区	《西咸新区稳经济保增长若干政策措施》
贵州贵安新区	《贵州省贵安新区建设绿色金融改革创新试验区总体方案》
青岛西海岸新区	《青岛西海岸新区金融机构考核办法》
大连金普新区	《金普新区促进金融业发展财政扶持办法》
四川天府新区	《支持四川天府新区建设发展若干政策》
南京江北新区	《南京江北新区关于推进社会信用体系建设的十条政策措施（试行）》
云南滇中新区	《云南滇中新区促进金融业发展扶持办法》
江西赣江新区	《江西省赣江新区建设绿色金融改革创新试验区总体方案》

资料来源：各新区官网。

在吸引金融机构入驻的政策中，从类别上看，包括各类奖励政策，即落户奖励、运营奖励、人才奖励、办公用房补贴等；从主体上看，包括对各类金融机构主体的奖励和扶持政策，覆盖银行、股权投资企业、融资租赁企业、商业保理企业及金融控股公司等金融机构。

激励金融机构的政策则包括对各类机构的专项考核指标和奖罚说明。以青岛西海岸新区对银行机构的考核指标为例，[①] 西海岸新区主要对银行机构的贷款余额、地方综合贡献度、不良贷款处置、普惠金融服务和银行创新服务五项指标进行考核。对表现优异的金融机构予以奖励，同时政策性资源和投资重点项目也会向优秀的金融机构倾斜，而考核排名靠后的机构将被约谈。

二　国家级新区金融机构发展情况

本部分将对2021~2022年部分国家级新区金融机构的发展情况进行梳理，主要是对金融机构的数量和类型进行概述（见表5-2）。

---

① 青岛西海岸新区：《关于印发〈青岛西海岸新区金融机构考核办法〉的通知》，2022年8月16日。

表 5-2　部分新区 2021~2022 年金融机构发展情况

国家级新区	金融机构发展情况
上海浦东新区	2021 年底,金融机构总计 1142 家,银行类 292 家,证券类 529 家,保险类 321 家
	2022 年底,金融机构总计 1173 家,较上年增加了 31 家,银行类 302 家,证券类 541 家,保险类 330 家
天津滨海新区	2020 年底,共有持牌法人金融机构 37 家,共有七类地方金融组织 2494 家,包括融资租赁 1733 家、商业保理公司 674 家、小额贷款公司 36 家、典当行 26 家等
	2022 年末,共有证券法人机构 1 家,证券公司分支机构 29 家,证券投资咨询机构 2 家;基金法人机构 1 家,基金销售机构 2 家;期货分支机构 6 家;融资租赁企业 1293 家;保理企业 568 家
重庆两江新区	2021 年底,注册地在两江新区的银行业金融机构共计 451 家;传统金融机构达 125 家,新型金融机构达 421 家
	2022 年底,注册地在两江新区的银行业金融机构共计 458 家
浙江舟山群岛新区	2021 年底,落户的各类金融机构共 79 家。其中,银行业机构 29 家,保险业机构 25 家,证券业机构 16 家,小额贷款公司 9 家
	2022 年底,各类金融机构 81 家。其中,银行业机构 29 家,保险业机构 26 家,证券业机构 17 家,小额贷款公司 9 家
广州南沙新区	2021 年底,金融企业累计达 6655 家,其中持牌法人金融机构 14 家,近 30 家银行分支机构,3 家公募基金,7 家证券分支机构,18 家保险分支机构
贵州贵安新区	截至 2020 年 6 月底,共引进银行业金融机构 15 家,设立分支机构 35 个,拟设立分支机构 6 个
	截至 2021 年 3 月底,共引进银行业金融机构 15 家,设立分支机构 36 个
青岛西海岸新区	截至 2021 年 5 月底,共有金融机构 237 家,其中银行 56 家,保险 75 家,证券 9 家,地方金融组织 97 家
	2022 年底,拥有各类金融机构 239 家
湖南湘江新区	截至 2022 年 10 月底,落户各类金融机构及配套企业 1184 家
南京江北新区	2022 年底,拥有各类金融机构 1282 家,股权投资类机构 762 家,基金及基金管理公司 307 家,认缴规模 3996 亿元
黑龙江哈尔滨新区	2021 年底,持牌类金融机构共计 90 家,股权投资基金 102 只,总规模 138.7 亿元

资料来源：各新区官网。

一是各新区金融机构的数量稳步增加。以上海浦东新区为例，2021年底上海浦东新区的金融机构总计1142家，2022年增长到1173家。二是金融机构的结构趋于合理。各新区除了引进银行外，还引进了其他金融机构，新区内的金融机构结构趋于完善。三是上海浦东新区各类金融机构的数量远超其他新区。浦东新区作为全国最大的金融中心，不仅汇聚了上海证券交易所、上海期货交易所、中国金融期货交易所等重要的金融要素市场，也集聚了适合金融业发展的政策条件、经济条件、社会条件和大量的金融人才，这些使得浦东新区的金融产业发展趋于成熟，远超其他国家级新区。

第二节　国家级新区金融机构建设的问题

金融活，经济活；金融稳，经济稳。作为金融业发展重要组成部分的金融机构，各新区的发展情况各不相同。除了较早的浦东新区、滨海新区等具有完善、成熟的金融机构建设环境和体系外，其他新区仍存在一些亟须解决的问题。

一　新区金融机构发展中存在的问题

金融机构作为给个人、企业和政府等主体提供金融服务的组织，其在运营过程中受市场、政策以及经营措施等因素的影响，面临资金和信誉风险，进而会影响金融机构的经济效益。[①]

（一）国家级新区金融机构运营中存在的风险

新区金融机构在运行过程中可能会面临信用风险、流动性风险、利率风险和操作风险等（见表5-3）。

---

① 刘金章主编《金融风险管理综论》，中国金融出版社，1998。

表 5-3　信用风险、流动性风险、利率风险和操作风险

风险类别	具体内容
信用风险	由于系统性风险和非系统性风险，金融机构的债务人不能或不愿履行债务而给债权机构造成损失的可能性，或是由于交易双方违约或不履行义务而给作为交易一方的金融机构带来不利影响
流动性风险	金融机构无法在不增加成本或资产价值不发生损失的条件下及时满足客户流动性需求的可能性
利率风险	利率变动的不确定性给银行、企业、个人带来了相应的风险。简言之,利率风险是指未来利率的不利变动带来损失的可能性
操作风险	根据巴塞尔委员会的定义,操作风险是指由不完善或有问题的内部程序、人员、系统或外部事件造成直接或间接损失的风险,包括执行风险、信息风险、关系风险、法律风险、人员风险、系统事件风险六种类型

资料来源：温红梅、姚凤阁、娄凌燕主编《金融风险管理》（第四版），东北财经大学出版社，2018；王顺主编《金融风险管理》（第二版），经济科学出版社，2014。

　　新区金融机构在发展中可能会出现各种问题，包括缺乏有效的贷款质量监控、负债质量结构不合理、人员有意或无意错误操作等。这些问题会导致新区金融机构面临各种经营难题。

（二）金融机构助力新区经济发展中存在的问题

1. 金融机构支持经济发展的战略性作用不足

　　金融发展较好的新区均有一个特点，即特色产业具有较强的优势。而一些金融发展较薄弱的新区的特色金融业态尚未形成比较优势。新区金融机构根据区内产业发展情况打造的金融服务和金融产品尚未形成规模，且不具备很强的竞争性，对新区内实体经济企业的支撑作用不够，对新区经济发展的针对性支持不足。

2. 金融机构创新能力不足

　　一些新区受机构层级限制，在传统金融领域处于资源劣势地位，区内金融机构的主动创新能力和发展动力不足、服务的针对性和有效性不强。科技企业发展早期因轻资产、技术研发周期长等特点，仍存在融资难、融资贵现象。同时大数据、云计算、区块链等数字技术的应用对创新的要求极高，需要一大批具备专业知识的高素质复合型人才。

二 国家级新区金融机构体系建设存在的问题

金融机构体系是指由若干相互作用和相互依赖的金融机构组成的、具有特定功能的有机整体，涉及各类金融机构的构成、职责分工和相互关系。一个国家建立什么样的金融机构体系，是由这个国家的经济发展水平、经济体制、货币信用发达程度等决定的，因此各国金融机构体系各具特点，但又具有相似之处。[①]

（一）新区金融机构体系分布比例失衡

新区金融机构中国有商业银行的分布最多、覆盖最广，而地方银行和非银行类机构的分布较少且更为集中，其客户群体、数量以及业务种类受限，导致新区内金融机构分布失衡。

（二）金融机构体系的规模失衡

在新区内部，国有商业银行和地方银行的资产存在较大差距，非银行金融机构与银行业金融机构的资产悬殊，证券业和保险业整体规模偏小。国内金融体系一直以间接融资为主，直接融资发展缓慢，证券、保险等金融业务发展规模偏小。

三 新区金融机构监管体制存在的问题

金融监管是指金融监管当局依法对整个金融业（包括金融机构和金融业务）实施的监督管理。[②] 金融体制改革是我国现阶段经济改革的重头戏，金融体制改革的成功与否事关我国经济改革。

（一）金融监管具有必要性和重要性

实施金融监管是实现国民经济健康发展的需要。金融业是以货币信用、证券及保险业务等为主要经营内容的特殊行业，与国民经济整个运行息息相关。一旦金融机构经营失败或发生金融危机，就会对整个经济产生不良影

---

① 李小丽主编《金融学》，西安电子科技大学出版社，2018。
② 张亦春主编《现代金融市场学》（第四版），中国金融出版社，2019。

响。因此，应加强对新区金融机构的监督与管理，引导和促进这些机构发挥其对经济的积极作用，推动国民经济良性发展。

实施金融监管是维护社会经济稳定的需要。在市场经济条件下，金融机构之间不可避免地会展开激烈的竞争。这种竞争如果失去调节、监督、控制，就会偏离正确方向，形成破坏性竞争或垄断，从而影响整个金融业的健康发展，破坏社会的安定团结。实施金融监管是正确贯彻国家货币政策、认真执行金融法规制度的需要。无论是在贯彻落实国家金融、货币政策方面，还是在实施和执行国家金融法规制度的过程中，随着实现货币政策目标和落实国家金融法规制度难度的不断加大，需要采取必要的金融监督管理，使金融业的发展方向、经营活动等符合国家货币、金融政策和金融法规制度的要求。[①]

（二）国家级新区金融监管存在的问题

1. 国家级新区金融监管法律体系建设不足

我国金融法律体系不断完善，但在地方金融监管立法方面仍然较为滞后，缺乏国家层面统一的地方金融监管立法，各新区的金融监管法律体系不健全。目前金融机构的监管规则均为部门规章或规范性文件，层级和效力较低，存在滞后性，对违法金融行为和市场上出现的各种新型金融衍生品威慑力不足，难以有效保护消费者和投资者的合法权益。

2. 国家级新区政府金融监管机构的职责不明

新区金融监管机构的职责不明主要表现在以下几个方面。

一是新区金融监管部门职责缺失。新区监管部门在承担金融监管职责的同时，也要担负建设新区金融市场、促进金融发展、加强企业融资等职责。出于新区发展需要，金融监管部门将促进金融发展和金融机构招商引资作为主要工作内容，造成新区金融监管工作重发展、轻监管的现象。

二是金融机构至少从事两种以上的金融服务，也就要受到两个以上的监管者监管，这些监管机构的监管侧重点不同、评价体系不同，不利于相互配合、信息共享，易导致过度监管和资源浪费，制约了金融机构的业务创新。

---

① 李平主编《金融学》，北京理工大学出版社，2021。

三是新区金融监管机构存在严重的金融监管与风险处置责任不对称问题。由于区域性金融风险与新区经济存在复杂的内在联系，金融监管部门承担主要风险处置责任有一定合理性和必然性，但其不具有与之相应的金融监管职责，往往都是在金融机构出现风险事件后才被动参与，承担风险处置等职责。

四是新区金融部门在资源划分方面不够合理。各部门的技术、拥有的专业人员以及硬件设备和信息资源受到不同的条件约束，金融部门和监管机构之间没有实现资源共享，从某种程度上来说降低了金融监管的有效性。

3. 国家级新区金融监管部门的监管能力有限

新区金融监管部门能力有限主要表现在以下几个方面：一是相对于庞大复杂的监管对象，新区金融监管部门缺乏必要的人员、技术知识和经费支持，资源相当有限。[①] 各新区引进的金融机构少则几百个，多则上千个，由此产生的金融产品和服务更是庞大繁杂。面对这么庞大、复杂的地方金融体系，新区的金融监管工作却只由金融办、商务厅、工信厅等部门中的少数人承担，这导致新区金融监管力量严重不足。二是新区监管部门的行业监管手段严重不足。目前，最高层级为部门规章、规范性文件。金融监管的手段主要是行政管理，缺乏其他手段的支持，监管措施的效能未得到充分发挥。

第三节　国家级新区金融机构完善建议

针对上述提出的金融机构发展中的问题、金融机构体系和金融监管的问题，本节提出以下政策建议。

一　提升新区金融机构的发展韧劲

（一）推进新区金融领域信用体系建设

新区要完善信用体系与机制，进一步培育规范、诚信、自律的金融发展

---

① 牛淑珍、齐安甜：《数据金融与数据商科》，复旦大学出版社，2022。

环境，加快打造市场化、法治化的营商环境。

一是加强部门信息共享、信用披露和信用分类评价等工作，推动公共数据资源和公共信用资源整合，推动企业和个人金融信用信息基础数据库的信息采集和使用，深化数据归集共享的广度和深度。二是推进信用评级市场化运作，支持第三方征信服务机构利用科技手段推出标准化信用报告。三是建立健全失信主体惩戒机制，增强企业和居民信用意识，共同营造诚实守信的金融信用环境。四是发挥逃废和侵权企业"黑名单"反面警示作用，引导市场参与主体增强诚信和维权意识。五是依托金融法庭及调解中心、公证处等司法力量，提供化解金融行业纠纷的多元途径，加快构建良好的金融生态。

（二）强化金融风险防范和处置

新区要坚持源头治理，加强应急处置机制与能力建设，化解存量风险，严控增量风险，防范风险反弹。[①]

一是建立包括金融投资者、消费者以及金融机构在内的多渠道金融创新动态识别机制，及时了解最新的金融服务模式、金融产品和投融资形式，有效甄别金融创新活动的潜在风险。二是加强金融风险监测预警，健全金融风险监测预警协作机制。充分利用监管科技手段，加强对新型金融风险的识别与防范，建立智能化金融监管防控体系。三是加强跨境金融风险防范和处置，督促金融机构加大对跨境资金流动的监测力度。

（三）持续压降金融机构不良资产

坚持早暴露早处置，各新区可通过"一企一策"与联合专班机制，促进不良资产有效化解。

一是加强重点行业、地区和企业信贷风险排查防控，严格贷款分类管理，推进银行机构加强贷前调查、贷中审查和贷后检查，防范银行信贷风险。二是压实区内银行机构主体责任，推动银行分支机构争取上级行倾斜支

---

① 沈丽、张影、张好圆：《我国金融风险的区域差异及分布动态演进》，《改革》2019 年第 10 期。

持，推动地方法人银行积极争取股东和地方政府支持，将经营利润和留存收益优先用于化解不良贷款。三是协调新区内各相关部门，推进对银行机构不良资产的市场化处置工作，拓展不良贷款处置渠道。严厉打击恶意逃废银行债务行为，净化市场信用环境，切实维护良好的金融生态。四是支持各银行机构对不良贷款实施清单式管理，通过核销、清收、以物抵债、批量转让、证券化等方式，加大不良资产处置力度，保持信用风险平稳可控。五是支持地方法人银行机构吸纳资金实力雄厚、独立性强的战略投资者，扩充资本实力，增强抵御风险能力，促进股东结构优化，提升公司管理水平。

二　完善新区金融机构体系

（一）大力引进国内外各类金融机构

各新区要加快引进具有代表性的外资金融机构，积极争取国家支持发起设立民营银行和批复设立华海证券等法人金融机构。①

一是支持区内大型企业通过战略投资等方式引进优质的中小型法人金融机构。二是推动大型金融机构在新区设立理财子公司、资产管理公司。三是支持国内外金融机构在新区设立分支机构，推动金融机构设立中小企业专营机构或业务总部、后台服务中心等。四是引进保险公司资产管理、创新研发、后援服务等功能性总部，发展新型健康保险、养老保险等创新型保险机构。

（二）做强做优地方金融组织

新区金融工作局要科学调控地方金融组织数量、合理布局地方金融组织，支持国内优质企业在新区发起设立地方金融组织，大力发展融资租赁、商业保理等行业。

一是支持地方金融组织通过增资扩股、兼并重组等方式，壮大资本实力。二是推动地方金融组织在数量、规模和质量等方面达全省最优。三是支持地方金融组织围绕绿色生态、乡村振兴等国家战略，积极开发拓展新型业务。四是支持各新区金融组织在监管框架内通过创新业务模式、提高融资杠

---

① 姚润梅：《赣江新区绿色金融改革创新试验区建设初探》，《金融与经济》2018 年第 4 期。

杆等方式做大做强。五是支持新区内设立政策性融资担保机构，立足公益性定位，建立有效的银行、融资担保机构、再担保机构风险分散机制，降低担保门槛和担保费率，破解小微企业融资痛点。

（三）培育发展金融中介服务机构

新区要支持会计、律师、审计、资产评估和咨询机构等中介服务机构集聚，为金融机构提供专业化服务支撑，构建门类齐全、服务专业、功能完善的金融服务体系。新区大力发展保险中介市场，培育引进一批信誉好、专业技术强、管理水平高的专业保险中介机构，形成以保险中介发展为特色的现代保险体系。规范发展保险兼业代理市场，支持区内区域性法人保险中介机构增资扩股，支持自主创新，增强保险中介机构的核心竞争力。发挥行业自律组织的作用，加强社会监督，切实保护保险消费者利益。

三　完善新区金融监管体制

（一）完善新区金融监管法律体系

金融监管权的正当性来源于法律授权。第一，依据各新区所在的地方相关法律法规，完善新区金融监管法规体系，使得新区政府有关立法能够与金融监管相融合，确保其发展需求得到满足。第二，要针对新区自身发展情况出台相应的政策文件，明确新区金融监管责任。金融监管机构的各种监管行为需要在法律规定的范围内行使，不能对地方金融机构的正常运作造成干扰，力促新区金融更好更快发展。第三，关于金融监管机构在应对金融风险方面需要承担的职责给出详细的规定，确保法律法规具备的权威性能够有效地发挥出来，同时保证金融监管机构拥有正当的权利，切实维护消费者的合法权益。

（二）建立金融监管组织体系之间的协调和沟通机制

新区金融监管部门要建立明确且合理的分工，妥善处理好各金融监管部门职能上的交叉重合问题，明确相关职能的主要负责机构，清晰地对各自的职责权限做出界定，[①] 避免由职能交叉引发的互相推脱或业务重复等问题。

---

① 张旭、隋佳良：《地方政府金融监管职责、组织架构与运行状况——基于山东 17 地市的研究》，《东方论坛》2018 年第 5 期。

新区的金融监管部门除了要明晰职能之外，还要积极与其他部门进行协调和沟通，建立完善的协调和沟通机制。[①]

因此，各新区要积极推进金融监管协调机制制度化。金融监管协调机制包括常设性制度、科学的组织架构、完善的责任落实和合理的工作规定。通过制定合理的组织框架，使政府的各个部门参与金融监管，极大地提升新区金融监管的效力。

（三）引入金融监管新科技

各新区要积极采用高科技的金融监管手段。随着金融市场的发展、金融业务的融合和金融科技的创新，金融风险越来越复杂。传统监管技术难以应对复杂的金融创新业务，对金融大数据的监管更是需要面对海量的金融数据。因此应大力发展监管科技，积极应用大数据技术、人工智能技术，加强金融科技应用，提高金融数据的收集和分析能力，提升监管能力。[②]

一是发展监管数据处理技术。[③] 新区金融监管机构面对庞大复杂的金融机构和金融产品，需要处理大量的监管数据。通过提升监管数据处理技术水平，实现监管数据报告的电子化，可降低监管纸质成本和人力成本，提高监管机构监管数据的分析效率。

二是建立风险实时监测系统。各新区金融监管部门要发展风险实时监测技术，将监管规则嵌入其中，对风险数据及时识别并报送监管系统，实现监管流程的自动化、智能化。

三是监管部门要积极与金融科技公司合作，充分利用外部智能支持，提高监管科技含量。监管机构要与监管科技公司合作，提升自身监管信息技术水平，降低自身开发监管系统的成本和风险，更重要的是可以更加高效、快速、准确地发现隐藏的金融风险，确保新区金融市场安全发展。

---

① 何雨：《金融支持国家级新区发展的做法、问题及对策——以陕西西咸新区为例》，《西部金融》2018 年第 12 期。

② 陶冶、张国胜：《金融中心论》，经济日报出版社，2019。

③ 刘海睿：《数字金融服务哈尔滨国家级新区发展问题研究》，《边疆经济与文化》2019 年第 11 期。

第六章 金融服务平台搭建

金融服务平台是指在以地方经济为基础，在政策引导下，针对地方的金融机构及类金融机构、企业、中介机构等提供科学化、专业化、个性化服务的融资性金融科技平台。[①] 各新区基于自身金融基础和产业发展的不同，设立了各具特色的金融服务平台，以使新区居民、企业和金融机构享受到更加便利、更加高效的金融服务。

第一节 国家级新区金融服务平台概述

各新区基于产业发展方向的不同，搭建了不同类型的数据平台。本节将对各新区建立的金融服务平台进行梳理。

一 上海浦东新区

上海浦东新区推出促进新区跨境贸易的"离岸通"平台、推动期货交易的全国性大宗商品仓单注册登记中心以及上海浦东新区金融数据港。上海浦东金融数据港作为上海乃至全国发展金融数据的增长极，是极具特色的，后文将会具体介绍上海浦东新区金融数据港。

（一）自贸区"离岸通"平台

2021 年 10 月 14 日全国首个自贸区"离岸通"平台在上海浦东新区外高桥保税区正式上线。作为全国首个直接整合境外数据用以支持贸易真实性审核的辅助信息平台，中国（上海）自由贸易试验区"离岸通"平台致力于缓解离岸贸易中单据审核"严"和单据提供"难"之间的矛盾。"离岸

---

① 徐忠、孙国锋、姚前主编《金融科技：发展趋势与监管》，中国金融出版社，2017。

通"平台，包含"一门户、五系统"，通过引入境外的海关报关数据、国际海运数据和港口装卸数据，辅助银行对企业的离岸贸易行为进行真实性判断，方便企业开展相应业务，极大地解决了离岸贸易难题。

"离岸通"平台上线 1 个月便获取境外 17 个国家的海关报关数据，并对接覆盖约 60% 的国际海运业务船舶和港口装卸信息。通过对全球数据的整合，这一平台不仅能够支持对浦东新区内企业离岸贸易进行真实性判断，而且也将促进浦东离岸金融的高质量发展。

（二）全国性大宗商品仓单注册登记中心

2022 年 11 月 23 日，全国性大宗商品仓单注册登记中心（以下简称"全仓登"）启动仪式在浦东新区举行。全仓登以"统一登记、数字监管、期现结合、产融互通"为宗旨，由浦东新区政府会同上海期货交易所大力推动。该平台的建设可以推进区域间仓单信息互联、互通、互认、共享，实现信息流与货物流的深度绑定，进一步强化市场约束，有利于帮助化解"虚假仓单""重复质押""一货多卖"等风险，助推大宗商品仓单资源高效管理，降低企业交易融资成本，继而对完善市场生态和诚信体系、便利金融业务开展、保障大宗商品的安全流通和运转效率具有重要意义。

二　天津滨海新区

2021 年 4 月 26 日，天津滨海新区小微企业首贷续贷服务中心在新区政务服务办揭牌，标志着小微企业的融资将更有保障。该服务中心是为满足新区民营和中小微企业的融资需求，切实解决企业首贷续贷难题而设立的。服务中心由银行机构工作人员轮流值守，提供金融政策宣传和信贷业务咨询等服务，推介金融信贷产品，有力提升小微企业、个体工商户获贷水平，极大地缓解了小微企业"融资难""融资慢"的问题，打造小微企业合作成长的新"基地"。[①]

---

① 王睿：《滨海新区小微企业　首贷续贷服务中心揭牌》，《天津日报》2021 年 4 月 27 日。

三 重庆两江新区

重庆两江新区在 2021~2022 年建设了三款金融平台，分别是协助金融机构数据分析的 SAXO. AI 数据分析平台、打击金融黑产行为的打击金融领域黑产联盟、推动金融调解的金融公证创新服务中心。

（一）SAXO. AI 数据分析平台

2021 年 6 月 18 日，落户两江新区的盛宝金融科技有限公司（以下简称"盛宝金融科技"）正式推出"SAXO. AI 数据分析平台"。[1] 该平台直击金融行业"数据为本，业务驱动"的痛点，为银行、保险等金融机构提供数据分析建模所需的整体解决方案。

SAXO. AI 数据分析平台以数据集成、分析、管理、运用为基础，将 AI、顶尖算法等技术运用于整个平台全生命周期的管理体系，提速金融机构内外部分析和决策制定过程，提升机构内部的生产效率，助力金融机构为客户提供更高效、优质的服务体验。

（二）打击金融领域黑产联盟

2022 年 3 月，两江新区企业马上消费联手富民银行等十余家机构共同发起成立打击金融领域黑产联盟（以下简称"AIF 联盟"）。该联盟成立的目的是打击严重扰乱正常的市场秩序、损害消费者权益的金融领域黑产行径。AIF 联盟建立专业、高效的金融行业打击黑产合作机制，为金融黑产行为防范和治理探索新模式新道路、为新区金融行业良好运行构筑更加安全的屏障，切实维护消费者合法利益。

（三）金融公证创新服务中心

2022 年 7 月，两江公证处通过打造金融公证创新服务中心，持续创新各项金融公证服务，让金融解纷走上"快车道"。金融公证创新服务中心借助互联网推出"互联网+公证"和"手机银行+公证"模式，搭建并运行基

---

[1] 《盛宝金融科技正式推出"SAXO. AI 数据分析平台"》，http：//www. liangjiang. gov. cn/Content/2021-06/18/content_ 10184033. htm，2021 年 6 月 18 日。

于区块链技术的"互联网金融公证在线服务平台"，通过网上预约、申请、受理、审核、缴费，实现金融公证办理"最多跑一次"甚至"一次不用跑"，方便金融机构及信贷客户，增强金融机构的办证体验。

四　浙江舟山群岛新区

2020年浙江舟山群岛新区首创船舶综合金融服务平台。[①]该平台旨在解决保险公司因缺少船舶过往的事故情况及信用记录，在承保时无法准确评估船舶在经营管理上的风险，难以合理制定承保费率的问题。

船舶综合金融服务平台分为保险与银行两个板块。第一部分是保险板块。共享船舶此前出险记录、船东拖欠保费和保险欺诈等信息，有助于保险公司全面了解航运企业情况。该板块的设立可有效消除保险公司之间出险信息不对称，解决无法准确核定承保费率的难题。第二部分是银行板块。全面采集航运企业资信状况，通过共享贷款逾期等信息，与保险出险理赔信息结合，描绘企业风险图谱。全面引导银行保险机构在信贷额度、保费定价等方面给予差异化对待，发挥市场信用机制的推动作用。此外，平台结合船舶险实务现状，建立起一整套覆盖承保、理赔的业务数据采集标准规范，实现"车同轨、书同文"，极大地解决了船舶企业投保难的问题。

五　广州南沙新区

广州南沙新区搭建了两个金融平台，分别是致力于解决企业融资难题的南沙"信易贷"融资对接平台和推动企业绿色减排的南方电网碳中和融资租赁服务平台。

（一）南沙"信易贷"融资对接平台

2021年广州南沙新区搭建了南沙"信易贷"融资对接平台。该平台致力于帮助新区银行对接商会和企业，并及时跟进、反馈企业金融需求。

---

① 袁冠祺、陈娜：《舟山建设船舶综合金融服务平台》，《浙江日报》2020年7月13日。

该平台具有以下三个特点：一是在客户申请端实现融资需求的定制化。客户除了可以申请标准化的信贷产品，还能够发布自己特定的信贷需求信息。这一特点让客户不再需要将自身情况与标准化产品进行一一比对，而是让银行来满足客户需求。二是在银行审批端实现数据共享。银行在审批的过程中可以获得政府提供的客户信用信息，实现审批流程便利化。三是大数据助力分析融资痛点、难点。"信易贷"系统可以汇总每一笔信贷的发放情况，并及时分析未能成功发放的贷款原因。"信易贷"平台的建立极大地满足了新区企业的融资需求，提升了企业的融资效率。

（二）南方电网碳中和融资租赁服务平台

2021年7月8日，南方电网碳中和融资租赁服务平台揭牌仪式在南沙新区举行，标志是全国首个碳中和融资租赁服务平台正式上线，首期超过10亿元的项目已接入平台。该平台的建立是为了助力南方电网公司构建新型电力系统，以推动新区建立绿色低碳循环发展经济体系。

该平台基于区块链、大数据、人工智能等技术创新融资租赁服务模式，探索建立融资租赁费用与碳排放量挂钩的浮动机制，倒逼碳排放主体主动减少碳排放量，推动由被动减排向主动减排转变，构建高效、低成本的碳中和绿色金融服务体系。该平台有助于新区企业高效绿色减排，促进新区绿色金融高质量发展。

六　青岛西海岸新区

青岛西海岸新区搭建了"西海岸金融服务平台"。[①] 该平台致力于满足市场主体和社会公众金融需求，缓解中小微企业融资难、融资繁、融资贵等问题。平台依托于"互联网+大数据"，在金融机构与企业之间搭建融资服务桥梁，为资金供需双方提供信息服务。平台涵盖银行、保险、地方金融组

---

① 张忠德：《西海岸新区金融服务平台网页版上线一周放款超6亿元》，《大众日报》2021年9月8日。

织等的各类金融产品，以及创投风投机构投资信息，同时集聚区内企业融资需求和新区金融扶持政策，为企业提供一站式、公益性金融服务。

目前，平台已汇集新区 56 家银行，信用、抵押、担保等各类信贷产品 168 款；74 家保险机构，航运贸易、科技创新等全领域保险特色产品 94 款；融资担保公司、小额贷款公司、融资租赁公司、商业保理公司、典当等 60 余家地方金融组织，极大地满足了新区企业的融资需求，为企业的创新提供了金融"活水"。

七　大连金普新区

大连金普新区基于本区的产业发展，搭建了推动船舶贸易的航运燃油交易数字化服务平台、促进海产品贸易的海参行业供应链金融服务平台和助力企业融资的"捷匠金服"平台。

（一）航运燃油交易数字化服务平台

2021 年 6 月大连金普新区上线全国首个集云交易、云融资功能于一体的航运燃油交易数字化服务平台。平台是为船舶、燃油供应商等多方提供燃油交易服务，以提高生产效率，实现交易、物流、结算等场景的数据共享，实现数字化线上融资。平台以大数据、人工智能、云计算、区块链等新技术为基础，提升实体经济与金融机构的衔接效率，促进产业数字化转型。

航运燃油交易数字化服务平台创新传统融资方式，推出"加油呗"功能，企业凭借资信和平台大数据，即可实现"数字信用"转换，获得保理融资，解决燃油供应商因轻资产、应收账款分散且无强资信企业背书确权等而无法获得银行融资服务的问题。该金融服务平台的建立为企业提供了新的融资渠道，促进了船舶企业的数字化转型，有助于新区产业的高质量发展。

（二）海参行业供应链金融服务平台

2022 年 11 月，大连自贸片区联合金普新区中小企业融资担保有限公司创新建立全省首家海参行业供应链金融服务平台，推出海参行业供应链融资担保新模式。通过加强对中小企业的金融服务，使固定资产不再作为融资担保业务审核时的唯一标准，为企业拓宽了融资渠道、缩短了审批时间、提升了融资效率，有效解决了中小企业融资难、融资贵等问题。

（三）"捷匠金服"平台

2022年11月，大连金普新区为赋能片区制造行业高质量发展，助力中小企业谋划长远发展、扩大生产规模、降低融资成本，与相关企业开展合作，合力搭建工业互联网供应链金融平台"捷匠金服"。[①]

"捷匠金服"平台利用互联网、大数据、云计算、人工智能、物联网、区块链等数字科技技术，深耕产业场景，针对产业场景定制化设计"捷匠订单贷""捷匠快付贷"两款融资产品，助力产业降低融资成本，提高生产效率，优化产业结构。"捷匠金服"平台将融资企业静态数据包、订单动态数据包和通过风控模型产出的风控报告传输给银行进行审核。银行审核成功后根据企业情况和订单情况予以授信和放款，并通过全流程、线上化动态贷后监管确保企业最终履约还款。"捷匠金服"平台的设立为新区企业的发展提供了金融"活水"，助力企业创新发展。

八　四川天府新区

四川天府新区于2020年10月20日组建成立四川首家"企业首贷服务中心"，通过引进工商银行、中国银行、交通银行、中信银行和成都银行等众多金融机构，为新区企业量身定制线上抵押贷、政采贷、税融通、科创贷等42款金融产品。

服务中心整合政银企三方资源，为企业提供工商注册、证照办理、银行开户、税收监管、财政帮扶等全生命周期的"一条龙"服务。服务中心的设立极大地缩短了企业融资时间、提高了融资效率，为企业的发展提供了资金保障。

---

① 大连金普新区管理委员会：《赋能制造业高质量发展　大连自贸片区打造工业互联网供应链金融平台》，https：//www.dljp.gov.cn/govxxgk/dalianbaoshuiquguanweihui/2022-11-25/15fb8890-9ee8-4d31-8248-539fd4389c15.html，2022年11月25日。

九 湖南湘江新区

2021年5月，在湖南省工信厅指导下，专精特新中小微企业股权融资服务平台落户湖南湘江新区岳麓山大学科技城。该平台的建立是为了给新区内的专精特新中小微企业提供相关的金融服务。

自成立以来，平台在半年内陆续开展生物医药、智能制造、轨道交道和新材料、人工智能和信息消费等行业的专场路演，有45家企业参与，共发布近30亿元融资需求，累计获得融资8亿元，极大地推动了新区高科技产业的发展，满足了新区内专精特新中小微企业的各项融资需求。

十 南京江北新区

南京江北新区搭建了推动科技企业融资的"科创数金"平台和数字贸易与数字金融领域的专业调解平台。"科创数金"平台的建设具有江北特色。对该平台的详细介绍将在下文展开。

2022年8月，南京江北新区为助力江北新区数字贸易高质量发展，设立全国首个面向国际数字贸易和数字金融领域的专业调解平台——南京江北新区国际数字贸易与数字金融调解中心。[1]

调解中心积极引入"互联网+商业+公证"模式，联合南京公证处江北新区分部、国际贸易相关方共同搭建在线化、数字化、智能化的知识产权交易平台，采取商业和法律的双重手段，针对我国企业的国际贸易商业和法律疑难问题提供精准、快速、高效的解决方案。并依据国际通行的公证司法证明提供可靠稳定的法律公信外观和事实证据，为有效应对国际数字贸易和数字金融纠纷处理提供全新的解决思路。调解中心的建立为解决数字贸易纠纷提供了解决方案，极大地推动了新区数字贸易的发展。

---

[1] 南京江北新区管理委员会：《全国首创！平台助力数字贸易纠纷化解》，http：//njna.nanjing.gov.cn/zmq/zmqdt/202208/t20220808_3666432.html，2022年8月8日。

十一 黑龙江哈尔滨新区

2022 年，黑龙江哈尔滨新区为解决科技型中小企业面临的因资产轻、无传统抵押物等而融资难，以及由新技术转化为新产品的时间周期长、失败率高等造成的风险高问题，联合中国建设银行黑龙江分行利用大数据等数字化管理工具，打造了"金融＋孵化＋产业＋辅导"一站式综合服务平台。

该服务平台建立了一套既符合科技型中小企业特征又能科学反映市场价值的信用评价体系，大大降低了科技型中小企业在传统征信体系下面临的融资难问题，构建了"信贷融资＋创投服务"融资新模式。该平台的建立为科技型中小企业获得金融支持提供了综合解决方案，提升了新区的创新活力。

十二 吉林长春新区

2021 年 8 月，吉林长春新区首次在社区设立金融服务站，将银行金融服务网点延伸到社区，通过将社区的服务力量与银行业务优势有机结合，全面加强金融服务网络建设，打造集金融风险防范与识别假币知识宣传教育、百姓理财投资与生活缴费服务指导、尊老助残民生金融服务等功能于一体的基层金融服务平台。

社区金融服务站①采取合作银行挂点负责的运作模式，新区选取吉林银行长春新区支行作为试点服务站的主要挂点金融机构。挂点金融机构将指定专人负责提供专属金融服务。金融服务站依托社区居民委员会办公场地设置专门服务窗口和活动场所，积极为社区群众提供专业化的服务。社区金融服务站为群众提供了便利的金融服务，极大地促进了新区普惠金融的发展。

---

① 《提升社区服务功能 满足居民金融需求 长春新区首批"社区金融服务站"投入运营》，https://mp.weixin.qq.com/s/f_mYJxNGQSHvJ3PUdGCwcw，2021 年 8 月 6 日。

十三　江西赣江新区

2022 年 7 月，江西赣江新区为推动新区普惠金融发展，与江西普惠征信股份有限公司合作开发了赣江新区普惠金融综合服务平台。

企业可通过平台享受在线申请贷款、政策咨询、获取金融产品信息等服务。在线下，赣江新区成立了普惠金融服务中心，收集金融机构产品信息和企业融资需求，组织召开银企对接会，推动产融高效对接。这种"线上+线下""网上服务+实体大厅"相衔接的高效服务模式，实实在在地为企业融资提供了便利。

第二节　国家级新区金融服务平台建设的特色示范点

在 2021~2022 年各新区的金融平台建设中，最具特色的是上海浦东新区的金融数据港、南京江北新区的"科创数金"平台以及贵州贵安新区的"贵阳贵安绿色金融服务平台"。这些平台各具特色，且具有代表性，可以为之后其他新区的金融服务平台建立提供经验参考。

一　上海浦东新区金融数据港

上海浦东新区金融数据港于 2021 年 7 月 27 日正式开港。[①] 建设金融数据港是浦东贯彻落实《中共中央　国务院关于支持浦东新区高水平改革开放打造社会主义现代化建设引领区的意见》的重大举措，也是浦东打造上海城市数字化转型示范区的重要行动。

金融数据港构建了"一三四三"战略框架，也正是基于这个战略框架推动金融数据港各项举措落地，力争实现建设国际一流的金融数据产业高地的最终愿景（见表 6-1）。

---

① 《上海金融数据港开港》，《人民日报》2021 年 7 月 29 日。

表6-1　金融数据港"一三四三"战略框架内容

框架	表现	具体内容
"一"	一个愿景	依托海量的金融数据、丰富的应用场景，逐步实现建设国际一流的金融数据产业高地的愿景
"三"	金融数据港发展的三大目标	推动金融和科技双向赋能、金融城与科学城双城辉映；推动金融更好服务实体经济；推动浦东持续加强国际金融中心、科创中心、消费中心建设
"四"	四大中心	建设成为金融数据创新实验中心、金融科技创孵中心、金融数据生态研究院和金融数据咨询服务中心
"三"	三大保障	从人才培养机制、交流合作机制、企业扶持机制等方面建立保障体系，以激发数据港的创新活力

（一）上海浦东新区金融数据港建设基础

金融数据港的前身是上海市银行卡产业园。银行卡产业园已建设成为全国范围内金融科技研发能力最强、金融数据能级最高、金融科技人才最集聚的区域，具备了建设金融数据港的产业基础。①

1. 金融设施基础

上海市银行卡产业园完整涵盖了各项金融基础设施。在金融机构方面包括人民银行清算总中心、征信中心和反洗钱中心，中国银联以及部分在沪重点要素市场的数据和科技部门。在金融基础设施基座方面，拥有银行卡交易系统、征信系统、清算系统、反洗钱系统等国家级金融数字底座。在金融数据方面，全国所有的银行卡交易清算数据、人民币支付清算数据、人民币跨境支付数据、个人和企业征信数据、金融衍生品交易数据都在卡园产生。这些金融基础设施为浦东新区金融数据港提供了发展基础。

2. 产业基础

上海市银行卡产业园汇聚了以金融科技企业、银联电子商务与电子工程

---

① 唐玮婕、张天弛：《全国首家金融数据港浦东开港》，《上海文汇报》2021年7月28日。

国家实验室、云闪付、交通银行金融科技创新研究院等为代表的大型持牌金融机构的科技创新、信息技术、数据处理等部门60余家，金融科技从业人员7万余人，拥有与金融科技相关研发机构300余家。这些金融科技企业、科研机构和各类创新人才的聚集将为金融数据港建设科技金融生态体系提供了创新基础和产业基础。

上海市银行卡产业园的产业生态与金融基础设施建设为浦东金融数据港的建设与发展提供了充足的资源和动力。浦东金融数据港致力于把原来的数据仓库变成数据工厂，再将数据工厂建设成为数据交易市场，推动上海在产业数字化升级方面翻开崭新的一页。

（二）上海浦东新区金融数据港建设成果

截至2022年7月，金融数据港开港一周年，一大批典型的金融科技研发机构陆续落户，包括人民银行金融科技子公司、哔哩哔哩元宇宙子公司、黑瞳科技子公司等，极大地丰富了金融数据港产业生态。此外，一大批数字化转型实践案例不断涌现，如中国银联的银联云金融行业数据服务应用、通联支付基于大数据的商户服务平台等。本部分将基于六个案例来说明上海浦东新区金融数据港建设一周年取得的重要成果。[①]

1. 企业提供的金融数据服务

表6-2是上海浦东新区金融数据港的六家公司提供的金融产品和服务的相关信息。这些金融服务包含针对不同的金融市场主体，解决其金融发展过程中不同的问题。

表6-2　金融数据港企业提供的产品和服务的相关信息

企业	服务	开发目的
通联支付网络服务股份有限公司	"基于大数据的商户服务平台"和云商通产品	致力于解决企业数字化转型过程中的各种支付问题，如何实现收银、支付、结算、营销一站式综合服务，确保全流程资金安全、智能化账务管理等

① 《数字经济新引擎——中国上海金融数据港发展报告2022》，2022年8月3日。

续表

企业	服务	开发目的
中国银联	通过银联开放平台提供增值数据产品服务,满足金融机构的经营性需求	为解决银行在与用户对接中存在的问题,包括企业与银行信息不对称问题、银行在数字化发展过程中的数据孤岛问题等
中央国债登记结算有限责任公司	构建回购市场的微观杠杆率监测体系,并在此基础上描绘回购市场的信用曲面	通过数字化手段,探索构建针对中国金融风险的监控预警体系
深圳平安综合金融服务有限公司	金服智慧数据大脑	应用最新金融科技,智能掌握用户画像,精准匹配用户需求,实现客户多需求＆多产品的智能匹配,提供一站式综合金融服务
海通证券股份有限公司	依托区块链金融平台建立高风险客户数据共享应用平台	实现集团内高风险客户数据共享,解决在异构环境中数据流通的隐私保护和信息安全问题
中银金融科技有限公司	建立隐私计算平台	致力于解决不同金融机构间的数据分散、客户信息维度有限等问题

2. 金融数据服务的特色

表 6-3 中的企业提供的服务专门用于解决金融机构在数字化转型过程中的相关问题,并利用大数据等技术,从科技金融角度提供解决方案。

表 6-3　金融数据港企业提供的产品和服务的特色

企业	产品特色
通联支付网络服务股份有限公司	"支付+科技",驱动业财一体高效衔接;科技赋能,提升企业数字化新体验;依托数据中台,筑牢各主体决策分析底座;精准智能风控,技术护航支付安全;开展数字营销,构建智慧商圈新生态
中国银联	及时回应查询请求,满足信贷场景快速审核业务需求;拓展银联数据广度,提升数据覆盖度;结合金融机构实际应用需求,在不同场景下建立不同模型
中央国债登记结算有限责任公司	在金融周期监测理论基础上延展指标体系;创造性地建立资产和机构双维度风险监测体系;风险监测体系更加多维和全面

续表

企业	产品特色
深圳平安综合金融服务有限公司	核心技术能力全领域拓展，以技术助力业务新增长；横纵数据打通，保障经营全流程数据驱动；服务线索管理，用技术支撑以客户服务为核心的陪伴式经营模式转型
海通证券股份有限公司	助力提升证券公司管理的智能化、精准化水平，减少投资风险与管控成本；做好客户隐私信息保护工作
中银金融科技有限公司	平台实现了原始数据"不出门"、敏感数据始终不参与流通；实现了隐私信息检索；实现了安全匹配

二　南京江北新区打造"科创数金"

2021 年 7 月，为破解新区内科技企业融资难、融资贵、融资慢问题，南京江北新区充分挖掘科技企业创新价值，打造"科创数金"——江北新区科技与知识产权金融创新平台，将科技企业创新能力转化为信用价值，大力推动企业创新变现。[①]

（一）整合企业大数据，数字驱动金融创新

平台有效整合江北新区工商信息、经营状况信息、政策申报信息、企业资质信息、知识产权信息和风险信息六大类超过 37 万条企业数据，建立"企业大数据库"，发挥企业大数据在融资中的信用效能，实现"让数据说话"。通过企业数据反映企业经营情况和信用状况，使金融机构和科技企业间的信息不对称问题得到极大缓解，促进企业融资便利化。

（二）创新实现企业360度综合价值自动评级

平台建立涵盖管理能力、知识产权、创新能力、行业及市场环境、财务状况五个维度 88 项指标的科技企业综合价值评价模型，利用大数据自动评级评分，引导银行从侧重抵质押物的"资产价值型"思维向侧重企业科技

---

① 《南京江北新区"科创数金"平台上线》，《江苏经济报》2021 年 6 月 26 日。

实力的"创新价值型"思维转变。①

（三）平台首创科技企业授信额度测算模型

平台立足科技企业发展特征，首创一套高信度的科技企业授信额度测算模型，使银行"在项信贷评审"转变为企业整体信贷能力测评。银行在"最高授信额度"内提供贷款，实现银行先期授信、企业按需贷款。

（四）全国首创"科技增信"，提升企业信贷能力

平台重点突出对融资企业科技创新能力和未来发展潜力的评价，增加对创新能力强、成长性好的科技企业授信额度，将技术"软实力"打造成融资的"硬通货"，实现"科技增信"，有效解决企业"融资难"问题。企业信贷能力对于研发投入大的科技企业来说是十分重要的。该平台将企业的信贷能力与科技实力挂钩，一方面为企业提供更多的融资渠道，另一方面也使企业更加专注于提升自身的科技"软实力"，让科技企业真正实现靠科技发展、靠创新驱动。

（五）采用银行"竞标"报价模式，降低企业融资成本

企业发布融资需求时，可选择三家意向银行进行"竞标"报价，银行实时受理、快速响应，有效解决"融资贵"问题。通过银行与企业的"点对点、零距离"精准对接，使银企对接方式由原来的"企业找银行"变成"银行找企业"，提高对接成功率。此外，企业可以通过平台与银行进行系统互通，可以使银行为企业提供精准化、定制化融资服务，既让企业充分享受到营商环境带来的惠企好政策，也切实保证了融资的安全性，让企业获得更多的融资支持机会。

（六）平台与银行信贷系统直连

平台可以与新区银行的信贷系统连接，实现业务流、信息流互联互通，信贷全流程线上化操作，更加快速、更加便捷也更加透明，有效为企业解决"融资慢"问题，极大地保障企业的资金安全。

---

① 南京江北新区管理委员会：《两项全国首创 江北新区打造科技企业融资"神器"》，http：//njna. nanjing. gov. cn/xwzx/bmdt/202107/t20210728_ 3086946. html，2021 年 7 月 28 日。

（七）为企业专属化提供金融产品

江北新区自主创新服务中心结合"科创数金"平台企业的画像和特点等信息，积极与多家金融机构合作，推出了多款平台专属信贷产品，满足企业的各类金融需求。这些专属金融产品具有贷款额度高、审批速度快、获贷门槛低、利率享优惠、服务定制化等优势，使得新区企业享受到实实在在的政策红利。

"科创数金"平台的建立提供了政企银交流的空间，形成了三方有效对接、良性互动、共同发展的新格局，为新区企业注入源源不断的金融"活水"，也为新区的创新发展提供动力支撑。

三　贵州贵安新区打造"贵阳贵安绿色金融服务平台"

为深入贯彻落实国家绿色发展理念，为绿色经济、绿色金融发展添砖加瓦，贵安新区精心打造的"贵阳贵安绿色金融服务平台"于 2021 年 12 月 31 日正式上线。该平台的建设是依托 2017 年印发的《贵州省贵安新区建设绿色金融改革创新试验区总体方案》。

"贵阳贵安绿色金融服务平台"的推出是贵安新区绿色金融改革创新试验区建设的重要举措。平台致力于解决新区企业绿色转型过程中的融资问题，为企业的绿色发展提供资金保障。服务平台整合贵阳贵安新区绿色金融、低碳经济发展的企业库、项目库、信贷产品、政策动态等信息，通过云平台、大数据等技术建立绿色评级模型，实现绿色项目认证、绿色金融产品服务、财政支持激励政策和企业环境信息披露"四位一体"动态管理，全力服务绿色企业聚集发展，提高绿色金融业务效率。

（一）大数据为企业绿色融资赋能

大数据技术在"贵阳贵安绿色金融服务平台"建设中起到以下作用。

一是通过大数据聚集并管理新区绿色项目库内的绿色企业和绿色项目。绿色项目库是新区依托云贵高原大量原生态绿色项目，与国内商业银行绿色信贷相结合，建成的立足贵安、辐射全省的绿色金融项目库。

二是大数据通过建模对企业进行绿色评级。平台在国家现有绿色产业项目标准的基础上，进一步依据企业的绿色业务表现值、环境贡献值等 15 项指标探索建立绿色企业与项目认证标准。利用大数据、云计算等信息化科技技术建立绿色评级模型，基于企业提供的信息数据建模，对这些企业进行绿色评级，数字化展现企业的绿色发展能力。

三是平台采用大数据技术处理庞大的数据。在对企业进行动态管理的同时，分析新区内企业的绿色发展状况，并结合新区绿色发展政策不断完善和更新绿色金融标准认证体系，大大缓解了政策的滞后性。平台通过大数据管理对企业进行评级，为企业提供融资渠道，缓解企业绿色转型中的资金之困。

（二）平台提供政企银沟通渠道

绿色金融服务平台与新区内多家银行合作，为平台中的企业提供绿色信贷产品和定制化绿色金融服务，提升了企业融资效率，降低了融资成本。平台也会发布绿色金融相关政策，使企业在政策指导下更加安全地进行绿色融资。政企银三方可以在平台上进行有效对接和互动，既方便了政府办公，也帮助企业解决绿色融资难、融资慢问题，同时也为企业提供了更加稳定的客户群体，使得三方在平台上获利。

截至 2022 年 7 月，"贵阳贵安绿色金融服务平台"累计已认证绿色企业 59 家、绿色项目 244 个，[①] 极大地促进了新区绿色产业的发展。平台的建设使得大量绿色金融项目得到扶持，先进的绿色金融技术得以推广，创新的绿色金融工具得以广泛运用，进一步扩大新区绿色金融规模，走出了一条具有贵安特色的绿色金融发展之路。

第三节　国家级新区金融平台建设经验

在梳理了金融平台特色示范区的发展情况之后，本节将总结国家级新区金融平台建设的相关经验，探索金融平台建设路径，为其他地区的平台建设提供经验借鉴。

---

① 《〈贵在有理〉再启"黄金十年"征程：绿色金融开出贵安四条"路"》，https：//mp. weixin. qq. com/s，2022 年 7 月 18 日。

一　金融平台建设需要更高的技术水平

通过梳理相关信息发现，众多金融平台的建设往往需要大数据、云计算等技术支持。特别是在各类金融机构的数字化转型过程中，金融云成为提升金融机构运营效率、激活数据资产的重要一环。[1] 如何利用大数据建立更加安全可控的"上云"是金融平台建设的关键。

（一）需要更加综合性的金融科技人才

各新区金融平台汇聚了大量的市场主体和海量的政务数据，对数据的归集、清洗、治理及安全使用等需要专业人员，平台的运维、系统对接、联合建模等也需要专门的人员负责。[2] 这些人员既需要熟悉金融业务，又需要具有科技能力。相比于发展程度较低的金融平台，上海浦东新区等具有更强资源优势的新区的金融平台的发展程度更高，拥有的人才的综合能力更强，对大数据等技术的运用更加成熟、更加广泛。

（二）需要更加自动化的服务流程

目前很多新区的金融平台大多采取线上线下相结合的方式，即中小微客户通过网页、微信公众号及小程序等提交注册申请信息，经平台审核后，由入驻平台的银行客户经理与客户对接。基本是线上撮合、线下放款，再线上登记，处于一种半自动化状态。仅少数发展较为成熟的金融平台开展全过程自动化审批，实现了真正的"无感操作"，流程更加简短、速度更加便捷、审批更加便利。

（三）需要技术更高的大数据挖掘手段

目前很多新区设立了大数据局，打造数据中台，畅通政府相关部门的数据共享渠道，但受限于数据隐私和保密等因素，以及跨部门协调（特别是涉及税务、海关等），对数据的挖掘和利用还未完全到位。[3] 上海浦东新区

---

[1]　张世强编著《中国智能金融产业蓝皮书》，中国发展出版社，2018。
[2]　曹源、陈友斌：《区块链供应链金融平台建设实践及思考》，《金融科技时代》2020 年第 2 期。
[3]　郭水文：《中央企业产业金融平台建设的现状、问题以及对策建议》，《武汉金融》2017 年第 12 期。

的海通证券股份有限公司依托区块链金融平台建立了高风险客户数据共享应用平台，在保护客户数据隐私的同时，实现了对客户数据的高质量处理和共享。

二 新区整合各类金融平台，防止重复建设

新区积极整合各类平台信息，形成一个服务多元化的综合金融服务平台。根据中共中央办公厅、国务院办公厅印发的《关于加强金融服务民营企业的若干意见》，各地区积极建立大数据金融服务平台，实现金融机构与企业信息的高质量对接。在这样的背景下，各新区积极建设各类平台。但有些新区的金融平台定位不清、建设功能重复。

多数新区坚持"全区一个平台"原则，整合新区内的各类平台，形成一个平台多种服务，构建统一入口、多元服务的综合平台。同时在统筹考虑现有金融平台的基础上，不断导入各模块内容，按照本区的产业发展情况，统筹金融政策申报渠道，实现申报平台的数据共享互通，打造各具特色的企业融资数字化服务平台。

三 发挥"基层挨着企业"优势

各新区金融平台发挥政企银三方协作的优势，使金融机构对企业的金融服务更具针对性。新区坚持"政府—企业—金融机构"三方共同推进的原则，牢牢抓住金融服务实体经济的根本。

平台的数据可以实现三方共享，企业可以更快地得到政府关于产业的金融政策和金融机构的金融产品等信息；平台可以通过大数据技术建模分析企业信用状况，避免借贷过程中的逆向选择问题；政府可以通过由基层一线工作人员采集企业数据的方式，寓融资服务于企业服务之中，不断更新企业信息，及时与金融机构共享。

第七章　金融环境优化

金融环境是指一个地区在一定的金融体制和制度下，影响其经济主体生产经营活动的各种要素的集合。[①] 本章的金融环境主要是指各新区为推动区内金融机构发展所提出的各项方针、政策以及推动金融发展的规划。本章将对国家级新区的金融发展规划进行梳理，对新区建设金融基础设施的案例进行介绍，对新区的金融园区示范点建设进行分析。

第一节　国家级新区金融发展规划概述

金融业是促进我国实体经济发展的重要产业，其对于新区的产业发展、人才引进、人民生活、经济高质量发展起着重要的作用。因此，各国家级新区积极通过发布相关政策来推动金融业促进实体经济发展。本节将梳理各新区的金融业发展规划及其金融发展定位。

一　国家级新区金融发展的规划文件

表 7-1 整理了各国家级新区的金融发展规划。在这些文件中，各新区总结上一阶段的金融发展成果，并根据下一阶段的产业发展特色，立足国内外经济发展状况，提出各具特色的金融发展规划。

表 7-1　国家级新区金融发展的规划文件

国家级新区	发布时间	金融发展规划
上海浦东新区	2021 年 8 月	《浦东新区深化上海国际金融中心核心区建设"十四五"规划》

[①] 关剑、王玲启主编《财务管理》，北京理工大学出版社，2016；王吉发等：《金融创新和科技型企业转型及科技金融体系建设》，辽宁人民出版社，2016。

国家级新区	发布时间	金融发展规划
天津滨海新区	2021年9月	《天津市滨海新区金融业发展"十四五"规划》
重庆两江新区	2021年10月	《重庆市两江新区国民经济和社会发展第十四个五年规划和二〇三五年远景目标纲要》
浙江舟山群岛新区	2022年2月	《舟山市金融业发展"十四五"规划》
甘肃兰州新区	2020年7月	《兰州新区绿色金融五年发展规划（2020—2024年）》
广州南沙新区	2021年12月	《广州市南沙区金融业发展"十四五"规划》
陕西西咸新区	2021年10月	《中国（陕西）自由贸易试验区西咸新区"十四五"发展规划》
贵州贵安新区	2018年7月	《贵安新区关于支持绿色金融发展的政策措施》
青岛西海岸新区	2022年4月	《青岛西海岸新区金融业发展"十四五"规划》
大连金普新区	2022年7月	《大连金普新区金融产业开放创新发展规划（2021—2025年）》
四川天府新区	2022年11月	《四川天府新区成都直管区"十四五"高质量发展规划》
湖南湘江新区	2021年8月	《湖南湘江新区"十四五"现代金融发展专项规划》
南京江北新区	2021年7月	《南京江北新区新金融产业规划》
福建福州新区	2022年2月	《福州市"十四五"金融业发展专项规划》
云南滇中新区	2021年8月	《云南滇中新区"十四五"高质量发展规划》
吉林长春新区	2021年7月	《长春市国民经济和社会发展第十四个五年规划和2035年远景目标纲要》
江西赣江新区	2021年6月	《赣江新区"十四五"规划和二〇三五年远景目标纲要》

资料来源：各新区官网。

　　各新区积极立足自身产业情况，发展特色金融产业。比如，上海浦东新区积极建设全球金融科技高地；天津滨海新区打造区域金融特色品牌；浙江舟山群岛新区立足特有的航运产业，发展颇具特色的航运金融；甘肃兰州新区和贵州贵安新区积极发展绿色金融。

二　国家级新区发展的金融定位

　　表7-2是各国家级新区的金融发展定位，金融发展定位不仅立足自身产业发展情况，也基于所处地理位置。大多数新区在重视区内金融发展的同时，积极融入各城市集群和国内外经济建设，深度融入国内国际双循环。

表 7-2　国家级新区发展的金融定位

国家级新区	金融发展定位
上海浦东新区	到 2025 年浦东新区建设成为金融资源高度聚集、制度规则与国际接轨、在岸离岸统筹发展、全球资源配置能力明显增强、有力支撑我国经济高质量发展和人民币国际化的国际金融中心核心区
天津滨海新区	在"十四五"期间,新区建设成为具有一定影响力的城市金融中心
重庆两江新区	新区建设成为国内重要的功能性金融中心核心区
浙江舟山群岛新区	形成产业金融双向赋能、内外联动正向溢出、机构体系壮大、生态环境良好、风险防控有力、深度服务社会民生、富有舟山特色的金融业高质量发展新格局
甘肃兰州新区	新区打造成为绿色金融产业集聚高地
广州南沙新区	在"十四五"期间新区建设成为粤港澳大湾区国际金融枢纽核心节点、粤港澳全面合作示范区的关键支撑力量、金融开放创新枢纽
陕西西咸新区	在"十四五"期间,基本建成具有国际水准、服务体系健全、宜居环境舒适、法治化环境规范、投资贸易便利、人文交流深入、监管高效便捷、辐射带动效应显著的自贸试验区
贵州贵安新区	新区支持绿色金融改革创新试验区建设,以绿色金融带动新区高质量发展
青岛西海岸新区	到 2025 年,基本建成金融要素更加丰富、开放功能更加高端、支持实体更加有力、发展环境更加优越的面向日韩、辐射黄河流域的区域性金融中心
大连金普新区	打造成为特色鲜明、体系完备的金融开放创新示范区,助力大连市建设东北亚国际金融中心
四川天府新区	打造成为最具活力的西部新兴金融总部核心区
湖南湘江新区	成为立足长沙、深耕湖南、辐射中西部的区域性现代金融中心、产融结合示范中心、金融科技创新中心、金融双向开放高地,成为中西部有重要影响力的金融聚集中心
南京江北新区	到 2035 年,基本建成具有国际竞争优势的现代产业新高地,形成高水平制度型开放新格局,率先建成具有强大竞争力、创新力、影响力的现代化新区,成为社会主义现代化先行样板区
福建福州新区	推动新区金融资源更加集聚、金融组织体系更加完善、金融改革创新更加活跃、金融开放更加全面、金融生态更加优化
云南滇中新区	到 2035 年,新区将建设成为云南融入国内大循环的战略支点、融入国内国际双循环的战略枢纽
黑龙江哈尔滨新区	打造成为黑龙江省全省乃至东北地区最具活力的增长极、最具特色的对外开放平台、最具潜力的创新高地、最具优势的转型发展引擎和高质量发展的样板区

续表

国家级新区	金融发展定位
吉林长春新区	到 2035 年，新区将建成创新引领的现代新区、包容成长的活力新区、通达融合的开放新区、绿色和谐的魅力新区
江西赣江新区	"十四五"期间，新区建设成为高质量发展"排头兵"、科技创新"领头雁"、开放合作"桥头堡"、品质生活"首选地"、生态文明"模范生"、社会治理"标杆区"

资料来源：各新区官网。

各国家级新区力促金融发展深度融入国际国内双循环。比如，上海浦东新区立足全球视野，积极与国际接轨，增强全球资源配置能力；广州南沙新区积极建设成为粤港澳大湾区的国际金融重要支点；大连金普新区则立足东北亚经济，致力成为东北亚国际金融中心；四川天府新区和湖南湘江新区定位于中西部，建设成为辐射中西部的重要金融中心。

第二节　国家级新区金融基础设施建设

金融基础设施是指为各类金融活动提供基础性公共服务的系统、制度等。经过多年建设，我国逐步形成了为货币、证券、基金、期货、外汇等金融市场交易活动提供支持的基础设施体系，功能比较齐全、运行整体稳健。①

各新区积极推动金融基础设施建设，努力打造有利于金融业发展的良好环境，进而实现金融赋能实体经济，为实体经济提供多样化的资金保障，为新区创新发展创造不竭的动力。本节对 2021~2022 年各新区金融基础设施建设情况进行梳理。

---

① 中华人民共和国国家发展和改革委员会：《"十四五"规划〈纲要〉名词解释之 257 | 金融基础设施》，https://www.ndrc.gov.cn/fggz/fzzlgh/gjfzgh/202112/t20211224_1309524.html，2021年 12 月 4 日。

一　新区清算结算系统的建设

上海浦东新区推出数字化再保险登记清结算平台。[①] 2021 年 10 月 26 日，在浦东新区举行第三届陆家嘴国际再保险会议，由中国银保监会和上海市政府指导建设的数字化再保险登记清结算平台正式发布。

该平台是立足上海、辐射全球的数字化再保险登记清结算服务体系，将作为此次上海推进国际再保险中心建设的核心载体，推动上海再保险行业提升面向未来、面向全球的核心竞争力。

二　新区金融交易数据库的建设

广州南沙新区内企业推出 SequoiaDB 湖仓一体分布式数据库。2021 年广州巨杉软件开发有限公司自主研发的 SequoiaDB 分布式数据库，是具备多模能力的湖仓一体架构，成为全新的数据基础设施底座，有效打通了各个不同产品线的底层接口。具备实时处理多引擎、多数据类型能力，实现数据的按需融合，可满足金融机构的海量数据存储和访问需求，以及承载联机交易业务的场景化需求。

目前已在超过 100 家大型银行及金融机构的生产业务中上线应用，包括实时数据湖、多模数据湖等，已广泛应用于金融、证券、保险、政府、能源、电信、交通等领域，企业用户数超过 1000 家。这款分布式数据库的推出为国内金融机构数字化转型提供了基础。

三　新区金融产品交易设施的建设

2021 年 4 月，广州期货交易所在广州南沙新区正式揭牌成立，是广州国家级金融基础设施的历史性跨越。广州期货交易所是国内第 5 家期货交易所，是我国第一家混合所有制交易所，以服务绿色发展、粤港澳大湾区建设

---

① 《数字化平台上线　上海国际再保险中心建设再添"利器"》，https：//m. gmw. cn/baijia/2021-10/26/1302653427. html，2021 年 10 月 26 日。

和"一带一路"建设为宗旨，着力打造创新型、市场化、国际化的综合性交易所。广州期货交易所与其他交易所南北呼应，是对我国期货市场发展空间的合理补充，可以极大地助力大湾区和国家"一带一路"建设。

2022年4月19日，广期所首次对外完整披露了证监会所批准上市的16个期货品种，并于2022年12月22日推出全球首个工业硅期货。① 广期所推出的工业硅期货品种，不仅紧贴实体经济，为新能源产业发展服务，也将有利于提升我国在全球市场的定价权和话语权。

四 新区金融数字化资产开放平台建设

南京江北新区建成大宗商品行业数字资产服务开放平台。2021年1月26日，南京江北新区企业南京数字金融产业研究院基于扬子江数字金融基础设施，与钢宝股份、南钢等公司共同建设的大宗商品行业数字资产服务开放平台成功上线。

该平台旨在解决大宗商品贸易流程中存在的痛点，通过数字化、标准化手段实现产业链各环节的高效协同，使数字化的资产成为金融机构易于管理、易于风控的标准数字资产，实现直接融资产品的便利发行。该平台使大宗商品行业的传统业务流程转变成基于数字资产的线上业务流程，以生态和科技赋能推动大宗行业的数字化转型。

五 新区金融调解平台建设

2022年8月18日，东北地区首家金融法庭——长春金融法庭正式开始受理案件。长春金融法庭是最高人民法院批准在长春市中级人民法院设立的，管辖长春市辖区内应当由长春中院受理的第一审金融民商事案件，包括金融借款合同、银行卡、储蓄存款合同、证券、期货交易、营业信托、保险、票据、信用证、融资租赁合同、金融委托理财合同、典当等纠纷。

---

① 周亮、朱文彬：《广州期货交易所首个品种上市》，《上海证券报》2022年12月22日。

长春金融法庭的设立，是长春智慧法务区建设的重要组成部分，标志着长春法院金融审判工作迈入新阶段。该法庭的建设充分发挥了金融审判对金融市场的规制作用，防范化解金融风险，促进金融法治建设，更好服务和保障地方经济社会发展。

第三节　国家级新区金融环境典型示范点

金融小镇（基金小镇）是基于金融业集聚性的特性，地方政府加以引导扶持，从而形成的以集聚基金公司、私募基金公司、投资公司、金融服务公司等金融机构为主的金融园区。① 金融小镇是我国在经济新常态下打破以各类金融中心为代表的传统金融业发展路径的新探索，可以为供给侧结构性改革和创新驱动发展提供有力的金融资本支撑。

国家级新区建设的金融小镇有赣江新区南湖基金小镇、天府国际基金小镇，湖南湘江基金小镇和天津滨海基金小镇。本节将对这些金融小镇进行简单介绍。

一　金融小镇的建立

在四个国家级新区的金融小镇中，时间最早的是 2010 年建立的赣江新区南湖基金小镇，其次是 2016 年 6 月建成的天府国际基金小镇，之后是 2017 年 7 月建成运行的湖南湘江基金小镇，最后是 2021 年 5 月建立的天津滨海基金小镇（见表 7-3）。

表 7-3　金融小镇建立的时间和相关文件

新区	小镇	建立时间	相关文件
江西赣江新区	南湖基金小镇	2010 年 12 月	《关于促进南湖区股权投资产业发展的若干意见》
四川天府新区	天府国际基金小镇	2016 年 6 月	《关于推动基金小镇加快发展的促进办法（试行）》

---

① 鲍将军：《别把小镇造坏了——打造完美小镇的思考与实践》，广东旅游出版社，2018。

续表

新区	小镇	建立时间	相关文件
湖南湘江新区	湘江基金小镇	2017 年 7 月	《关于支持湘江基金小镇发展的若干政策意见》
天津滨海新区	滨海基金小镇	2021 年 5 月	—

资料来源：金融小镇网（https：//www.financetown.com.cn/）。

各金融小镇的建立是基于 2015 年发布的《中共中央关于制定国民经济和社会发展第十三个五年规划的建议》，发展特色县域经济，加快培育中小城市和特色小镇。金融小镇的建立，是各新区积极发展金融产业，通过金融推动实体经济发展的重要举措，也是落实新区金融规划的重要手段。

二　金融小镇的功能定位

各金融小镇在不同的经营理念下形成了不同的功能定位（见表 7-4）。金融小镇作为以金融业为主的产业园区，与实体产业园区不同，其的建设是为了集聚数量更多、质量更优的金融机构，发展更具优势的特色金融，形成高素质的金融机构团队，更好地服务于新区内的实体产业。[①]

表 7-4　金融小镇的功能定位

小镇	功能定位
南湖基金小镇	基于对"个性化需求"的深度理解，打造办公生活零距离的特色基金小镇，即办公在小镇、交流在小镇以及居住在小镇
天府国际基金小镇	围绕四大核心功能，构建完整的基金业生态圈，包括双创孵化、创投融资、人才聚集和财富管理
湘江基金小镇	着力打造四大功能中心，包括基金机构集聚中心、股权投资服务中心、基金产品创新中心、综合配套服务中心
滨海基金小镇	规划打造四个中心，包括基金机构聚集中心、股权投资服务中心、基金产品创新中心、金融综合配套中心

资料来源：金融小镇网（https：//www.financetown.com.cn/）。

---

① 孙雪芬、包海波、刘云华：《金融小镇：金融集聚模式的创新发展》，《中共浙江省委党校学报》2016 年第 6 期。

在这些新区金融小镇的功能定位中，南湖基金小镇主要是基于人的"个性化需求"，使人能够在小镇中更好地生活、工作和交流；天府国际基金小镇则聚焦创新培育、人才吸引、财富管理和创投融资；湘江基金小镇和滨海基金小镇主要围绕金融机构和金融产品进行规划。

三 金融小镇入驻情况

表7-5是截至2022年金融小镇的金融机构入驻情况。通过多年的建设，各金融小镇引进了多种金融机构，构建了优质的金融产业集群，形成了强大的金融合力，极大地促进了新区实体经济的发展。

表7-5 金融小镇的金融机构入驻情况

小镇	入驻情况
南湖基金小镇	截至2022年7月，累计设立投资类企业9862家，资产管理规模超2.8万亿元，实缴6441亿元，税收超108亿元
天府国际基金小镇	截至2022年初，已引入基金相关机构514家，管理社会资金总规模超过5113亿元，已备案基金规模近1500亿元
湘江基金小镇	截至2022年12月，注册投资机构900家，注册认缴规模2953亿元，已成为湖南省内规模最大、规格最高的基金集聚地。入驻机构投资全国项目1829个、投资金额超1063亿元，累计支持赋能103家上市公司
滨海基金小镇	截至2022年3月，已有50余家基金管理人及产品落地，包括中科院资本、中信资本、IDG等国企和知名投资机构设立的基金项目

资料来源：金融小镇网（https://www.financetown.com.cn/）。

各类金融小镇发展情况不尽相同。南湖基金小镇作为建立最早的小镇，已吸引了多家企业入驻，多次获评"中国最具特色的基金小镇"；天府国际基金小镇和湘江基金小镇也在政策的支持下，吸引了多家金融企业入驻，并形成了一定的基金投资规模；滨海基金小镇也显示出了强劲的发展势头，吸引了多家知名投资机构入驻。

第八章 经济金融政策扶持

自 1992 年国务院批复设立上海浦东新区以来，我国已设立天津滨海新区、重庆两江新区等共 19 个国家级新区。区别于经济特区、沿海经济开放区、经济技术开发区、高新技术开发区、自由贸易区等概念，国家级新区自设立以来，以承担国家重大发展和改革开放战略任务的综合功能区为定位，由中央政府批准设立并给予相应的配套政策。各国家级新区作为各地发展的重要拓展区和经济腾飞的助推器，其相关特殊优惠政策和权限由国务院直接批复，力求使各国家级新区享受先试先行的权力和更开放优惠的特殊政策，以鼓励各新区进行各项制度改革与创新探索，成为带动区域经济发展的新引擎、推动高质量发展的排头兵、建设现代化经济体系的新典范。

第一节 经济金融政策总述

2021 年是"十四五"时期的开局之年，"十四五"规划纲要发布后，各国家级新区积极响应国家战略，制定相关经济金融政策以推动经济发展。各国家级新区采取的经济金融政策大致可以分为金融、财税、招商引资、对外贸易、区域经济等。

一 金融政策

金融是国家级新区经济发展中不可或缺的一部分，对国家级新区经济发展有多方面的促进作用：通过传统的资本积累途径、通过提高全要素生产率来促进经济增长。[1] 目前新区的金融发展紧跟时代潮流，主要涉及绿色金融、

---

[1] 周杰琦：《金融发展对中国全要素生产率增长的影响：作用机制与实证分析》，中国社会科学院研究生院博士学位论文，2011。

数字经济、科技金融、跨境金融等。同时许多新区旨在建立金融中心及绿色金融改革创新区，大胆探索、先行先试，通过金融商务区的建设，为招商工作提供多元化金融服务，解决新区金融机构和企业在资金、技术等方面的困难，更好地推动银企紧密合作。各国家级新区金融服务体系不断完善，绿色金融产品层出不穷，服务实体经济能力持续增强。

金融政策是国家级新区建设和发展过程中重要的配套政策之一，无论是对新区金融产业的发展，还是对新区实体经济的发展，均具有显著的促进作用，因此在各新区都享有重要的地位，是推动新区发展不可或缺的一部分。随着经济全球化的不断深入，金融发展已经成为我国经济发展战略的核心，国家级新区作为政策与开放的先导功能区，在我国经济大发展、大繁荣的时代背景下，对其他地区的金融创新发展而言有着重要的借鉴意义。近年来各国家级新区都将金融业作为主导产业进行培育，依据自身发展程度及战略定位陆续出台了多项金融扶持政策。

综观各国家级新区出台的金融扶持政策，大致可以分为以下几个方面：一是鼓励设立金融机构，健全金融机构体系，包括健全银行业金融体系（如青岛西海岸新区探索引进日、韩金融机构，促进中日韩货币互换和投资贸易便利化等），以及通过支持民间资本设立中小金融机构等完善非银行金融机构体系。二是拓宽投融资渠道，支持新区建设和产业发展，主要包括提高直接融资比例和吸引社会资本参加新区建设等。三是扩大金融对外开放，促进对外经贸合作，这一政策的地域性特征较为明显，主要针对上海浦东新区、天津滨海新区等具有开放优势的地区。四是鼓励金融服务创新，各国家级新区的金融创新政策差异较大，除了"鼓励金融机构创新金融产品和服务方式"等较为笼统的表述外，更多的是因地制宜，结合各新区的特色和优势，通过搭建金融综合服务平台、创新金融工具、创新金融监管手段等，制定各具特色的金融创新政策。[①] 表 8-1 整理了部分国家级新区的金融政策。

---

① 文洪武：《国家级新区金融政策梳理及对雄安新区金融创新的启示》，《河北金融》2019 年第 1 期。

表 8-1　部分新区金融政策支持情况一览

新区名称	政策文件
上海浦东新区	《上海加快打造国际绿色金融枢纽　服务碳达峰碳中和目标的实施意见》（2021）
	《上海国际金融中心建设"十四五"规划》（2021）
	《上海市关于加快建立健全绿色低碳循环发展经济体系的实施方案》（2021）
	《上海市浦东新区绿色金融发展若干规定》（2022）
天津滨海新区	《天津市金融业发展"十四五"规划》（2021）
	《天津港保税区支持企业上市融资加快新动能引育工作的有关政策》（2021）
重庆两江新区	《重庆市深入推进金融支持乡村振兴政策措施》（2021）
	《支持科技创新若干财政金融政策》（2021）
浙江舟山群岛新区	《浙江省数字经济发展"十四五"规划》（2021）
甘肃兰州新区	《关于加快建立健全绿色低碳循环发展经济体系的实施方案》（2021）
广州南沙新区	《广州市金融发展"十四五"规划》（2021）
陕西西咸新区	《陕西省"十四五"金融业高质量发展规划》（2021）
青岛西海岸新区	《青岛市支持金融业高质量发展政策措施》（2021）
四川天府新区	《四川省"十四五"金融业发展和改革规划》（2021）
湖南湘江新区	《湖南省金融服务"三高四新"战略若干政策措施》（2021）
	《湖南省2021年国民经济和社会发展计划》（2021）
南京江北新区	《南京江北新区碳达峰、碳中和行动计划（试行）》（2021）
	《南京市整体推进城市数字化转型"十四五"规划》（2021）
	《南京市"十四五"金融业发展规划》（2021）
福建福州新区	《福建省加快金融业发展更好服务全方位推动高质量发展超越的若干措施》（2021）
黑龙江哈尔滨新区	《推动"数字龙江"建设加快数字经济高质量发展若干政策措施》（2021）
吉林长春新区	《长春新区优化提升金融环境若干政策》（2021）

二　财税政策

财税政策是推动新区企业发展、促进经济增长的重要手段，是国家经济政策的重要组成部分之一。在促进经济增长方面，通过财政政策的逆周期调节作用，可以防止经济过热或过冷，使经济增长率保持在合理的水平，促进经济长期稳定增长；① 通过优化税收、财政投资等手段，可以促进各行业和领域的发展，提高技术水平和竞争力，进而推动经济可持续发展。通过调整税收和财政支出的比例、结构和方向等手段，可以调整经济结构，推动战略性新兴产业发展，以应对国际竞争和挑战。在促进民生保障方面，通过加大对教育、医疗、社保、住房等领域的财政投入，可以提高民生保障水平，保障社会公平与和谐发展；通过财政支出、税收优惠等方式，鼓励文化创意、电子商务等新兴产业发展，扩大就业，提高经济发展水平。

各国家级新区采取以税收优惠政策为主的财税政策支持企业发展。通过政府补贴、税收减免、政府购买等手段，可以大幅推动国家级新区产业发展，具体表现为通过财税政策的激励，不仅仅能促进企业更多地向该地区投资，也能对产业链上下游相关产业产生带动作用，能够形成产业链，促进国家级新区内产业集聚。其中税收优惠政策主要是产业财税激励政策，包括加速折旧固定资产、税收减免以及政府优惠税率等。②

各新区的财税优惠政策和财政支持政策都旨在通过减轻企业负担、激发企业活力、吸引投资等方式来推动经济发展和转型升级。综观各国家级新区出台的财政政策，大致可以分为以下几个方面：一是为了鼓励各中小企业创新发展的一系列税收优惠政策，如减免企业所得税政策，以减轻企业负担，吸引中小企业在新区发展投资。二是对优质项目的财政支持，尤其是针对高端制造、智能科技、服务业等领域的企业和项目，更倾向于给予财政资金的支持及补助，以打造核心产业和支柱产业，促进经济发展和转型升级。三是通过建设金融平台、扶持金融机构等方式，为企业提供更加便捷的融资和投资服务。这不仅有利于企业的发展，也有机会提高新区的金融中心地位，吸引更多的金融机构和资金入驻。表8-2整理了部分国家级新区出台的财税政策。

---

① 付敏杰：《财税政策稳增长的跨周期和逆周期视角》，《税务研究》2022年第9期。
② 王莉：《陕西省西咸新区产业集聚的财税激励政策研究》，西北大学硕士学位论文，2017。

表 8-2 部分新区财税政策支持情况一览

新区名称	政策文件
上海浦东新区	《上海市进一步深化税收征管改革实施方案》（2021）
	《浦东新区科技发展基金促进高新技术企业专精特新发展专项操作细则》（2021）
	《上海市助行业强主体稳增长的若干政策措施》（2022）
天津滨海新区	《天津港保税区支持企业上市专项资金管理办法》（2021）
	《关于进一步支持中小微企业和个体工商户健康发展的若干措施》（2021）
重庆两江新区	《进一步助力企业纾困政策措施》（2021）
	《重庆两江新区促进就业创业若干补贴实施办法》（2021）
甘肃兰州新区	《兰州新区绿色金融综合服务平台小微企业贷款风险补助政策（试行）》（2021）
	《兰州新区融资奖励政策》（2021）
广州南沙新区	《中国广州人力资源服务产业园南沙园区发展扶持办法实施细则》（2021）
陕西西咸新区	《陕西省进一步加大对中小企业纾困帮扶力度的若干措施》（2021）
贵州贵安新区	《贵州省进一步深化税收征管改革的实施方案》（2021）
	《贵州省支持民营企业加快改革发展与转型升级的政策措施》（2021）
大连金普新区	《金普新区小微企业首次贷款补贴实施方案》（2021）
湖南湘江新区	《税务总局关于实施小微企业和个体工商户所得税优惠政策的公告》（2021）

资料来源：作者根据网络资料总结整理而得。

三 招商引资政策

世界各国政府都十分重视招商引资工作，即便是发达国家和地区，也将招商引资作为经济发展中的核心工作。改革开放以来，招商引资一度成为各级地方政府的主要工作，并体现在各级政府报告和工作计划中。为了更多地吸引投资，近年来各国家级新区相继出台了各项招商引资政策。

随着经济发展，各地的招商引资从以吸收外资为主转向同时吸收内外资、从以吸收第二产业投资为主转向同时吸收第三和第一产业投资。现代招商引资的概念已经拓展为政府、园区或企业等招商引资的主体借助该地区的各种优势要素，主动打造最佳的投资环境，吸引有能力的投资商进行投资，最终实现招商引资主体和客体共赢。现代的招商引资大多避免了大水漫灌式的引进项目，而是基于优惠的政策条件、齐全的配套设施、完善的基础设施等，采取团队招商、展会招商、委托招商等措施开展精准招商引资活动，引进符合区域产业发展要求的项目，招商者和投资者形成良性互动。20世纪以来，市场经济迅速发展，招商引资作为经济全球一体化下的产物，是地方政府通过吸收非本地投资者的资本，从而推动地方经济增长、生产力提高、产业结构升级、财政收入增加的一种经济活动，因此对新区的发展具有重要的作用。[①]

综观各新区出台的招商引资政策，大致可以分为以下几个方面：一是财政税收优惠政策，通过优惠税率、资金补贴以及金融支持等手段推动企业发展，吸引更多企业注资。二是生产要素优惠政策，其中最主要的就是土地优惠政策，如土地出让金、土地租赁或土地使用费等方面，此外，针对企业所需要的水、电、气等生产要素的价格，也有部分新区制定了相应的优惠政策。表8-3整理了部分国家级新区出台的招商引资政策。

表8-3　部分新区招商引资政策支持情况一览

新区名称	政策文件
上海浦东新区	《上海市外商投资项目核准和备案管理办法》（2021）
	《2021年浦东新区优化营商环境工作要点》（2021）
天津滨海新区	《天津市深化工程建设项目审批制度改革优化营商环境若干措施》（2021）
	《天津市服务业扩大开放综合试点总体方案》（2021）
重庆两江新区	《重庆市营商环境创新试点实施方案》（2022）
甘肃兰州新区	《甘肃省深化"放管服"改革优化营商环境提质提标年工作方案》（2021）
	《关于深化投资建设领域"放管服"改革持续优化营商环境的若干措施》（2021）
	《关于加强人才引进和培育支持营商环境建设的若干措施》（2021）

---

① 杨雅蓉：《云南滇中新区招商引资政策执行研究》，云南财经大学硕士学位论文，2021。

续表

新区名称	政策文件
广州南沙新区	《广东省深化"放管服"改革优化营商环境近期重点工作任务》(2021)
陕西西咸新区	《西咸新区营商环境建设"十四五"专项规划》(2021)
贵州贵安新区	《贵州省2021年深化"放管服"改革优化营商环境工作要点》(2021)
青岛西海岸新区	《青岛市营商环境优化提升行动方案》(2021)
湖南湘江新区	《湖南省优化营商环境攻坚行动方案》(2021)
南京江北新区	《江北新区(南京自贸片区)优化营商环境政策30条(2021年)》(2021)
福建福州新区	《进一步优化营商环境更好服务市场主体实施方案》(2021)
云南滇中新区	《云南滇中新区关于招商引资促进产业高质量发展的支持政策(试行)》(2021)
黑龙江哈尔滨新区	《黑龙江省金融开放招商若干政策措施(试行)》(2021)
	《黑龙江省鼓励外商投资奖励办法(试行)》(2021)
	《黑龙江省进一步优化税收营商环境若干服务措施》(2021)

四 对外贸易政策

对外贸易政策是一个国家或地区在一定时期内从事对外贸易活动的准则，根据其政治、社会和经济发展目标体现为对外贸易所实行的法律、规章、条例及措施等，一国的对外贸易政策随着国内经济和国际经济形势的变化而调整。行政主体综合运用各种方法，把对外贸易政策转化为具体的可操作的过程，对本国或本地区的对外贸易活动进行管理和调节，以期促进经济发展。国家级新区制定的主要是具体的对外贸易促进政策，即为了发展对外贸易，便利对外贸易经营者从事对外贸易经营活动在法律法规政策实施、信息支持、市场开拓、人员培训等方面采取的服务和支持行为。[①]国际贸易已成为一国国民经济的有机组成部分。作为一国国民经济中不可缺少的重要环节，各国家级新区重视促进对外贸易发展，积极制定了相关促进

---

① 商务部办公厅：《商务部关于征求对〈对外贸易促进办法〉意见的通知》，2007年12月12日。

政策。

2021 年，《国务院办公厅关于加快发展外贸新业态新模式的意见》（以下简称《意见》）指出，新业态新模式是我国外贸发展的有生力量，也是国际贸易发展的重要趋势。加快发展外贸新业态新模式，有利于推动贸易高质量发展，培育参与国际经济合作和竞争的新优势，对于服务构建新发展格局具有重要作用。[①]《意见》支持运用新技术新工具赋能外贸发展，完善跨境电商发展支持政策，培育一批优秀海外仓企业。支持传统企业运用先进技术、利用数字化手段提升传统品牌价值。在加快发展新业态新模式、培育外贸竞争新优势方面，各国家级新区出台了多项举措。

综观各新区出台的对外贸易政策，大致可以分为以下几个方面：一是针对新区内外贸综合服务重点培育企业，通过补贴、优惠政策等进行扶持及奖励，吸引优质外贸综合服务企业落户。二是结合各新区地理优势，优化产业发展布局，大力发展服务贸易，推动外贸经济转型升级。表 8-4 整理了部分国家级新区出台的对外贸易政策。

表 8-4　部分新区对外贸易政策支持情况一览

新区名称	政策文件
上海浦东新区	《本市推动外贸保稳提质的实施意见》(2022)
	《"十四五"时期提升上海国际贸易中心能级规划》(2021)
重庆两江新区	《重庆市加快发展外贸新业态新模式实施方案》(2022)
浙江舟山群岛新区	《浙江跨境电子商务高质量发展行动计划》(2021)
陕西西咸新区	《中国(陕西)自由贸易试验区西咸新区"十四五"发展规划》(2021)
	《促进商贸物流高质量发展若干措施》(2021)
大连金普新区	《大连市全面深化服务贸易创新发展试点实施方案》(2021)
南京江北新区	《在自贸试验区南京片区和扩大试点地区开展"一业一证"改革试点实施方案》(2021)

---

① 邬向阳：《持续提升人民币跨境支付便利化水平》，《中国金融》2022 年第 181 期。

续表

新区名称	政策文件
云南滇中新区	《云南省促进外贸稳增长实施方案》(2021)
	《云南滇中新区促进外资外贸企业发展支持政策(试行)》(2021)
江西赣江新区	《关于加快发展我省外贸新业态新模式的实施意见》(2022)

五　区域经济政策

实施区域协调发展战略，缩小地区之间的经济差距已经成为社会主义现代化建设的重要任务。区域经济政策作为一项政府干预区域经济、规范区域经济主体的经济行为，是解决区域发展问题和推动区域之间经济协调发展的重要手段。其主要目标是稳定发展一国的经济、根据地区优势实现高效配置资源、通过补偿原则和转移支付达到公平分配收入等。

长久以来，区域经济政策对我国经济发展产生了深远的影响。从生产率视角来看，一方面，优惠的政策有助于吸引要素集聚从而产生集聚效应、获得技术外溢和知识积累从而形成生产优势；另一方面，激烈的竞争使得低效率企业被迫退出，在选择效应的作用下推动企业生产水平的提高。在实际中，区域经济政策可以保证区域经济在发展阶段的市场公平，并且实现对各要素的合理分配，科学调整市场利益机制。此外，在区域经济政策的指引下，也可以由政府为主导制定一系列具有指导性的产业、投资、科技、人力资源等方面的规划，促进经济协调发展，综合利用各方面资源，协调区域经济发展水平的提升。[①] 区域经济政策的有效实施，可以避免我国各地区间发展失衡，协调各区域间经济发展，从而助推我国整体经济发展，为各新区的稳定发展提供有力的政策保障。

各新区出台的区域经济政策主要依据地理环境、自然资源等禀赋

---

① 段术宝：《区域经济政策对区域经济发展的影响分析》，《质量与市场》2020 年第 22 期。

优势以及发展定位，制定与自身相适应的产业发展规划，以最大程度发挥各自的优势。表 8-5 整理了部分国家级新区出台的区域经济政策。

表 8-5　部分新区区域经济政策支持情况一览

新区名称	政策文件
上海浦东新区	《关于加强浦东新区高水平改革开放法治保障的决定》(2021)
	《上海市人民政府关于我市促进综合保税区高质量发展的实施意见》(2021)
	《上海市浦东新区绿色金融发展若干规定》(2022)
天津滨海新区	《天津市滨海新区国民经济和社会发展第十四个五年规划和二〇三五年远景目标纲要》(2021)
	《天津港保税区支持企业上市融资加快新动能引育工作的有关政策》(2021)
	《天津市滨海新区战略性新兴产业发展"十四五"规划》(2021)
浙江舟山群岛新区	《关于深化长三角生态绿色一体化发展示范区环评制度改革的指导意见(试行)》(2021)
	《浙江舟山群岛新区主要海岛功能布局规划》(2021)
甘肃兰州新区	《兰州新区融资平台公司整合升级加快市场化转型发展的工作方案》(2022)
陕西西咸新区	《中国(陕西)自由贸易试验区西咸新区"十四五"发展规划》(2021)
	《西咸新区加快先进制造业和现代服务业深度融合发展的若干政策措施》(2022)
湖南湘江新区	《关于支持岳麓区经济高质量发展的实施意见》(2021)
	《支持中国(湖南)自由贸易试验区加快发展的若干财政政策措施(试行)》(2021)
南京江北新区	《江北新区(南京自贸片区)优化营商环境政策 30 条》(2021)
	《在自贸试验区南京片区和扩大试点地区开展"一业一证"改革试点实施方案》(2021)
	《南京江北新区碳达峰、碳中和行动计划(试行)》(2021)
	《关于促进江北新区跨境电子商务产业生态构建的若干政策(试行)》(2021)
云南滇中新区	《云南滇中新区"十四五"数字经济产业发展规划》(2022)
	《云南滇中新区"十四五"高质量发展规划》(2022)
黑龙江哈尔滨新区	《哈尔滨新区暨黑龙江自由贸易试验区哈尔滨片区关于鼓励产业集聚推动高质量发展的若干政策措施(试行)》(2021)

第二节　金融平台建设存在问题

2021 年，各新区着力于打造和搭建金融平台。各新区金融平台在服务区域发展方面初显成效，在缩短金融服务链条、缓解信息不对称、提升市场效率等方面也显现出优势。但各新区的金融平台由于发展时间较短等，还存在一些问题，本节重点对各国家级新区金融平台存在的亟须解决的问题进行论述。

一　金融平台接入数据质量不高，平台功能相对单一

（一）金融平台接入的数据覆盖力、精确度不足

一方面，由于金融平台发展不够完善、发展模式不够健全等，各国家级新区金融平台接入的数据还未能做到全覆盖。受体制性、机制性因素影响，企业用电、银行信贷等数据还未完全接入，此外，部分个体和企业的数据也尚未接入，由此对金融平台的发展构成了一定限制。例如兰州新区绿色金融综合服务平台绿金通中绿色贷款"秒识别"的功能，如果接入数据覆盖面不够广，就会导致部分企业无法被识别的情况，这部分企业在使用金融平台提供的服务时会受到限制，金融平台的作用和效果因接入数据的有限性而大打折扣。

另一方面，部分国家级新区金融平台接入的数据质量并不高。具体体现在部分接入数据的单位精确度不够高，以楼宇或街道为单位进行划分，并未细分至具体用户。此外，部分数据更新速度慢于企业自身更新速度，延缓了企业信用报告的时效性。也存在数据重复、数据格式不统一等问题，金融平台接入的数据标准化程度低，分散在多个数据系统中，而现有的数据采集和应用分析能力难以满足大规模的数据分析要求，数据应用需求的响应速度仍不足。总之，目前金融平台无法确保接入数据的真实性、准确性、连续性、完整性和及时性。[①]

---

① 刘剑平：《建设金融平台　服务中小微企业》，《杭州》2020 年第 14 期；《大数据建设能否"提质增速"》，https：//www.163.com/dy/article/DNC5C0EK0512D 71I.html，2018 年 7 月 23 日。

（二）现存金融平台功能单一，缺乏有效的运营模式

金融平台还缺乏整体有效的运营模式，难以解决持续运营问题。金融平台在体现政府服务的公益性的同时，也应该适应其作为市场主体追求盈利的要求，即能够自负盈亏、自我发展，但目前各金融平台的运营成本主要都来自政府补贴，自我生存能力较差。

金融平台的功能方面，为了给企业尤其是中小微企业提供资金支持和政策服务，缓解中小微企业面临的融资难、融资贵问题，目前大多数新区搭建的金融平台都更侧重于融资信息撮合功能，如大连金普新区的金融服务平台主要聚焦以打通整合企业内外部数据为基础，搭建银企对接桥梁，以解决金融机构与企业间的信息不对称问题，缓解企业融资困境，提升企业融资效率。

综合来看，各国家级新区金融平台的功能均尚未延伸至股权融资、债券融资等，功能较为单一。部分金融平台推出的融资产品也未进行细致划分，导致处于生命周期不同阶段的中小企业难以找到适合的融资产品。另外，目前大部分国家级新区构建的金融平台都只提供供需信息，覆盖面较窄，很少涉及信息供求双方接洽、调查、合约签订的全流程服务，尤其是合约签订后的后续服务、多方协调等更是缺乏，缺乏一站式管理。

二　金融平台监管力度不足

信息具有高价值、无限复制、可流动等特性，海量数据在通过金融平台实现传输和交互的过程中存在操作风险和技术风险，而数据作为金融科技创新活动的关键要素，存在潜在的安全问题，这在一定程度上使得中小微企业的融资风险管理更加困难。

目前金融平台存在数据监管不力问题，无法有效保障平台用户的数据安全。一方面，金融平台潜在的数据安全问题较为突出，金融平台的数据安全管理制度、数据安全保障机构、数据安全保障措施以及数据安全保障追责问责机制等均有待进一步明确。另一方面，数据在加工处理、开放共享、跨境流动过程中的数据安全、数据主权问题日益凸显，事关经济安

全、稳定。此外，随着金融平台的用户数据激增，多部门联动也可能引发信息泄露风险，进而被不法分子用于非法领域，引发互联网金融诈骗事件，影响社会稳定，不利于各国家级新区的发展。①

金融平台在监管过程中还存在监管主体权责不明的问题，科技与金融监管权责及业务交叉领域的监管权责尚不明晰，引发金融平台监管不足和监管过度的混乱现象，不利于保障平台用户的数据安全。目前监管部门针对金融平台的监管，主要涉及部分业务，并未对平台进行整体性监管。平台整体性监管存在不足，对于部分业务存在监管空白，监管范围有待进一步扩大。

此外，金融平台的监管协同性有待加强，从横向来看，中央监管机构之间、地方监管机构之间以及行业自律组织之间对于互联网金融平台的监管存在步调不一致的现象。从纵向来看，中央与地方监管部门对同一业务、同一平台的监管存在不一致的情形，各监管部门亟须制定相对统一的监管标准和规则。

三 对金融平台的构建缺乏清晰的规划

目前部分国家级新区的金融平台已形成了一定的规模，但是由于发展时间短、在金融业务方面的运营和管理经验不足等，部分新区金融平台缺乏清晰的战略规划，在实践中对于金融业务的布局缺乏全面的认识。反观目前发展较为成熟的金融平台，大多数在早期就制定了比较清晰的发展规划，以国家电网公司为例，国家电网公司早在2005年就做出了"构建坚强金融平台，积极推进产融结合"的重大战略决策。2010年，国家电网公司提出了"建成布局合理、功能健全、保障有力、持续发展的现代金融控股集团"的目标。2011年，国家电网公司进一步提出"十二五"的发展目标。基于清晰的发展规划，国家电网公司形成以国网英大集团公司为核心的金融平台，不

---

① 廖志芳：《金融科技对中小微企业融资约束的影响研究》，《中小企业管理与科技》2022年第17期。

仅包括多家金融控股企业，同时还参股了多家金融机构，业务几乎涵盖全部金融服务领域，是国内较为完善的金融平台。[1]

国家级新区金融平台中也有较为典型的例子。其中，南京江北新区重视支持科技企业发展，指出科技企业是经济高质量发展的微观基础，是最具市场活力和发展动力的创新主体，是吸纳高质量就业和培育发展新动能的主力军。与此同时，科技企业与生俱来的轻资产、高风险、高成长等特点，使其在融资过程中面临抵押物少、银企信息不对称等突出问题，严重制约了其发展壮大。因此以破解科技企业"融资难、融资贵、融资慢"等问题为目标，南京江北新区在建立综合金融服务平台"科创数金"之初就制定了较为清晰的发展规划，通过引进北京大学深圳研究院科技企业评价体系，联合江苏银行、南京银行等多家银行，架设政企银聚力沟通的桥梁，为企业提供精准融资服务，赋能科技企业高质量发展。[2]"科创数金"基于其初始规划稳步发展。在推动南京江北新区内科技企业发展方面取得了良好成效，有效降低了企业融资成本，提升了企业融资效率，也极大满足了企业的各类金融需求。

第三节　金融平台建设完善建议

一　深入开发金融平台功能，为企业提供多方面融资服务

（一）在现有基础上多方面扩展平台功能

首先，各金融平台应着力推进融资"网上办"，进一步优化平台功能，为企业提供全方位的金融服务。在现有的融资信息撮合等功能的基础上，各金融平台可以深入开发股权融资、债券融资等功能。优化金融平台的运营模

---

[1] 郭水文：《中央企业产业金融平台建设的现状、问题以及对策建议》，《武汉金融》2017年第12期。

[2] 南京市江北新区管理委员会：《两项全国首创　江北新区打造科技企业融资"神器"》，http://njna.nanjing.gov.cn/xwzx/bmdt/202107/t20210728_3086946.html，2021年7月28日。

式，打造一站式融资服务平台，提供全流程、一站式服务，实现从项目申请直至最后签约、签约后跟踪的全流程服务。增强金融服务平台作为第三方中介在项目接洽和开展过程中的协调作用，发挥服务平台的增值作用。

其次，为了满足新区企业的发展需求，各金融平台可以结合科技金融理论，探索多种融资方式，对融资产品进行细分，为企业提供多方面多层次的融资服务。关注市场变化和用户需求变化，不断创新推出符合市场发展趋势的金融产品。针对处于生命周期不同阶段的中小企业，通过改进平台的信息搜索功能为其提供更适合的金融服务。按照科技型中小企业所处生命周期的不同阶段进行融资产品的推荐与匹配，避免双方的盲目寻找，减少接洽成本。[①] 配套线上抵质押、中介、互联网司法仲裁等，着力打通线上融资相关瓶颈，形成若干融资撮合线上"闭环"。此外，建立有效的数据分析和风险管理系统，以监测和预测金融市场和用户行为的变化。通过数据分析，优化运营策略，开展个性化推荐和风险评估，提高平台的风险控制和业务决策能力。

（二）结合新兴技术提升平台效率

各新区可以积极应用大数据、人工智能等技术，依托海量的数据资源，将碎片化数据分析提炼为结构化数据，发挥企业大数据在融资中的信用效能，持续推进系统科技赋能、功能升级。通过对数据的深加工，为银行提供更精准的企业征信画像，帮助银行从海量企业中智能挖掘符合要求的企业，实现银行的惠企产品精准触达目标企业。确保金融平台的开放性与易用性，一方面可以丰富金融平台的自有资源，提高科技项目与融资产品的匹配率；另一方面，可以运用垂直搜索技术集成其他国家级新区的金融服务平台信息，提升用户体验，提高平台使用率，实现良性循环。

在深入开发金融服务功能的同时，各金融平台也应该注重加强基础设施建设，确保金融平台具有稳定、安全、高效的技术基础设施，与此同时也要加强信息安全，保护用户数据和交易安全。

---

① 陆珺花、梅姝娥、仲伟俊：《我国科技金融服务平台功能优化研究》，《价值工程》2014 年第 11 期。

二　结合自身定位，做清晰战略规划

国家级新区在建立之初就具有不同的发展定位，各新区应该认清自身的定位及禀赋优势，根据自身的定位提前制定清晰的战略规划。首先，各新区应该了解区内企业的金融需求、挖掘区内行业的金融需求，提供专项的金融服务，以精准把握市场需求，成为面向目标企业的具有地区和行业特色的综合金融服务提供商。另外，金融平台应加强企业与金融机构之间的联系，成为二者有效沟通的桥梁；通过推动企业与金融机构之间的资源共享，借助通信技术，延伸金融服务的产业链，推动产业转型发展，提升自身的竞争力。

三　做深做实线上线下融资服务

线上方面，各国家级新区的金融平台应该结合自身的优势，接入更多的融资供需信息、政务数据信息、商业数据信息，努力实现平台"一个口子对外""一个平台对外"，减环节、减时间、减材料，使目标企业获得更加便利和高效的金融服务。[①] 例如，上海浦东新区的金融平台发挥数字普惠优势，线上支持"一键直联"金融顾问，为企业经营发展答疑解惑，为顾问"把脉问诊"提供数据支撑，支持鼓励中小微及初创企业发展并取得显著成效。

线下方面，平台也应该将与金融机构、目标企业的线下合作作为关注重点。综合金融平台的建设和运营是一项复杂的系统工程，只有与金融实务深度融合，采取线上线下相结合的方式，平台才能有活力，才会被多方接受并发挥作用。各国家级新区的金融平台应该主动对接各金融机构，引导鼓励金融机构积极采用金融科技手段，结合先进技术，创新中小微企业信贷产品，与金融机构建立良好的合作关系，拓宽平台的服务范围。与此同时也可以适度提高中小微企业不良贷款容忍度，切实加大信贷投入。如南京江北新区构建的金融平台首创"科技增信"板块，重点突出对融资企业科技创新能力

---

① 刘剑平：《建设杭州金融综合服务平台的探索与思考》，《统计科学与实践》2020年第6期。

和未来发展潜力的评价，增加对创新能力强、成长性好的科技企业的授信额度，将技术"软实力"打造成融资的"硬通货"，有效解决处于发展初期的科技企业的融资难问题，推动新区创新能力和综合竞争力的提升。

线上与线下相结合方面，国家级新区构建的金融平台还应该积极提供线上线下融资服务对接、融资咨询等服务，提高融资撮合成功率，促进金融平台更好地服务于实体经济，从而推动实体经济发展。

产业发展篇

近年来，国家级新区一直致力于改革创新，激发企业活力，在促进经济发展、扩大对外开放、推动改革创新中发挥了重要作用。各个新区在所在区域中都发挥了重要的带动和示范引领作用。国家级新区是重要的综合性经济功能区，地域宽广，规划范围一般涵盖开发区、高新区等园区，尤其是具有区域特色的园区，部分新区甚至包括综合保税区、自贸区、自主创新示范区等。各国家级新区都重视大众创业与万众创新相结合，积极发展新兴产业。本篇通过对18个国家级新区的产业布局、产业规模、产业结构、产业竞争力、产业发展政策等层面的详细考察，以便读者了解国家级新区的产业发展现状。

第九章　产业布局

产业布局是指产业在一国或一地区范围内的空间分布和组合的经济现象。产业布局在静态上是指形成产业的各部门、各要素、各链环在空间上的分布态势和地域上的组合，也是农业、工业、服务业在一定区域空间内的表达形式及各产业的占比情况。在动态上，产业布局则表现为各种资源、各生产要素甚至各产业和各企业为选择最佳区位而形成的在空间地域上的流动、转移或重新组合的配置与再配置过程。产业布局的合理与否将影响到该国或地区经济优势的发挥以及经济的发展速度。

本章主要分析国家级新区的产业整体布局、主导产业布局及产业布局优化等方面，使读者了解各国家级新区产业发展情况。

第一节　国家级新区产业整体布局

国家级新区是承担国家重大发展和改革开放战略任务的综合功能平台，自 20 世纪 90 年代以来，新区建设发展取得了显著成效，为此，以下重点介绍国家级新区的产业整体布局。

一　上海浦东新区

上海浦东新区的产业布局注重高端制造业、现代服务业和创新科技产业的发展，形成了多元化、高效能的产业结构。这种产业布局不仅满足了经济发展的需求，也推动了产业升级和创新驱动转型。浦东新区在中国乃至全球范围内的影响力日益增强，成为吸引投资和促进经济发展的重要地区之一。

根据《中共中央　国务院关于支持浦东新区高水平改革开放打造社会

主义现代化建设引领区的意见》，上海浦东新区的战略定位是打造更高水平改革开放的开路先锋、自主创新发展的时代标杆、全球资源配置的功能高地、扩大国内需求的典范引领、现代城市治理的示范样板。

目前，上海浦东新区深入推进培育三大世界级产业集群，认真落实三大产业"上海方案"102 项重点工作，制定新区集成电路、生物医药、人工智能三大产业发展三年行动方案。2021 年，世界人工智能大会顺利召开，人工智能创新应用先导区建设深入推进，硬核产业持续发力，战略性新兴产业快速发展，全年实现产值 6089 亿元，同比增长 23%，快于规上工业整体增速 8 个百分点，占规上工业的 48%、占全市的 37%，特色产业园区培育持续推进，新增市级特色产业园区 4 家、累计 11 家，获批民营经济总部集聚区 1 家。

二 天津滨海新区

天津滨海新区的产业布局注重高端制造业、现代服务业和战略性新兴产业的发展，形成了多元化、创新驱动的产业结构。这种产业布局旨在推动经济转型升级、促进区域协调发展和可持续发展，为新区的经济发展和创新能力提升提供了坚实的支撑。

天津滨海新区是国家级新区和国家综合配套改革试验区，是北方对外开放的门户、高水平的现代制造业和研发转化基地、北方国际航运中心和物流中心、宜居生态型新城区，被誉为"中国经济第三增长极"。

根据规划，天津滨海新区围绕"1+3+4"产业体系，整合 10 条产业链，构筑应用创新、集成电路、生物医药、现代中药、新能源、新材料、高端装备、汽车和新能源汽车、绿色石化、航空航天产业链。构建空港组团、科技组团、海港核心组团、临港经济组团、南港石化组团，以组团聚链，以链集群，支撑产业集约集聚发展，做大产业规模、做优产业布局、做高产业能级、做强产业竞争力，为建设制造强区提供坚实产业支撑。

三 重庆两江新区

重庆两江新区的产业布局以现代制造业、现代服务业和数字经济为主导，注重高端制造业、现代服务业的创新驱动发展。这种产业布局旨在推动经济转型升级、促进区域协调发展和可持续发展，为新区的经济发展和创新能力提升提供了坚实的支撑。

根据《两江新区建设产业功能区实施"链长制"工作方案》，重庆两江新区将建设"10+1"产业功能区，实施"链长+链主"双链制，推动土地集约节约、项目有效落地、产业成链成群以及服务一体高效，助力建设高质量发展引领区和高品质生活示范区"两高两区"。"链长制"聚焦六大制造业、四大现代服务业以及 1 个协同创新区。根据方案，两江新区将立足现有基础和比较优势建设 6 个制造业、4 个现代服务业和 1 个协同创新区功能区，空间范围包括已供和未供的共 86 平方公里工业用地、30.9 平方公里服务业用地，涵盖汽车产业功能区、电子信息产业功能区、高端装备产业功能区、生物医药产业功能区、航空航天产业功能区、新材料产业功能区、现代金融及国际消费产业功能区、国际贸易物流产业功能区、会展文创产业功能区、数字经济产业功能区、协同创新区功能区。

四　浙江舟山群岛新区

浙江舟山群岛新区的产业布局以海洋经济、现代制造业、现代服务业和旅游业为主导，致力于推动特色产业发展和绿色低碳经济建设。这种产业布局旨在充分利用海洋资源，推动经济发展和生态文明建设，为舟山新区的可持续发展和区域经济发展作出重要贡献。

浙江舟山群岛新区位于环太平洋西岸、中国东南沿海、浙江省东部，地处中国最具经济活力的长江三角洲前沿。[①] 随着经济的全球化以及海洋经济的迅速发展，舟山群岛新区凭借区位条件优越，港口资源罕见、海洋资源丰富以及旅游胜地魅力的战略优势日益突出。浙江舟山群岛新区的战略定位是浙江海洋经济发展的先导区、长江三角洲地区经济发展的重要增长极和我国

---

① 毛翰宣、秦诗立、徐博文等：《新时期浙江舟山群岛新区发展比较分析研究》，《海洋经济》2023 年第 2 期。

海洋综合开发试验区。

根据浙江省舟山市出台的《浙江舟山群岛新区（城市）总体规划（2012—2030年）》，浙江舟山群岛新区规划形成"一体一圈五岛群"的总体布局。"一体"即舟山岛，是舟山群岛新区开发开放的主体区域，也是舟山海上花园城市建设的核心区。"一圈"为港航物流核心圈，包括岱山岛、衢山岛、大小洋山岛、大小鱼山岛和大长涂山岛等，是建设大宗商品储运中转加工交易中心的核心区域。"五岛群"包括普陀国际旅游岛群、六横临港产业岛群、金塘港航物流岛群、嵊泗渔业和旅游岛群、重点海洋生态岛群。

五　甘肃兰州新区

甘肃兰州新区是甘肃省推动经济转型升级和区域发展的重要战略举措，产业布局以现代制造业、现代服务业和生态保护产业为主导，致力于打造经济活力、生态宜居的新型城市。

按照兰州新区管理委员会发布的《兰州新区总体规划（2011—2030）》，甘肃兰州新区主要发展石油化工、装备制造、生物医药、新材料、现代物流、电子信息和现代农业七大产业。

第一产业空间布局以北部生态农业区和南部生态林业区为主。北部生态农业区在兰州新区北部农田集中分布区，建设高效农业区和高科技农业示范区。南部生态林业区在兰州新区南部山区，以生态林业生产为主导。

第二产业主要发展石油化工、装备制造、生物医药、新材料、现代物流、电子信息和现代农业加工等产业。在新区北部规划以石油储运、精细化工为主的产业区，在东北部建设石油炼化产业区，共同构建国家战略性石化产业基地。

第三产业主要集中在中川机场东南部，主要发展行政文化、科研教育、商务会展、旅游服务和金融服务业等现代服务业。

六　广州南沙新区

广州南沙新区的产业布局以现代制造业、现代服务业、现代物流业和海洋经济为主导，形成了多元化和创新驱动的产业结构。这种产业布局旨在推动经济转型升级、促进区域经济发展和提升城市综合竞争力。南沙新区的发展成果在广州市乃至整个珠江三角洲地区具有重要影响力。

广州南沙新区发展定位为粤港澳全面合作示范区，粤港澳大湾区国际航运、金融和科技创新功能的承载区，先进制造业发展区。新区坚持高质量发展要求，紧抓粤港澳大湾区建设重大机遇，着力推进营商环境建设、科技创新、实体经济发展、功能打造、城市建设等重点工作。重点推进"一城四区"分类发展。中心区域着重发展高端服务，庆盛片区打造人工智能产业园、汽车装备基地等，北部片区建立生产服务和先进制造业基地，南部片区建设国际化服务和航运服务的国际旅游度假中心，海港片区建设综合性港区和世界级船舶基地。

七 陕西西咸新区

陕西西咸新区的产业布局以现代装备制造、现代农业、现代服务业和文化旅游为主导，旨在推动经济转型升级、促进区域经济发展和城市协同发展。这种产业布局为新区的经济发展和城市建设提供了坚实的支撑，并在推动陕西省的经济增长和区域协调发展方面发挥着重要作用。

根据《秦创原总窗口特色产业园区布局总体方案》，陕西西咸新区着力构建"特色园区承载+重点产业集聚"的发展新格局。在产业建设方面，新区将围绕陕西全省 23 条、西安全市 19 条重点产业链，布局光伏、氢能、智能网联汽车 3 条主导产业链，打造新能源、数字经济、大健康等七大产业集群，培育生物医药、新材料等若干特色产业。新区围绕主导产业集聚创新要素，加强协同创新，形成核心竞争力，推动产业向价值链高端攀升，依托沣东先进制造产业园、沣西人工智能产业园、秦汉自动驾驶产业园、空港自贸蓝湾产业园、泾河两链融合示范园等十大特色产业园区，立足区域资源特点和产业基础，实施差异化定位，围绕一个主导企业深耕细作，不断提升转化配套能力，推动产业基础高级化和产业链现代化，构建以"1 带+10 园区"为承载的"3+7+N"产业布局。

八 贵州贵安新区

贵州贵安新区的产业布局以现代制造业、现代服务业、现代农业和文化旅游为主导，致力于推动经济转型升级、促进区域经济发展和可持续发展。

贵安新区地处黔中经济区核心地带，是西南地区重要的交通枢纽。经省人民政府同意，省住房城乡建设厅和贵安新区管委会共同组织编制了《贵安新区总体规划（2013—2030年）》，在宏观空间结构上以尊重自然、顺应自然、探索山地新型城镇化发展路径为理念，构建"一核两区"的空间结构："一核"指位于新区东部的核心职能集聚区，"两区"分别指特色职能引领区和文化生态保护区。上述三大分区进一步细分为12个片区（包括8个城市片区和4个特色群落），各片区的城镇化空间选择，以对山林、水系、耕地的避让、保护和合理利用为基础，形成"组团+群落"的城镇化空间格局与"串联式、卫星城式"的发展模式。

九 青岛西海岸新区

青岛西海岸新区的产业布局以现代制造业、现代服务业、海洋经济和生态保护为主导，旨在推动经济转型升级、促进区域经济发展和可持续发展。

根据规划，青岛西海岸新区以中央商务区构建"一核"，建设新区行政、金融、商务、文化和科教中心。依托前湾港区和董家口港区建设"两港"，坚持以港兴城、港城联动，实施统筹规划，依托两大港区推进产业聚变、城市拓展，将航运服务业与临港工业、城市发展有机融合，促进高端产业要素集聚，优化城市空间布局，增强港区综合服务功能。形成青岛前湾保税港区、青岛经济技术开发区、新区中心区、董家口经济区、现代农业示范区"五区"。对于青岛前湾保税港区，整合青岛西海岸出口加工区，规划建设产业配套区，构筑王台片区、董家口片区两大保税功能拓展区。对于青岛经济技术开发区，重点建设青岛中德生态园、中日创新产业园、中韩创新产业园、国际旅游度假区。对于新区中心区，提升胶南经济开发区和青岛临港经济开发区建设水平，发展海洋生物、新材料、数字家电等产业，集聚发展战略性新兴产业。对于董家口经济区，推进港、产、城一体化发展。新区立足离岸综合开发示范带建设"一带"，以近海海域为载体，依托海洋牧场、海上休闲旅游、深水养殖、海岛开发、海洋可再生能源利用等产业，建设近海立体式综合开发示范带。

十　大连金普新区

大连金普新区的产业布局以现代制造业、现代服务业和海洋经济为主导，旨在推动经济转型升级、促进区域经济发展和可持续发展。[①]

根据《大连市国民经济和社会发展第十四个五年规划和二〇三五年远景目标纲要》，大连金普新区加快构建"433+1"现代产业体系，建成东北地区产业高质量发展样板区。新区将培育全国一流的循环绿色石化产业集群，建设东北亚汽车产业新城，构建电子信息产业全链条发展生态，打造具有国际影响力的先进装备制造业基地，提升优势制造业产业链供应链现代化水平。深耕做精新材料细分领域，构筑新能源创新发展先导区，推进生命健康产业融合发展，培育面向未来的新兴前沿产业。为了做优高品质的现代服务业，新区拓展现代流通产业新空间、开创滨海旅游发展新格局、构建现代金融服务新体系。在推动数字经济深度融合发展方面，新区致力于提升数字经济核心产业的竞争力，全面推进数字化转型发展，优化数字经济发展生态。为了建设高承载力产业发展平台，新区重点打造生产力发展布局新亮点，强化产业园区综合功能，提升服务业集聚区能级，健全产业公共服务平台，优化产业发展支持政策。

十一　四川天府新区

四川天府新区的产业布局以现代制造业、现代服务业、科技创新和文化创意产业为主导，旨在推动经济转型升级、促进区域经济发展和城市发展。

天府新区的定位是西部地区核心增长极、现代高端产业聚集区、内陆开放经济高地。根据规划，成都天府新区是"一带一路"建设和长江经济带发展的重要节点，致力于打造成成渝地区重要的科技创新中心、重要的开放经济高地、重要的区域服务中心、重要的现代总部基地以及重要的文化创意中心。提升产业能级，构建"1+5+3"现代产业体系。"1"指一大引领产业，即新经济；"5"指五大支撑产业，即总部经济、会展博览、科技研发、数字文创和现代金融；"3"指三大特色产业，即高技术服务、法律服务和网络视听。按照产业建圈强链发展思路，按照做优做强城市新区要求，以天府总部商务区、成都科学城、天府数字文创城为空间载体，加快构建以新经济为引领，以总部经济、会展博览、科技研发、数字文创、现代金融五大主导产业为支撑，以高技术服务、法律服务、网络视听三大特色产业为突破的"1+5+3"开放型创新型引领型产业体系。突出产业落位，建设天府总部商务区、成都科学城和天府数字文创城三大产业功能区。

十二　湖南湘江新区

湖南湘江新区的产业布局以高端装备制造、现代服务业、数字经济和生态保护为主导，旨在推动经济转型升级、促进区域经济发展和生态文明建设。

湘江新区自设立以来，坚持走"产业强区"之路，聚力发展优势产业链，实行"链长、行长、校长、盟长"的"四长"联动，聚力发展15条产业链，产业高端化发展迈出坚实的步伐。而今，湘江新区培育形成了工程机械、电子信息和新材料三大千亿级产业集群。其中，智能制造装备和工程机械产业产值规模稳居全国第一，新一代自主安全计算系统集群挺进"国家队"，智能网联汽车产业投资潜力居全国前三名。在产业平台方面，新区构建了5个国家级园区和2个省级园区，集聚了湘江新区90%以上的企业主体和经济总量。与此同时，湘江新区2022年实现签约产业项目221个，合同引资超1500亿元；服务项目落地见效，实现了36个产业项目投产；投资结构持续优化，产业投资、工业技改投资和高新技术产业投资分别增长 29%、52% 和 41%。2023 年湘江新区将坚持把发展经济的着力点放在实体经济上，以产业链建设为主抓手，塑造一流产业生态及现代化产业体系。

十三 南京江北新区

南京江北新区的产业布局以现代制造业、现代服务业、文化创意产业和科技创新为主导，旨在推动经济转型升级、促进区域经济发展和城市发展。

如今，江北新区"3+3 产业体系"层次鲜明、链条完善，已经成为引领带动区域发展的强引擎。围绕南京市高质量发展八大产业链的主攻方向，聚焦集成电路、生命健康、高端现代服务业三大新兴产业全链条发展，经过多年耕耘，取得长足进步，目前已集聚上下游企业 2000 余家。完善产业体系，打造"强磁场"，聚焦强链补链，通过强化精准招商、优化营商环境、提升服务水平等一系列手段，让优质企业纷至沓来，重大项目接踵落地。2022 年 1~5 月，江北新区签约项目投资总额 804.9 亿元，亿元以上签约项目 165 个。在 2022 年南京重大招商项目暨央企区域总部项目视频签约活动中，江北新区分会场共有 9 个项目集中签约，投资总额高达 366.3 亿元，位居南京市第一。这些签约项目大部分都属于"3+3 产业体系"，江北新区的优势产业和新兴产业集群正在持续壮大。

十四 福建福州新区

福建福州新区的产业布局以现代制造业、现代服务业、数字经济和海洋经济为主导，旨在推动经济转型升级、促进区域经济发展和城市发展。

根据规划，福建福州新区致力于推动产业链供应链优化升级，加快构建现代产业体系。为此，福建福州新区实施产业园区标准化建设行动，推动产业基础高标准再造，打造产业高质量发展的重要平台和强力引擎。

按照分类施策、全面提升原则，强化试点示范，探索不同类型园区建设模式，构建具有福州特色的园区建设标准体系。提升园区"七通一平"标准化建设水平，完善科研、产业服务、教育、医疗、商业等配套，打造产城融合的都市型园区。优化园区管理机制，稳妥推进园区整合，探索委托管理经营等模式，提升管理运营效能。加快推进国家海洋经济发展示范区建设，推进海洋资源要素市场化配置，开展涉海金融服务模式创新，打造更具竞争力的海洋产业集群，完善智慧海洋体系，建设海洋强市。

十五 云南滇中新区

云南滇中新区的产业布局以现代农业、现代服务业、生态保护和旅游文化为主导，旨在推动经济转型升级、促进区域经济发展和可持续发展。这种产业布局为新区的经济发展和区域协调发展提供了坚实的支撑，并在促进云南省经济增长、改善人民生活质量和保护生态环境方面发挥着重要作用。

根据《滇中城市群发展规划》，云南滇中新区以"两型三化"为核心，以产业集群化、产城一体化发展促进产业转型升级，打造世界一流的"绿色能源""绿色食品""健康生活目的地"。将战略性新兴产业作为滇中城市群发展中的主导产业，严格落实产业项目环境准入条件，重点加快打造生物医药和大健康、新材料等战略性新兴产业策源地，提升金融服务质效，建设现代物流等现代服务业聚集区，建设烟草及配套、冶金等传统产业转型升级示范区。围绕重大疾病药物、医疗器械和个性化治疗创新方向，布局产业链、创新链，打造生物医药、生物医学工程等生物医药和大健康产业集群。实施"云上云"行动计划，提高数据传输速度和能力，推进互联网、大数据等技术与各行业深度跨界融合互动发展。前瞻性布局前沿新材料研发，构建新材料产业体系。重点围绕新一代信息技术与制造技术深度融合的创新方向，大力发展智能制造技术、智能制造装备。

十六 黑龙江哈尔滨新区

黑龙江哈尔滨新区的产业布局以现代制造业、现代服务业、科技创新和冰雪经济为主导，旨在推动经济转型升级、促进区域经济发展和城市发展。

深圳（哈尔滨）产业园规划面积约 26 平方公里，重点发展科技创新及服务业、新一代信息技术、智能制造等新兴产业。中国北药智慧产业园项目重点建设中药材交易中心、医药知识产权交易中心、医药商业总部基地、生物医药研发孵化基地、康养文化旅游基地，协同推进黑龙江中药产业"1+1+9"布局、全国"N+50"项目落地，系统构建线上、线下交易流通体系，着力打造集中药材种植、流通、生产、研发、贸易、文旅于一体的大健康全产业链，形成千亿级大健康产业集群。[1] 东北亚国际贸易中心总投资超 420 亿元，总建筑面积 360 万平方米。以总面积 40 万平方米的国际会展中心、全球商品自由贸易港、会议中心为核心。深哈金融科技城重点发展总部结算、跨境结算、融资租赁、信托、基金、保险、创投等新型金融服务业态，提高跨境金融、科技金融服务质量，支持实体经济发展，建设东北亚区域性金融结算服务平台。

十七　吉林长春新区

吉林长春新区的产业布局以汽车制造、现代制造业、生物医药和高新技术为主导，旨在推动经济转型升级、促进区域经济发展和城市发展。

根据《长春市国民经济和社会发展第十四个五年规划和 2035 年远景目标纲要》，吉林长春新区致力于构建现代产业体系，做强主导产业支撑高质量发展，立足产业基础与创新资源优势，抢抓新经济发展机遇。

新区加快发展四大主导产业，构建以生物医药、新一代信息技术、航空航天、先进装备制造为主导的产业布局。按照平台思维打造具有国际影响力的生物医药产业"航母"，重点依托长春高新等龙头企业开展资本招商、产业并购、技术并购和投资培育，加速对优质产业资源的整合配置，打造全产业链生物医药产业集群，以产业生态建设为重点，推进产业从"单点引领"向"链式生态"的发展转型。抢抓数字经济发展机遇，坚持技术驱动、产品驱动、场景驱动，以自主可控、国产替代为目标，依托吉林大学、光机所等技术源头，构建光电信息、软件及服务、大数据三大优势产业链，持续推

---

[1]　崔家善：《构建哈尔滨新区十大健康产业模式的思考》，《黑龙江金融》2019 年第 9 期。

动数字技术与经济社会全方位协同融合，在数字社会、工业互联网等重大应用方向探寻解决方案和技术标准，打造东北领先的数字经济发展中心。

十八　江西赣江新区

江西赣江新区的产业布局以现代制造业、现代服务业、新能源和高新技术为主导，旨在推动经济转型升级、促进区域经济发展和城市发展。

根据规划，江西赣江新区致力于强化创新驱动，加快建设现代化产业体系。深入实施创新驱动发展战略，加快构建以数字经济为引领、以先进制造业为主体、先进制造业与现代服务业融合发展的具有江西特色的现代化产业体系。

深入推进数字经济做优做强"一号发展工程"。围绕打造数字产业发展集聚区，抢抓赛道风口，科学布局建设通信网络、新技术、算力等三大数字基础设施，谋划推动江西先进算力中心建设。围绕打造产业数字化转型先行区，加速产业数字化转型，积极培育工业软件、行业应用软件等产业，推动工业互联网提速发展，创建一批数字化转型促进中心，分行业推进数字化转型。全面提高产业竞争力。持续实施"2+6+N"产业高质量跨越式发展行动，深入打造产业链链长制升级版，分行业分领域开展产融对接、人才对接、技术对接、供需对接等活动，促进产业链供应链良性循环、高效畅通。深入推进制造业基础再造工程、重大技术装备攻关工程，强化基础零部件（元器件）、关键基础材料、先进基础工艺等产业基础保障能力。

第二节　国家级新区主导产业布局

国家级新区作为承担国家经济发展和改革开放战略任务的综合功能区，研究国家级新区的实践经验和理论体系具有重大意义。推进国家级新区高质量发展有着重要的现实意义，国家赋予国家级新区推动高质量发展的使命是我国经济发展进入新时代的根本要求，更是新区内生发展的必由之路。[1] 国

---

[1]　杨乐乐：《推进国家级新区高质量发展研究》，《上海商业》2021 年第 3 期。

家级新区的空间规划生产是促进高质量发展的重要途径。目前，各国家级新区形成了各自的主导产业。

一 以汽车制造业、装备制造业、石油化工业等为主导产业的新区

目前上海浦东新区、重庆两江新区、成都天府新区以及云南滇中新区的主导产业都是汽车制造业。这些国家级新区在以汽车制造业为主导产业的布局方面具有显著的优势和特色，通过吸引投资、培育企业和推动创新，为中国汽车产业的发展做出了重要贡献。同时，这些新区还注重产业链的完善和产业协同发展，促进了整个汽车产业生态系统的形成和壮大。

上海浦东新区聚焦车路协同智能驾驶，努力打造金桥智能网联汽车园，形成"金桥—临港—张江—康桥—曹路—航头"汽车组圈。金桥极核、临港极核重点发展整车制造，推进新能源和智能网联汽车研发和综合测试，张江重点发展汽车电子，康桥、曹路、航头等着力发展汽车核心零部件。重庆两江新区大力开展产业转型升级攻坚，持续增强制造业高质量发展动能。作为两江新区的两大支柱产业之一的汽车制造业，2022 年持续保持增长态势，有效地拉动了经济增长，推进了制造业高质量发展。全年完成产值 1651.8 亿元，增长 23.2%，占规模以上工业的 37.9%，占全市的 36.6%。电子信息产业完成产值 2184.16 亿元，占规模以上工业的 50.2%，占全市的 29.7%。云南滇中新区加快引进电池电机电控"三电"系统、汽车零部件等项目，推动成立云南新能源汽车产业发展基金，加快将滇中新区新能源汽车品牌车型录入政府采购及公共租赁平台目录，力促滇中新区新能源汽车在全国新能源汽车发展中占有一席之地。新区推动北汽瑞丽乘用车部分产能迁至滇中新区，协助航天神州获得生产准入。

天津滨海新区、重庆两江新区、陕西西咸新区以及青岛西海岸新区等将装备制造业作为主导优势产业。装备制造业是实体经济的根基和现代化产业体系的重要组成部分，坚持把发展经济的着力点放在实体经济上，推进新型工业化，以装备制造业发展带动经济发展是这些国家级新

区的选择。

重庆两江新区力促传统装备产业调整升级和战略新兴装备产业引进培育"双轮驱动"，推动产业集群化发展。新区已形成以三一重工为龙头的工程机械，以中船重工海装风电等为龙头的电力装备，以上汽菲亚特红岩、康明斯等为核心的动力装备，以中车长客为龙头的轨道交通装备，以四联、前卫、伟岸测器等为依托的仪器仪表，以发那科、川崎、长安徕斯、ABB、华数为代表的机器人智能装备的六大装备产业体系。龙兴、鱼复两大新城有关片区已集聚规上工业企业58家，实现年产值200亿元以上。新区将在这两大片区构成的高端装备产业功能区中，以智能化、成套化、系统化为方向，聚焦智能机器人、能源装备等产业，构建研发、制造、应用全产业链。在龙兴新城已经具备的产业基础上，着力打造装备产业园，大力发展智能机器人、智能装备等整机产品，提升关键基础研发生产能力。陕西西咸新区围绕"3+7+N"产业布局，紧盯先进制造业集群，不断强化产业链协同创新，提升产业链核心竞争力，初步形成了龙头带动、产业聚集、链式发展态势。青岛西海岸新区年产值亿元以上的高端装备企业有56家，其中独角兽企业1家，专精特新"小巨人"企业12家，2022年总投资5.2亿元、技术装备水平国际领先的纺机制造智能工厂在青岛世纪海佳机械有限公司竣工投产。高端装备制造业和先进装备制造业分别为贵州贵安新区和湖南湘江新区的主导产业，为当地经济增长做出了巨大贡献。

天津滨海新区、浙江舟山群岛新区、青岛西海岸新区以及大连金普新区以石油化工产业为主导产业。这些国家级新区在以石油化工产业为主导的产业布局方面发挥着重要的作用，通过吸引投资、培育企业和推动创新，为中国石油化工产业的发展做出了重要贡献。同时，这些新区注重推动产业升级和绿色发展，促进石化产业的转型和可持续发展。

天津滨海新区石油化工产业已形成从原油开采、加工到化工产品、化工新材料生产的完整产业链，为区域提供轻纺上游原料，构建"油头—化身—轻纺尾"一体化产业体系。南港工业区立足"世界一流化工新材料基地"的发展定位，不断聚集优质项目，加强产业承载力，向着"高端化、精细化、绿色化、安全化、数字化"的新一层级加速跃进，带动着新区石化产业开启发展新篇章。青岛西海岸新区依托董家口港山东中石化（青岛）LNG 接收站项目在冷能发电、空气分离、橡胶破碎、冷链物流与制冰、冰雪世界、空调制冷、海水淡化等领域逐步开展综合应用，促进冷能就近高效消纳、全温区梯级利用。加快中石化 LNG 接收站建设，根据市场需求及 LNG 接收站达产情况，分期规划和开展冷能综合利用，有序推进冷能发电和海水余热利用项目、空气分离及橡胶破碎项目，以及输冷管道及冰雪运动中心、冷链基地和制冰等关联产业项目建设，实现电、热、冷、空气产品等多元耦合，构建绿色循环生态圈。依托项目建设，进一步提升冷能发电技术，推动 LNG 冷能发电商业化运营及冷能大规模产业化应用，打造商业化冷能发电示范基地。大连金普新区石油化工、装备制造、电子信息、汽车及零部件、生物医药五大主导产业持续发力，有效带动了经济增长。

天津滨海新区、重庆两江新区、成都天府新区、大连金普新区以及云南滇中新区等新区将信息产业作为主导产业。这些国家级新区在以信息产业为主导的产业布局方面发挥着重要的作用，通过吸引投资、培育企业和推动创新，为中国信息产业的发展做出了重要贡献。同时，这些新区注重构建创新生态系统和产业链，推动科技成果转化和产业协同发展，促进信息产业的创新和应用。

天津滨海新区持续加快 5G 基站及 5G 场景应用建设，推进"5G+"深度融合，累计布局建设智慧园区、智慧工厂等 43 处 5G 应用场景。目前，滨海新区已累计建成 5G 基站 10355 个，并完成中央大道通信质量提升工程，基本实现了 5G 网络全区覆盖、重点区域优化覆盖。2022 年 1~7 月，重庆两江新区软信产业规模达到 479 亿元，占全市的 24.6%，集聚软信企业 5500 家。新区中联信息入选"国家鼓励的重点软件企业"名单，广域铭岛获评国家级工业互联网双跨平台。大连金普新区以数字技术赋能优势产业，带动新区经济发展。

二　以生物医药产业、大健康医药产业、绿色食品加工业等为主导产业的新区

上海浦东新区、天津滨海新区、甘肃兰州新区、南京江北新区、云南滇中新区、黑龙江哈尔滨新区以及吉林长春新区等将生物医药产业作为主导产业。这些国家级新区在以生物医药产业为主导的产业布局方面发挥着重要的作用，通过吸引投资、培育企业和推动创新，为中国生物医药产业的发展做出了重要贡献。同时，这些新区注重科技创新和产业协同，推动生物医药技术的研发和应用，促进生物医药产业创新发展和转型升级。

上海浦东新区建立产医融合发展协调推进机制，成立浦东新区加强产医融合促进生物医药产业高质量发展工作领导小组，建立联席会议制度，定期研究制订产医融合工作计划、确定重点任务、协调重大事项等。组建"2+X"工作专班，项目化推进落实产医融合工作。天津滨海新区引进药明康德、康龙化成和凯莱英等多家企业，国内规模最大胰岛素生产基地诺和诺德、国内规模最大的工业酶制剂生产基地诺维信纷纷落地。甘肃兰州新区将西部药谷产业园建设为集现代中药、化学药、医疗器械、特医食品生产加工、仓储物流等于一体的产业基地，高标准打造新区首个生物医药产业孵化园。南京江北新区构建了从特色原料药、医工材料与药用辅料生产以及原创新药研发生产到基因检测诊断、基因治疗、细胞治疗、高端医疗器械、健康医疗大数据，再到专业健康管理的生物医药全产业链。吉林长春新区围绕医药产业形成基因药物、生物疫苗、现代中药、医疗器械、化学制药等多个细分特色产业集群，有疫苗生产资质企业5家，占全国的11.4%，高端疫苗文号占全国的60%，医药流通及服务业收入占全省的80%，产业链条更加完善，产业生态加速形成。

贵州贵安新区将大健康医药产业作为主导产业之一，通过吸引投资、培育企业和推动创新，为大健康医药产业的发展做出了重要贡献。同时，新区注重科技创新和产业协同发展，推动医疗技术应用，促进健康医疗产业的创新发展和转型升级。

贵州贵安新区依托益佰、同济堂、健兴、百灵、景峰等本土优强制药企业，围绕"两药一械"，着力招大引强，推动国药集团西部医疗产业园项目签约落地，并建设医疗器械与医药生产基地、中国医疗器械贵州总部基地，共同做好大健康产业"大文章"，全力打造大健康产业高质量发展新高地。

黑龙江哈尔滨新区将绿色食品加工业作为主导产业之一，通过建设绿色食品产业园区、开办农民合作社和农业龙头企业，以及提供政策支持和技术培训等方式，促进农产品绿色生产、食品安全和农业可持续发展。

黑龙江哈尔滨新区正在建设深圳国际食品谷哈尔滨产业园，力争将其打造成为黑龙江食品科技创新中心。

三 以航空航天产业、船舶制造业等为主导产业的新区

天津滨海新区将航空航天产业作为主导产业之一，通过吸引投资、培育企业和推动创新，为航空航天产业的发展做出了重要贡献。同时，新区注重科技创新和产业链的完善，推动航空航天技术的研发和应用，提升航空航天产业的竞争力。

天津滨海新区已建成新一代运载火箭产业化基地、超大型航天器研制及产业化应用基地、航天光电信息产业化基地等国际一流、国内领先的航空航天产业高端制造研发基地，形成了以大型航天器、直升机、无人机、新一代运载火箭、卫星、空间站为代表的产业发展格局。

浙江舟山群岛新区、青岛西海岸新区以及广州南沙新区等新区将船舶制造业作为主导产业。这些国家级新区在以船舶制造业为主导的产业布局方面发挥着重要的作用，通过吸引投资、培育企业和推动创新，为中国船舶制造业的发展做出了重要贡献。同时，这些新区注重提升技术水平和产品质量，推动船舶制造业的转型升级和产业链的完善，提升中国船舶制造业的国际竞争力。

浙江舟山群岛新区高端船舶和海工装备制造取得突破，建成国内首座浮式海上风电半潜式平台、交付全球最大液化天然气模块装置，4家船企跻身全球十大修船厂，海洋电子信息、清洁能源装备与制造、生物医药、融资租

赁等新兴产业加快集聚。青岛西海岸新区已经聚集北船重工、武船重工等多家重量级海工装备巨头，成为国家规划建设的三大造船基地之一，船舶海工制造产业集群规模已达到五百亿级。广州南沙新区以南沙龙穴造船基地、大岗海工装备制造区、东涌海洋生物育种与仪器设备制造区为载体构建千万吨级船舶与海洋工程装备生产基地。新区构建高端船舶与海洋工程装备全产业链，推动船舶与海工装备产业深水化、绿色化、智能化发展，培育壮大海洋新兴产业，构建船舶和海洋工程装备制造产业体系。

四　以物流业、现代服务业等为主导产业的新区

陕西西咸新区、大连金普新区、南京江北新区以及福建福州新区将物流业作为主导产业。这些国家级新区在以物流业为主导的产业布局方面发挥着重要的作用，通过吸引投资、培育企业和推动创新，为物流业的发展做出了重要贡献，注重推动物流技术创新和供应链优化，提高物流效率、降低物流成本，促进物流业可持续发展。

陕西西咸新区加快建设物流枢纽，为西安高质量发展提供了强有力的支撑，在空港新城加快构建"枢纽+"产业体系。西安咸阳国际机场拥有进口冰鲜水产品、进境食用水生动物、进口药品、进境水果、进口肉类5个指定口岸资质。南京江北新区以江北海港枢纽经济区和南京北站枢纽经济区两个片区为依托，加快富有特色的海港、高铁、轨道交通综合性枢纽建设。以现代服务业、现代物流业和临港新型产业为重点，大力发展枢纽型经济。

重庆两江新区、贵州贵安新区以及吉林长春新区将现代服务业作为主导产业，通过吸引投资、培育企业和推动创新，为现代服务业的发展做出了重要贡献。新区注重构建服务型经济体系和创新生态系统，提供优质的商贸、金融和文化创意服务，推动现代服务业的转型升级和可持续发展。

重庆两江新区聚焦西部金融中心、国际消费中心城市、内陆国际物流枢纽和口岸高地、国际会展名城建设，持续优化功能布局，坚持引进和培育并举、增量和提质并重，持续推进现代服务业与先进制造业深度融合，增强服务经济发展新动能，着力构建新技术支撑、新业态引领、新模式广泛应用的

现代服务业体系。吉林长春新区着力打造"两谷一基地一高地"，其中的"一高地"指的就是现代服务业高地。新区加快发展服务业，涉及很多具体的方向和领域，包括科技金融、信息服务、文化创意、商品贸易、现代物流、旅游会展等。下一步，将重点招引数字经济、跨境电商、检验检测及其他生产性服务业领域的项目，同时大力发展餐饮酒店、文化体育旅游等领域，不断打响"长春新区现代服务"品牌。

第三节　国家级新区产业布局优化

各国家级新区根据自身的发展定位形成了不同的产业布局。近年来，随着产业布局朝着分工细化、协作紧密的方向发展，具有较强关联性的产业部门越来越倾向于实现空间上的共同集聚。[①] 各国家级新区的产业在布局上仍有优化的空间。本节对各国家级新区的产业布局优化进行具体分析。

一　促进产业集群发展

加强对产业布局的统筹规划和科学管控，支持国家级和省级重大产业项目优先向新区集中。鼓励新区依托现有的国家级和省级经济技术开发区、高新技术产业园区、海关特殊监管区域等，建设产业集聚区，打造一批特色鲜明的专业园区，不断发展壮大产业集群，发挥产业集聚优势，提高产业综合竞争力和企业经济效益。天津滨海新区围绕生物医药、信创、石化、汽车等重点产业，积极培育产业集群——京津冀生命健康集群。该产业集群在全国先进制造业集群竞赛决赛中胜出，成为国内唯一跨省级行政区划的先进制造业产业集群。动力电池、信息安全产业集群也在全国先进制造业集群竞赛初赛中胜出，打响了"滨城"特色品牌。

福建福州新区推进万华福建产业园、大东海高端冷轧等重要项目建设，

---

① 东童童：《中国工业企业共聚机制及其动因——基于所有制异质视角与微观企业数据的分析》，《产经评论》2018 年第 6 期。

培育壮大化工新材料、纺织化纤、冶金建材、新能源等四大千亿级产业集群。围绕临空经济示范区建设，大力发展临空物流产业，推进以智能装备、航空制造及关联产业、高端装备业等为特色的智能制造产业发展，形成若干个百亿产业集群。做优做强大数据及物联网产业，丰富"数字孪生城市""海联网""智慧出行""工业互联网2.0"等IDC场景应用，争当全省数字应用场景的"示范窗口"，推动福米智能智造产业园建成中国首个基于8K大屏智造的光电显示产业基地。

二 强化科技创新驱动

集聚创新资源，壮大创新创业人才队伍。支持人才引进培育政策向新区倾斜，探索实行国际通用的人才引进、培养、使用、评价、激励机制，集聚一批领军人才。搭建人才创新发展平台，加快创新创业服务体系建设，鼓励优秀人才在新区创业。支持新区申报国家重点（工程）实验室、工程（技术）研究中心等各类科技创新平台，鼓励新区设立产业化示范基地和科技成果转化服务示范基地。广州南沙新区省级新型研发机构（13家）数量占全市的1/5，高端领军和骨干人才增长7.9倍，高新技术企业增长8倍，专利授权量增长4倍。出台"科创16条"专项政策，省市区共建的华南技术转移中心线上平台进驻774家服务机构，广东医谷获评国家级孵化器。南京江北新区在基因细胞领域引进培育了一批创新型企业，打造了国家健康医疗大数据中心等一批公共技术服务平台，出台了一系列支持科技创新和产业发展的政策，为实验室的建设奠定了坚实的基础。

三 构建现代产业体系

结合功能定位和区域优势，支持新区编制产业发展规划和行动方案，以新产业、新业态为导向，大力发展新一代信息技术、生物、高端装备制造、高端服务、现代物流等战略性新兴产业和高新技术产业，完善产业链条和协作配套体系，优化产业结构，培育新的经济增长点。湖南湘江新区把握"三智一芯"主攻方向，盯紧先进储能材料、高端装备与人工智能、基因工程和生命技术、信息终端、3D 打印和工业机器人五大高端制造业，以龙头企业为核心，培育配套企业，延伸产业链，形成产业链生态。广州南沙新区以创新为动力，努力构建以战略性新兴产业和未来产业为引领、先进制造业和现代服务业"双轮驱动"的现代产业体系，推动产业转型升级及经济高质量发展。

第十章　产业规模

产业规模是指某类产业的产出规模或经营规模。产业规模可用生产总值或产量表示。合适的产业规模是在制定产业政策时，需要考虑的一个重要维度。因此，分析各国家级新区的产业规模，对完善各个新区产业政策具有重要意义。本章主要从各个新区产业规模、主导产业规模以及产业发展经验等方面来进行分析。

第一节　国家级新区产业规模

基于前文对各国家级新区经济总量的分析，将 18 个国家级新区按照经济总量分为三个梯队：第一梯队为上海浦东新区、天津滨海新区，经济总量分别在 5000 亿元以上；第二梯队为青岛西海岸新区、重庆两江新区等 11 个新区，经济总量在 1000 亿~5000 亿元；第三梯队为黑龙江哈尔滨新区、吉林长春新区、陕西西咸新区等 5 个新区，经济总量在 1000 亿元以下。第一梯队是设立较早的新区，制造业规模较大。本节将对国家级新区 2022 年具体产业规模进行分析，对于部分数据无法获得的新区，采用 2021 年新区数据或者其所在省份的数据进行分析，具体情况如图 10-1 所示。

一　经济总量位于第一梯队的上海浦东新区、天津滨海新区

作为国务院批复设立较早的新区，上海浦东新区、天津滨海新区经济总量位于第一梯队。

上海浦东新区加快建设自贸试验区，持续发挥区域协同发展的辐射作用，不断改善营商环境，以稳增长为抓手，经济运行"前高后稳、稳中加

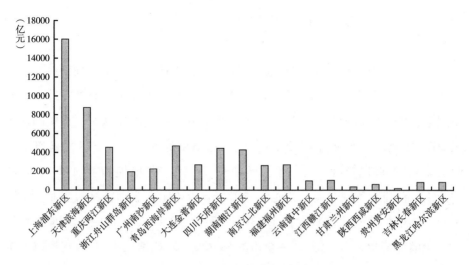

图 10-1　各国家级新区经济总量

资料来源：各新区统计年鉴。

固、稳中有进"，实现高质量发展。新区以服务和融入新发展格局为目标，进一步提高自主创新能力，不断深化金融功能，创新贸易模式，有效提升航运服务能级，加快建设国际消费中心。2021 年地区生产总值达到 15352.99亿元，同比增长 10%，一般公共预算收入达到 1173.7 亿元，同比增长 9%，规上工业总产值达 12515.15 亿元，金融业稳健发展，增加值占全市的58.9%，消费对经济的贡献度持续回升，实现商品销售总额 5.65 万亿元，社会消费品零售额 3831.79 亿元。投资规模再创新高，完成全社会固定资产投资 2716.18 亿元，增长 10.8%，其中城市基础设施投资增长 16%。

天津滨海新区经济加快恢复。2022 年全区生产总值达 8760.15 亿元，同比增长 7.7%，一般公共预算收入达到 505.4 亿元，金融机构（含外资）本外币各项存款余额 8099.27 亿元，同比增长 11.0%。

二　经济总量位于第二梯队的青岛西海岸新区、重庆两江新区等

经济总量位于第二梯队的国家级新区有重庆两江新区、浙江舟山群岛新区、广州南沙新区、青岛西海岸新区、大连金普新区、四川天府新区、湖南

湘江新区、南京江北新区、福建福州新区、云南滇中新区以及江西赣江新区。

重庆两江新区抓改革、促发展、稳增长、保运行，落实系列稳住经济大盘政策举措，着力保市场主体、促消费、稳就业、保民生，有效对冲了各类超因素预期，经济形势总体向好，生产生活秩序稳定有序恢复。重庆两江新区2022年地区生产总值4550.56亿元，占全市的53%，直管区规模以上工业战略性新兴制造业产值比上年增长7.6%，占规模以上工业产值的59.9%。高端装备制造业、新能源汽车、节能环保产业、新材料产业、生物医药产业增加值同比分别增长12.3%、331%、0.8%、4.0%和1.4%。直管区工业增加值962.36亿元，占全市的69.6%，同比增长4.7%。规模以上工业总产值4354.40亿元，同比增长5.8%。

广州南沙新区疫情防控精准高效，经济持续保持稳步增长。2022年实现地区生产总值2252.58亿元，同比增长4.2%。全年完成规模以上工业产值3805.49亿元，同比增长6.1%。一般公共预算收入117.02亿元，增长8.2%。全年固定资产投资规模超1200亿元，同比增长8.0%。全年汽车制造业产值达1956.99亿元，同比增长19.3%，汽车产量突破100万辆。装备制造业产值达2515.35亿元，同比增长13.6%。规模以上服务业实现营收1269.34亿元，同比增长8.4%。

湖南湘江新区奋力实施强省会战略，优化管理体制，凝聚发展合力，经济和社会高质量发展迈出坚强步伐。新区2022年实现地区生产总值4282.3亿元，同比增长5.0%。规模以上工业总产值同比增长10.6%，规模以上工业增加值同比增长8.4%。规模以上工业企业营业收入5033.2亿元，同比增长9.3%。新区全年一般公共预算收入税占比达86%，固定资产投资突破3200亿元，同比增长7.9%。规模以上服务业营业收入910.6亿元，同比增长1.0%。

浙江舟山群岛新区、青岛西海岸新区、大连金普新区、四川天府新区、南京江北新区、福建福州新区、云南滇中新区以及江西赣江新区相关数据无法获得，但从整体情况来看，2022年经济发展平稳，稳中向好。

三　经济总量位于第三梯队的黑龙江哈尔滨新区、吉林长春新区、陕西西咸新区等

经济总量位于第三梯队的国家级新区有甘肃兰州新区、陕西西咸新区、贵州贵安新区、黑龙江哈尔滨新区以及吉林长春新区。

陕西西咸新区 2022 年坚持高质量发展这一首要任务，有效应对多轮疫情冲击，牢牢掌握发展和安全的主动权。新区农业保持平稳运行，农林牧渔业增加值增长 4.5%。二产增长势头强劲，工业投资增长 81.6%，规上工业总产值增长 20.4%，资质内建筑业总产值增长 45.2%，固定资产投资 2185 亿元，占全市的 30%。三产主要行业增长较快，规上服务业营收增长 10.7%、限上批发业销售额增长 24.5%。

甘肃兰州新区、贵州贵安新区、吉林长春新区以及黑龙江哈尔滨新区相关数据无法获得，但从整体情况来看，2022 年经济发展较为平稳。

第二节　国家级新区主导产业规模

国家级新区是改革创新的重要资源集聚地，是推动我国经济高质量发展的排头兵，在引领区域经济高质量发展等方面具有重要的现实意义。[①] 各国家级新区经过多年的发展，主导产业都已经形成了一定规模，主要涉及汽车制造业、装备制造业、石油化工业、生物医药产业、大健康医药产业、绿色食品加工业、电子信息产业及大数据产业等。本节对新区的主导产业规模进行比较分析。

一　以汽车制造业、装备制造业、石油化工业等为主导产业的新区

上海浦东新区聚焦电动化、网联化、智能化和共享化，以提升零整比和

---

① 史明灿：《国家级新区设立与区域经济高质量发展：内在机制与经验证据》，《区域经济评论》2023 年第 2 期。

智能网联新能源等新兴部分占比为方向，大力发展高端智能网联和新能源汽车制造。新区 2022 年汽车制造业工业总产值达 8080.35 亿元，比上年增长 9.3%，占全市规上工业总产值的比重为 20.0%。排除疫情冲击影响，上海浦东新区汽车制造业产值全年呈增长态势。2023 年 2 月汽车制造业产值达 516.68 亿元，同比增长 13.0%。新区在装备制造业方面，2022 年计算机、通信和其他电子设备制造业总产值达 5745.64 亿元，比上年增长 1.7%，占市规上工业总产值的比重为 14.2%。

天津滨海新区高标准创建制造业产业集群并取得新进展，围绕生物医药、信创、石化、汽车等重点产业，积极培育产业集群。新区汽车产业不断发展壮大，2022 年整车产能达到 150 万辆。新区积极完善新能源汽车产业新体系，重点打造动力电池以及整车制造 2 条产业链，提升"多技术、广区域"的合作创新水平，建设"规模化、生态化"的产业链条，加速向电动化、智能化和网联化升级，构建良好的产业生态。2022 年，新能源汽车产业增加值占规上工业增加值的比重达到 20%。装备制造产业高端化发展，形成了以智能制造装备、轨道交通装备、海洋装备为主的高端装备制造发展格局，海工装备制造、海洋工程总承包和服务实力位居全国前列；高端装备产业增加值占规上工业增加值的比重达到 8%。石油化工产业高端化、精细化发展，中石化大乙烯和聚碳酸酯项目建设加快，"两化"搬迁改造项目顺利投产，渤海油田原油产量位居全国第一。

重庆两江新区做深做实产业联盟，赛力斯汽车在成都软件园成功布局了软件中心，至信实业、鞍钢蒂森克虏伯、延锋汽车与成都经开区汽车企业大众、沃尔沃、吉利汽车开展供应链合作，共同壮大产业集群。2022 年汽车制造业实现产值 1651.8 亿元，同比增长 23.2%，占规上工业的 37.9%，占全市的 36.6%。2022 年，两江新区坚持高端化、智能化、绿色化发展，全力实施智能网联新能源汽车产业集群整车龙头引领计划，推动产业链价值链迈向中高端。新区制定世界级智能网联新能源汽车产业集群发展规划，深蓝 SL03、问界 M7 等高端新能源车型上市，龙兴智能网联新能源汽车产业基地、赣锋锂电等重大项目开工建设，比亚迪动力电池全球总部、长安渝北新工厂等重大项目有序推进。2022 年智能网联新能源汽车产量超过 20 万辆，同比增长近 300%。新能源汽车产业增加值增长 331%，智能网联新能源汽车本地配套率达 40%、国产化率约为 90%。新区在装备制造业方面，2022 年产值达 265.61 亿元，占规上工业的 6.1%，相比上年增长 12.3%。

陕西西咸新区先进制造业发展提速，2022 年，82 个在建的先进制造业重点项目完成投资 271.63 亿元，先进制造业集群初步形成了龙头带动、产业聚集、链式发展态势。在先进制造业智能制造领域，在三一、创维等龙头企业的强力带动下，西咸新区聚集了中国中车、秦川机床、同力重工、隆基绿能等一批产业链主企业。其中，三一西安产业园项目总投资 30 亿元，占地约 270 亩，包括三一筑享区域总部及超级工厂中试基地、建筑机器人总部及研发生产基地、树根互联工业互联网区域总部三大核心板块，将建设成为百亿产值产业园区。三一国际西部智能制造中心项目总投资 65 亿元，占地约 900 亩，包括三一西部智能制造中心和秦创原三一全球研发中心，主要用于生产矿用宽体车、液压支架等产品，于 2022 年 7 月 31 日开工建设，预计 2023 年建成投产。创维智能电子产业园项目一期已建成移交，二期、三期 2023 年底建成投产。建成后将拥有约 3000 名研发人员，项目满产后预计年产值 100 亿元以上，年上缴税收不低于 5 亿元，带动新增就业 8000 人。

云南滇中新区持续打造汽车及高端装备制造、生物医药及大健康、电子信息、新材料、石化等高端产业集群，培育发展高端商务和总部经济、商贸及现代物流、旅游和健康服务三大现代服务业集群，高水平打造国家级杨林经开区、安宁工业园区、空港经济区三大千亿级产业园区，不断提升产业发展水平。新区在杨林经开区大力推进"三整车一中心"及汽车零配件配套项目，北汽新能源、东风云汽实现量产，中汽中心高原试验室项目建成投产后实现高质量发展，年产能达 30 万辆的千亿级新能源汽车及配套零部件产业园加快建设。立足嵩明杨林经济技术开发区、昆明经济技术开发区、昆明高新技术产业开发区等的现有汽车制造产业，聚焦关键核心技术攻关和产业链供应链补短板，重点发展关键零部件及充电桩等有关配套产业链，创新发展小缸径内燃机、新型发动机控制系统、动力电池等核心产品。新区以滇中城市群园区为核心，重点在昆明、曲靖、玉溪、楚雄、红河等州、市布局，着力培大育强、招大引强、延链强链、集群培育，大力发展先进装备制造产业，构建由零部件配套、基础制造到整机成套装备的产业发展梯队。在石油化工方面，云南滇中新区以云南安宁产业园区、云南禄丰产业园区为核心布局发展，在确保中石油云南 1300 万吨/年炼油项目稳定安全运行的基础上，建设以保障化工原料为主的石化项目，延伸石化产业链，大力发展功能性化学品、化工新材料等精细化工，发展西南地区特色石化产业。

二　以生物医药产业、大健康医药产业、绿色食品加工业等为主导产业的新区

四川天府新区紧跟前沿医学和健康科技发展动态，以生物医药、互联网医疗和中医药等为重点，积极搭建医疗大数据平台、中药筛选平台，用好自贸试验区政策，强化与天府国际生物城的联动发展，大力招引培育高能级医药健康总部企业，打造成都医药健康总部极核。[①] 新区围绕"5+N"模式，确定生物技术药、创新型化学制剂、高性能医疗器械、生物服务和大健康服务五大细分领域，聚焦新型疫苗、体外诊断、药物研发及生产外包等 14 个子行业，致力于建成世界一流生物产业园区。2022 年，成都天府国际生物城国家重大新药创制科技重大专项"新药创新成果转移转化试点示范项目"正式通过国家验收。由重大新药专项扶持项目带动，成都天府国际生物城已聚集在研药械品种 134 个，累计承接新药成果转移转化服务 879 项，突破 29 项关键技术，包括靶向蛋白降解技术、溶瘤腺病毒靶向性关键技术、GPCR 受体细胞原位 DNA 编码化合物库筛选技术。

甘肃兰州新区 2022 年在生物医药方面聚力打造区域医药产业集群，充分放大现有医药资源效应，引进中西药、疫苗、防疫物资等产业项目，推动化工园区医药中间体、原料药等快速转化为成品药，加快医用重离子加速器

---

① 赵源、朱艳婷、岳钧等：《四川省国家高新区发展现状与对策》，《内江科技》2023 年第 6 期。

及配套项目、原子高科医用同位素中心、医药物流园等建设，谋划建设养老服务制造产业园，推动佛慈、和盛堂等项目达产扩能，开发药食同源、保健品等大健康产品，推进兰州新区现代中药产业园建设，争取获批西部中药材期货交易中心。新区以"西部药谷"引领中医药传承创新、创新药落地转化、医药物流集聚式发展。药物碱厂、科迈思等企业建成投产，凯博药业焕发新机，新引进广州首漾、上海皓骏等优质企业，原子高科同位素、凯瑞德医药等项目加快建设，"甘肃方剂"等防疫产品增线扩产，佛慈、兰药、和盛堂等医药企业保供有力，医药贸易额跨上百亿台阶，产业实力加速提升。

云南滇中新区一直将生物医药产业作为重点发展产业之一。依托生物多样性优势，新区着力引进了一批生物医药优质项目，构建了以国药、云药、昆药三大品牌为龙头的生物医药产业体系，推动生物医药产业集聚发展。同时，围绕生物制药、现代中药、仿制药三大重点方向，打造国内领先的生物医药产业环境，着力培育医疗器械、生物技术药、植物日化品等产业，为新区高质量发展注入强劲动力。目前，昆药医药健康产业园、昆明南疆制药、云南欧铂斯骨科医疗器械、昆明邦宇制药、云南瑞宝生物等企业已入驻新区，新区生物医药产业集群初具雏形。昆明空港经济区聚焦医疗器械和生物制药、高端疫苗研发制造；安宁市主导化学药及原料药制造、康养医疗服务；嵩明县打造绿色保健食品制造和文旅产业的布局，构建了健康制造和健康服务"双轮驱动"的特色产业体系。新区出台了促进生物医药产业高质量发展的支持政策，正在加大招商引资力度。国药控股是药品、医疗保健产品、医疗器械龙头分销商、零售商，以及领先的供应链服务提供商。新区力争国药控股更多大项目、好项目落户，在助力生物医药产业发展的同时，发挥新区的区位优势和交通优势，拓展更加广阔的国内外市场。2021年，新区生物医药产业产值12.9亿元，生物制药亿元规上企业5户。其中不少企业在全国乃至世界占据龙头地位：昆明南疆制药大容量注射剂拥有全省80%的市场份额；昆明邦宇制药醋酸钙制剂拥有国内市场90%的份额；云南瑞宝生物水溶色素、万寿菊提取物分别拥有国际市场20%、40%的份额。

吉林长春新区医药产业保持快速增长的良好态势，2022年医药工业总产值达 235.7 亿元，占全区工业产值的 28.2%、占全市的 80%、占全省的 1/3。在 2022 年科技部发布的"全国生物医药园区产业综合竞争力排行榜"中，长春新区位居第一方阵，列第 16 位。随着金赛药业国际医药产业园、长春高新大健康产业园、长春安沃高新基因工程抗体类药物项目等产业园区和重大项目加快建设，长春新区已基本实现了药物研发、产业化中试、药品生产、药品流通等产业链各环节全覆盖，集聚长春高新金赛药业、百克生物、迪瑞医疗等医药工业企业 210 户，其中规上工业企业 26 户、高新技术企业 79 户、专精特新企业 45 户。作为长春新区着力打造的战略性新兴产业之一，医药产业已呈现出由"量"到"质"、由"形"到"势"的根本性转变。在发展质量上，长春新区医药产业形成基因药物、生物疫苗、现代中药、医疗器械、化学制药等多个细分特色产业集群，有疫苗生产资质企业 5 家，占全国的 11.4%，高端疫苗文号占全国的 60%，医药流通及服务业收入占全省的 80%，产业链条更加完善，产业生态加速形成。2022 年，长春圣博玛生物材料有限公司完成产值 11.5 亿元、增速 306.4%。

黑龙江哈尔滨新区着力打造利民绿色食品园区。园区内产品体系涵盖粮食加工品、食用油、油脂及其制品、调味品、肉制品、乳制品、饮料、冷冻饮品、速冻食品、糖果制品、酒类、水产制品、糕点食品、特殊膳食食品等 14 大类 317 个产品，形成了以华润雪花啤酒、黑龙江正大、鑫天食品、义利实业、太子乳品为骨干的龙头企业，以老鼎丰食品、正阳河、正阳楼等中华"老字号"企业为核心的健康食品企业，以鑫天食品、康普生物、毛毛食品、李氏食品等中国知名产品为主导的绿色食品产业集聚区。规划区分为乳制品生产加工区、酒水及休闲食品加工区、肉类及其他加工区、保健品和功能食品加工区、观光工业区、综合配套区六个功能分区。

三 以电子信息产业、大数据产业等为主导产业的新区

甘肃兰州新区立足战略性新兴产业基础和比较优势，充分利用高新技术，着力延伸数据信息产业和生物医药产业链，持续培育发展接续产业，打造全省重要的大数据、生物医药产业基地。新区依托新型工业化产业示范基

地（大数据）和丝绸之路信息港枢纽建设，以"数字产业化、产业数字化"为发展主线，以信息技术与特色优势产业深度融合为方向，积极布局大数据关联产业、大数据服务链、工业大数据、民生服务大数据、重点行业数据产业等，逐步形成集数据设备研发生产、数据存储运算、软件开发集成等于一体的大数据产业链。新区发展 5G 产业及大数据产业。支持新区企业在光纤光缆、通信设备、通信监测设备等领域的产品研发及市场应用，提高 5G 产业硬件配套能力。推进校企"产学研"合作，建立联合创新中心等创新平台，开展 5G 科技创新，加快 5G 产业化进程。助力 5G 技术在智慧城市、智慧交通、智慧农业、智慧医疗、智慧环保等领域的应用，重点布局城市视频采集和分析、无人驾驶、远程诊疗、超高清视频、无人机巡检、VR 等应用场景。加快推动移动二期、电信二期、国网云数据中心二期、大数据产业园项目二期等项目建设，发展大规模并行计算模拟仿真、海量数据智能处理与分析等计算存储服务，共同建设西北人工智能数据中心集群和人工智能数据治理基地。利用"东数西算"战略机遇及大数据产业园基础优势，共同打造以基础设施建设、数据采集存储、数据安全、数据研究及分析应用为核心的大数据产业生态链，面向全国开展机架租赁、机架服务器托管、容灾备份、大数据分析、超算、云计算等业务。携手科研院所和龙头企业，争取引入阿里云数据中心等项目，优先做大做强数据收集、存储产业。引进中国移动及中国电信 IDC 数据中心、国网云数据中心等大数据信息化产业项目 27 个，总投资 310 亿元。建成国际互联网数据专用通道，中科曙光、华为、国网云等 29 家大数据企业入驻新区，兰州新区入选"国家新型工业化产业示范基地（大数据）"。新区大力发展"互联网+"产业。基于丝绸之路信息港中心的载体地位，建成物理分散、逻辑统一的丝绸之路信息港数据中心综合服务平台，打造全省丝绸之路信息港数据中心品牌，拓展国内数据中心市场。建设丝绸之路信息港产业园，重点发展数据存储及应用、智能终端及存储设备制造产业，聚焦软件研发及服务、关键零部件及元器件研发、动漫制作等互联网企业。依托甘肃中科曙光先进计算中心、华为云计算中心、国网阿里云平台，构建以超级算力平台为基础的产业生态体系，通过深度融合"大数据+云计算+边缘计算"等技术，实现先进计算与各产业领域需求交叉融合及应用创新。推动5G在智能制造、生物医药、通道物流、现代农业、绿色化工、文化旅游等生态产业的集成应用示范，拓展大数据、云计算、物联网在城市管理、民生服务、产业发展等领域的多层次深度应用。

贵州贵安新区围绕"一二三四"数字经济发展总体思路，深入实施"数字活市"战略，抢抓产业机遇，奋力打造3个千亿级产业集群，加速数字产业化，抢抓市场机遇，实施"万企融合"，加速实体经济与大数据深度融合，加快数字产业化、产业数字化。2022年，贵阳贵安实施300个融合示范项目，带动600户以上实体经济企业和大数据深度融合，融合指数达到53，规上工业企业上云比例超过85%，振华电子、满帮等入选工信部"企业上云"典型案例。

福建福州新区将数字经济作为主攻方向，已形成发展"全省数字产业集群"的良好基础。新区建成国家级互联网骨干直联点、"海峡光缆一号"和省级"政务云""商务云"等一批大数据产业基础设施，引进国家健康医疗大数据中心等国家级平台，并落地全省唯一的工业互联网标识解析二级节点，规划机柜数6.5万个，可承载服务器约60万台，建成福建省集中度最高、规模最大、标准最高的数据中心。福建超算中心运算速度每秒6000万亿次，存储处理能力30PB。2022年，省属国资企业福建省大数据集团落户新区，推动福建大数据交易所、福建大数据产业基金等相继落地，与已落地的清华—福州数据技术研究院、联通东南研究院、华为鲲鹏等国内外知名企业构建了较为完善的数字经济产业生态。新区还与华为、百度开展战略合作，推动建设华为人工智能算力中心，谋划打造以智能汽车为核心的产业集群。

第三节　国家级新区产业发展经验

整体来看，18个国家级新区在2022年都实现了不同程度的发展。国家级新区总体能够有效驱动区域经济高质量发展，但也存在明显的异质性。[①]
上海浦东新区、天津滨海新区作为国务院批复设立较早的新区，凭借着优越
的地理位置，形成了独有的竞争优势，显著带动了经济发展。这些经验对成
立较晚、基础较为薄弱的国家级新区有很好的借鉴意义。本节对各国家级新
区的产业发展经验进行分析，以期对其接下来的发展有所启示。

一 做精做强主导产业

引导新区大力改造提升传统产业，培育壮大优质企业，加快引进先进制
造业企业和产业链龙头企业。深入实施新一轮重大技术改造升级工程，完善
企业技改服务体系，支持制造业企业运用新技术新工艺新材料新模式，加速
向智能、绿色、服务型制造转型升级，推动制造业迈向中高端。瞄准产业链
关键环节和突出短板，实施先进制造业集群培育行动，推动制造业强链补链
固链，打造更强创新力、更高附加值的产业链。实施现代服务业优化升级行
动，推动先进制造业和现代服务业深度融合发展。鼓励金融机构按照市场化
原则，增加对新区制造业企业的中长期贷款和信用贷款投放规模。如上海浦
东新区打造集成电路、生物医药、人工智能三大世界级产业集群，推动电子
信息、汽车制造、成套设备等优势产业集群发展。

二 培育新产业新业态新模式

支持新区加快发展战略性新兴产业，培育发展一批特色产业集群，提高
专业化和创新发展水平，培育一批具有全球竞争力的"瞪羚"企业、新领
军者企业、专精特新"小巨人"企业和细分领域"单项冠军"企业。加快
推动区块链技术应用和产业创新发展，探索"区块链+"模式，促进区块链
和实体经济深度融合。如天津滨海新区加快推进高新技术和战略性新兴产业
发展，打造先进制造业集群。五大国家级开发区成为战略性新兴产业集聚发

---

① 郑维伟、刘耀彬、陆海空：《国家级新区对区域经济高质量发展的驱动效应——理论机制
与经验辨识》，《城市发展研究》2021年第9期。

展的核心载体，形成新一代信息技术产业、高端装备制造业、生物医药产业、新能源汽车产业、新材料产业、节能环保产业等产业集群，战略性新兴产业服务业集群逐渐发展壮大。

三 精准引进建设一批重大产业项目

支持具备条件的新区建设制造业高质量发展国家级示范区、新型工业化产业示范基地，有针对性地引导外资项目和国家重大产业项目优先在新区布局。推动中西部和东北地区的新区与东部地区的新区建立精准承接产业转移的长效机制，探索投入共担、利益共享、经济统计分成等跨区域合作机制，采取共建园区等形式深化产业合作。如重庆两江新区通过政企联动对生产线进行大数据智能化改造、引入零部件研发中心等多个项目补链强链、提升新车型研发能力，实现了汽车产业的快速发展。四川天府新区和重庆两江新区共同推动汽车、电子、创新、会展、金融、数字经济、总部经济、生物医药八大产业旗舰联盟建设，助力成渝地区构建现代产业体系。现代金融产业联盟促成 3 个合作项目，强化两地金融产业协同发展。数字经济产业联盟吸纳 60 家成员单位，覆盖数字经济"12+1"产业领域。

国家级新区从促进制度创新、加快生产要素集聚、引导科技创新、推动产业结构升级等方面大力推动新区经济增长，成为实施创新驱动发展战略的重要试验田。国家级新区在促进实体经济发展、衔接重要区域战略、改善营商环境等方面取得了显著的成绩。[①] 通过归纳各国家级新区的产业发展经验，可为其之后的发展提供启示。

---

① 王志恒：《国家级新区的设立对城市经济增长的影响研究》，《环渤海经济瞭望》2022 年第 7 期。

第十一章　产业结构

产业结构是指某地区三次产业在经济结构中所占比重。产业结构在一定程度上反映了某地区经济发展的主要增长模式和主要动力，同时可以衡量其产业结构高度化进程。自国务院批复设立国家级新区以来，新区在促进制度创新、促进生产要素集聚、引导科技创新、促进产业结构升级等方面对促进经济增长发挥着作用，成为实施创新驱动发展战略的重要试验田。国家级新区在促进实体经济发展、衔接重要区域战略、改善营商环境等方面取得了显著成绩。因此，在基本理念和制度要求下，从产业结构视角对国家级新区发展情况进行研究，具有重要的价值。本章从产业结构视角对国家级新区发展的结构变化、结构分析、结构优化等方面进行深入研究，对比了各国家级新区及其所在地区产业结构变化情况，以期让读者了解各新区的产业结构现状及其发展潜力。

第一节　国家级新区产业结构情况

国家级新区是我国在特定时代背景下作出的重大战略选择，由国务院批复设立。国家级新区的发展不仅关系到相关地区的经济增长，而且影响到我国区域经济协调发展。因此，研究国家级新区产业结构情况意义重大，有利于促进国家级新区战略目标的实现。表 11-1 是各国家级新区产业结构变动情况，部分新区由于数据无法获得，采取其所在地区的三产相关数据进行分析。

表 11-1 反映了国家级新区三次产业占比情况，其中，由于部分新区数据无法获得，浙江舟山群岛新区、甘肃兰州新区、大连金普新区、四川天府

表11-1 2018~2022年国家级新区三次产业结构变动情况

新区名称	2018年	2019年	2020年	2021年	2022年
上海浦东新区	0.2：24.1：75.7	0.2：22.5：77.3	0.1：23.0：76.9	0.1：25.1：74.7	—
天津滨海新区	0.2：54.0：45.8	0.2：50.0：49.8	0.3：45.4：54.3	0.4：46.9：52.7	0.4：48.5：51.1
重庆两江新区	1.0：39.6：59.4	0.5：31.1：68.4	0.6：31.7：67.7	0.9：43.2：55.9	0.9：46.3：52.8
浙江舟山群岛新区	10.8：32.5：56.7	10.7：34.7：54.7	10.1：40.2：49.6	9.3：44.3：46.4	8.8：48.7：42.5
甘肃兰州新区	0.7：54.3：45.0	0.8：49.3：49.9	2.0：32.3：65.7	1.9：34.5：63.6	1.9：34.4：63.7
广州南沙新区	3.5：58.9：37.7	3.3：42.1：54.6	3.5：41.1：55.4	3.3：43.0：53.7	3.2：44.2：52.6
陕西西咸新区	11.3：41.4：47.3	9.0：35.6：55.5	8.3：33.4：58.3	6.8：37.5：55.7	—
贵州贵安新区	14.0：35.9：50.1	13.6：35.6：50.8	14.2：35.1：50.7	13.9：35.7：50.4	—
青岛西海岸新区	2.1：44.9：53.0	2.2：38.1：59.7	2.2：37.6：60.2	2.1：37.5：60.4	2.0：35.9：62.1
大连金普新区	5.7：42.3：52.0	6.5：40.0：53.5	6.5：40.0：53.4	6.6：42.2：51.2	—
四川天府新区	3.4：42.5：54.1	3.6：30.8：65.6	3.7：29.9：66.4	2.9：30.7：66.4	2.8：30.8：66.4
湖南湘江新区	2.5：45.9：51.6	2.2：46.7：52.1	2.5：44.4：53.1	3.2：41.8：55.0	3.6：48.6：47.8
南京江北新区	2.1：38.8：61.2	2.0：35.0：62.1	2.0：35.0：63.0	1.9：35.8：62.5	1.9：35.9：62.2
福建福州新区	6.3：40.8：52.9	5.6：40.8：53.6	5.6：38.3：56.1	5.6：37.9：56.5	5.6：37.8：56.6
云南滇中新区	4.3：39.1：56.6	4.2：32.1：63.7	4.6：31.2：64.2	4.6：31.7：63.7	4.3：32.0：63.7
黑龙江哈尔滨新区	10.5：22.1：67.4	11.1：22.0：66.9	12.0：22.5：65.5	11.7：23.2：65.1	4.3：32.0：63.7
吉林长春新区	0.1：91.7：8.2	0.1：72.3：27.6	0.1：73.1：26.8	0.1：72.5：27.4	—
江西赣江新区	3.6：50.5：45.9	3.8：47.4：48.8	4.1：46.6：49.3	3.6：48.4：48.0	3.5：48.4：48.1

资料来源：相关新区或省市统计局官网。

新区、南京江北新区、福建福州新区、云南滇中新区、黑龙江哈尔滨新区、江西赣江新区的三次产业占比数据分别以其所在的舟山市、兰州市、大连市、成都市、南京市、福州市、昆明市、哈尔滨市、南昌市的产业数据来代替，贵州贵安新区以其所在的贵州省的产业数据来代替。以上新区所处地区的产业数据并不能非常准确地反映新区的产业结构，故下文会针对新区的产业结构变动情况进行更加详细的分析。

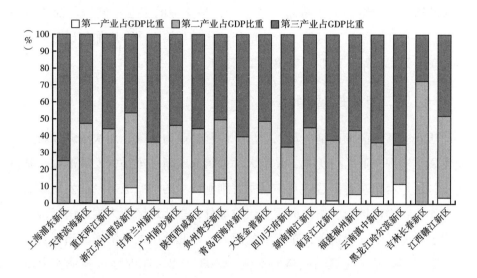

图 11-1 2021年国家级新区所在城市三次产业增加值占比

资料来源：各新区统计年鉴。

第二节 国家级新区产业结构分析

2021年各国家级新区所在城市三次产业增加值占比如图 11-1 所示，从18个国家级新区所在城市三次产业增加值占比可以看出，各个国家级新区对于不同的产业发展各有侧重，按照主导产业可以将新区分为第三产业主导型新区、第二产业主导型新区，以及第二、第三产业双轮驱动型新区三类。其中上海浦东新区、天津滨海新区、重庆两江新区、甘肃兰州新区、广州南沙新区、陕西西咸新区、贵州贵安新区、青岛西海岸新区、大连金普新区、四川天府新区、湖南湘江新区、南京江北新区、福建福州新区、云南滇中新区、黑龙江哈尔滨新区15个国家级新区所在城市的第三产业增加值比重超过了50%，其中，上海浦东新区、甘肃兰州新区、青岛西海岸新区、四川天府新区、南京江北新区、云南滇中新区、黑龙江哈尔滨新区第三产业增加值比重超过了60%，这些国家级新区都属于第三产业主导型新区。吉林长春新区第二产业增加值比重超过了70%，是典型的工业型新区。浙江舟山群岛新区和江西赣州新区第二产业增加值比重与第三产业增加值比重大致相当，属于第二、第三产业双轮驱动型新区。

一 第二产业主导型新区

从新区整体的发展情况可以看出，以制造业为基础，加快战略性新兴产业发展，实现产业结构优化，是绝大部分国家级新区遵循的发展准则。制造业，特别是汽车装备制造业几乎是所有刚刚设立的国家级新区的发展重点。

作为我国区域发展格局的重要组成部分，东北地区曾为国家的经济发展做出了重要贡献，但随着改革开放的深入，东北地区的经济增速出现明显下滑。随着第一轮东北振兴战略的实施，2003年以来东北地区整体实力逐步增强。但与长三角、珠三角等地区相比，东北地区整体发展仍然滞后。因此从2013年开始，国家实施了第二轮东北振兴战略，旨在全面振兴东北经济，确保东北地区在中国区域经济发展中发挥重要作用。在新一轮东北振兴进程中，为加快东北经济复苏，国务院于2016年批复设立吉林长春新区。吉林长春新区的建立对东北振兴具有重大意义。建设好长春新区作为推进"一带一路"建设、加快新一轮东北地区等老工业基地振兴的重要举措，为促进吉林省经济发展和东北地区全面振兴发挥着重要的支撑作用。由表11-1可以看出，吉林长春新区产业结构为第二产业主导型。

由表11-1中吉林长春新区产业结构可以看出，产业结构由2018年的0.1∶91.7∶8.2变为2021年的0.1∶72.5∶27.4，第二产业占比有所下降，但是第二产业仍然是拉动经济增长的主要动力。第三产业发展相对滞后，占比不足30%。与第二和第三产业相比，长春新区第一产业对地区生产总值的贡献率较小，但发展前景广阔。2021年，长春新区第二产业增加值为631.3亿元，同比增长6.3%，在三次产业结构占比中达到72.5%，在产业发展中处于绝对主导地位。2021年全区规上工业企业168户，共实现产值831.1亿元。通过对2021年长春新区地区生产总值结构的分析可以发现，医药、建材、电子、能源、装备制造、食品、汽车七大产业实现产值792.7亿元，同比增长6.5%，占全区产值的比重高达95.4%，对全区生产总值的贡献率最大。汽车产业是新区第一大支柱产业，完成产值429.4亿元，占比51.7%，对支撑区域经济发展起到重要的作用。

二 第三产业占比低于60%的第三产业主导型新区

由表11-1可以看出，天津滨海新区、重庆两江新区、广州南沙新区、陕西西咸新区、贵州贵安新区、大连金普新区、湖南湘江新区、福建福州新区8个国家级新区所在城市的第三产业产值比重相对较高，为第三产业主导型新区。

天津滨海新区的产业结构由2018年的0.2∶54.0∶45.8变为2021年的0.4∶46.9∶52.7，广州南沙新区的产业结构由2018年的3.5∶58.9∶37.7变为2021年的3.3∶43.0∶53.7。可以看出，第一产业发展变化幅度不大，第二、第三产业变化幅度较大，由原来的第二产业占比大于第三产业占比变为第三产业占比大于第二产业占比，说明天津滨海新区与广州南沙新区近年来着力于产业转型和第三产业发展。2021年，天津滨海新区第三产业增加值为4616.6亿元，同比增长7.7%，对经济增长的贡献率超过50%。全区高技术服务业企业营业收入比上年增长8.5%，其中，电子商务服务、检验检测服务、专业技术服务业的高技术服务、研发与设计服务营业收入分别增长53.4%、10.6%、12.5%和7.7%，为天津滨海新区的发展做出了重要贡献。南沙新区现代服务业增加值达870.90亿元，占地区生产总值的比重为40.9%。全年全区规上服务业企业实现营业收入1247.92亿元，增长36.7%，新区的产业结构持续优化。

重庆两江新区 2021 年三次产业结构为 0.9：43.2：55.9，相较于 2018 年的 1.0：39.6：59.4，可以看出，第一产业发展较为平稳，第二产业占比提升了 3.6 个百分点，第三产业占比下降了 3.5 个百分点，这与重庆两江新区坚持区域协同联动、成渝双城经济圈合作走深走实的发展战略密切相关。近年来，重庆两江新区致力于做深做实八大产业联盟，至信实业、鞍钢蒂森克虏伯、延锋汽车与成都经开区汽车企业大众、沃尔沃、吉利汽车开展供应链合作，共同壮大产业集群，推动重庆两江新区发展。

陕西西咸新区 2021 年的产业结构为 6.8：37.5：55.7，相比 2018 年的 11.3：41.4：47.3，处于不断优化的过程。可以看出，第一、第二产业占比有所下降，第三产业占比上升，总体呈现"三二一"的产业结构。

贵州贵安新区由于数据无法获得，以其所在的贵州省为切入点进行分析，大连金普新区由于数据无法获得，以其所在的大连市为切入点进行分析，福建福州新区由于数据无法获得，以其所在的福州市为切入点进行分析。贵州省的产业结构由 2018 年的 14.0：35.9：50.1 变为 2021 年的 13.9：35.7：50.4，大连市的产业结构由 2018 年的 5.7：42.3：52.0 变为 2021 年的 6.6：42.2：51.2，福州市的产业结构由 2018 年的 6.3：40.8：52.9 变为 2021 年的 5.6：37.9：56.5，湖南湘江新区的产业结构由 2018 年的 2.5：45.9：51.6 变为 2021 年的 3.2：41.8：55.0，总体发展较平稳。

三 第三产业占比超过60%的第三产业主导型新区

由表 11-1 可以看出，上海浦东新区、甘肃兰州新区、青岛西海岸新区、四川天府新区、南京江北新区、云南滇中新区、黑龙江哈尔滨新区 7 个新区的第三产业产值比重较大，第三产业已成其经济增长的新动力，为第三产业主导型新区。

上海浦东新区的产业结构由 2018 年的 0.2：24.1：75.7 变为 2021 年的 0.1：25.1：74.7。依托于优越的地理位置，上海浦东新区加快集聚各类金融机构，实施全球机构投资者集聚计划，新引进持牌类金融机构 30 家，总数达 1140 家。新增 10 家各类资产管理机构，总数达 110 家，占全国的 90%

以上。加快建设金融重大平台，金融服务实体经济能力持续增强，对上海浦东新区的经济发展发挥着拉动作用。

甘肃兰州新区由于数据无法获得，以其所在的兰州市为切入点进行分析。兰州市的产业结构由 2018 年的 0.7：54.3：45.0 调整为 2021 年的 1.9：34.5：63.6，第一、第三产业占比上升，第二产业占比下降，相较于 2018 年产业结构进一步优化。2021 年甘肃兰州新区第三产业占比已超过 60%，成为经济增长的新引擎。

青岛西海岸新区的产业结构由 2018 年的 2.1：44.9：53.0 变为 2021 年的 2.1：37.5：60.4，第二产业占比大幅下降，第三产业占比显著提升。2021 年，青岛西海岸新区第三产业占比已超出第二产业占比，可见新区的产业结构处在不断优化的过程中。

四川天府新区由于近年来三次产业数据难以获得，以成都市的数据作为参考。成都市的产业结构由 2018 年的 3.4：42.5：54.1 变为 2021 年的 2.9：30.7：66.4。近年来，成都市大力发展第三产业，致力于优化产业结构，第三产业占比已超过第二产业占比，第三产业占比提升了 12.3 个百分点。第三产业已成为成都市经济增长的新动力。

南京江北新区由于数据无法获得，以其所在的南京市为切入点进行分析。南京市 2021 年的产业结构为 1.9：35.8：62.5，相比 2018 年的 2.1：38.8：61.2，第一、第二产业占比有所下降，第三产业占比上升。南京江北新区近年来致力于加快发展以产融结合为主要特征的新金融，集聚了 400 余只基金，资产管理规模近 5000 亿元，成效颇为显著。

云南滇中新区由于数据无法获得，以其所在的昆明市为切入点进行分析。由昆明市的三次产业结构可以看出，产业结构由 2018 年的 4.3：39.1：56.6 变为 2021 年的 4.6：31.7：63.7。可以看出，第一、第三产业占比有所上升，第二产业占比下降。昆明市近年来稳步推进经济结构优化，积极淘汰落后产能，加快新旧动能转换。可以看出，转型成效颇为明显。

黑龙江哈尔滨新区由于数据无法获得，以其所在的哈尔滨市为切入点进行分析。哈尔滨市 2021 年的三次产业占比为 11.7：23.2：65.1，相较于

2018 年的 10.5∶22.1∶67.4，第一产业有所上升，第二、第三产业变化幅度不大，总体呈现"三二一"的产业结构。

四　第二、第三产业双轮驱动型新区

浙江舟山群岛新区和江西赣州新区以舟山市和南昌市的数据作为参考，由表 11-1 可以看出，舟山市和南昌市的第二产业增加值比重与第三产业增加值比重大致相当，是第二、第三产业双轮驱动型新区。

舟山市 2021 年的产业结构为 9.3∶44.3∶46.4，相比于 2018 年的 10.8∶32.5∶56.7，第一产业占比基本稳定，第二产业占比提升 11.8 个百分点，第三产业占比下降 10.3 个百分点，这与舟山市近年来着重建设海洋经济高质量发展示范区密切相关。舟山市为这一目标培育壮大了若干个优势明显、国内领先的现代海洋产业集群，积极建成现代化基础设施体系，基本实现了新型工业化、信息化、城镇化、农业农村现代化，形成了现代海洋经济体系。

南昌市的三次产业结构由 2018 年的 3.6∶50.5∶45.9 调整为 2021 年的 3.6∶48.4∶48.0，第一产业占比稳定，第二产业占比下降，第三产业占比上升。目前，南昌市产业结构处于不断优化的过程中，转型成效较为明显。

从对国家级新区的产业结构变化情况的分析可以看出，随着新区不断地发展，各国家级新区产业结构逐渐由第二产业主导型新区转向第三产业主导型新区。因此在发展过程中，要引导国家级新区大力改造提升传统产业，培育壮大优质企业，加快引进先进制造业企业和产业链龙头企业，持续优化经济结构，促进产业转型升级，推动产业跨越式发展。

第三节　国家级新区产业结构优化

1992 年，上海浦东新区批准设立。之后处于不同地区、不同发展模式的国家级新区陆续批准设立，其经济的发展速度和质量对周边城市甚至全国的经济发展和产业发展具有风向标式的引领作用。新区的发展，无论是在自身独特性上，还是在社会经济影响上，都形成了一种极为复杂的区域开发现

象,是中国经济发展中不可忽视的组成部分。回顾历史,因应全球化和城市化的时代发展需求,历经 1984 年首批国家级经济技术开发区建设、20 世纪 90 年代末大城市地区新城规划、21 世纪以来国家级新区设立等一系列标志性事件,我国经济发展形成了一条动态多变的演化轨迹。审视现实,新区发展在地方、城市乃至区域层面作为一种重要的战略工具,推动着改革开放不断深入,并形成了自身独特的运行机制,同时面临着外部环境变化所带来的机遇和挑战,对周边更大的区域范围产生着不可忽视的影响。[1] 综合来看,国家级新区经历了初步探索、战略形成期、全面布局期三个发展阶段,具体设立情况可见表 11-2。

表 11-2 国家级新区设立情况

序号	新区名称	获批时间	所在城市
1	上海浦东新区	1992 年 10 月	上海市
2	天津滨海新区	2006 年 5 月	天津市
3	重庆两江新区	2010 年 5 月	重庆市
4	浙江舟山群岛新区	2011 年 6 月	舟山市
5	甘肃兰州新区	2012 年 8 月	兰州市
6	广州南沙新区	2012 年 9 月	广州市
7	陕西西咸新区	2014 年 1 月	西安市、咸阳市
8	贵州贵安新区	2014 年 1 月	贵阳市、安顺市
9	青岛西海岸新区	2014 年 6 月	青岛市
10	大连金普新区	2014 年 6 月	大连市
11	四川天府新区	2014 年 10 月	成都市、眉山市
12	湖南湘江新区	2015 年 4 月	长沙市
13	南京江北新区	2015 年 6 月	南京市
14	福建福州新区	2015 年 8 月	福州市
15	云南滇中新区	2015 年 9 月	昆明市
16	黑龙江哈尔滨新区	2015 年 12 月	哈尔滨市
17	吉林长春新区	2016 年 2 月	长春市
18	江西赣江新区	2016 年 6 月	南昌市、九江市

资料来源:国务院关于同意设立各国家级新区的批复文件。

---

[1] 杨东峰、刘正莹:《中国 30 年来新区发展历程回顾与机制探析》,《国际城市规划》2017 年第 2 期。

图11-2为18个国家级新区所在城市第二、三产业产值比的具体变化情况。截至2016年，本研究所关注的18个国家级新区已全部被国务院批复同意设立。因此，本节选取2016年和2021年两个时间节点对产业结构升级指数进行具体分析。对比两个年份，可以发现，相较于2016年，2021年国家级新区产业结构更加优化，产业结构水平显著提升，这也从描述性统计上说明了新区的设立能够优化产业结构。

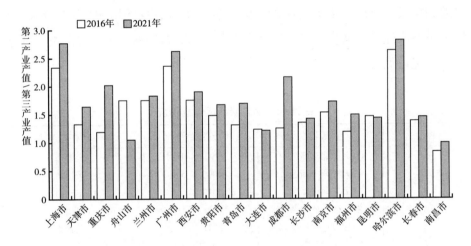

图11-2　国家级新区所在城市第二、三产业产值比

资料来源：各市统计年鉴。

为进一步促进经济发展，推动产业结构优化，国家级新区需要发展特色产业、加强产业创新及促进产城融合，进而实现产业结构优化升级。

一　发展特色产业

为建设优势更优、特色更特、强项更强的特色产业园区，集聚产业创新要素资源，优化全产业链生态环境，打造世界级产业集群，促进产业高质量发展，各国家级新区应当推进特色产业园区高质量发展，紧扣各新区产业发展战略，坚持规划引领、聚焦特优、头部带动、全链协同、可持续发展的原则。

近年来，上海浦东新区出台了《浦东新区推进特色产业园区高质量发展若干规定》，通过不断深化特色产业园区建设，带动区域经济快速恢复和重振，带动高端产业集群发展。当前，浦东共有 15 家市级特色产业园区和 1 家民营经济总部集聚区，另外还有 12 家区级特色产业园区，涵盖了集成电路、生物医药、人工智能、高端制造、民用航空、在线经济等重点产业及新赛道。

滨海新区重点推动智能科技、互联网、大数据同制造业深度融合，促进传统制造业转型升级，努力壮大石油化工、汽车及装备制造，以及新一代信息技术、新能源新材料产业集群，培育生物医药和节能环保、现代冶金、粮油食品产业集群，壮大 26 个细分领域新兴产业集群，积极打造世界一流的产业创新中心。

重庆两江新区集聚了一批以果园港为代表的战略平台，形成了一批以汽车、电子、生命健康、航空航天为代表的牵引产业，逐步形成发展的综合优势，具备落实国家重大战略部署的承载能力和辐射带动重庆乃至西部地区发展的支撑能力。

甘肃兰州新区依托资源禀赋和产业基础优势，以重大项目为抓手，由大企业带动、大项目支撑、集群化推进，以战略眼光、全球视野和全产业链培育壮大战略性新兴产业，宝武钢铁、东方希望、广东宏宇等行业龙头企业入驻产业园区，甘肃德福新材料公司增资扩产，加速推进建设竞争力强、地域特色鲜明的产业链和现代产业体系。

云南滇中新区深入实施"533"产业发展战略，布局特色鲜明、具有较强国际竞争力和影响力的现代产业体系，以现代服务、石油炼化、汽车及现代装备制造、临空产业、新材料、生物医药、电子信息等产业串起高质量发展的"一盘棋"，引领全区经济高质量发展。

吉林长春新区扶持壮大航空航天产业，充分发挥在航天遥感领域的先发优势，依托长光卫星、长光宇航等代表性企业，推进航空航天产业园建设，坚持卫星星座建设和应用服务并重，推动高端研发和先进制造"双提升"、发展质效和品牌效应"双突破"，做大做强航天信息服务、航天制造、通用航空三大产业，打造以航天信息为特色的航空航天产业高地。

二 加强产业创新

浙江舟山群岛新区着力于构建企业创新主体、创新人才高地、高水平创新载体、重大科技项目、科技成果产业化、科技交流合作"六位一体"的创新链，补齐自主创新能力、创新资源配置、产业创新服务、科技攻关与转化、高端智力引育、创新资金投入等领域的短板。新区在海洋观测感知装备、海上通信装备、海洋大数据、智慧海洋等领域的技术水平达到国际先进，推动5G技术在民航维修行业资源共享、专家后台技术服务互援、前台服务共享等方面的应用，助力舟山航空产业园建设，力争催生形成若干百亿级产业集群和一批领军企业。在海洋生物活性物质提取、海洋生物高值化利用以及海洋功能保健品、海洋生物医药等领域的技术水平达到国际先进，力争催生形成若干百亿级产业集群和一批领军企业。发展高性能石化新材料，在原油冶炼、基础有机化工原料、先进信息材料、新材料及精细化工等领域的技术水平达到国际先进，力争催生形成若干千亿级产业集群和一批领军企业。在海洋工程装备、高性能高附加值船舶、海上无人装备及水下机器人等领域的技术水平达到国际先进，力争催生形成若干百亿级产业集群和一批领军企业。

广州南沙新区加快建设科技创新产业合作基地，打造我国南方海洋科技创新中心，大力发展高新技术产业。在智能制造方面，建设智能网联汽车产业园，推进智能纯电动汽车研发和产业化，加强智能网联汽车测试示范，打造智能网联汽车产业链和智慧交通产业集群；建设专业化机器人创新中心，大力发展工业机器人和服务机器人，推进无人机、无人艇等无人系统产业发展。在数字产业方面，建设下一代互联网国家工程中心——粤港澳大湾区创新中心，推进互联网协议第六版行业应用示范，下一代互联网算力服务等业务发展；建设国家物联网公共标识管理服务平台，促进物联网、云计算等新兴产业集聚发展。在海洋经济方面，建设国家科技兴海产业示范基地，推动可燃冰、海洋生物资源综合开发技术研发和应用，推动海洋能发电装备、先进储能技术等能源技术产业化。

四川天府新区将围绕国家重大战略需求，以综合性国家科学中心为统揽、天府实验室为核心、重大科技基础设施为依托，加快聚集一流战略科技硬核要素，完善科技创新"极化效应"的基础架构，全面构建天府实验室体系，夯实科技创新基础。围绕创新链布局产业链，培育发展以知识价值为核心的"研发经济"，加快构建以战略性新兴产业和高技术产业为支撑的产业新体系，打造以航空航天、智能制造、电子信息、生物医药、数字经济、先进材料、节能环保和高技术服务等为主导的现代产业集群，以科技进步驱动高质量发展。

湖南湘江新区坚持把科技创新摆在现代化建设的核心地位，着力构建研发—孵化—转化紧密衔接的全链条创新体系。新区紧盯研发端提升原始创新能力，按照"最美大学城、领先科技城、一流创业城"理念，着力打造岳麓山大学科技城。充分发挥大科城创新极核作用，实施以工程机械领域"卡脖子"技术为突破口的科技研发"招标揭榜制"。紧盯孵化端强化重大创新平台建设。加强科创平台布局，加快打造岳麓山（工业）创新中心等国家级平台，积极争取国家大科学装置落户新区，集聚科创型企业 5000 多家。加快打造全国"双创"示范基地升级版，累计建成国家（长沙）超算中心、岳麓山（工业）创新中心等重大创新平台 700 余个，大学生就地创业就业人数年均增加 4%。"双创"工作获国务院通报表彰。紧盯转化端提速科技成果应用。设立产业发展基金，认缴总规模达 204.3 亿元，实缴到位 156 亿元。创建新区天使基金群，累计设立子基金 28 只，培养上市企业 20 家，产业基金返投新区项目 73 个、金额 34.78 亿元。张尧学、桂卫华等 7 位院士领衔的科技成果成功实现就地转化。

黑龙江哈尔滨新区创新推出"大学大所+园区+企业"的"1+1+1"成果转化机制，吸引科研人员到新区双创基地开办企业，工大卫星、工大智研等一批创业企业相继落地。深圳企业与哈锅炉、哈电机、哈汽轮机等企业开展数智化合作。哈尔滨新区生物医药行业协会、中国传感器与物联网产业联盟专业委员会、传感器省级创新中心、国防工业创新发展产业联盟先后成立，搭建产学研融通发展平台。2022 年，哈尔滨新区先后获批哈大齐国家自主创新示范区、智能农场国家新一代人工智能开放创新平台和国家未来产业科技园等国家级创新平台，创新人才吸引能力不断增强。截至2022年，哈尔滨新区累计引进人才33.5万人，两院院士、省"头雁"等高端人才140人，硕士及以上学历人才1.52万人。

三 促进产城融合

国家级新区是由国务院批准成立，承担国家重大发展和改革开放战略任务的综合功能区。随着新区成立步伐的加快，新区数量不断增长，新区也不再是政策洼地，其发展更加凸显自身的定位。各新区的发展呈现出较大的差异。在不断出现的发展问题中，产城融合是国家级新区面临的重点和难点问题。同时，产城融合也是国家级新区的发展趋势。作为国家战略示范区，新区肩负着推动新型城镇化发展、促进产业转型发展、提升城市综合功能的使命。

陕西西咸新区以现代田园城市为载体，以创新城市发展、创新驱动产业发展两大战略为抓手，不断优化城市形态、实现"精明增长"，创新驱动产业、实现产城一体，坚持以人为本、实现城乡一体，建设生态文明、打造绿色城市。[①] 在发展的过程中，始终保持城镇建设和产业发展的良性互动，坚持以产兴城、以城促产的原则，不断探索特色新型城镇化和产业创新的路径。

贵州贵安新区为实现产业与人居的和谐，守好发展和生态两条底线，抢抓发展机遇，不断完善城市规划，发展城市经济，促进城乡融合，从衣食住行到医疗、教育等配套入手，改善人居生活环境，努力为区内居民和企业职工创造宜居宜业的"温暖港湾"。根据《中共贵州省委贵州省人民政府关于支持贵安新区高质量发展的意见》，实现贵阳市、贵安新区融合发展。贵阳贵安坚持总体规划一体编制、整体空间一体布局、控规详规一体优化，推动"贵安八条""强省会"35条等重要政策落实落地，加快交通融合、产业融

---

① 马聪玲：《新区宜居建设优势与路径——以西咸新区为例》，《城市》2020年第7期。

合、机制融合，城市骨架全面拉开，城市空间大幅拓展。

青岛西海岸新区充分发挥董家口经济区、董家口港的带动作用，加速推进泊里新生港口城市建设，通过完善基础设施，升级教育、医疗、商业配套，改善生态环境，全力打造宜居宜业宜养新港城。

大连金普新区着力推进新型城镇化，加快城镇化，走以人为本、四化同步、优化布局、生态文明、文化传承的新型城镇化道路。以人的城镇化为核心，积极有序推进农业转移人口市民化，合理承接老城区疏解人口。以人口密度、产出强度和资源环境承载力为基准，与行政区划相协调，科学合理编制新区发展规划，推进产城融合，重点沿哈大交通走廊和黄海、渤海沿岸，构建规模等级合理、功能作用明晰、内部空间结构完善的城镇格局。推动工业化和城镇化良性互动、城镇化和农业现代化相互协调，形成以工促农、以城带乡、工农互惠、城乡一体的新型工农、城乡关系。加强市政公用设施和公共服务设施建设，增加基本公共服务供给，增强城镇对人口、产业的支撑能力。大力推进智慧城市建设，全面提升城市建设管理的信息化、智能化、便捷化、现代化和精细化水平。

南京江北新区以建成现代化新主城为目标，全力以赴强功能、展形象、塑标杆。加快构建"大交通"格局，始终把交通建设作为健全城市功能的首要任务，全力推动南京北站建设，同步实施过江通道、轨道交通、快速路改造等工程。统筹新城建设与城市更新，聚焦中央商务区、研创园两个片区地标项目建设，加快展现现代化国际化城市形象；聚焦老浦口火车站、桥北、大厂片区人居环境改造提升，全力打造集铁路文化、红色文化与老厂区、老园区于一体的城市更新典范，加快国家级新区建设。

福建福州新区在创新产城融合发展模式方面，按照组团开发产城融合、产城联动的思路，推动地铁 6 号线、316 国道、滨海新城综合医院、海峡青少年活动中心等一批高品质市政设施、民生设施建成投用，加速产业集聚和人气商气集聚，努力建设智慧创新之城、开放活力之城、绿色宜居之城；积极推进三江口片区开发建设，打造以海峡文化艺术中心为核心，生态宜居、商务金融、高端商贸、文化创意、滨水游乐等多元复合功能的沿滨江一线产业带；同步推进闽江口、福清湾、江阴湾等组团开发建设，做大做强元洪国际食品产业园、江阴工业集中区和蓝色经济产业园，推进国际深水大港建设，实现产业、港口、城市联动发展。

赣江新区以改革创新举措加速"产城融合"。新区的基本任务是"三大转型"，包括"园区"向"城区"转型，由第二产业为主向第二、第三产联动转型，由制造型开发区向创新型开发区转型。其中，关键举措是"三大更新"，做到园区规划、配套及业态更新。坚持产城融合，提升城市功能品质和管理水平。在产城融合上合理安排生产、生活、生态空间，让城市与产业在空间上互促互补，通过打造一批生态"网红景观"和"潮流打卡地"，改善园区面貌，提升城市活力。

第十二章　产业竞争力

产业竞争力是指某国或地区的某个特定产业相对于他国或地区在生产效率、满足市场需求、持续获利等方面所体现的优势。产业竞争力是一个国家或地区的特定产业相对于其他国家或地区的更高生产力，其最终目标是提升某国或地区特定产业的产品在国际市场上的盈利比和份额。美国学者波特的"钻石"理论认为，产业是否具有竞争力取决于六个因素：一是生产要素，包括知识资源、人力资源、资本资源、自然资源、基础设施等；二是需求条件，包括需求的质和量（需求结构、消费者的行为特点等）；三是相关与辅助产业的状况；四是政府行为；五是企业策略、结构与竞争对手；六是机遇。[①]

产业竞争力的提高是整个经济体系转型和发展的前提，因此对于承担国家重大发展任务的国家级新区来说，提高产业竞争力必不可少。近年来各新区也逐步认识到产业竞争力的重要性，着重培育发展核心产业并获得了初步成效，但仍存在部分亟待解决的问题。

本章将 18 个新区按区域划分，对各区域的新区特色产业竞争力进行概述。并对新区的产业竞争力进行了评价，提出了提升产业竞争力的相关建议。

第一节　分区域特色产业竞争力概述

本节将各国家级新区按地理位置划归东部地区、中部地区、东北地区及西部地区，对各区域新区的特色产业竞争力进行概述。

---

① 杨玉秀：《产业国际竞争力研究理论与方法综述》，《商丘师范学院学报》2009 年第 4 期。

一 东部地区国家级新区特色产业竞争力概述

上海浦东新区、天津滨海新区、浙江舟山群岛新区、青岛西海岸新区、南京江北新区、福建福州新区、广州南沙新区属于东部地区的国家级新区。

（一）上海浦东新区

上海浦东新区位列全国百强主城区的第一。作为科技创新核心区，上海浦东新区在产业竞争力方面，具有理念领先、科技领先、产业领先、平台领先"四先优势"。作为国家级新区的"领头羊"，上海浦东新区聚焦高新技术产业，于2021年提出建设六大千亿级别的科技产业，包括"中国芯"、"未来车"、"智能造"、"数据港"、"蓝天梦"和"创新药"，六大产业规模在2021年已经迈上万亿级。此外，上海浦东新区还依托信息产业及人工智能创新，建造了数据产业集聚区，以加强信息技术对其他行业的"赋能"。

特色产业园区是上海现阶段提升核心产业竞争力的重要场域，① 自集中推介首批特色产业园区以来，上海浦东新区共推出11家市级特色产业园区（包括临港新片区4家），总面积近50平方公里。随着引领区建设全面加速，上海浦东新区第三批特色园区主要聚焦智能终端、元宇宙、数字经济、绿色低碳等"新赛道"，着力打造百亿级、千亿级规模的产业集群，发展特色更特、强项更强的园区经济。

（二）天津滨海新区

在全国百强主城区的排名中，天津滨海新区位列第五。综观环渤海地区发展全局，天津滨海新区的区位优势、资源优势、产业优势、功能集聚优势和科研优势非常明显，具备相当好的发展基础。

在产业布局上，天津滨海新区形成了西高新、北旅游、中服务、东港口、南重化五大产业板块。根据自身发展情况，天津滨海新区形成了具有天

---

① 《浦东新区推进特色产业园区高质量发展若干规定》，https：//www. shanghai. gov. cn/sczh3/20230530/5e11f5bd39524f3085b2036e4c3b48ae. html，2023 年 5 月 30 日。

津特色的"1+3+4"产业体系。其中，"1"是指智能科技，"3"是指生物医药、新能源、新材料三大新兴产业，"4"是指航空航天、高端装备、汽车、石油石化四大优势产业。[①]

天津滨海新区的特色产业体系建设成效明显，基于对智能科技的高度重视，2022年天津滨海新区在全国人工智能创新应用先导区考核评估中排名第4；10个场景入选工业和信息化部国家级先导区"智赋百景"名单；算力超过100P的公共服务平台上线运行。新区工信局积极围绕智能科技产业引领发展，通过以信创产业为主攻方向，大力推进自主创新和原始创新，培育形成信创、人工智能、大数据与云计算、机器人等特色优势领域全链发展态势，核心竞争力逐步提升。

（三）浙江舟山群岛新区

浙江舟山群岛新区地处东南沿海，地理条件非常优越，是中国东部沿海和长江流域走向世界的主要海上门户。浙江舟山群岛新区丰富的港口资源以及海洋资源为其港口及海事服务、油气等产业的发展提供了得天独厚的条件。新区聚焦以油气为核心的大宗商品贸易自由化、投资便利化，积极探索制度创新，形成了以油气为核心的特色产业链。目前，浙江舟山群岛新区原油、矿砂、煤炭和粮油等大宗货物转运业务在中国东部沿海居龙头地位。

石化产业发展方面，2021年浙江舟山群岛新区产值增长74.6%，利润增长571.3%，设立了舟山绿色石化基地拓展区，为发展石化中下游产业和新材料开辟了新空间。[②] 港口航运方面，新区港域的货物吞吐量及水上货物运输业营收也呈现良好的增长态势。新兴动能培育方面，浙江舟山群岛新区内国家远洋基地成为浙江省唯一入选的国家骨干冷链物流基地，国家互联网数据专用通道获国家批复，海水淡化能力也大大增强。

---

① 《天津全力打造"1+3+4"产业体系　坚定不移走高质量发展之路》，https：//baijiahao. baidu. com/s？id=1677721188287484916&wfr=spider&for=pc，2020年9月13日。

② 《浙江舟山群岛新区绿色石化基地加速崛起》，https：//www. ndrc. gov. cn/fggz/dqjj/qt/ 202303/t20230329_ 1352451. html，2023年3月29日。

海洋科创能力方面，新区成立了东海实验室，编制完成滨海科创大走廊建设规划，有序推进谋划长三角国家技术创新中心浙江绿色石化实验室，启动实施 13 项浙江省海洋领域重点研发项目和 10 个"揭榜挂帅"科技攻关项目。

（四）青岛西海岸新区

青岛西海岸新区综合实力列国家级新区前三强、全国百强区第四位。作为以海洋经济发展为主题的国家级新区，青岛西海岸新区把创新前置为海洋经济发展的"必选项"，致力于打造海洋科技创新高地。为了有效将科技创新作为发展驱动力，近年来，新区集聚了一批"国字号"重大平台，成为经济增长的新引擎。新区采用错位发展的产业布局来增强产业竞争力，东部区域是"时尚青岛"的重要载体和核心区域，不太适合大力发展制造业，因此偏重于发展服务业；而具有广阔腹地的胶州湾北部区域则是发展临空经济的不二之选。2021 年，新区搭建了"产业+金融+科技"一体化发展平台，推动"金融科技"垂直崛起，推动实体产业发展，增强其核心竞争力，并以此吸引 14 个重点项目签约落户青岛西海岸，聚焦双招双引平台、医养大健康、产业基金、绿色零碳等重点行业。[①]

青岛西海岸新区产业发展的另一大特色是于 2021 年全面实行的"链长制"。新区立足优势产业、着眼新兴产业，围绕产业链"延链、补链、强链"，着力于龙头带动作用的"链主"企业，引进外地头部企业、培育本地行业龙头，双向发力，打造链群化发展"新引擎"，促进优势特色产业集群化、链条化发展。

（五）南京江北新区

南京江北新区锚定"三区一平台"战略定位，将现代产业作为经济发展的主攻方向。为了解决江北地区传统钢铁和石化产业发展带来的能耗、环境、安全等问题，新区将南京化学工业园区升级为南京江北新材料科技园，

---

① 《底气　锐气　朝气》，https：//www. xihaian. gov. cn/ywdt/zwyw/202302/t20230224＿701 4921. shtml，2023 年 2 月 24 日。

开启了转型升级、绿色发展之路。在优化转型过程中，园区坚持新兴产业"加法"与传统产业"减法"并举，逐步形成了以新材料为发展导向的现代化工产业体系。

新区以高质量发展八大产业链为主要目标，实施"做强做精优势产业"和"积极培育新兴产业"双管齐下的战略，逐步形成了"3+3"产业体系，即聚力打造智能制造、新材料、轨道交通三大优势产业集群，强化生命健康、集成电路、高端现代服务业三大新兴产业引领。[①] 拥有 2 个具有国际竞争力的优势产业（软件和信息服务、新型电力）、5 个国内领先的战略性新兴产业（集成电路、生物医药、智能制造、智能网联汽车、轨道交通）和 6 个未来产业（未来网络与先进通信、第三代半导体、储能与氢能、基因与细胞、元宇宙、新一代人工智能）。

（六）福建福州新区

福建福州新区聚焦数字经济、新型显示、新材料新能源、临空临港、健康医疗等重点产业，不断延伸产业链，推动一大批新兴产业蓬勃兴起。近年来福建福州新区抓紧数字经济发展的机遇，聚焦发展数字产业。目前，福州新区已建成中国移动、健康医疗、云计算等五大数据中心，依托东南大数据产业园，引入省大数据公司、数字云计算等龙头企业，集聚云计算、大数据、物联网、人工智能、区块链等数字经济核心领域。2021 年，福建福州新区数字经济增加值占 GDP 的比重达 55%，数字经济核心产业占 GDP 的比重达 9.5%。

另外，新区打造了纺织工业互联网平台，重点发展绿色、功能性、差别化、可循环的纺织新材料，推动纺织化纤等传统产业向新材料新能源方向转型，发展壮大新能源储能产业，加快建设新能源储能产业园，构建"光储充"一体化智慧能源系统，促进新能源储能产业形成一定规模，不断增强新区的产业竞争力。

---

① 《南京江北新区：锚定产业现代化　隆起新的增长极》，https://baijiahao.baidu.com/s? id=1752873756364673991&wfr=spider&for=pc，2022 年 12 月 22 日。

（七）广州南沙新区

按照打造现代产业新高地的要求，广州南沙新区明确把航运物流服务业、高端商务和商贸服务业、科技智慧产业、高端装备技术产业、旅游及健康休闲产业作为未来发展的五大主导产业。围绕着这五大产业，广州南沙新区已初步落实了 156 个开发建设项目，涉及投资金额 3701 亿元。为实现绿色发展目标，新区还着力推进氢能产业与新能源汽车的融合发展，开展广汽丰田氢燃料电池的汽车示范运营，以广钢气体为龙头，加快发展制氢、储运、加氢等核心领域，综合提升产业竞争力。

广州南沙新区发布了首个国家级新区"四链"融合政策，围绕产业链部署创新链，围绕产业链建强资金链、人才链，以链式融合创新提升产业竞争力和创新话语权，以资金链、人才链融合提升产业链的专业化水平、创新性和稳定性，以"共性核心政策+特色领域专项政策"为主要框架，通过打造稳定、公平、透明、可预期的产业发展环境，以创新补链、产业固链、金融活链、智汇强链的方式给予区内企业全方位支持，助推"四链"融合，构筑起创新链、产业链、资金链、人才链深度融合互促的产业新高地，进一步增强新区的核心竞争力。①

二 中部地区国家级新区特色产业竞争力概述

湖南湘江新区、江西赣江新区属于中部地区的国家级新区。

（一）湖南湘江新区

2021 年，湖南湘江新区 GDP 为 3674.2 亿元，经济总量排名国家级新区中的第六名，体现了较强的产业竞争力。湖南湘江新区构建的产业格局为"一业引领、两大主导、三大优势"，即着力培育壮大以工程机械产业为引领，以新材料产业、电子信息产业为主导的三大千亿级产业群，培育发挥食品加工产业、新能源及节能环保产业、生物医药产业等优势产业。湖南湘江

---

① 《广州南沙关于推动创新链产业链资金链人才链深度融合的若干措施》，http：//www.gzns. gov.cn/zwgk/zcwjjjd/zcwj/content/post_8467306.html，2022 年 6 月 5 日。

新区已经培育形成了工程机械、电子信息和新材料三大千亿级产业集群。其中，智能制造装备和工程机械产业产值规模稳居全国第一，产业极具竞争力。

此外，长沙作为国内最早开展自动驾驶出行服务的城市，以湖南湘江新区为主阵地，智能汽车产业快速发展，构建了"车、路、云、网"一体化发展格局。新区大力发展数字经济，加大数字基础设施建设力度，推动产业高端化、数字化、网络化、智能化发展，规划布局智能网联产业园、世界计算产业园、信创园，建成年产值100亿元以上的智能终端产业园和全国首个"硬件+软件"华为鲲鹏生态基地，加快构建梯次发展的产业结构，形成新一轮产业竞争的先发优势。

（二）江西赣江新区

中医药产业是江西赣江新区的主力产业，科技化、标准化、国际化是中药现代化的发展趋势，为推进中医药产业现代化发展，江西赣江新区构建了中医药科创城这一产业承载平台。神农岭本草科技园项目则是中医药科创城中医药产业的延伸，致力于打造中医药全产业链智能化、数字化、信息化、科学化的产学研示范窗口。围绕中医药全产业链部署创新链，国家中药产业创新中心、中国中医科学院中医药健康产业研究所、国家中药资源与制造技术创新中心三个"国字号"创新平台相继落户，大批科研院所、龙头企业、创新团队纷纷设立，形成了"3+N"创新发展体系。[①] 江西赣江新区正在抢抓中医药发展的"窗口期"，培育壮大龙头企业，以"智能化、绿色化、信息化"为方向，着力打造中医药行业产业数字化的样板。

数字经济是江西赣江新区的另一着力点。新区坚持"数字产业化、产业数字化"，不断强化人才引进和扶持，大力发展光电信息、生物医药、智能装备制造、新能源与新材料、有机硅、现代轻纺六大主导产业。同时，以

---

① 《探访江西赣江新区中医药科创城："中医药+"产业聚集态势明显》，https：//baijiahao.baidu.com/s？id=1747036159976602610&wfr=spider&for=pc，2022年10月18日。

政、产、学、研、用、金一体化的科技协同创新体为主体，以战略性新兴产业和未来产业为主导，聚焦新区六大特色优势产业，致力于把新区打造成为全省科技创新的示范区和产业技术创新的引擎。

三 东北地区国家级新区特色产业竞争力概述

大连金普新区、黑龙江哈尔滨新区及吉林长春新区属于东北地区的国家级新区。

（一）大连金普新区

大连金普新区以制造业为核心，将高端轨道交通装备、高端装备制造以及先进制造业等作为发展重点，大力推动特色产业的战略性布局和集聚发展。新区以绿色石化、高端装备制造、新一代信息技术、汽车及零部件等为主的制造业竞争力不断提升。

近年来，大连金普新区基于自然环境优势，以资源整合为纽带，形成了"旅游+文化""旅游+农业""旅游+工业"等多元化旅游业发展方式，促进区域产业融合，真正实现了全域旅游概念的落地化、产品化。[1] 围绕"十四五"规划，新区积极构建以"智造"为引领的"433+1"现代产业体系，即提升 4 个优势制造业产业链供应链现代化水平：培育全球一流的循环绿色石化产业集群、建设东北亚汽车产业新城、构建电子信息产业全链条发展生态、打造具有国际影响力的先进装备制造业基地；培育发展 3 个重点战略性新兴产业：深耕做精新材料细分领域、构筑新能源创新发展先导区、推进生命健康产业融合发展；做优现代流通、滨海旅游、现代金融 3 个高品质的现代服务业。"1"为用数字技术赋能，推动数字经济深度融合发展，新区计划打造"大连数谷""北硅谷"等赋能场景及平台，开创产业数字化高端化现代化的新局面。[2]

---

① 《金普新区以更大决心更实举措推动创建国家文旅产业融合发展示范区》，https：//www.dl.gov.cn/art/2023/6/28/art_ 7545_ 2083110. html，2023 年 6 月 28 日。

② 《金普新区加快构建"433+1"现代产业体系》，https：//www.dl.gov.cn/art/2021/6/9/art_ 923_ 700690. html，2021 年 6 月 9 日。

（二）黑龙江哈尔滨新区

黑龙江哈尔滨新区坐拥独特的旅游资源，冰雪产业作为主要特色产业之一，也成为新区的支柱产业，更是新区经济发力点之一。新区打造了数字冰雪产业生态建设示范区，开发了四季冰雪项目，主要包括四季冰雪项目核心板块与四季冰雪项目配套产业板块，致力于推进城市冰雪与影视等产业深度融合发展，延伸城市冰雪产业链条。作为龙粤合作、深哈合作的主要承接平台，黑龙江哈尔滨新区在吸引珠三角、长三角等发达地区高端产业要素等方面，具有得天独厚的优势，有利于推进产业高质量发展。

作为唯一以对俄合作为主题的国家级新区，新区内建设了中俄产业园，主要包括对俄交流服务平台、金融产业中心、文化艺术中心、生命健康合作中心及装备制造产业中心，助力新区落实"三区一极"定位的同时，也助力黑龙江哈尔滨新区产业竞争力的提升。此外，黑龙江哈尔滨新区具有扎实的生物经济产业基础，其产业布局完整、产业链条齐备，纵向产业链和横向协作链完善。同时，新区以依托黑龙江丰富的农业资源而崛起的生物农业、生物制造产业为"双翼"，以健康服务为配套，构建生物产业集聚示范区等，以生物经济放大自身的竞争优势，着力提高产业竞争力。

（三）吉林长春新区

吉林长春新区始终牢记国家和省市战略部署，高起点实施"壮药""强光""聚材"产业发展行动，推动"两谷一基地"强势崛起，形成了"企业成群、产业成链、要素集聚"的产业发展生态圈，产业综合竞争力在东北地区的国家级新区中保持领先。新区内光电信息产业集聚长光卫星、禹衡光学等光电信息企业 360 余户，形成了以卫星信息技术、光电显示、激光应用等为重点的产业集群，汇聚 28 个高精尖科技成果，构筑了"屏、端、网、云、星"全领域、高端化的光电信息产业格局。为推动光电信息产业发展，吉林长春新区与中科院长春光机所合作共建了长智光谷。[①] 目前，新

---

① 《"长春光谷"建设动能澎湃活力四溢》，http：//www.ccxq.gov.cn/zdcy/cyyw/202304/ t20230419_ 2334573. html，2023 年 4 月 18 日。

区已经成为全省光电信息产业发展的主引擎、投资首选地，体现了其在光电信息领域的极强竞争力。

医药健康产业是吉林长春新区重点发展的主导产业之一。新区着力于打造生物医药产业这一战略性新兴产业，产业集聚效应凸显，发展前景广阔、潜力巨大。长春市是国家发改委认定的国家生物产业基地，是国家首批认定的三个生物产业基地之一。作为全市医药产业发展的核心区，长春新区已成为国内最大的基因药物生产基地、亚洲最大的疫苗细胞因子产品生产基地。

四 西部地区国家级新区特色产业竞争力概述

重庆两江新区、甘肃兰州新区、陕西西咸新区、四川天府新区、贵州贵安新区及云南滇中新区属于西部地区的国家级新区。

（一）重庆两江新区

重庆两江新区形成了以汽车、电子信息两个双千亿级产业为支柱，智能装备、生物医药、航空航天、先进材料等新兴产业多点支撑的产业体系。重庆是中国制造重镇，拥有全国41个工业门类中的39个，而重庆两江新区作为重庆经济发展的主阵地，工业产业门类齐全，保持着电子、汽车、装备等齐头并进的工业发展格局，以汽车与电子信息两大产业为支柱产业。近年来，新区通过抓好战略性新兴产业集群发展、支柱产业提质、产业基础再造和产业链供应链提升"三大工程"，带动产业结构不断优化，增强产业链韧性和竞争力，加速建设国家先进制造业中心。

结合新兴技术，重庆两江新区致力于推动工业互联网发展，加快工业数字化、网络化、智能化转型，而其雄厚的工业基础则为工业互联网的应用提供了丰富的试验场景。① 重庆两江新区坚持把发展工业互联网作为促

---

① 《重庆两江新区工业互联网创新发展行动计划》，http://ljxq.cq.gov.cn/zwgk_199/zcjd/wzjd/202209/t20220927_11145016.html，2022年9月27日。

进工业转型升级的关键抓手，助推工业互联网发展进入快车道，显著增强了新区的产业支撑能力。各工业互联网企业间联系紧密，有利于在新区内形成产业集聚效应。新区工业互联网积极赋能电子、汽车、社会服务、机械、化工、云计算等行业，辐射华北、西南等区域，排名位居西部省份第一。

（二）甘肃兰州新区

2021年，甘肃兰州新区着力于打造先进石化、装备制造、生物医药、绿色冶金四大千亿支柱产业集群。新区重点发展先进制造、绿色化工、大数据等产业，着力打造制造业高质量发展国家级示范区。甘肃兰州新区始终以全产业链思维引新聚优，着力铸链强链延链补链，呈现出生态产业竞相发展的良好态势，形成"大中小共存、高优特互补"的产业发展格局。

目前新区致力于将中药产业作为支柱产业，以生物制药、化学药等为主导产业，持续引进竞争力强的龙头医药企业，加快健全"1+3+N"的生物医药产业体系。此外，甘肃兰州新区的农业全产业链发展初步取得成效。新区坚持发展全域现代农业，将产业发展、乡村振兴、生态建设有机融合，围绕设施农业、规模养殖、特色林果、农产品加工、冷链物流和农业科技研发六大板块，以工业化思维推进全域现代农业发展，按照生态"种养加"循环农业模式，聚力产业园区建设和产业链延伸，形成符合新区实际、具有新区特色的现代农业产业集群。

（三）陕西西咸新区

陕西西咸新区作为秦创原创新驱动平台总窗口，围绕"3+7+N"产业布局，紧盯先进制造业集群，不断强化产业链协同创新，提升产业链的核心竞争力，已初步形成了龙头带动、产业聚集、链式发展态势。在产业布局方面，陕西西咸新区聚焦光伏、氢能、智能网联汽车3条主导产业链；打造新能源、数字经济、人工智能、先进制造、临空经济、自动驾驶汽车、大健康七大产业集群；培育生物医药、新材料、数控机床、现代金融等N个特色产业，着力构建"特色园区承载+重点产业集聚"的发展新格局。

陕西西咸新区结合自身优势及未来产业方向，打造了十大特色产业园区，聚焦不同的重点产业。如沣西人工智能产业园发展的重点产业为氢能、智能网联汽车、智能制造等，致力于推动人工智能在各领域形成数字化、智能化的应用场景。而沣东统筹科技资源改革示范园发展的重点产业则为软件和信息技术服务、集成电路等，重点突破5G、物联网、VR 等技术领域，着力打造战略性新兴产业核心区。[①] 产业园区扩大了产业聚集规模，是新区经济发展的主战场，是产业与经济集聚的重要载体，也是实现区域经济高质量发展的推动器和加速器。

（四）四川天府新区

相较于其他西部国家级新区，四川天府新区产业基础及发展禀赋较好。依托于成都的西南中心城市这一地理优势，新区的交通优势较为明显。作为丝绸之路经济带和长江经济带的唯一交汇点，新区在未来必将有机会搭建与长江经济带和丝绸之路经济带对接融合的平台，产业发展潜能巨大。

四川天府新区内各片区协力构建现代化产业体系，培育形成了电子信息、汽车制造 2 个千亿级产业集群和生物医药、装备制造等 8 个百亿级产业集群。新区内汽车产业、电子工程、生物科技、新能源、新材料等产业发展迅速，聚集了大批世界 500 强企业。

（五）贵州贵安新区

贵州贵安新区主攻电子信息制造、先进装备制造两个主导产业，以及新能源汽车、新材料两个特色产业。近年来贵州贵安新区依托于大数据先发优势，基于产业链龙头项目招商，吸引高质量项目落地，推动项目上、中、下游产业链无缝对接，逐渐形成成规模、成体系的现代产业集群，推动制造业由低端逐步迈向中高端。

---

① 《西咸新区着力打造十大特色产业园区》，http：//www.shaanxi.gov.cn/xw/ztzl/zxzt/qcy/mtgz/202211/t20221109_ 2263476.html，2022 年 11 月 9 日。

数字经济方面，贵州是中国首个国家大数据综合试验区，贵州贵安新区则是试验区的核心区，新区既拥有气候资源等先天优势，又具有政策支撑、制度保障的先发优势。新区围绕数据中心集聚区、电子新区制造业、软件和信息技术服务业等，致力于提升数字经济的核心竞争力，为高质量建设国家大数据综合试验区提供有力支撑。

（六）云南滇中新区

云南滇中新区是我国面向南亚、东南亚的重要支点，背靠 14 亿人口的国内市场，面向 23 亿人口的南亚、东南亚市场，新区区位条件优越、综合交通便利、承载能力较强、对外开放基础良好。特殊的区位条件成为新区承接产业转移的基础。新区通过完善产业链、引进龙头企业和品牌，积极发展面向东南亚、南亚市场的五金家电、纺织服装等消费类产业，有效增加商品出口，努力改变云南省长期"重化工太重、轻工业太轻"的状况，大力推进产业结构调整。

新区坚持一体化的原则，通过园区化、集约化发展，构建特色鲜明、具有较强国际竞争力和影响力的现代产业体系。空间上，云南滇中新区形成了以空港经济区为核心，嵩明县、安宁市为东西两翼的"一核两翼"发展格局；产业上，新区以现代服务、石油炼化、汽车及现代装备制造、临空产业、新材料、生物医药、电子信息等八大产业串起高质量发展的"一盘棋"，形成各产业互促共进的格局，引领全区经济高质量发展。[①] 数字经济产业方面，新区已经构建起布局合理、错位发展、特点鲜明的产业体系，面向南亚、东南亚，在未来还有很大的数字化转型潜力。

第二节　产业竞争力评价

总体来看，各国家级新区在提升产业竞争力方面都做出了努力且成效明

---

① 《滇中新区：打造云南高质量发展标杆和样板》，http：//yn．people．com．cn/n2/2021/0805/c372455-34853915．html，2021 年 8 月 5 日。

显，但由于各地区资源禀赋和发展定位等不同，各新区产业竞争力的表现也有一定差异。

一 总体上各新区注重产业竞争力的提升并取得初步成效

作为区域高质量发展的"排头兵"以及我国重要的产业创新发展承载地，国家级新区已成为我国经济社会发展的核心增长极。总的来说，各国家级新区注重自身产业竞争力的提升。在促进产业升级优化方面，各国家级新区也起到了带头作用，致力于推进产业布局优化调整，提升各地产业发展能级，以促进经济高质量发展。

具体而言，一方面，大部分国家级新区都着力于延伸自身产业链及构建有规模和成体系的产业集群，提高规模经济效应及范围经济效应，致力于提升新区内各产业的竞争力，构建现代化产业体系。例如，上海浦东新区、青岛西海岸新区、湖南湘江新区、甘肃兰州新区等打造了千亿级支柱产业集群，提升主导产业的竞争力。另一方面，部分国家级新区通过数字赋能传统产业，促进传统产业的高质量发展，开创产业数字化的新局面。例如，重庆两江新区通过工业互联网的发展，构建由数据驱动的工业生产制造体系和服务体系，加快新区工业数字化、网络化、智能化转型；[1] 天津滨海新区力促智能科技赋能传统产业，推进产业集聚及产业链的全方位改造，从而带动产业绿色发展。[2]

除了对传统产业进行改进提升外，许多新区在产业结构调整中，聚焦产业新兴领域、高端环节和创新业态，发展高成长性新兴产业。例如，天津滨海新区打造"智能经济"，加快发展数字经济、智能制造和大健康产业；重庆两江新区重点围绕数字经济和智能产业布局；四川天府新区着力优化新一代人工智能产业生态圈；吉林长春新区瞄准大数据、人工智能、机器人、通

---

[1] 《重庆两江新区工业互联网创新发展行动计划》，http://ljxq. cq. gov. cn/zwgk_ 199/zcjd/wzjd/202209/t20220927_ 11145016. html，2022 年 9 月 27 日。

[2] 《智慧赋能滨城新时代高质量发展》，https：//www. tjbh. gov. cn/contents/12158/534973. html，2022 年 6 月 26 日。

用航空等前沿业态。

从整体上看，构建具有前瞻性和系统性、多元发展、多极支撑的现代化产业体系，成为国家级新区的一大亮点。除先进制造业外，许多国家级新区还着力完善与先进制造业发展相适应的现代服务业体系，金融、科技信息、现代物流、航运服务等功能不断提升，不断完善现代化产业体系，带领全区乃至全国产业体系的现代化发展。

二　不同区域国家级新区之间产业综合竞争力存在一定差异

就各国家级新区的产业综合竞争力而言，由浦东新区和滨海新区引领的东部沿海地区的国家级新区处于第一梯队。一方面，我国改革开放的前沿阵地就是东部沿海地区，位于东部的国家级新区在建立之初就在交通区位、经济规模、产业创新投入及发展政策等方面具有一定的优势，从而奠定了这部分新区一定的产业竞争优势。相对良好的发展基础加上相对丰富的发展经验，让东部沿海地区国家级新区的产业竞争力强于其他地区的国家级新区。其中，上海浦东新区在交通网络、生态环境建设、文化旅游业、经济发展等方面成就显著，逐渐接轨国际舞台，已经成为联系国内外经济的重要枢纽，在各国家级新区中处于领先地位。另一方面，东部沿海地区国家级新区的发展水平较高，处于由增量向提质转变的阶段，发展阶段领先于其他新区，有利于巩固"领头羊"地位。表12-1整理了东部沿海地区国家级新区竞争力较为突出的产业。

表 12-1　东部沿海国家级新区竞争力较突出的产业

新区名称	产业竞争力
上海浦东新区	理念领先、科技领先、产业领先、平台领先"四先优势"；具有六大千亿级科技产业；建立了数据产业集聚区，以加强信息技术对其他行业的赋能；打造了特色产业园区，建成特色更特、强项更强的园区经济
天津滨海新区	综观环渤海地区发展全局，区位优势、资源优势、产业优势、功能集聚优势和科研优势非常明显；形成西高新、北旅游、中服务、东港口、南重化五大产业板块；构建具有天津特色的"1+3+4"产业体系

续表

新区名称	产业竞争力
浙江舟山群岛新区	地处中国东南沿海,地理条件非常优越;拥有丰富的港口资源以及海洋资源,港口、海事服务、油气等产业的发展具有得天独厚的优势
青岛西海岸新区	集聚了一批"国字号"重大平台,成为新区内经济增长的新引擎;利用各区域优势发展制造业和服务业,形成错位发展的产业布局;搭建了"产业+金融+科技"一体化发展平台,推动"金融科技"垂直崛起,推动实体产业发展;围绕产业链"延链、补链、强链"全面实行"链长制"
南京江北新区	坚持新兴产业"加法"与传统产业"减法"并举,进行产业优化转型;拥有 2 个具有国际竞争力的优势产业、5 个国内领先的战略性新兴产业、6 个未来产业
福建福州新区	聚焦发展数字经济,建成中国移动、健康医疗、云计算等五大数据中心;打造纺织工业互联网平台,推动纺织化纤等传统产业向新材料新能源方向转型
广州南沙新区	航运物流服务业、高端商务和商贸服务业、科技智慧产业、高端装备技术产业、旅游及健康休闲产业是未来发展的五大主导产业,构建现代化产业体系;推进氢能产业与新能源汽车的融合发展;发布了首个国家级新区"四链"融合政策体系,以链式融合创新提升产业竞争力和创新话语权

资料来源：根据网络资料总结整理而得。

位于中西部地区的国家级新区正在加速崛起，处于第二梯队。中西部地区的国家级新区发展动力十足，在 GDP 增速、产业扶持政策方面表现突出，有效提升了产业效能及竞争力。中西部地区经济的高速增长也吸引了众多高端高新产业以及具有一定规模和竞争力的企业，有利于进一步推动新区发展，不断提升其产业竞争力。表 12-2 整理了中西部地区国家级新区竞争力较为突出的产业。

表 12-2　中西部国家级新区竞争力较突出的产业概述

新区名称	产业竞争力
湖南湘江新区	形成了工程机械等三大千亿级产业集群;智能制造装备和工程机械产业的产值规模稳居全国第一;建成了年产值 100 亿元以上的智能终端产业园和全国首个"硬件+软件"华为鲲鹏生态基地

续表

新区名称	产业竞争力
江西赣江新区	构建了中医药科创城,推进中医药产业现代化发展,致力于推动中医药全产业链智能化、数字化、信息化、科学化;坚持"数字产业化、产业数字化",打造光电信息等六大主导产业
重庆两江新区	形成了以汽车、电子信息两个双千亿级产业为支柱,智能装备等新兴产业多点支撑的产业体系;中国制造重镇,工业产业门类齐全;大力发展工业互联网,在新区内形成产业集聚效应,新区工业互联网的辐射区域包括华北、西南等,排名居西部省份第一
甘肃兰州新区	形成"大中小共存、高优特互补"的产业发展格局;以中药产业为支柱产业,生物制药、化学药等为主导产业,加快健全"1+3+N"的生物医药产业体系
陕西西咸新区	围绕"3+7+N"产业布局,构建"特色园区承载+重点产业集聚"发展新格局;打造了十大特色产业园区
四川天府新区	产业基础及发展禀赋较好,交通优势较为明显;培育形成了电子信息、汽车制造 2 个千亿级产业集群和生物医药、装备制造等 8 个百亿级产业集群
贵州贵安新区	主攻电子信息制造、先进装备制造两个主导产业,以及新能源汽车、新材料两个特色产业;数字经济方面,是中国首个国家大数据综合试验区的核心区,拥有气候资源等先天优势,具有政策支撑、制度保障的先发优势
云南滇中新区	我国面向南亚、东南亚的重要支点,区位条件优越、综合交通便利、承载能力较强、对外开放基础良好;形成了"一核两翼"的发展格局,以八大产业为基础的产业互促共进新格局

资料来源:根据网络资料总结整理而得。

　　而位于东北地区的国家级新区的产业综合竞争力则相对较弱,其原因主要是相较于其他地区,产业扶持力度还不够大。另外,由于经济发展水平限制等,东北地区新区创新投入力度也较小,产业创新能力不够强。另外,西部地区及东北地区国家级新区还存在产业发展不均衡、产业结构不够合理等问题,这也在一定程度上制约着这两个地区的经济发展。表 12-3 整理了东北部地区国家级新区竞争力较为突出的产业。

表 12-3 东北部国家级新区较突出的产业竞争力

新区名称	产业竞争力
大连金普新区	利用自然环境优势,以资源整合为纽带,形成了"旅游+文化""旅游+农业""旅游+工业"等多元化旅游业发展方式;构建以"智造"为引领的"433+1"现代产业体系
黑龙江哈尔滨新区	坐拥独特的旅游资源,将冰雪产业作为发力点之一;龙粤合作、深哈合作的主要承接平台;唯一以对俄合作为主题的国家级新区,建设了中俄产业园
吉林长春新区	形成了"企业成群、产业成链、要素集聚"的产业发展生态圈;国内最大的基因药物生产基地、亚洲最大的疫苗细胞因子产品生产基地

资料来源：根据网络资料总结整理而得。

三 不同区域国家级新区之间产业政策及创新方面存在一定差异

就各国家级新区出台的产业政策而言，中西部国家级新区出台的相关扶持政策更多，但东部国家级新区的行政效率更高。由于建立时间较晚、发展较不完善等，中西部国家级新区在制定政策时需要完善其基础政策体系，所需工作量更大，因此近年来产业扶持政策的数量较突出。但东部国家级新区由于改革成效显著、行政审批时长被压缩，形成了较高的行政效率，在制定和执行产业政策方面表现出较大优势。[①] 另外，由于网站建设完善度更高、政策更新速度更快等，东部国家级新区的产业政策落实得更好，也在一定程度上提升了其产业竞争力。

就各国家级新区在产业创新方面的竞争力而言，相较于中西部及东北地区，东部地区的国家级新区的研发投入比例较高，高新技术企业集聚效应显著。一方面，东部地区新区发展水平较高，为其进行创新提供了一定的支撑，使其具备创新的基础和条件。另一方面，东部地区国家级新区内高新技术企业数量高于其他地区的国家级新区，有利于吸引更多高新技术企业入驻，形成良性循环，进一步提升其在产业创新方面的竞争力。

---

① 王昊等：《国家级新区产业综合竞争力评价分析》，《科技中国》2019 年第 11 期。

总而言之，由浦东新区和滨海新区引领的东部沿海地区国家级新区持续放大优势，在各方面都表现出更强的竞争力。位于西部地区、批复时间较晚的四川天府新区、陕西西咸新区、甘肃兰州新区等加速崛起，产业竞争力仍处于第二梯队，其中部分国家级新区发展动力十足，表现出强大的发展潜能，产业竞争力稳步上升。位于东北地区的大连金普新区、黑龙江哈尔滨新区及吉林长春新区在提升产业竞争力方面还存在较大的空间。

第三节 提升产业竞争力的相关建议

一 利用自身定位及优势针对性发展相关产业

各国家级新区在建立之初，产业定位就存在一定差异，主要分为基于资源优势的产业定位、基于区位优势的产业定位、基于产业基础的产业定位、基于区域分工协作的产业定位、基于产业转移的产业定位等类型。此外，各国家级新区的资源禀赋及优势也不同。如浙江舟山群岛新区拥有丰富的港口资源以及海洋资源，重庆两江新区运输体系健全、交通方便快捷，黑龙江哈尔滨新区环境特殊、具有旅游优势等。

从各国家级新区的主导产业来看，不少新区不能立足于区域协调发展、立足本地市场和自身资源优势来确定产业发展方向，而是热衷于追随大流，急功近利发展各类热门项目，缺乏对产业链的系统研究，产业定位不明确，本土特色不明显，城市服务功能不突出，[1] 从而造成新区之间、新区内部产业结构趋同化严重，优势和特色产业难以发展壮大，新区发展"千城一面"的现象仍然存在。

针对不同的发展定位和资源禀赋，各新区应该结合自身条件发展相关产业，打造具有区域特色的产业链的同时，使自身优势最大化。目前部分国家级新区结合自身特色选择主导产业、制定发展战略，获得了明显发展成效。

---

① 祁京梅：《国家级新区呈现良好发展势头》，《财经界》2018 年第 9 期。

例如，"依海而生、向海而兴"的青岛西海岸新区全面实施海洋战略，发展海洋经济，在海洋港口、海洋装备制造、海洋研发、海洋生态等多方面发力；① 作为我国唯一以对俄合作为主题的国家级新区，哈尔滨新区通过搭建对俄合作载体平台，积极谋划和推进项目落地，不断深化对俄开放；四川天府新区注重生态环境建设，成为打造"公园城市"的先行者；南京江北新区以"破旧立新"的思路，在新土地上擘画"芯片之城""基因之城""新金融中心"，吸引了一批国内外高端研究机构、具有自主创新能力的企业。这些新区产业发展的例子也从侧面证明了，立足自身优势有针对性地发展相关产业，在放大自身优势的同时，也可以为主导产业发展奠定良好的基础，对主导产业竞争力的提升起着明显的推动作用。

二 持续鼓励支持创新投入，推动创新能力提升

通过前文对各国家级新区的产业竞争力对比可以看出，产业创新对新区发展的重要性。确切地说，产业创新在一定程度上决定了国家级新区的经济发展水平。此外，随着中国制造向"中国智造"升级，全行业正经历从自动化到数字化再到智能化的飞跃，创新驱动力对每一个行业的发展而言都至关重要。上海浦东新区多年来稳居全国经济第一强区，并以万亿级经济总量遥遥领先于其他国家级新区，其产业竞争力并不完全取决于优越的经济总量，与创新发展也息息相关。2021年浦东新区研发投入占GDP的比重高达4.2%，其创新综合水平达到全球先进创新型城市水平。

近年来，部分国家级新区加大创新力度并获得良好成效，如西咸新区是全国首个以创新城市发展为主题的国家级新区，在海绵城市建设、绿色生态能源技术应用上不断探索，破解"大城市病"。西咸新区运用绿色生态能源技术，持续推动智能城市建设，不仅为企业提供了良好的投资环境，也构建了宜居的生活环境，成为城市创新发展的典范。如果仅依赖于固定资产投资

---

① 《青岛西海岸新区向"高质量发展"全速迈进》，http://www.jjckb.cn/2019-06/17/c_138149595.htm，2019年6月17日。

等传统路子发展经济，新区的发展效率和速度就会大打折扣。因此，各国家级新区应该加大创新投入，着力通过技术改造和技术创新，促进传统产业转型升级，进一步提升核心竞争力。

在推动新区创新能力提升的过程中，应注重人才引进和保障工作，吸引更多高级人力资本进入高技术产业，并提供好的平台和条件以充分发挥其效能，持续推动人力资本结构高级化，促进各类人力资本协调发展，同时进一步完善高级人力资本的供需匹配系统，让各类高级人力资本在其专业领域充分施展才能，为高技术产业注入创新活力，进而促进高技术产业的竞争力提升，增强新区的创新能力。

三 将实体经济作为发力点，提升综合实力

"实体兴则经济兴，实体强则经济强"。实体经济是改善民生、积累社会财富、提升综合实力的基础，不论经济发展到什么时候，实体经济始终是我国经济发展的根基，是我国在国际经济竞争中赢得主动权的保障。近几年，虚拟经济发展势头十足，有部分地区将发展重心放在发展虚拟经济上，导致实体经济被忽略，出现"脱实向虚"现象，虽然虚拟经济在一定程度上可以优化资源配置，降低市场交易成本，但投机过度导致实体经济空心化，也会引起宏观经济波动，影响国民经济稳定增长。[1] 此外，实体经济的发展也可以增加就业岗位，解决就业问题，缓和社会矛盾。实体经济发达稳健，从宏观层面来讲可以稳定地区经济增长，增强我国抵御外部冲击的能力，从微观层面来讲，对于各国家级新区提升产业竞争力也起着促进作用。

实体经济的稳健发展离不开产业结构的优化升级及金融服务。一方面，在促进实体经济发展的过程中，要不断提升产业价值链，让实体经济沿着价值链不断攀升，使实体经济保持活力及竞争力。在调整传统产业转型升级的同时，也应该着力发展战略性新兴产业。战略性新兴产业是全球竞争制高点，该产业以巨大发展需求和技术突破为基础，具有综合效益高、成长潜力

---

① 张步金：《当前发展实体经济的重要性及对策》，《中国中小企业》2020 年第 3 期。

大、物资消耗少、技术密集等特点，对社会经济长远发展有着巨大带动作用，是未来经济体系中的重要支柱。大力发展战略性新兴产业，不仅关乎传统产业可持续发展，也是转变经济模式和优化传统产业结构的关键举措，应该成为各国家级新区在提升自身产业竞争力时考虑的重要方向。另一方面，考虑到实体经济与金融业相互促进、相辅相成，也要对金融体制进行改革，建立健全促进实体经济发展的现代化金融体系，促进实体经济和金融体制良性互动，让实体经济发展有充裕的资金支撑，从而促进传统产业转型发展。

位居前列的新区始终重视实体经济发展，上海浦东新区坚持把高质量发展的着力点放在实体经济上，明确制造业占比不低于 25%，禁止落户新区的制造业项目"二转三"；天津滨海新区也强调制造业是新区发展的根基，大力发展新一代信息技术、智能制造、新能源汽车等产业。目前，两大新区的制造业都在向高端制造业、先进制造业和高技术制造业等方向发力，向世界级先进制造业集群迈进。中西部地区国家级新区培育新动能的意愿也非常强烈，甘肃兰州新区加快构建"一核三带"的区域发展格局，着力打造实体经济新高地，① 地区生产总值增长速度近年来保持在较高水平，中西部地区近年来产业竞争力大幅增强。

---

① 《甘肃：构建"一核三带"发展格局　推动区域协调发展》，https：//baijiahao.baidu.com/s？id=1734039612226067618&wfr=spider&for=pc，2022 年 5 月 28 日。

第十三章　产业政策

产业政策是国家为了促进产业发展而进行的各项干预和指导。单靠市场机制很难实现产业发展和市场结构优化，因此，产业政策作为一只"有形的手"，通过政府补助、信贷支持及税收优惠等手段对市场进行调节，弥补创新链缺失的中间环节，其作用不仅仅是修正市场失灵，还在于塑造和创造市场。

本章梳理了各国家级新区的产业发展政策，通过比较得出新区产业发展政策的特点，并提出了完善产业发展政策的建议。

第一节　国家级新区产业政策总述

产业政策是支持、培育、促进或限制特定产业发展政策的总和，主要包括产业结构政策、产业组织政策、产业技术政策、产业布局政策等，支持手段包括市场准入、资源要素支持、价格调控、财税金融、进出口扶持、市场拓展、政府服务等。[①] 产业政策作为一种重要的经济手段，在弥补市场信息外部性和市场失灵导致的产业效率损失、推动产业升级和技术进步等方面发挥着重要作用。产业政策促进产业发展受多因素影响。产业政策实施效果在很大程度上由政府行政体系、政策受众及执行环境等决定。世界各国都在尝试以产业政策推动产业发展，进而促进经济发展，就我国基本国情和发展现实来说，产业政策的存在不可或缺。而为实现经济发展目标而设立的各国家级新区则更加重视产业发展，通过制定产业政策推动产业结构优化升级。

---

① 盛朝迅：《从产业政策到产业链政策："链时代"产业发展的战略选择》，《改革》2022 年第 2 期。

2021 年是我国迈入"十四五"时期的开局之年，"十四五"时期是我国全面建成小康社会、实现第一个百年奋斗目标之后，乘势而上开启全面建设社会主义现代化国家新征程、向第二个百年奋斗目标进军的第一个五年，也是推动各产业高质量发展的第一个五年。[①] "十四五"时期各产业发展都面临着重大机遇，同时也面临着诸多挑战。通过梳理各国家级新区产业政策可以发现，近年来大多数新区都制定了相应产业的"十四五"规划，贯彻落实国家战略规划，推进产业优化升级，构建现代化产业体系。力求把握住"十四五"时期的机遇，也为迎接挑战打下坚实的基础。同时也可以发现，各国家级新区因发展定位、资源禀赋等不同，在制定产业发展政策时，侧重点也有一定的差异。

表 13-1 整理了部分国家级新区产业政策情况。

表 13-1　部分国家级新区产业政策情况

新区名称	政策文件
上海浦东新区	《上海市先进制造业发展"十四五"规划》（2021）
	《上海市战略性新兴产业和先导产业发展"十四五"规划》（2021）
	《上海市服务业发展"十四五"规划》（2021）
	《上海市推进农业高质量发展行动方案（2021—2025 年）》（2021）
天津滨海新区	《天津市滨海新区战略性新兴产业发展"十四五"规划》（2021）
	《天津市制造业高质量发展"十四五"规划》（2021）
	《天津市推进农业农村现代化"十四五"规划》（2021）
	《天津市服务业扩大开放综合试点总体方案》（2021）
重庆两江新区	《支持制造业高质量发展若干政策措施》（2021）
	《重庆市推动制造业高质量发展重点专项实施方案》（2021）
	《重庆市推进邮政快递业"两进一出"工程全国试点工作实施方案》（2021）
浙江舟山群岛新区	《浙江省综合交通运输发展"十四五"规划》（2021）
	《舟山市人民政府办公室关于扶持游戏电竞产业发展的实施意见》（2021）
甘肃兰州新区	《兰州新区产业发展扶持及奖励政策（修订）实施细则》（2021）

---

① 王晔君、薛杨阳：《"十四五"金融改革　助力新发展格局》，《清华金融评论》2021 年第 1 期。

续表

新区名称	政策文件
广州南沙新区	《南沙区现代农业增量提质若干措施》(2021)
	《广州市推进制造业数字化转型若干政策措施》(2021)
	《广州市服务业发展"十四五"规划》(2021)
	《广州市人民政府办公厅关于新时期进一步促进科技金融与产业融合发展的实施意见》(2021)
	《广州市促进文化和旅游产业高质量发展若干措施》(2021)
陕西西咸新区	《西咸新区"十四五"产业发展规划》(2021)
	《西咸新区秦创原创新驱动平台总窗口产业定位与空间布局指引》(2021)
	《西咸新区加快先进制造业和现代服务业深度融合发展的若干政策措施》(2022)
青岛西海岸新区	《青岛市"十四五"农业农村现代化发展规划》(2021)
四川天府新区	《四川省"十四五"服务业发展规划》(2021)
	《四川省"十四五"推进农业农村现代化规划》(2021)
湖南湘江新区	《支持先进制造业供应链配套发展的若干政策措施》(2021)
	《湖南省"十四五"战略性新兴产业发展规划》(2021)
	《支持有色金属资源综合循环利用产业延链强链的若干政策措施》(2021)
南京江北新区	《南京市生产性服务业高质量发展三年行动计划(2021—2023年)》(2021)
	《南京市制造业数字化转型实施方案(2021—2023年)》(2021)
	《南京市"十四五"现代服务业发展规划》(2021)
福建福州新区	《福建省"十四五"战略性新兴产业发展专项规划》(2021)
	《福建省"十四五"特色现代农业发展专项规划》(2021)
	《福建省培优扶强工业龙头企业引领产业高质量发展行动计划》(2021)
云南滇中新区	《云南滇中新区关于促进生物医药产业高质量发展支持政策(试行)》(2021)
黑龙江哈尔滨新区	《哈尔滨新区暨黑龙江自由贸易试验区哈尔滨片区关于鼓励产业集聚推动高质量发展的若干政策措施(试行)》(2021)
	《推动"数字龙江"建设加快数字经济高质量发展若干政策措施》(2021)

第二节　国家级新区产业政策特点与比较

通过前文对各国家级新区产业政策的梳理，以及对不同国家级新区的产业政策进行比较之后，可以得出国家级新区的产业政策大致呈现出如下特点。

一 各国家级新区产业政策都紧扣国家发展战略目标

进入"十四五"时期，各国家级新区立足于新发展阶段，聚焦推动产业现代化和高质量发展，试图抢抓新机遇，实现新作为。国家级新区承担着国家重大发展和改革开放的战略重任，在规划编制、主导产业选择等方面得到国家发改委的科学指导，从国家层面确定了自身的产业定位，既立足自身优势，强化内生动力，也遵循市场规律，适应市场发展，更融入国家战略，紧跟国家产业发展方向。①

一方面，新区牢牢把握国家发展格局的要求，主动贯彻落实国家重大发展战略，制定产业政策，例如，广州南沙新区制定服务业"十四五"规划时，以"实现老城市新活力"为发展定位，对标对表国家发改委提出的关于服务业高质量发展的指导意见，致力于打造服务产业新体系，构建发展新格局。

另一方面，新区也会根据自身产业定位，制定产业发展的三年、五年整体规划和重大发展规划，明确主导产业发展目标、主要任务和政策措施，指导产业发展。例如，浙江舟山群岛新区的战略定位为海洋经济发展的先导区及海洋综合开发试验区，将产业发展的重点放在海洋经济上，将建成"重要的现代海洋产业基地"作为发展目标。②

表13-2整理了部分国家级新区的发展定位及其产业政策情况。

表 13-2　部分国家级新区发展定位及产业发展政策支持情况

新区名称	发展定位	政策文件
天津滨海新区	依托京津冀、服务环渤海、辐射"三北"、面向东北亚。努力建设成为我国北方对外开放的门户、高水平的现代制造业和研发转化基地、北方国际航运中心和国际物流中心，逐步成为经济繁荣、社会和谐、环境优美的宜居生态型新城区	《天津市滨海新区战略性新兴产业发展"十四五"规划》（2021）《天津市制造业高质量发展"十四五"规划》（2021）

---

① 陈彦宇：《国家级新区开发前期风险管理研究》，西北工业大学学位论文，2019。
② 《舟山"浙"十年：经略海洋　向海图强　奋力推动经济社会高质量发展》，https：//baijiahao.baidu.com/s？id=1742010278306301354&wfr=spider&for=pc，2022年8月24日。

续表

新区名称	发展定位	政策文件
广州南沙新区	粤港澳优质生活圈和新型城市化典范、以生产性服务业为主导的现代产业新高地、具有世界先进水平的综合服务枢纽和社会管理服务创新试验区	《南沙区现代农业增量提质若干措施》(2021) 《广州市服务业发展"十四五"规划》(2021)
浙江舟山群岛新区	我国大宗商品储运中转加工交易中心、东部地区重要的海上开放门户、海洋海岛综合保护开发示范区、重要的现代海洋产业基地、陆海统筹发展先行区	《浙江省综合交通运输发展"十四五"规划》(2021)
黑龙江哈尔滨新区	中俄全面合作重要承载区、东北地区新的经济增长极、老工业基地转型发展示范区和特色国际文化旅游聚集区	《哈尔滨市"十四五"文化旅游业发展规划》(2021)
陕西西咸新区	我国向西开放的重要枢纽、西部大开发的新引擎、中国特色新型城镇化的范例	《西咸新区秦创原创新驱动平台总窗口产业定位与空间布局指引》(2021)
湖南湘江新区	高端制造研发转化基地和创新创意产业集聚区,产城融合、城乡一体的新型城镇化示范区,全国"两型"社会建设引领区,长江经济带内陆开放高地	《支持先进制造业供应链配套发展的若干政策措施》(2021) 《湖南省"十四五"战略性新兴产业发展规划》(2021)

二　不同地区国家级新区产业发展侧重点不同

各国家级新区成立时间不同、地理位置不同,定位、目标不同,因此产业发展的侧重点也不同,这在产业政策的差异上有所体现。位于东部沿海地区的国家级新区如上海浦东新区和天津滨海新区等,由于经济发展水平更高、发展时间更长等,具备相对完善的产业政策体系,新区的产业发展已不再聚焦构建基础的产业发展体系。而中西部地区及东北部地区的国家级新区,由于设立时间较晚,近年来在制定相关产业扶持政策、产业规划等方面的工作更多,[1] 出台的产业政策聚焦构建和完善基础的产业发展体系。

---

[1]　王昊等:《国家级新区产业综合竞争力评价分析》,《科技中国》2019 年第 11 期。

此外，各地的地理优势及资源优势不同，在出台产业政策时针对不同类型产业的侧重点也存在差异，部分新区致力于发展传统产业，部分新区将发展重点放在高成长性新兴产业上。例如，广州南沙新区、大连金普新区等具有旅游优势，在制定产业政策时会着力于旅游业服务业的发展，青岛西海岸新区将发展重点放在高端制造业上，而天津滨海新区、重庆两江新区、四川天府新区则重点发展数字经济、智能制造等新兴产业。

表 13-3 整理了东部沿海地区、中西部地区及东北地区中部分国家级新区的产业政策情况。

表 13-3　按地区划分部分国家级新区产业政策情况

所属地区	新区名称	政策文件
东部沿海地区	上海浦东新区	《上海市战略性新兴产业和先导产业发展"十四五"规划》（2021）
		《浦东新区促进重点优势产业高质量发展若干政策措施（试行）》（2021）
	天津滨海新区	《天津市滨海新区战略性新兴产业发展"十四五"规划》（2021）
		《天津市制造业高质量发展"十四五"规划》（2021）
	广州南沙新区	《广州市推动制造业数字化转型若干政策措施》（2021）
	南京江北新区	《南京市生产性服务业高质量发展三年行动计划（2021—2023年）》（2021）
		《南京市制造业数字化转型实施方案（2021—2023年）》（2021）
中西部地区	重庆两江新区	《重庆市推动制造业高质量发展重点专项实施方案》（2021）
		《重庆市推进邮政快递业"两进一出"工程全国试点工作实施方案》（2021）
	云南滇中新区	《云南滇中新区关于促进生物医药产业高质量发展支持政策（试行）》（2021）
	贵州贵安新区	《贵安新区支持商业贸易、会展服务、文化旅游、健康养生产业项目建设政策措施（试行）》（2021）

所属地区	新区名称	政策文件
中西部地区	四川天府新区	《四川省"十四五"服务业发展规划》(2021)
		《四川省"十四五"推进农业农村现代化规划》(2021)
	陕西西咸新区	《西咸新区加快先进制造业和现代服务业深度融合发展的若干政策措施》(2022)
		《西咸新区秦创原创新驱动平台总窗口产业定位与空间布局指引》(2021)
东北地区	黑龙江哈尔滨新区	《哈尔滨市"十四五"文化旅游业发展规划》(2021)
	大连金普新区	《大连金普新区工业互联网发展行动计划(2021—2023年)》(2021)

三 不同发展水平的国家级新区产业政策复杂程度存在差异

上海浦东新区经过多年的发展,已经从开发初期单一的项目税收政策逐步拓展为开放金融产业、贸易零售业的功能性政策,从推动各产业园区发展的单一性政策逐步拓展为推动复合型园区发展的综合性政策,从单一的以吸引直接投资为主的招商引资政策逐步拓展为吸引股权投资和产业基金投资的多元化招商引资政策,产业政策的内容越来越丰富,所使用的政策工具也越来越多,构建了较为完善的产业政策体系。而梳理发展时间较短的部分国家级新区的产业政策可以发现,其产业政策构成还较为单一,所使用的政策工具也相对不够灵活,无法精准有效地支持新区产业发展。

此外,通过对比各国家级新区产业政策还可以发现,不同新区的政策投入比例不一,综合来看,发展水平较高的国家级新区的产业政策投入程度更高,而发展水平一般的国家级新区在投入产业政策方面则显得有些不足。

第三节 国家级新区产业政策完善建议

一 综合运用多种类型的政策工具

政策工具是处理政府问题或实现政府总体目标所采用的各种手段和方法。在制定产业政策时，政策工具的选取至关重要，关系到政策目标的达成程度。我国在采用产业政策推动产业发展时，主要的政策工具或手段有税费减免、政府补贴、优先或优惠信贷、基础设施配套、产业投资基金等，但最常用的是"税收优惠""财政补贴""信贷支持"，俗称"三元扶持政策"。

综合来看，各国家级新区产业政策的整体政策工具体系具有一定的完整性、全面性，当具体到某一类政策工具时，可以明显看出不同类型的政策工具运用比例不一。据统计，在产业政策中，监督管制工具的运用比例较高，而需求性政策工具、供给型政策工具中的资金投入工具与环境型政策工具中的税收优惠工具使用比例则相对较低。[①] 尽管金融服务、税收优惠以及知识产权等类工具对促进产业发展而言具有难以替代的优势，但仍然避免不了部分国家级新区对其关注度不高的问题。

国家级新区内产业大多为科技含量较高的新兴产业，而高新企业在进行创新研发及生产时需要大量的资金支持，因此针对产业发展的相关政策应体现出对高新企业更大的支持力度，在制定产业政策时注重资金投入工具的有效使用。环境型工具可以优化工业发展的外部条件，在平衡国家级新区经济发展与环境保护方面起着重要的作用，但目前相关政策仍然较少。而税收优惠是促进产业发展的强有力工具之一，对于企业而言，税收优惠政策会鼓励其加大研发投入，积极提升自身创新能力，从而推动整体产业发展。因此资金投入工具、环境型政策工具及税收优惠工具在推动新区产业发展中是不可

---

① 夏童童、程志伟、郭慧捷：《国家级新区产业政策研究》，《合作经济与科技》2022 年第 3 期。

或缺的，在制定产业政策时应该综合运用各类政策工具，制定基于企业所有制、企业规模等特征的差别化产业政策，提供更有针对性的政策支持。

差别化产业政策，应落实到产业链的重点环节，达到针对不同情况的产业政策灵活组合使用的目的，如对创业孵化企业应着力于营造宽松的创业环境，而对发展到一定规模的企业则更侧重于营造公平的市场竞争环境。《关于促进国家级新区健康发展的指导意见》提出，全面运用多种政策工具，完善基础设施和公共服务设施；强化金融支持；推进投资与服务贸易便利化。事实证明，这些政策工具的运用有利于国家级新区的产业发展取得长足的进步，从而实现产业转型发展、城市综合功能提升，这也从侧面证实了综合运用各类型政策工具的重要性。

二　由政府资助向政府引导转变，完善产业发展政策的实施细则

目前各国家级新区的产业政策仍以政府资助为主要方式，在实际中，可以通过减少政府资助、加强政府引导的方式提高产业发展的稳定性。具体而言，一是要强化市场化的资助方式，扩大政府创投基金的规模，不断发挥"筑巢引凤"效应，通过政府与专业机构合作，引入创投机制，增设创业投资引导基金，利用市场手段强化对新区重点产业或重点项目的投资引导。二是推动以无偿资助为主向以有偿资助为主转变，如贴息贷款、无息贷款、投资入股、融资租赁等有偿方式，逐步减少补助补贴、奖励等，循环使用资金，提高资金使用效率。三是推动以政府直接安排资金为主向以利用金融工具安排资金为主转变。可以通过国有风险投资企业进行股权投资，扶持创新中小企业发展；可以通过国有投资公司进行股权投资，扶持重点产业发展；可以通过商业银行提供无息或贴息贷款，扶持资金困难企业等。

另外，及时完整地公开产业政策，便于企业基于充分的信息做出决策，这是产业政策规范实施的表现之一。通过分析各国家级新区产业政策可以发现，目前关于产业政策制定存在宏观政策过溢、微观政策缺失的现象。大多数国家级新区产业政策聚焦产业发展的宏观目标及方向，不对具体操作方法和实施细则进行过多论述，政策的可操作性不强，从而导致政策落实还有待

加强。与此同时，针对企业较为关注的税收优惠提出的相关政策也大多为宏观条例，如"新区内凡被国家认定为高新技术企业的，按规定享受有关税收优惠"，具体的税收优惠细则及实施方法则没有明确予以说明，可能导致在政策落实时出现偏差，无法完全实现税收优惠政策制定时的初始目标。因此在发布产业政策时，应该明确资金"直补"的数额和税收优惠幅度；或者通过增加研发经费加计扣除比例、中央财政出资支持产业关键技术、前沿科技产业销售产品税收减免等方式完善政策，为新区内企业提供资金支持。

三　增加具有环境价值的政策条目

改革开放以来我国实现了 40 多年的高速增长，2021 年我国经济规模突破 110 万亿元，达到 114.4 万亿元，成为全球第二大经济体。① 伴随着高速经济增长的是资源的过度消耗，我国面临的环境问题越来越突出——区域性和流域性污染严重、生态系统退化严峻，荒漠化、水土流失、自然灾害等问题日益突出。党的十八大明确了"五位一体"的总体布局，提出要把生态文明建设放在突出地位，党的十八届五中全会提出了创新、协调、绿色、开放、共享的新发展理念，将绿色作为五大发展理念之一，在产业发展过程中始终贯彻绿色发展的理念。

但目前产业政策中体现环境价值的条款较少，仅占总体条款的 9.8%，在促进环境发展方面，新区产业政策仍存在很大的完善空间，在后续制定产业政策时，应着力于出台具有环境价值的政策，以促进供给侧结构性改革，达到降成本、补短板、去产能、去杠杆、去库存的目的。例如，政策条目加强对创新、科技的保护，发展资源节约、环境友好型产业，创新驱动高新技术产业发展，实现环境价值与经济价值、社会价值的融合。目前部分国家新区着重于加强生态环境保护，大力推动绿色低碳发展并取得初步成效，如湖南湘江新区充分发挥"两型"社会建设的优势，坚守"生态红线"，加强生

---

① 数据来源于《中华人民共和国 2021 年国民经济和社会发展统计公报》。

态环境治理，推进土壤、固废污染防治及生态修复试点。[①]

四川天府新区科学规划城区功能布局，围绕产业集聚区建设兴隆湖、锦江生态带等一批生态环境项目。陕西西咸新区重点打造渭河、泾河和帝陵遗址生态景观带，明确全区 2/3 的面积为农田、生态用地等禁建区，大力修复改善生态环境。浙江舟山群岛新区累计创建美丽海岛精品社区和特色村 127个，积极创建国家级生态示范区。青岛西海岸新区实施造林绿化、山体保护和生态修复工程，打造绿色之城、生态之城。

另外，国家级新区在发展产业时，要基于自身条件，保证发展规模和土地承载、环境承受能力相匹配，避免过度开发和超负荷建设，从而对新区环境造成不可逆的损害。

四　重视加强产业链政策的实施

产业链政策是从产业链视角出台的补链、延链、固链、优链、强链等一系列政策的总和，包括产业链安全风险研判及预警分析、针对产业链短板和薄弱环节出台针对性扶持政策、完善产业链上下游的统筹协调机制、完善产业链利益分配机制、推动产业链政策的国际协调与规则对接等。其本质上是一种产业政策，所不同的是更加具备链式思维，从支持某一环节、某一产品向促进整个产业链优化升级转变，围绕产业链竞争力提升配置要素和资源。

当今全球产业链供应链进入重塑期，国际产业竞争从产品竞争升级到产业链群之间的竞争，主要经济体纷纷出台政策加强对产业链供应链的干预，以维护产业链供应链的安全稳定，引导产业回流，针对产业链的政策也已经成为各国产业政策的"优选项"和"必选项"。我国也高度重视产业链供应链的安全稳定，提出了一系列夯实产业基础、保产业链供应链稳定、提升产业链供应链现代化水平的政策思路，使确保产业链供应链安全成为国民经济与社会发展的一项重要任务，产业链政策也在保障产业链供应链安全的实践中不断演进、创新发展。

[①]　祁京梅：《国家级新区呈现良好发展势头》，《财经界》2018 年第 9 期。

　　对于各国家级新区来说，在推动产业政策创新的同时，也应该更关注产业链政策，强化产业政策制定的"链式思维"，制定更具系统性和针对性的产业链政策。加强产业链政策的制定和实施，一方面要夯实新区产业基础，为产业链供应链的发展提供保障。另一方面也要提升产业链韧性和现代化水平，打造更具竞争力、附加值更高的产业链。此外，还要坚持企业的主体地位，充分发挥市场在资源配置中的决定性作用，给予企业长周期持续稳定的支持，推动产业链发展。①

---

① 盛朝迅：《从产业政策到产业链政策："链时代"产业发展的战略选择》，《改革》2022 年第 2 期。

基层治理与基础设施建设篇

基础设施是经济社会发展的重要支撑，加快基础设施建设，既是补短板的有力举措，也是提振需求的有效手段。党的二十大报告提出，健全共建共治共享的社会治理制度，提升社会治理效能。基层治理是国家治理体系和治理能力现代化的重要根基，是治理体系中最基本的治理单元。国家级新区战略是我国推动区域发展的顶层设计，新区是经济发展的重要引擎，是全面深化改革的必要平台，做好基础设施建设，加快构建功能完备、支撑有力的现代化基础设施体系，对于推动国家级新区高质量发展具有重要意义。此外，国家级新区也是区域治理的主要试点，可以成为社会治理创新的"试验区"和"观测点"。然而，目前新区发展尚未成熟，社会治理也未形成体系，面临体制创新、产城融合、扩大开放、绿色发展和法治建设等挑战。本篇旨在综合介绍国家级新区基层治理建设的相关情况、创新实践、成功示范和经验。希望构建一个全面了解国家级新区基层治理的框架，展示新区在这一领域的积极探索和成果。这些成果可以为其他地区的基层治理提供有益的借鉴和参考，也可以促进基层治理的创新与发展。

第十四章　国家级新区基础设施建设情况

国家级新区作为承担着国家重大发展和改革开放战略任务的综合功能平台，更加强调经济发展与社会建设并行的理念，在发展经济的同时更注重基础设施建设。当前国家级新区基础设施建设的主要任务是：通过基础设施建设，完善基层服务体系，保障民生；通过基层治理体制改革，推进基层治理体制机制建设，实现善治。[①] 本章将从基础设施建设、公共服务建设和新型基础设施建设三个方面分析国家级新区基础设施建设情况。各新区基础设施日益完善，新型基础设施建设稳步推进，公共服务能力显著提升，新区人民生活水平迈上新台阶。

第一节　国家级新区基础设施建设基本情况

基础设施是城市顺利进行各种经济活动和社会活动所必须具备的工程性基础设施和社会性基础设施的总称，主要包括居住及商用建筑项目、交通运输项目、环保水利项目等。城市基础设施建设是国家级新区城市化和产业化协调发展的前提，是经济社会发展和居民生活水平提高的重要物质基础。近年来，各国家级新区加大基础设施投资力度，力促基础设施加快建设。

一　居住及商用建筑项目

（一）房地产投资额趋向稳定

2021 年以来，各国家级新区经济逐步恢复，房地产市场开始活跃，新

---

① 徐永祥、侯利文：《基层建设与社会治理：当前中国社会建设的两个命题》，《河北学刊》2015 年第 4 期。

增房地产开发投资额保持稳定，房地产市场稳中有进。表 14-1 展示了部分国家级新区 2021~2022 年房地产开发投资额，可以看出，上海浦东新区房地产开发投资额由 1051 亿元增长至 1119 亿元，增幅 6%。天津滨海新区 2022 年房地产开发投资额为 506 亿元，比上一年增长了 50 亿元。湖南湘江新区房地产开发投资额由 577 亿元增长至 648 亿元。广州南沙新区 2021 年房地产开发投资额为 359 亿元。重庆两江新区 2022 年直管区房地产开发投资额仅 478 亿元，同比大幅下降。浙江舟山群岛新区 2021 年房地产开发投资额 62 亿元。青岛西海岸新区房地产开发投资额由 2021 年的 618 亿元降至 2022 年的 584 亿元，降幅 6%。吉林长春新区 2022 年房地产投资额仅为 54 亿元。房地产市场低位运行，可能的原因是新区房地产市场趋向饱和。

表 14-1　2021~2022 年部分国家级新区房地产开发投资额

单位：亿元

新区	2021 年	2022 年
上海浦东新区	1051	1119
天津滨海新区	456	506
重庆两江新区	1317	478
浙江舟山群岛新区	62	—
广州南沙新区	359	—
青岛西海岸新区	618	584
湖南湘江新区	577	648
黑龙江哈尔滨新区	209	—
吉林长春新区	181	54

数据来源：相关国家级新区政务网、地区统计年鉴。

（二）房屋供给稳定增长

各国家级新区力促住房稳定供给，着力解决居民住房难等问题，新增房屋竣工面积有所增加。表 14-2 展示了部分国家级新区 2021~2022 年房屋竣工面积情况。

表 14-2 2021~2022 年部分国家级新区房屋竣工面积

单位：万平方米

新区	2021 年	2022 年
上海浦东新区	480	868
天津滨海新区	187	259
重庆两江新区	965	341
浙江舟山群岛新区	297	—
广州南沙新区	415	—
青岛西海岸新区	631	—

数据来源：各国家级新区政务网、地区统计年鉴。

可以看出，上海浦东新区和天津滨海新区 2022 年房屋竣工面积均比上年有所增加。[①] 此外，陕西西咸新区 2021 年推进 11017 套保障性住房建设项目，其中公租房 6027 套、保障性租赁住房 2119 套、共有产权房 2871 套，建成沣华熙城、兰池佳苑、朗诗未来街区等 3 个公租房小区，提供住房 1471 套。2022 全年共提供保障性住房 354 套，逐步实现中低收入家庭住有所居。2022 年甘肃兰州新区建设经济适用房项目 13 个共 24064 套，建成 7 个共 18322 套，已配售 18301 套，有效解决了拆迁户、企事业单位新就业群体的住房问题。房地产投资的增加带来了住房供给的有效增加，也证明了新区的房地产投资落到了实处，新区政府切切实实为民服务，极大地缓解了城乡群众住房困难，提高了其生活质量。

（三）房地产市场平稳运行

各国家级新区房地产市场逐步企稳，房屋交易面积及交易额稳中有进。上海浦东新区 2022 年全年一手商品房销售面积 445.66 万平方米，下降 8.1%，商品房销售额 1709.12 亿元，增长 18.3%。全年二手存量房出售登记面积 409.82 万平方米，下降 40.1%。天津滨海新区 2021 年商品房销售面积 292 万平方米，商品房销售额达 459 亿元。重庆两江新区 2021

---

① 林杨、杨峥：《滨海新区与浦东新区房地产市场比较》，《住宅与房地产》2016 年第 20 期。

年商品房销售面积 1331 万平方米，销售额 1720 亿元，2022 年商品房销售面积 416 万平方米，销售额371 亿元。① 2021 年，浙江舟山群岛新区商品房销售面积 44 万平方米，下降 6.5%，商品房销售额 72 亿元。2021 年，广州南沙新区建筑业新签合同额 2647.21 亿元，增长 29.4%。2021 年商品房销售面积 284 万平方米，销售额 628 亿元。2021 年，青岛西海岸新区房地产市场平稳运行，商品房销售面积 488.7 万平方米，增长 2.1%，完成销售额 626.3 亿元，增长 12.9%，2022 年商品房销售面积达 465.3 万平方米。湖南湘江新区 2022 年全年商品房销售面积 908.7 万平方米，商品房销售额 882.1 亿元。

二 交通运输项目

（一）加快交通道路设施建设，交通网络体系日益完善

2021~2022 年，各国家级新区纷纷加快交通道路设施建设，高速公路、快速路、城际铁路等交通网络进一步优化。2022 年，上海浦东新区加快完善综合交通网络体系，浦东大道地道实现通车、S3 公路浦东段高架段结构贯通。2022 年天津滨海新区"三区三线"划定工作取得阶段性成果，海河外滩公园提升改造一期工程全面完成，闸南路跨南疆铁路桥、塘汉公路联络线跨蓟运河桥建成通车，提升改造港城大道、塘汉快速路等 22 条道路。重庆两江新区加快发展以交通为重点的基础设施，2021 年建设 225 个市政道路项目，共计 321.6 公里。浙江舟山群岛新区加快健全城市交通网络体系，普陀湾隧道建成通车，526 国道岱山段和茶山大桥全线贯通，新（改）建城市道路 40 条。2022 年甘肃兰州新区核心区基础设施进一步完善，新建市政道路及管网 135 公里，中兰客专历经 5 年艰苦奋战顺利通车，融入国家"八纵八横"高铁网。南沙新区实施综合交通枢纽规划，红莲大桥主桥合龙，小虎二桥加宽工程、庆盛大道、东涌大道等建成通车，全年新增市政道路 50 公里。截至 2022 年，陕西西咸新区已建成互联互通道路 33 条，

---

① 《2022 年重庆两江新区国民经济和社会发展统计公报》，http://ljxq.cq.gov.cn，2023 年 4 月。

共计 380 公里，各新城主干道已经全线贯通。截至 2023 年 2 月，贵安新区共建成骨干路网 424.3 公里，沪昆高速、沪昆高铁贯穿全域，高铁站、环城快铁建成通车。南京江北新区坚持以大交通构建城市大格局，南京北站建设稳步推进，过江通道、轨道交通建设多线并进，浦珠路、新马路、浦乌路等一批道路环境综合整治项目竣工投用，有效提升了片区城市品质和交通出行条件。

（二）新增公交、地铁线路，持续优化公共交通服务

各国家级新区持续优化公共交通线路布局，市民出行更加便捷。上海浦东新区轨交机场联络线、21 号线、崇明线、南汇支线和沪通铁路二期等项目加快建设，全年完成公交线网优化调整计划 61 条，实现全区建成区公交站 500 米覆盖率 93.1%，居全市郊区第一名。截至 2022 年末，全区共有轨道交通运营线路（含磁浮）14 条，长度 307 公里，运营站点数 155 个。天津滨海新区轨道交通 B1、Z4、Z2 线和滨海西站配套工程加快推进，其中，轨道交通系统工程发力"轨道上的京津冀"建设，提速建设滨城现代轨道交通体系，重点建设京滨城际、津潍高铁、滨海西站配套、B1 线、Z4 线、Z2 线、东疆轨道接驳线等 10 个重点项目，着重提升城市交通承载力，支撑滨城集聚发展。[①] 2021 年，浙江舟山群岛新区共完成 19 个公交候车厅的新建（改建）任务，新增 1 个港湾式停靠站，城区 500 米半径内公交站点覆盖率 100%，公交站点品质不断提升。广州南沙新区地铁 15 号线南沙枢纽预留工程开工建设，新增、优化公交线路 29 条，自动驾驶出租车在全域范围开启示范运营。陕西西咸新区累计开通地铁线路 51 公里，在建地铁 16 号线 1 期斗门至昆明池智轨、泾河智轨等项目，将初步形成覆盖全域的轨道交通网。2022 年，黑龙江哈尔滨新区松北区智轨 1 号线、深哈定制线、新区 3 号线等公交线路开通运行，公交站点 500 米覆盖率达到 100%。

---

① 王萌、冯海超、蔡明珠、张静举：《城市新区公共交通规划与发展策略研究》，《天津建设科技》2021 年第 3 期。

三　环保水利项目

（一）颁布环境保护相关政策文件，深入贯彻新发展理念

保护环境是我国的基本国策，事关人民群众根本利益。习近平总书记明确指出，保护生态环境必须依靠制度、依靠法治。国家级新区作为承担国家重大发展和改革开放战略任务的综合功能区，更应率先推动环境保护政策落地落实。表14-3为部分新区发布的环境保护相关政策。

表14-3　部分新区环境保护相关政策

新区名称	政策
上海浦东新区	《浦东新区生态环境信用评价办法》（2022）
	《浦东新区生态空间保护利用若干规定》（2022）
	《上海市浦东新区固体废物资源化再利用若干规定》（2022）
天津滨海新区	《天津市滨海新区人民政府关于实施"三线一单"生态环境分区管控的意见》（2021）
	《天津市滨海新区生态环境保护"十四五"规划》（2022）
重庆两江新区	《重庆两江新区生态环境保护"十四五"规划（2021—2025年）》（2022）
	《两江新区水生态环境保护"十四五"规划（2021—2025年）》（2022）
浙江舟山群岛新区	《新城农村环境卫生整治实施方案》（2021）
	《新城拆迁地块环境卫生综合整治实施方案》（2021）
甘肃兰州新区	《兰州新区"十四五"环境保护与生态建设规划》（2021）
	《兰州新区生态环境损害赔偿制度改革实施方案》（2021）
	《兰州新区水利高质量发展"四抓一打通"贯彻落实方案》（2022）
	《兰州新区农村人居环境整治提升五年行动实施方案（2021—2025年）》（2022）
陕西西咸新区	《西咸新区2022年生态环境建设计划》（2022）
	《西咸新区蓝天碧水净土保卫战2022年工作实施方案》（2022）
	《西咸新区生态环境保护责任清单（2022年修订）》（2022）
贵州贵安新区	《贵安新区环境违法行为举报奖励制度》（2021）
	《关于进一步优化贵阳贵安产业园区生态环境保护基础设施建设管理的指导意见》（2022）
青岛西海岸新区	《青岛西海岸新区"十四五"推动黄河流域生态保护和高质量发展实施方案》（2022）

新区名称	政策
大连金普新区	《2022 年大连市生态环境保护工作要点任务分解表》(2022)
湖南湘江新区	《2022 年长沙市岳麓区生态环境保护工作要点》(2022)
南京江北新区	《南京江北新区碳达峰、碳中和行动计划(试行)》(2021)
	《南京江北新区水资源刚性约束"四水四定"试点实施方案》(2022)
吉林长春新区	《中共长春新区工作委员会长春新区管理委员会关于深入打好污染防治攻坚战的实施方案》(2022)
江西赣江新区	《赣江新区"十四五"生态环境保护规划》(2021)

数据来源：各国家级新区政务网。

如今是推进"双碳"战略落地、促进经济社会发展全面绿色转型、显著改善生态环境的关键时期。各新区深入贯彻习近平生态文明思想，坚定不移贯彻新发展理念，制定了一系列环境保护政策，协同推进经济高质量发展和生态环境高水平保护，为生态环境保护工作提供了重要依据。

（二）推进绿色城市建设，坚决落实生态环境保护工作

各新区积极推动生态环境建设，生态环境明显改善。上海浦东新区积极拓展高品质绿色空间，S2、G1503 生态廊道一期基本建成。深入推进大气污染防治，基本消除重污染天气，空气质量优良率从 80.6% 上升到 93.4%。天津滨海新区 2022 年深入打好蓝天保卫战，加强燃煤锅炉、煤电机组关停并网和国Ⅲ及以下柴油车治理，空气质量达标天数 276 天。[①] 2023 年 3 月 20日，重庆两江新区发布《两江新区推动成渝地区双城经济圈建设专项行动实施方案（2023—2027 年）》，提出推进生态优先、绿色发展专项行动。浙江舟山群岛新区积极推进环境治理，整治餐饮油烟污染 24 家，整治背街小巷 45 条，清理建筑垃圾乱倾倒点位 10 个，完成海岸线整治修复 5.13 公里。甘肃兰州新区 2021 年生态修复成效明显，高标准统筹生态保护和污染防治，完成国土综合整治 40 平方公里，新增城市绿化面积 3000 亩，建成区绿地率

---

① 刘洋：《增强国家级新区资源承载力的建议》，《宏观经济管理》2018 年第 12 期。

提高到 36%，生态修复治理经验得到国家部委、省市和社会各界高度认可并予以推广。陕西西咸新区全力打好生态建设升级战，"三河一山"绿道全部贯通，新增城市绿地面积 605 万平方米、建成绿道 212 公里，新推广海绵城市 200 万平方米。大连金普新区 2022 年生态环境不断优化，跻身全国首批气候投融资试点地区，向应街道获批辽宁省"绿水青山就是金山银山"实践创新基地。

（三）积极推进水环境治理，水环境质量明显改善

各新区深入打好碧水保卫战，持续提升水环境质量。上海浦东新区全面落实河湖长制，累计消除 555 条段黑臭水体、7469 条段劣 V 类水体。天津滨海新区完成天津石化污水回用项目，16 个考核断面水质均达到 V 类及以上标准。重庆两江新区创新入河排污口规范化、数字化建设和流域整治结合并形成示范，实现 2 个国控断面稳定保持 Ⅱ 类水质。① 2021 年，浙江舟山群岛新区建成全市首个"智慧三防"信息化平台，完成各类水利工程 11 项、"美丽河道"建设 1.8 公里。广州南沙新区河湖长制连续两年考核优秀，完成 11 条劣 V 类河涌整治任务，4 个国考断面水质稳定达标。陕西西咸新区水环境质量提升，严格执行河湖长制，渭河、泾河水质稳定达到地表水 Ⅱ 类，区域河湖全面消除劣 V 类水体。青岛西海岸新区生态环境保护持续加强，国控考核断面三类水质达标率 100%。湖南湘江新区 2022 年全年湘江饮用水源保护区水质稳定达标，5 个国控地表水监测断面地表水达标率 100%。

第二节　国家级新区新型基础设施建设情况

新型基础设施建设是以新发展为理念，以技术创新为驱动，以信息网络为基础，面向高质量发展需要，构建数字转型、智能升级、融合创新等的基

---

① 《探索绿色转型发展新路径　两江新区推进生态优先绿色发展行动》，http：//www.liangjiang.gov.cn/Content/2023-03/31/content_ 10511744.htm，2023 年 3 月。

础设施体系。加快新型基础设施建设是顺应未来科技发展趋势的战略选择，也是全方位推进高质量发展的必然要求。近年来，各国家级新区在新型基础设施建设方面稳步推进。

一 颁布新基建政策规划，完善支持政策

各国家级新区正处在转变发展方式、优化经济结构、转换增长动力的攻关期，迫切需要将新型基础设施建设作为一个重大发展机遇来抢抓，亟须以新型基础设施建设规划和政策为引领，营造良好的新基建发展环境。新区积极建立统筹推进工作机制，与政府各有关部门、行业专家、运营商、投资方、重点应用行业和其他利益相关方共同制定新基建相关发展规划、支持政策，明确各部门职责，对接社会需求，加强制度保障，迅速出台政策支持新型基础设施有序建设，更好地促进新区数字经济高质量发展。表 14-4 显示了部分新区发布的有关新基建的政策文件。

表 14-4　部分新区新基建相关政策文件

新区名称	政策文件
上海浦东新区	《社区新型基础设施建设行动计划》（2021）
	《新型数据中心"算力浦江"行动计划（2022—2024 年）》（2022）
天津滨海新区	《滨海新区推进 5G 发展的实施方案》（2020）
重庆两江新区	《重庆两江新区工业互联网创新发展行动计划》（2022）
浙江舟山群岛新区	《舟山市推进 5G 移动通信基础设施建设的实施意见》（2020）
甘肃兰州新区	《兰州新区数据信息产业发展专项行动计划》（2019）
	《兰州新区"十四五"工业和信息化发展规划》（2022）
陕西西咸新区	《西咸新区加快推进 5G 建设三年行动计划（2020—2022）》（2020）
	《西咸新区 5G 通信基站站址布局专项规划（2020—2022）》（2020）
贵州贵安新区	《贵阳市、贵安新区 5G 发展领导小组关于保障 5G 网络基础设施建设的通知》（2020）
青岛西海岸新区	《青岛西海岸新区推进 5G 基础设施建设实施方案（2020—2022 年）》（2020）

续表

新区名称	政策文件
大连金普新区	《金普新区5G行动方案》（2022）
南京江北新区	《江北新区新基建项目推进管理办法》（2020）
云南滇中新区	《云南滇中新区"十四五"数字经济产业发展规划》（2022）
黑龙江哈尔滨新区	《哈尔滨新区推动数字经济高质量发展实施方案》（2022）
江西赣江新区	《赣江新区关于支持数字经济高质量发展的若干措施》（2022）

数据来源：各国家级新区政务网。

由表14-4可以看出，大部分新区在出台新基建相关政策时，主要围绕
5G建设展开，说明5G技术是当前新型基础设施建设的关键领域，新基建
需以5G为基础支撑，各新区也牢牢抓住了5G这一"领头羊"，以5G基站
建设为抓手，高质量建设新型基础设施。此外，大部分新区出台新基建相关
政策的时间较早，说明新区行动迅速，紧抓政策发展机遇，加快新型基础设
施建设，助力经济高质量发展。

二 加快5G基站建设，完善通信网络基础设施

5G作为"新基建"的关键，被视为"经济发展的新动能"。各新区纷
纷加快5G基站建设，推动5G向重点场所深度覆盖和乡村区域延伸覆盖。
2022年，天津滨海新区大力推进5G网络建设和应用推广工作取得成效。全
年新建和改造5G基站2778个，全区累计达到10355个，基本实现了5G网
络全区覆盖、重点区域优化覆盖。[①]

2022年，重庆两江新区达到千兆城市建设标准，成功入选全国千兆城
市。在5G基站建设方面，两江新区建立了5G网络建设联合工作机制，累
计建设开通5G基站约4910个，重点场所5G网络通达率达100%，每万人
拥有5G基站数达到70.98个，5G用户占比达到42.19%。千兆光网建设方

---

① 滨海新区委网信办：《推动智慧城市建设　助力"滨城"高质量发展》，《中国建设信息化》
2022年第1期。

面，两江新区累计部署 10G-PON 端口 1.34 万个，10G-PON 端口占比达到 51.05%，区内商务楼宇、学校、医疗卫生机构等 148 个重点场所实现信号全覆盖。

甘肃兰州新区作为国内第一批 5G 试点城市，积极发挥国家级新区先行先试的政策优势，努力打造"5G+智慧城市"建设标杆，培育形成 5G 网络融合叠加、互促共进、倍增发展的创新态势。2022 年，兰州新区已开通 5G 基站 407 个，占全市 5G 网络基站的 16.64%，在网运行的 4G 基站 1150 个，占全市 4G 网络基站的 11.12%，基本实现主城区 5G 网络的连续覆盖和兰州新区 4G 网络的全覆盖。

陕西西咸新区明确了把新区建成通信基础设施全省领先、行业应用深度融合、创新能力显著增强的 5G 创新应用和产业发展示范区的目标。2020 年，建设 5G 基站 1569 个，实现核心区及各新城重点区域覆盖，全年通信基础设施投资约 5.8 亿元。2021 年，累计建设 5G 基站 3168 个，实现西咸新区及各新城核心区、产业园区、重点社区、高铁站、高速公路、智慧公交示范段等热点区域覆盖。2022 年，累计建设 5G 基站 5150 个，基本实现西咸新区全域全网 5G 覆盖。

贵州贵安新区着力加快推动 5G 建设，提升各领域 5G 融合应用水平，5G 建设和应用实现跨越式发展。2022 年，贵安新建 5G 基站 7302 个，累计建成 5G 基站 2.2 万个。2022 年底，国家工业和信息化部通报了 2022 年全国"千兆城市"建设情况，贵安顺利通过"千兆城市"总结评估，成功入围国家"千兆城市"行列。

2022 年，青岛西海岸新区精心组织、强化落实，高标准高质量完成了年度 5G 基站建设任务。截至 2022 年 12 月底，完成 5G 基站等通信基础设施建设 2667 处。自 2020 年以来新区累计完成 5G 基站等通信基础设施建设 8190 处，占青岛市 5G 基站建设总数的 27.12%，连续三年 5G 基站建设数和开通数位列全市"双项"第一，实现新区 5G 信号全覆盖。

三 推动新旧融合，加快基础设施数字化发展，助力传统基础设施转型升级

（一）智慧城市治理

近年来，甘肃兰州新区认真贯彻落实建设网络强国、数字中国等战略部署，加快5G、绿色数据中心、工业互联网等新型基础设施建设。在城市管理方面，利用5G+北斗高精度定位技术实现桥梁的数字化管理、智能化检测。建设多个市县的智慧停车等项目，解决了部分县区城市治理中停车设施不足、管理措施缺乏等问题，提升了道路交通的运行效率。开展新区智慧城市建设项目，打造了政务大数据共享交换平台、统一物联网管理平台、协同办公平台等22个智慧应用系统，有力推动了城市管理手段、管理模式、管理理念从数字化到智慧化、智能化的转变。

广州南沙新区以创建生活垃圾分类全国示范区为目标，以政府数字化转型为引领，按照"智能智治、共治共管"的理念，建成全国首例全区推进的5G+云化AI智能生活垃圾分类监管系统。分类督导监管系统采用数字评估手段，优化垃圾分类管理工作方法，收集垃圾分类各项数据信息，经过大数据统计分析后，实现对各项工作指标的精确量化，为区、各镇（街）的垃圾分类管理决策提供数据支撑。

（二）智慧交通

重庆两江新区积极推进基于5G网络运行的自动驾驶巴士，利用5G技术在车辆四周布设了感应装置，能够实时感应四周障碍物、行人，做到安全平稳行驶，实现了车与车、车与路等的协同，以更低的成本解决了微观交通层面的行车安全问题和宏观交通层面的交通效率问题，大幅提升了社会运转效率。

陕西西咸新区积极探索智慧交通应用场景和运营模式，推动智慧城市建设。2021年7月23日，西北地区首条建成交付的5G智能网联公交线路在西咸新区正式运营。该线路采用5G、多感融合等先进技术，搭建车内、车际、车云融合的智能网联，具备高级辅助驾驶功能，实现了实时车路协同、

盲区检测预警和智能车速策略等应用场景。通过智能网联车辆的雷达检测和边缘计算学习前车的速度、拐弯等具体行为，以最节电的最优车速跟随行驶，达到节省能源消耗、保证道路畅通的目的，不会因时快时慢而造成交通拥堵，进一步改善城市交通环境。

（三）智慧教育

重庆两江新区积极鼓励、大力推进学校的智慧教育建设。新区全力打造智慧教育示范区，推动华东师范大学附属中旭学校与方略教育"5G+数字教育"合作项目落地，着力解决教育优质均衡发展问题、教师增质减负问题和教师专业发展问题，进一步加快"5G+数字教育"应用，赋能学校课堂教学。[①] 未来，两江新区将全面深入创建智慧教育示范区，实施"领航教师"计划，再打造一批智慧教育教学示范标杆学校，重点建立以教师学生智慧化为核心、教育教学全过程智慧化为手段、校园治理智慧化为环境的两江智慧教育体系。

四川天府新区致力于探索 5G 技术与智慧教育应用场景的深度融合，推出了四川 5G 教育城域网，按照"1+3+N"，即 1 个云平台、3 张网（有线网、无线网、物联网）、N 个应用的总体架构，为数字校园建设夯实网络基础。目前该网络已实现天府新区 108 所学校的 5G 覆盖，通过 5G 无线网络和校园千兆光网络、物联网高效协同、优势互补，充分发挥教学设备设施及教学环境智慧化高效便捷管理的优势，实现万物互联，共同建设数字校园新型基础设施。

第三节　国家级新区公共服务设施建设基本情况

公共服务设施建设，将为国家新区战略落实提供支撑，同时也可视作契机和引擎，有序推动新区开发。[②] 因此，弄清现阶段各国家新区公共服务设

---

① 《两江新区"5G+智慧教育"应用项目再落新子》，http：//www. liangjiang. gov. cn/Content/2022-03/02/content_ 10313782. htm? from=singlemessage，2022 年 3 月 2 日。

② 冯烽：《国家级新区高质量发展面临的困境与对策》，《当代经济管理》2021 年第 11 期。

施现状，并据此提出相应的发展标准和实施建议，对于国家级新区的新型城市化而言至关重要。综合来看，随着经济社会的快速发展，各国家级新区的公共服务支出不断增加，切实改善了居民的工作生活质量。

一 教育事业

（一）加强新区学校建设，教育规模稳步扩大

各新区教育事业稳步推进，教育质量全面提升。上海浦东新开办学校98所，学区化、集团化办学公办，义务教育阶段学校覆盖率达到94.1%。推进67所"新优质学校"建设，28所公办初中实施"强校工程"，成功创建3所市级特色高中。天津滨海新区2022年建成天津外国语大学附属高新区海洋外国语学校、开发区一小二部等5所学校，建成泰达第五幼儿园、大港东城二幼等6所幼儿园，新增各类学位突破1万个。甘肃兰州新区2022年教育事业快速发展，甘政法、交职院等院校入驻职教园区，成功、贺阳等优质民营学校建成招生，三中、七小、新康学校等15所学校交付使用。① 2022年，广州南沙新区入选全国义务教育优质均衡先行创建区、广东省基础教育高质量发展示范区，5所新开办学校（校区）投入使用，新增优质公办中小学学位7820个、幼儿园学位1590个。陕西西咸新区进一步开展"名校+"工程，实施新区校长队伍建设和教师队伍建设三年行动计划，高标准完成新建、改扩建中小学、幼儿园97所，先后引进清华附中、西安交大附中附小、西工大附小、西安高新一中、陕师大附中附小、西安中学等一批省内外优质教育资源，为区内适龄儿童、少年入学提供了充分保障。大连金普新区2022年新增义务教育阶段学位2160个，大连第24中学金普学校、春蕾小学、春和小学如期开学。湖南湘江新区全年新建开学10所中小学校，启动改扩建学校7所。2022年，黑龙江哈尔滨新区十七中新区学校、新区第十四幼儿园建成投用，新增公办学校幼

---

① 《2023年兰州新区工作报告》，http：//www.lzxq.gov.cn/system/2023/01/16/030701881.shtml，2023年1月16日。

儿园 16 所，新增学位 8000 个。在全国率先实现基础教育办学质量发展性评价全覆盖。

（二）实施教育培养计划，优化教育人才队伍

各新区高起点发展教育事业，吸引众多优质教育人才。大连金普新区赴东北师范大学等重点院校招聘优质教师 450 名，实现教师队伍量质"双提升"。浙江舟山群岛新区普通高等学校专任教师中，副高职称以上教师所占比例为 38.0%，具有硕士以上学位教师比例为 65.9%。广州南沙新区全区共有专任教师 5662 人，其中小学专任教师 3134 人，普通中学专任教师 2402 人，职业中学专任教师 100 人，特殊教育专任教师 26 人。重庆两江新区携手四川成都天府新区实施"优质教育资源共建共享计划"，推动优质中小学（幼儿园）开展跨区域合作，支持高品质学校建设。实施名校长名园长名师培养计划，深入推进新区中小学、幼儿园教师及校长/园长挂职交流。实施教育科学研究提升计划，构建高质量教育科研发展体系，推动新区教育事业高质量发展。黑龙江哈尔滨新区吸引北师大、西南交通大学等优秀毕业生投身教育事业。吉林长春新区通过合作办学途径、人才"绿色通道"、定向招聘和面向社会招聘方式选优补足教师队伍，助力新区教育事业发展。

（三）升级配套教学设施，提升教育软实力

各新区不断加大教育投入，升级改造教学设施。湖南湘江新区开展了覆盖 118 个中小学幼儿园的提质改造项目，推进了 12 个新办幼儿园的装饰装修项目。上海浦东新区教育局探索入托入园入学监测及预警系统，精准预测 3~5 年内入托、入园、入学需求，建立预测和预警机制。完善网络配套设施，探索 5G 网络在区域和学校的应用，实现浦东教育专网的所有在网设备 IPv6 全覆盖。

二 医疗卫生

（一）加大医疗卫生投入，推进新区医院建设

各新区积极建设、提升改造医疗机构，满足人民群众就医需求。

2022 年上海浦东新区加快重大卫生项目建设，浦东新区公共卫生应急指挥中心建成投用，浦南医院成为仁济医院分院，7 家区属综合性医院、互联网医院全部投入运行。天津滨海新区 2022 年医疗卫生体系不断完善，加快推进北京大学滨海医院改扩建和空港医院二期、市中心妇产科医院滨海院区建设。重庆两江新区医疗行业发展成效显著，医疗机构总数超 460 家。广州南沙新区中山大学附属第一（南沙）医院建设完成，广州市妇女儿童医疗中心南沙院区基本完工。① 2022 年，陕西西咸新区中心医院、陕西沣东新城医院、西咸新区人民医院、西安交通大学附属创新港医院、西咸妇女儿童医院已开诊。大连金普新区不断推动医疗卫生服务提质增效，石河、华家、大魏家 3 所卫生院改造工程全面完工。2022 年，黑龙江哈尔滨新区医大四院松北院区二期、医大六院建成投用，国家级区域医疗中心（儿童医院）获批并启动建设，新增医疗机构 19 所。

（二）推动基层卫生服务中心建设，方便居民就近求医问诊

各新区不断推进医疗服务下沉，优质医疗资源均衡布局。上海浦东新区积极推动深化社区卫生服务综合改革，持续扩大家庭医生签约覆盖面，常住人口签约率和重点人群签约率均稳步增长。截至 2022 年末，常住人口家庭医生签约 209.32 万人，总签约率 36.29%。60 岁以上签约 93.90 万人，签约率 76.41%。重点人群签约 104.94 万人，签约率 72.87%。大团、新场入选首批上海市公立医院高质量发展试点社区卫生服务中心。47 家社区卫生服务中心全部达到"优质服务基层行"国家推荐型标准，30 所社区卫生服务中心成功创建社区医院。② 重庆两江新区基层体系逐步完善，1 街道 1 卫生服务中心全面建成，分级诊疗制度持续完善，优质资源供给增加，越来越多的居民在"家门口"就能享受到优质的医疗服务。兰州新区建成社区卫生服务中心 6 个，改造提升乡镇卫生院、村卫生室 45 个，群众看病就医更加便捷。

---

① 广州市南沙区人民政府：《政府工作报告》，http://www.gzns.cn/zfxxgkml/gzsnsqzhzrmzf/zfwj/qt/content/post_ 8914658. html，2023 年 4 月。

② 《2022 年上海市浦东新区国民经济和社会发展统计公报》，2023 年 4 月。

（三）推广智慧医疗服务，提升医疗智能化、便利化水平

各新区积极引进数字技术，推动医疗卫生服务发展。重庆两江新区第一人民医院、两江新区第二人民医院探索建设互联网医院，打造的智慧医疗使居民就医更加便捷。重庆两江新区与广州呼吸健康研究院、广州天鹏计算机科技有限公司签订三方协议，宣布将共同打造天鹏健康医疗大数据及人工智能应用创新平台项目，推动医疗"新基建"项目落地。广州南沙新区建设高标准区域急救、智慧医疗网络，搭建区域卫生信息化平台，实现医疗数据互联互通。青岛西海岸新区引进科大讯飞、商汤科技等人工智能辅助诊断技术，基于智医助理、语音电子病历等构建基层医疗机构信息系统，全区二级以上医疗机构及妇保机构通过慧医 App 等开通网上服务，启动互联网+护理新模式，实现护理服务从医院到基层、社区、家庭的有效衔接。湖南湘江新区全力发展健康医疗大数据、专科医院公共服务及健康城智慧医养三大领域，深入探索健康医疗大数据中心、医学影像诊疗 AI 技术平台互联网医疗等。

三　基本社会保障

（一）制定社会保障相关政策，保障人民基本生活

各新区制定了社会保障相关政策，加强社会救助，保障公民的基本生活。表 14-5 展示了部分新区的社会保障相关政策，可以看出，新区社会保障相关政策主要有以下几个方面：一是养老方面，许多新区制定了养老发展政策，旨在推动养老服务高质量发展，有效缓解人民群众对于养老问题的担忧。二是救助困难群众方面，多数新区对于生活困难的群众给予帮扶，全面落实社会民生兜底保障政策，切实保障城乡困难群众基本生活。三是社会救助制度方面，部分新区积极完善社会救助制度，不断完善法规制度，健全体制机制，增强救助的质量、效能。

表 14-5　部分新区社会保障相关政策

新区名称	政策
上海浦东新区	《浦东新区"十四五"养老服务发展财政扶持意见》(2021)
	《关于进一步完善浦东新区社区市民综合帮扶工作的指导意见》(2022)
天津滨海新区	《滨海新区关于促进养老服务高质量发展的实施意见》(2022)
重庆两江新区	《重庆两江新区困难群众社会保障帮扶实施办法》(2022)
甘肃兰州新区	《兰州新区城镇困难群众脱困解困行动实施细则（2021 年—2023 年）》(2022)
广州南沙新区	《广州市民政局　广州市财政局关于进一步保障好困难群众基本生活的通知》(2022)
陕西西咸新区	《西咸新区关于推进养老服务发展的实施方案（2021—2025 年）》(2021)
贵州贵安新区	《贵阳贵安健全重特大疾病医疗保险和救助制度实施细则》(2022)
	《贵阳贵安打造"15 分钟养老服务圈"实施方案》(2022)
青岛西海岸新区	《青岛西海岸新区困难居民临时救助实施细则》(2022)
大连金普新区	《大连金普新区养老服务设施管理办法》(2022)
四川天府新区	《四川天府新区成都直管区城乡困难群众临时救助实施办法》(2022)
南京江北新区	《江北新区关于深入推进医养结合快速发展的若干意见》(2021)
江西赣江新区	《新区直管区关于改革完善社会救助制度的工作举措》(2021)

数据来源：各国家级新区政务网。

（二）建立养老服务中心，保障老年人基本养老需求

各新区大力布局养老机构，尽力扩大养老服务供给。上海浦东新区建立社区综合为老服务中心 72 家、养老机构 177 家，养老服务机构护理员共6541 人。多点均衡的养老设施布局基本形成，"东西南北中"区级养老机构全部开工。天津滨海新区拥有各类养老机构 28 个，已建成社区老年日间照料中心 152 家，实现社区养老服务全覆盖。重庆两江新区鼓励引导社会力量参与，引进多家品质优、规模大、标准高的养老服务机构，全市首个持续照护模式康养项目"泰康之家·渝园"体验馆开馆，进一步扩大了养老服务供给。广州南沙新区新建长者饭堂 9 个，建成颐康中心 10 个、社区居家养老服务设施 287 个，实现三级社区居家养老服务设施全覆盖。陕西西咸新区高度重视养老事业，大力推动养老服务设施建设，逐步构建起居家社区机构

相协调、医养康养相结合的养老服务体系，养老服务多层次需求与多元化供给的市场格局正在形成。青岛西海岸新区共有养老机构 31 家、居家社区养老服务中心 95 处、居家社区养老服务驿站 180 处，享受居家社区养老服务达 480 万人次。大连金普新区打造"金普康养"一体化服务品牌，新建区级养老示范中心 1 家、街道居家养老服务中心 11 家。①

（三）完善社会保险体系，提升社会保险待遇

各新区城乡居民基本医保扩面提标，城镇职工养老保险待遇稳步调增。上海浦东新区共有城乡居民基本养老保险缴费人员 3.98 万人，领取养老金人员 9.05 万人，共有 77.53 万人参加城乡居民基本医疗保险，基础养老金标准从每人每月 1200 元提高到 1300 元。重庆两江新区与时俱进，提高高龄津贴，扩面覆盖对象，提标补贴金额，不断提升养老服务保障水平。2022年浙江舟山群岛新区城乡居民中获政府最低生活保障人数 9306 人，城乡低保对象最低生活补助标准每人每月 1035 元，比上年提高 125 元。广州南沙新区参加城乡居民养老保险人数达 12.08 万人，参加城镇职工基本养老保险人数达 42.20 万人，参加城镇职工基本医疗保险人数达 45.31 万人，城镇职工养老保险月平均退休待遇提高至 3834 元。大连金普新区城乡低保标准提高至每人每月 850 元，发放各类保障救助资金 1 亿元。黑龙江哈尔滨新区社会保险覆盖面持续扩大，城乡居民医保参保率位居全市第一。投入 3000 万元完善社会救助体系，城乡低保、特困供养、孤困儿童、残疾人等救助全覆盖。

---

① 大连金普新区管理委员会：《2023 年金普新区政府工作报告》，https：//www. dljp. gov. cn/govxxgk/wendianke/2023-01-18/5156bca9-fda7-4e96-8abe-d4f823d9a51b. html，2023 年 1月 18 日。

第十五章 国家级新区基层治理创新

基层治理是国家治理的基石，统筹推进乡镇（街道）和城乡社区治理，是实现国家治理体系和治理能力现代化的基础工程。国家级新区战略是我国推动区域发展的顶层设计，新区是经济发展的重要引擎，是全面深化改革的必要平台，也是区域治理的主要试点，可以成为基层治理创新的"试验区"和"观测点"。推进国家级新区基层社会治理创新，既是社会治理的研究热点，也是新区建设的重点和难点。各新区普遍以更加务实有效的举措、开拓创新的姿态、攻坚克难的劲头夯实发展基础，基层治理现代化水平显著提升。2021 年 7 月 11 日，中共中央、国务院印发《关于加强基层治理体系和治理能力现代化建设的意见》（以下简称为《意见》），本章将依据《意见》，从党全面领导的基层治理制度、基层法治和德治建设、基层政权治理能力建设三个方面分析各国家级新区在基层治理领域取得的成绩。

第一节 党全面领导的基层治理制度

一个国家治理体系和治理能力的现代化水平很大程度上体现在基层、在社区。加强和创新社会治理，提高社区治理效能，进一步推进基层治理体系和治理能力现代化，关键是要加强党的全面领导，发挥好党建引领基层治理的作用。① 各新区以基层党建为主要抓手，着力建强基层干部队伍，为提高新区基层治理水平提供了有力的组织保证。

---

① 温丙存：《基层党建引领社会治理的逻辑理路——基于全国基层党建创新典型案例的经验研究》，《科学社会主义》2021 年第 6 期。

一 加强党的基层组织建设，健全基层治理党的领导体制

新区把抓基层、打基础作为长远之计和固本之举，充分发挥了党建引领基层治理的作用。甘肃兰州新区高标准推进基层组织建设，现有党组织486个、党员9874名。坚持党支部建设标准化，推动党的基层组织建设全面进步、全面过硬，兰州新区公安局中川东区派出所党支部被中共中央、国务院授予"全国先进基层党组织"荣誉称号。坚持正确选人用人导向，大力引才、育才、用才、留才，以高素质干部队伍支撑高质量跨越式发展。

贵州贵安新区不断夯实筑牢党建根基，加强党员队伍建设，2021年以来，实行党员积分制管理，探索解决党员管理"宽松软"问题；建立远程教育管理员联系机制，覆盖3000余名农村党员；注重激励关怀帮扶，元旦春节期间走访慰问党员干部402人，"七一"走访慰问老党员、困难党员共计571人，为627名老党员颁发"光荣在党50年"纪念章。同时强化排查整改，组织各乡镇对照软弱涣散村党组织"十一条负面清单"展开深入摸底排查，实施"四个一"包保机制和"一村一策"整顿措施，明确县级领导联村、组织部门班子包村、乡镇领导班子包村、第一书记驻村的包保联系机制，确保年底前完成软弱涣散村党组织整顿。

青岛西海岸新区不断强化党建引领的核心作用，推动基层党建与基层治理深度融合，夯实党组织基础。深入推进以"建强基层组织、夯实基础工作、提升基本能力"为主要内容的党建"三基工程"，着力构建基层党建"大联动、大融合、大治理、大保障"的工作体系。

大连金普新区提拔交流了40余名优秀年轻干部充实到街道一线岗位，11名35岁以下的年轻干部充实到涉农街道担任副职领导职务，为增加基层治理力量，精准"补仓"。

为探索党建引领产业功能区建设的新路子，构建公园城市党建新格局，四川天府新区成都党工委聚焦"全面覆盖"，对社区各类组织进行兜底，通过探索建立精准服务机制，采取"结对共建"方式，在符合条件的产业功

能区、商务楼宇、商圈市场等区域建立综合党委、联合党支部，推动符合条件的"两新"组织全部建立党组织。同时，向尚未建立党组织的非公有制企业和社会组织统筹指派结对联系党员，以党建引领助推企业持续健康发展。如今，天府新区建立了"一心三城"主体功能区综合党委3个，省市重点项目建筑工地临时性党组织43个，商圈楼宇、特色小镇等领域区域性党组织17个，为党建引领公园城市绿色发展奠定了坚实的基础。①

二 构建党委领导、党政统筹、简约高效的乡镇（街道）管理体制

各新区积极深化基层机构改革，统筹党政机构设置。上海浦东新区根据超大城区的实际和特点，聚焦体系、功能、机制、载体、队伍五要素，形成以区域化党建为引领、社区党建为基础、行业党建为特色、"两新"党建为关键、单位党建为基本的基层党建管理新格局。深入打造楼宇党建、自贸区党建等党建品牌。以陆家嘴党建服务中心为代表的基层党建及其引领下的基层社会共治，已成为浦东社会治理的一张名片。②

重庆两江新区推动党的组织从街道社区延伸到小区、楼栋、网格、物业服务企业、业委会、商圈和社区，以党建引领基层治理。2018年8月，两江新区印发《关于加强城市基层党建工作实施意见》，提出以党建网格为主导，整合公安、消防、城管等部门在基层的工作网格和力量，逐步实现"多网合一""组网合一"，推行党小组长和网格长"一人兼"，使每个网格成为社会服务管理的基本单元。由此，数百个网格党支部（党小组）在两江新区如雨后春笋般建立，成为联系服务群众的纽带、收集社情民意的节点、密切党群关系的桥梁、社会治理的"红色引擎"。③

贵州贵安新区积极推进载体创新，针对党员实施积分以及坐班值班管理

---

① 陈艾婧、余娜：《天府新区：红色堡垒托起绿色未来》，《四川党的建设》2019年第20期。
② 陶希东：《引领区视域下浦东深化城市治理改革的思路与对策》，《科学发展》2023年第4期。
③ 王雪：《党建引领开启城市"逆生长"——两江新区以党建为引领提升城市品质》，《当代党员》2022年第5期。

制，促进村支两委干部监督管理发挥实效。以 91 个村（社区）的 203 名网格员、1876 名联户长为载体形成"一中心一张网十联户"的网格化管理机制，提升基层社会治理实效。

大连金普新区以上下联动、协同发力、系统施治、精准施策为着力点，以化解矛盾、解决问题为落脚点，推动组织联建、利益联结、工作联动，着力构建"一网通办"的基层社会治理格局，打造"街道大工委—社区大党委—网格党支部"上下贯通、执行有力的基层组织管理体系。

南京江北新区区域化党建是一个涵盖"区—街道—社区—网格"四个治理层级上下一贯的完整体系，具体包括区级层面的"党工委+新区党建联席会"、街道层面的"党工委+大工委+街道党建联席会"、社区层面的"党委+大党委+街道党建联席会社区分会"，以及网格层面的"党支部+大支部+党员积极分子"。区街两级党建联席会和社区党建联席分会分别由同级党组织的最高负责人召集。新区党建联席会各专委会由某特定政府职能部门牵头，其他相关职能部门共同参与。街道党建联席会包括区驻街派出机构职能部门和街道相关职能部门，其社区分会的组成成员则统一包括社区主任和各条线工作人员。区内具有较高代表性和较大影响力的企事业单位为党建联席会共建单位。这些单位的党组织负责人既是区街两级党建联席会（包括社区）的主要参会人员，也是街道大工委、社区大党委和网格大支部兼职委员的主要来源。上下一贯的组织架构与组织领导者的"人员高配"确保了党的全面领导和区域化党建模式的持续性与稳定性。[①]

三　完善党建引领的社会参与制度

新区坚持党建带群建，更好履行组织、宣传、凝聚、服务群众职责。在推进美丽"滨城"建设中，天津滨海新区积极探索构建"党建引领、共同缔造"的工作体系，充分发挥基层党组织的轴心作用，探索构建民生难题

---

① 徐勇、刘喜发：《区域化党建引领城市基层社会治理的实践探索——以江苏省南京市江北新区为例》，《三晋基层治理》2021 年第 3 期。

村居谋、治理问题街镇谋、发展课题园区谋的共谋格局和党员示范建、机关部门攻坚建、社会力量协同建、居民群众志愿建的联动共建体系。社区（村）是党和政府联系、服务居民群众的"最后一公里"。近年来，新区坚持以战领建、抓建为战，发挥社区（村）党组织的轴心作用，统筹社区（村）干部、社会工作者、社区民警、在职党员、网格员、平安志愿者、物业等社区资源，构建基层治理体系。积极吸纳全区党员干部、居民志愿者参与社区治理，汇聚起"滨海是我家、建设靠大家"的人民力量。此外，结合党史学习教育，新区扎实开展为群众、为企业、为基层办实事活动，让高质量发展成果共享于民。

贵州贵安新区扎实推进各领域的基层党建，以"筑固工程"为抓手，推动机关、国企、非公有制经济组织和社会组织等领域的党建示范创建，提升新区党建水平。此外，贵安新区坚持以智慧党建为抓手，探索建立基层党建信息化系统，开展"党建大家谈"等系列活动，加强党建品牌创建，积极探索新业态新群体党建工作方法和路径，多举措夯实农村党建根基。①

青岛西海岸新区积极引领各类组织和群众共同参与社区发展治理，筑牢自治组织平台。在基层党组织领导下加强社区自治组织规范化建设，抓好村（居）民委员会及其下属委员会、村（居）务监督委员会建设工作。

第二节　基层法治和德治建设

法治，是社会治理的支撑和保障。德治，就是"以德治理"，如果说，法治是"法安天下"，那么，德治就是"德润人心"。法治和德治都是社会治理不可或缺的重要手段，坚持法治和德治相结合，促进二者相辅相成、相得益彰，是中国特色社会治理的显著优势。国家级新区在基层治理中始终把法治建设和道德建设有机结合起来，共同推进、一体建设。

---

① 张鹏：《党建引领凝聚磅礴力量》，《贵阳日报》2022 年 7 月 1 日。

一　推进基层治理法治建设

各新区积极完善基层公共法律服务体系，加强和规范村（居）法律顾问工作。2021 年，中共中央、国务院发布了《关于支持浦东新区高水平改革开放打造社会主义现代化建设引领区的意见》（以下简称为《引领区意见》）。自从《引领区意见》公布以来，上海浦东新区充分运用立法授权，积极推动形成"一套衔接有效的运行机制、一批创新突破的法治成果"，市、区两级人大和政府的 13 部浦东新区法规和管理措施陆续出台，填补了各类"立法真空"，为引领区推动高水平改革开放以及探索业态创新、模式创新提供了法治保障。

天津滨海新区深入推进法治乡村（社区）建设，健全党组织领导的自治、法治、德治相结合的基层治理体系，加大乡村（社区）普法力度，深化"民主法治示范村（社区）"创建。推进"法治入家"，培育农村学法用法示范户和社区"诚信守法家庭"。将法治元素融入文明村镇、文明家庭、青少年零犯罪零受害社区（村）等各类创建活动。健全村（居）法律顾问制度，充分发挥其作用，到 2022 年村（居）法律顾问配备全覆盖。因地制宜推广村民评理说事点、社区法律工作室等做法，打造基层普法和依法治理的有效阵地。

青岛西海岸新区在矛盾纠纷多元化解体系建设上，推行"1+X"法律服务模式，即在社会治理管区设立 1 个综合调解室，整合律师、调解员、志愿者等多种力量，构建法治宣传、综合调解、法律援助、社区矫正、法律服务"五进"网格，免费为群众提供法律服务。在城市管理体系建设上，大力推进跨领域、跨部门综合执法，组建综合行政执法局，解决了多头执法、推诿扯皮问题。在公共安全体系建设上，在全国率先建立安全生产行政执法与刑事司法衔接机制，区法院、检察院分别设立安全生产审判庭、检察室，成立全国首家食品药品案件巡回法庭，专门受理、查办和审判相关案件，安全生产监管责任得到依法有效落实。

大连金普新区致力于将完善国家司法救助与社会救助衔接机制、人民法院在基层设立调解工作室、加强政务信息资源共享、扎实推进总工会"强网计划"等一系列带有"金普名片"的品牌纳入细化任务清单，标本兼治，进一步增强基层社会治理的成色，筑牢基层依法治理的"压舱石"。①

二　加强基层思想道德建设

各新区组织开展科学常识、应急知识普及和诚信宣传教育，注重发挥中国传统文化在基层治理中的重要作用。甘肃兰州新区充分发挥礼仪文化的凝聚功能，实现社会治理全员参与。新区开发"党建+文化"（一品、二学、三读、四观、五唱、六宣）六步走红色宣教仪式，带动208个党组织1万多名党员在城市建设中坚守初心使命，打造"书香新区百姓课堂"共享平台，向市民免费讲授文明礼仪、民俗文化等，开展"线上社群学习线下场馆实践"活动130余次，服务市民13万人次，让新区群众真正享受到文化惠民带来的实惠、体会到文化繁荣发展的成果，使社会主义核心价值观通过礼仪文化飞入寻常百姓家。②

陕西西咸新区针对"村改居"问题，靶向定位、精准发力，坚持"德治"教化，打造"村改居"社区治理"幸福样板"。以培育践行社会主义核心价值观为目标，以提升思想道德修养和文明素质为核心，以道德模范、三秦楷模、身边好人等先进事迹为素材，定期开展新市民课堂、道德大讲堂等活动。注重青少年思想道德建设，在"四点半"课堂以浅显易懂的动画形式引入社会主义核心价值观、中华民族传统经典等，在儿童心里种下文明的种子。坚持道德典型引领，广泛发掘道德典型事迹，推选"好家风示范家庭""身边好人""十佳好媳妇""十佳好公婆""底张孝子""五好文明家庭"等先进典型45人，以良好示范效应带动群众向上向善，厚植德治根基，浸润文明新风。

为统筹发挥机构的联动协同作用，整合区级各部门、各街道、各社区和

---

① 李艳彬：《金普新区：亮出基层社会治理"金普名片"》，《东北之窗》2022年第9期。
② 张钰婷：《礼仪文化助推新时代城市治理——以兰州新区礼仪文化实践为例》，《中国报业》2022年第17期。

社会资源，四川天府新区出台《天府新区社区教育工作站标准化建设行动》，建成社区教育学院。天府新区社区教育学院从新区农村社区、城镇社区、产业社区并行存在的实际出发，力争通过课程实施，实现区、街、村（社区）和园区、校区、社区课程全覆盖，构建"人人皆学、处处能学、时时可学"的课程服务体系，打造示范课程，丰富社区教育内涵，提升社区教育服务品质。天府新区社区教育制度化、规范化，为持续有效开展治理提供了有力支撑。

三　发展公益慈善事业

各新区积极完善社会力量参与基层治理的激励政策，创新社区与社会组织、社会工作者、社区志愿者、社会慈善资源的联动机制。为推动社区社会组织高质量发展，上海浦东新区民政局推出了社会组织品牌建设助力计划，作为新区助力打造社区公益品牌项目的行动之一。在浦东新区民政局指导下，在上海浦东非营利组织发展中心支持下，浦东新区社会组织发展指导中心实施"浦东新区社会组织品牌建设助力计划"，以"发掘公益品牌项目，打造新区公益名片"为愿景，设计品牌新生力与品牌影响力双向选拔路径，发掘和培树一批具有创新品牌价值的社区公益项目，探索建设区级社区公益品牌项目的全过程培育支持体系。开展一系列持续性跟踪赋能活动，进一步扶持浦东社区公益项目发展和品牌建设，推动社会组织在更大范围、更广领域助力浦东构建共建共治共享的社会治理共同体，将高品质服务源源不断地提供给居民，增强居民的参与感、幸福感、获得感。

2021年9月至今，重庆两江新区共建立社区公益基金53只，动员近206家企事业单位、468位爱心个人参与筹款募捐，累计筹集资金148万余元，对接书籍捐赠、志愿服务、物资捐赠、场地提供等事项。新区社区基金支持项目已累计服务辖区儿童、老人、困难群众及社区居民约13万人次。在两江新区社会保障局支持下，两江新区社会组织礼嘉孵化基地开展了多期社区公益基金建设运营赋能工作坊。下一步，两江新区将筹备设立街道级社区基金，统筹整合整个街道的公益慈善资源，发挥社区基金在助推社区治理创新、调动资源活性、促进多方协作等的作用。两江新区社会组织礼嘉孵化基地也将持续发挥专业支持、信息共享、资源链接等功能，协助各社区基金用活用好，保持健康良性运行。

青岛西海岸新区王台街道以社区慈善基金赋能基层治理，帮助社区以慈善、自治、互助的方式破解社区治理过程中的"小急难"问题。[①] 社区慈善基金是社区"共建共治共享"的体现，通过整合社区慈善资源，引导更多慈善力量参与社区治理，更好保障基本民生，推动社区基层治理向纵深发展。社区慈善基金对于整合社区慈善资源、关爱困难群众等而言具有重要意义，将有效拓宽群众参与慈善的渠道，引导慈善资金支持和参与基层治理，为推动社区共建共治共享增添更大动力。

第三节　基层政权治理能力建设

作为国家治理的基础，基层政权是党和国家连接社会的重要桥梁与联系群众的关键节点。其治理能力直接影响到群众的获得感、幸福感与安全感，直接形塑了基层治理的基本样态及发展走向。国家级新区充分利用大数据，深入推进"互联网+基层治理"行动，治理能力现代化水平显著提升。

一　做好规划建设

各新区统筹推进智慧城市、智慧社区的基础设施、系统平台和应用终端建设，健全基层智慧治理标准体系。上海浦东新区以"全域感知、全数融通、全时响应、全景赋能，推动上下左右联动协同，加快建设科学、权威、高效的应急管理体系"为目标，不断推动"一网统管"向更实战、更实用深化，推动各城市管理部门动态体征数据的全量实时汇聚，构建城市运行关键体征指标（KPI）体系，城市运行状态实时监测预警能力稳步

---

① 陈秀峰：《青岛西海岸新区社区治理模式实现再升级》，《中国民政》2022年第16期。

提升。

为贯彻落实习近平总书记关于加强和创新社会治理的重要讲话精神，提升社会治理社会化、法治化、智能化、专业化水平，重庆两江新区抢抓关键，根据党工委管委会印发的《关于进一步加强社区网格化服务管理工作的意见》，配齐配强新区社区网格管理员队伍，规范新区社区网格管理员招聘工作，核定全区网格数 650 个。按照一格一员原则，结合新区社区网格管理工作实际制定《两江新区社区专职网格员管理员招聘实施方案》，目前已充实网格力量共 625 人。同时，新区印发了《中共重庆两江新区工委政法委员会关于加强社区网格管理工作保障的通知》，为专职网格员配备必要的办公设备，建立完善的网格管理工作经费保障机制，积极为专职网格员创造和谐、团结的工作、学习氛围。①

南京江北新区在智能科技赋能社会治理中先行先试，探索出一条具有新区特色的新路子。2021 年 9 月，江北新区是江苏省唯一入选国家智能社会治理特色基地（城市管理的）。江北新区率先探索"网格+网络"的社会治理机制，实现高质量、高水平的治理全覆盖，积极打通服务群众的"最后一米"，实现了人在网中走、事在格中办。②

二　整合数据资源

各新区积极建设基层治理数据库，推动基层治理数据资源共享，并向基层开放使用。近年来，利用手机端、云平台、数据库、电子地图等建立起大数据辅助分析、管理、决策和服务系统，已成为贵安新区充分利用大数据技术、高效提升社会治理水平的重要标志和方式。为提升市场监管治理的靶向性和效能性，贵安新区市场监管局建立市场监管贵安云平台，打造"互联网+监管"模式，将工商、质监、食药监等部门的业务数据进行聚合、分类

---

① 马鹏辉、张沛：《智慧平安建设掀开重庆市两江新区市域社会治理新篇章》，《重庆行政》2021 年第 4 期。

② 何乐、王沾霞、包咏菲、陈学科：《打造高品质智慧新城的"江北场景"》，《群众》2021 年第 22 期。

及整理，形成统一的市场监管业务综合信息数据库。为解决各村集体资金及村民民生资金的公开精准管理问题，贵安新区相关部门将监督检查、政策宣传、信息收集、监督工作、政策公开、举报投诉等多方面内容相融合，打造贵安新区"民生监督查询平台"。各平台依托大数据在"云"端持续发力，不断发挥自身优势、攻破更多难题，全面推动贵安新区社会治理变革。[①]

青岛西海岸新区依托智慧城市建设，借助互联网、大数据等技术，建立新区、镇街和部门、社区三级社会治理信息平台，实现指挥调度、信息汇聚、智能流转、统筹考核、分析决策、交流互动、展示应用、社会服务、治安防控、便捷查询十大功能，成立全区社会治理信息数据汇聚、综合指挥调度、社会协同服务、决策分析预警、成果展示应用"五大中心"。随时对网格员上报的问题和公众投诉的问题进行分办、处置，推动了部门联动、高效处置。推进跨部门数据共享，全面采集全区基础地理信息、人口、企事业单位等基础信息，建立起社会治理"大数据"中心。利用社会治理"大数据"对各类信息进行综合分析研判，及时发布和处置预警信息，实现事故早发现、早防范、早处理。[②]

大连金普新区充分发挥国家级新区科技创新优势，坚持"数字赋能、智慧治理"，运用"互联网+"思维，结合"智慧城市""城市大脑"建设，将大数据、区块链、物联网技术与网格员日常"巡格"工作紧密结合，搭建了"全科智慧网""金普社区通""金普民生综合服务平台"三大智慧治理平台，实现数字技术与基层社会治理深度融合。"金普社区通"的"自动收集、分层处置、全程记录、群众测评"问题跟踪系统，渗透到基层治理的各方面、各领域，实现群众需求导向的即时化、扁平化、智能化处理，畅通了党群之间的互动渠道，形成"一屏观天下，一网管全城"的便民服务格局，真正构建起"民呼我应"的基层社会治理新模式，实现从"身边"到"指尖"的服务"零距离"。目前，"金普社区通"注册用户已达110余

---

① 彭耀永：《数字赋能贵州社会治理更精细》，《贵州日报》2022年7月25日。
② 刘文俭、毛振鹏：《青岛西海岸新区社会治理创新的经验启示与推广建议》，《中共青岛市委党校·青岛行政学院学报》2019年第1期。

万，家庭覆盖率达 98%。2022 年以来，平台共发布各类公告、通知及便民服务信息等 4 万余条，累计阅读量 2000 万次，居民互动 3 万余条。①

三　拓展应用场景

各新区纷纷建设开发智慧社区信息系统和简便应用软件，提高基层治理数字化智能化水平。上海浦东新区率先打造城市运行综合管理体系和"城市大脑"。2019 年 10 月，浦东"城市大脑"升级到 2.0 版，打通了不同部门的信息和技术壁垒。2020 年 7 月 1 日，浦东关于城市运行的"一网统管""城市大脑"3.0 版本整体上线运行，形成智能化应用场景体系。

天津滨海新区构建了全周期智管平台，通过数字化赋能，提升社会治理的数字化智能化水平。滨海新区创新运用大数据、云计算、人工智能等前沿科技构建平台型人工智能中枢，用数据决策、用数据管理、用数据服务，加强数字社会、数字政府建设，提升公共服务、社会治理等数字化智能化水平，实现城市运行的生命体征感知、公共资源配置、宏观决策指挥、事件预测预警、"城市病"治理等功能，像"绣花"一样治理城市。目前，已建成网格化服务管理综合平台，构建了"一网+一脑+一数"立体多维治理运行体系，打造了"发现上报—受理审核—分拨处置—核查结案—考核评价"的闭环处置流程。体系运行至今，累计接报问题办结率达到 99.5%。

在加速构建社会治理体系的同时，兰州新区的社会治理能力全面提升。新区率先将智慧城市建设融入社会治理创新，重点建设"一云、二网、三平台"。通过打造 N+个智慧应用，加快构建设施智能、服务便捷、管理精细、环境宜居的"智慧社区"，建成集网格化管理、智慧警务、政务服务、应急指挥于一体的社区综合治理中心，实现"感知、分析、预警、指挥"全程闭环管理。近年来，兰州新区智慧城市建设全面提速，核心区 5G 网络全覆盖，连续数年获评"中国领军智慧城区"。

---

① 郭文治、孟航：《大连金普新区：创建"两先区"，争当东北振兴"跳高队"》，《中国城市报》2023 年 2 月 27 日。

陕西西咸新区打造的智慧社区平台，通过手机小程序，不仅可以交物业费、进行房屋报修，还能报名参加社区活动。智慧社区平台是以"i 空港"小程序为入口，"空港微邻里"为接入，党群建设、社区管理和公共服务、智慧生活圈、智慧政务、物业管理与养老服务、社区安防六大主体功能为支撑的智能化数字平台。幸福里智慧社区平台利用视频监控与识别、传感器与数据采集等技术构建管理与服务系统，解决了居民安居、宜居、管理相关的问题。

第十六章 国家级新区基层治理与基础设施建设的成功示范

本章通过分析上海浦东新区的社区花园参与式治理、陕西西咸新区的"三服四化"便民服务改革、青岛西海岸新区的乡村治理"德育模式"以及四川天府新区的"五线工作法"社区治理，着重探讨了几个国家级新区在基层治理方面的成功实践。这些新区通过创新实践，推动了居民参与、便民服务、德育培育和多维治理，这些成功经验为其他国家级新区的基层治理提供了启示，也有利于促进国家级新区的发展和基层社会治理的创新。

第一节 上海浦东新区社区花园参与式治理

浦东新区在社区花园实践、运维的过程中融合公众参与，充分考虑居民日常需求，协同多方利益相关者共商共治，在多元协同参与的过程中提升居民的归属感、认同感、幸福感，进一步促进居民基层治理共同体意识的形成，建设了基层社会参与治理机制。[①]

一 社区花园参与式治理的基本概念

社区是城市更新的基本单位、地域性社会生活共同体，也是政府开展城市治理建设的基层管理单元，更是城市微更新的关键一环。社区花园作为城市空间中居民可全过程参与的空间营造项目，与居民利益关系密切，参与程

---

① 刘悦来、谢宛芸：《共治的景观——基于上海市浦东新区东明街道参与式社区治理实践》，《园林》2022 年第 8 期。

度深入、情感连接紧密、互动效应持久、撬动效应明显，成为实现社区营造与社区共治的绝佳载体，是促进居民基层治理共同体意识形成的强有力的生命体。社区花园的参与式治理模式可以推广至城市治理的其他方面，成为活化城市存量空间、开展城市治理的有效途径之一，对推进基层治理现代化具有重要意义。

社区参与式治理以社区花园为载体，基于多方协同的参与式治理理念开展社区更新治理，在空间更新过程中强调公众参与，同时也需要建设基层居民授权、政府政策支撑、社会组织赋能等制度，实施路径上包括开办社区营造共建工作坊等。在前期设计、方案实施营建、运营维护三个阶段达成多方共识。研究指出，参与式社区治理在实现过程中的公众参与，可有效提升居民的幸福感与认同感，即居民对于社区花园更新过程的参与有利于真正意义上的共同体意识形成。

二 浦东新区社区花园参与式治理的实践探索

浦东新区东明街道作为首次以片区为单位在政社伙伴关系下开展的社区花园系统性实践，包括：枢纽型社区花园 2 个、亮点型社区花园 13 个、居民自发完成迷你社区花园 11 个及共创小组型社区花园 30 余个，共 4 类公众参与类型。

（一）发展基础——居民自主开展社区花园营建

浦东新区东明街道成立已久，住房呈现出较突出的"老化"现象，街道内基础设施难以满足居民日益升级的生活需求，存在"城中村"地域特点引发的空间治理矛盾。为贯彻以人民为中心的发展思想，践行"人民城市人民建"理念，2016 年上海市浦东新区在社会治理创新背景下开展"缤纷社区行动计划"，为东明街道良好的社区花园网络化发展提供了坚实的政策基础，自 2019 年起已有社区花园营建实践，凌兆片区和三林片区均发展出一批由居民自主完成设计、营建、运维的社区花园。其中以凌兆佳苑"幸福园"和新月家园"心怡乐园"最为著名，被评为当年浦东新区缤纷社区优秀小微项目一等奖、优秀自治项目一等奖。① 除此之外，街道范围内的社区花园、护绿队、护河队、志愿队及各种自行申报完成的独具特色的自治项目也为东明街道社区花园网络化发展打下了深厚的根基。2019~2022 年，社区花园数量不断增加，影响范围逐渐扩大，辐射范围已覆盖街道大部分区域。

（二）规划主体赋能——社区规划师队伍建设

社会力量萌芽于 20 世纪 60 年代，并于 90 年代开始实践探索，社区规划师便是基于社区空间规划治理体系而出现的。社区规划师的设立有助于深入了解社区需求，帮助社区获得政府资源和基金支持，也是政府自上而下与社区自下而上沟通、实践相结合，协调多方合作、落实上位规划的重要纽带。上海的社区规划师制度探索始于 2018 年，率先开展的是社区基层规划系统建设，其中杨浦区突出基层力量的孵化，徐汇区搭建数字化联动平台，浦东新区强化政府顶层设计。东明街道社区规划师团队集合了高校学生、社区居民、专业规划人士等，分为社区规划师导师、青年社区规划师、居民社区规划师及小小社区规划师 4 种类型，搭建起协同多方利益相关者的共建共治共享机制，探索公众参与下的社区公共空间治理机制，包括："1+2"技术管理制度、9 项要素的行动指南、公众参与的"一图三会"、部门联动的宣传模式 4 个模块，为社区规划师制度建设提供了清晰的实施保障和行动指引。②

（三）建章立制——以社区花园为基础开展基层参与式社区治理的制度化探索

基于东明街道稳固的社区花园发展根基，2020 年，浦东新区以东明街道为试点，探索以自上而下的顶层架构与自下而上的基层自治力量耦合，在三年行动计划的顶层架构与社区规划方案的支撑下，开启了以社区花园为阵

---

① 齐玉丽、刘悦来：《在地自主　多元融合：上海社区花园公共艺术实践参与机制探索》，《装饰》2021 年第 11 期。

② 毛键源、孙彤宇、刘悦来等：《公共空间治理下上海社区规划师制度研究》，《风景园林》2021 年第 9 期。

地的基层赋能与空间改革相结合的参与式社区治理实践，从顶层专项规划、多层级赋能、建立制度化保障三个环节，建立起系统性社区花园参与式社区治理常态化制度。

第一个环节：街道政府内部成立社区花园与参与式社区规划专项小组，由党工委书记牵头，联合与社区规划有密切联系的内设机构中青年干部组织，建立青年社区规划和社区花园小组，及时跟进街道各部分社区花园网络的建设进度，实现信息、资源公开共享。

第二个环节：多元协同治理体系构建及多层级赋能。除政府层面设立专项小组作为统筹外，在街道内各居民区挖掘社区领袖或有专业背景且愿意投身社区规划的青年社区规划师，建立社区规划师先锋队。同时在居民区内部建立社区规划小队，并结合小小规划师、社区花园设计竞赛及社区花园节等多元活动，一方面可以宣传并吸引更多居民参与社区花园和社区营造，扩大在地力量；另一方面还可以在展示社区花园建设成果的同时，为下一阶段的募捐活动造势。

第三个环节：形成制度化保障。社区花园可持续发展需要协调好政府规划与民间力量，推动常态化制度的建立以保障社区自治力量自由、稳健发展，促进基层治理共同体意识形成，具体包括4个步骤：①在街道内先选择10个重点社区作为参与式社区规划的试点，建立在地社群。②形成可推广经验后向38个社区进行公众参与理念传播，并在实践中实现公众赋能，为实践中发掘的社区能人颁发"社区规划师聘书"，使其能带动多元社群网络联结，推动社区花园网络化。③丰富资金来源。参与式社区更新的可持续发展不能只依靠单一资金来源，需要政府、企业、民间多管齐下，如通过公共艺术展出、校社联合、社企合作等方式，支持赋能团队、专业团队和社区居民。④居民参与建章立制。在社区花园实践中实现基层多层级赋能赋权，建立起公众参与社区治理的保障性制度（见图16-1）。

三　总结与展望

东明路街道按照"宜居东明"三年计划，逐步推动公众参与制度化，

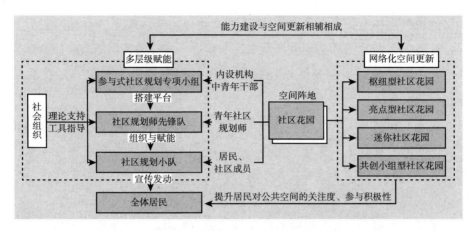

图 16-1　东明街道基层参与式社区治理制度化探索框架

完成多处社区花园改造项目，动员数百人参与共商共建，在全过程参与式社区规划实践中，逐步推进居民基层治理共同体意识形成。城市更新包括环境更新与社区复兴双重目标，社区复兴关系到社群网络化及共同体意识，即恢复或重塑环境的社会互动性，打造有社区意识、有社会资本的社区空间。目前大量社区更新实践项目仍以政府自上而下的空间更新改造为主，多以设计工作坊形式与公众参与相结合。东明路街道参与式社区规划实践为社区空间更新与共同体意识形成所作出的制度、组织探索，在社区更新建设的前期、营建及运维三阶段结合公众参与实现了全过程人民民主，并注重居民主人翁意识及基层自治组织培育，实现社区治理过程中公众的最大化参与，再结合与之相配的有效运行机制，解决了社区公共空间公共性缺失、共治缺位、相应载体缺少及"共同体意识"难以形成等问题。同时，街道以社区花园为载体、居民可全过程参与社区治理的实践进一步证实其可行性及可借鉴性，未来可能成为空间微更新可持续运维的最有效途径之一。①

　　由于社区花园网络难以在短时间内形成，且政府自上而下主导型建设方式深入人心，导致社区公众难以迅速成长为在地共治力量，需要进一步研究

① 侯晓蕾：《基于社区营造和多元共治的北京老城社区公共空间景观微更新——以北京老城区微花园为例》，《中国园林》2019 年第 12 期。

基层治理共同体意识行动结构，明确居民参与式社区规划的行动路径。另外，社区花园涉及的利益相关者众多，如何进一步完善基层制度以协调多方共治，也需要进一步完善社区花园参与式规划中的组织建设及制度保障细则。

首先，明确基层治理共同体意识塑造中居民参与式社区规划的行动路径。空间的完全表达需要在居民参与行动的实践中构建适宜的参与实践结构，通过"群策群力—多方协商—改造建设—志愿运维"，引导公众参与并逐步恢复感知能力、重建共治意识，激发居民自主表达、创造能力。其次，基于顶层系统架构，完善保障居民参与行动的组织。目前东明街道参与式社区规划组织框架包括"政府—社区组织—居民—社会组织"，仍需搭建多方协商共治的组织平台，即基层治理共同体协同枢纽平台，构建"组织平台—政府—居民—企业—社会"的组织框架。结合政府基层各部门的联动建设、基层居民的组织协同建设、企业和社会力量的引导参与及社区内外多元力量的联动建设，共同完善参与式社区规划的组织架构。最后，构建平衡参与式社区规划项目中人、财及权责关系的制度框架，保障居民自由参与社区治理。①基层部门权力下放，注重构建参与式社区规划中所涉及多方利益相关者的协同共治机制，同时改进实践项目设计标准、考核制度以实现全过程制度保障；②人员专业化，建立组织框架中各层级专项人员的赋能赋权制度，在公众参与的全过程中完成进一步赋权及引导。

未来对于公众参与社区治理仍有更多纵向研究需要进一步探索。一方面，对居民参与意识不足、参与程度低等深层次问题仍缺乏研究；另一方面，居民的意愿与态度是随着时间和空间多维度变化的动态选择，需要结合日常生活情境和制度形成更具地方性、针对性及策略性的参与途径。随着"人民城市人民建"等共商共治理念逐步在多个城市落实，政府和学界针对社区更新建设开展了大量理论和制度框架的探索。但仍需通过居民的社区参与和日常生活实践来实现真正意义上的参与式社区治理。基层治理共同体意识的形成条件是什么、如何促使居民在城市微更新中参与行动来形成基层治理共同体意识、如何构建基层治理共同体等问题还有待进一步研究。

第二节　陕西西咸新区"三服四化"便民服务改革

西咸新区以加强服务型党组织建设为抓手，以办好企业和群众的每一件小事为基础，整合街镇机构设置，在街镇专门设置党群服务中心，加挂街镇"便民服务站"牌子，推行"服务群众、服务民生、服务基层""服务事项清单化、服务流程标准化、服务手段信息化、服务重心基层化"的"三服四化"便民服务改革。

一　"三服四化"便民服务改革主要做法

构建新区、新城、街镇、村（社区）四级政务服务体系，调整街镇机构设置，专门设置党群服务中心，加挂街镇"便民服务站"牌子，统一推行"前台综合受理、后台分类审批、统一大厅出件"的"综合窗口"服务模式，变"专科大夫"为"全科医生"。各级配备工商营业制证机，以及发票申领、综合办税、身份证自助拍照、便民缴费等服务终端累计 120 台，打造"线上无休、线下无缝"的一流政务服务。[1]

（一）事项清单化、服务照单办

以群众常办的"高频事项"为重点，纵向上，将新区、新城 51 项事项下放街镇；横向上，将分散在市场监管所、税务所、派出所等部门办理的197 项事项，统一集中到便民服务大厅办理，形成街镇政务服务一张清单。统一编制办事指南，明确审批流程、受理条件、申报材料等 118 个信息项，实现新区范围内同一事项"无差别受理、同标准办理"。

（二）流程标准化、服务规范办

制定街镇便民服务站建设规范和运行规范，结合街镇发展规模、人口数量、经济状况等，推行差异化建设标准，统一便民服务站标志牌匾、功能分区、窗口设置等；统一大厅运行机制、工作制度，建立 24 小时自助服务专

---

① 中华人民共和国国家发展和改革委员会：《中国营商环境报告 2020》，2020 年 10 月 19 日。

区。印发《西咸新区行政审批专用章使用管理规定（试行）》，在街镇同步实施"一枚印章管审批、管服务"模式。

（三）手段信息化、服务网上办

提高线下实体大厅的智能化水平，配备查询、抽叫号等设备，让大厅服务更智能、更便捷。开通街镇网上政务大厅，积极推广"网上办"和"手机办"，用手机支付宝"扫一扫"即可实名登录政务服务网，用手机拍照上传即可完成事项申报。按照"凡办事必评价、凡不满必回访、凡问题必整改、凡失职必追责"的原则，将街镇政务大厅纳入"好差评"评价体系。目前，新区已经形成"1+5+22+412+889+n"的四级政务服务体系，即1个新区本级政务大厅，5个新城政务服务中心，22个镇街便民服务站，412个社区（村）便民服务室，889名"红色代办员"，n代表已经建成的若干个政务服务便利店。

（四）重心基层化、服务就近办

将面向企业和群众的工商税务、人社民政、户籍办理等政务服务事项统一纳入街镇便民服务站窗口集中受理；将水电气等社会服务和养老、医疗等个人事项纳入村（社区）便民服务室集中受理；对于人口、产业聚集的园区、综合体等，建设"15分钟便民服务驿站"，实现"就近可办、就近能办"。合理划分综合网格，在街镇便民服务站、村（社区）服务室设立党员先锋岗、党员示范岗，建立"红色代办员"队伍，推行党员预约办理、上门办理、帮办代办等服务，实现了群众办事"大事不出街镇、小事不出社区（村）"。

二 "三服四化"便民服务改革实践效果

西咸新区"三服四化"改革，充分发挥基层党建作用，创新基层社会治理体系，打造"家门口便民服务综合体"，打通服务群众"最后一公里"，取得明显成效。

（一）降低办事难度

建立颗粒化街镇政务服务事项体系，街镇便民服务站可办理的事项从原有的 20 项左右扩展到 394 项，网上可办事项占比 99.49%，逐步实现"上一张网、办所有事"。原来要在新城、新区办理的高频事项不出镇就可办理。采用"一枚印章管审批、管服务"模式，群众办事不求人、不看脸、不进科室，推动实现"一站式服务、一门式办理"。

（二）提高办事便捷度

构建新区、新城、街镇、村（社区）四级政务服务体系，在街镇政务大厅统一推行"前台综合受理、后台分类审批、统一大厅出件"的"综合窗口"服务模式，建立专业化前台服务队伍。各级配备工商营业制证机，以及发票申领、综合办税、身份证自助拍照、便民缴费等多种服务终端 120 台，推动"线上无休、线下无缝"政务服务。

（三）提升服务温度

对窗口服务人员开展服务礼仪及业务培训，建立"窗口 AB 岗""一次性告知""代办服务制""责任追究制"等 12 项服务制度，构建"岗位有工作标准、办事有程序标准、服务有质量标准"的政务服务全标准体系。已为 2 万余名群众上门办理老年证、公交卡及社保、合疗、计生、公积金等高频服务事项。

（四）获得群众满意度

推广"网上办"和"掌上办"，手机支付宝"扫一扫"即可实名登录政务服务网，手机拍照上传即可完成事项申报。将政务服务纳入电子监察，办事群众对审批廉洁度的满意率为 100%。街镇便民服务大厅日接待群众量从 30 余人增加到 150 余人，日办件量从 20 余件增加到 90 余件，各街镇、村（社区）为群众办理各类事项超过 20294 件，多类事项实现"立等可取"，群众办事满意率达 99.9%。

三　"三服四化"便民服务改革展望

今后，西咸新区将充分发挥党建引领作用，进一步完善各级党委（党工委）牵头机制，整合各类行政和服务资源，深入推动便民服务与基层党建、街镇综合改革、网格化管理、综合执法改革结合，探索基层社会治理从以行政管理为主到以提供服务为主，从单纯政府管理到政府搭建平台、社会合作共建的新模式，建设全方位便民服务综合体。

变"等人上门办事"为"主动上门帮办"，整合优质政务资源向基层延伸，以更加贴心、用心、细心的服务，切实增强群众的幸福感、获得感。按照标准引领、需求导向、依法依规、改革创新的原则，进一步完善事项清单、大厅建设及运行规范、服务流程、办理流程四个"标准化"建设。同时，针对工业园区、商业摊点密集区域等特定场所，以及老年人、残疾人等特殊群体探索编制差异化清单，有针对性地提供更多帮办代办服务。

新区要以办好企业和群众每一件事为基础，以优化工作流程和规范办事指南为要求，以新区四级政务服务平台建设为依托，以服务延伸党建统领为抓手，形成运转有序、保障有力、服务高效、人民满意的基层政务服务管理体制机制。全力打造"线上无休、线下无缝"、新区群众"小事不出村，大事不出镇"的政务服务体系，着力增强新区各级干部职工的服务意识，让新区基层政务服务能力和水平走在全国前列。

第三节　青岛西海岸新区乡村治理"德育模式"

近年来，青岛西海岸新区基于山东传统文化的特色土壤以及乡村熟人社会的传统特点，探索实践"以农民为主体、农户为单位、村庄为单元"和"以乡村党建领导为引领，以村民'德行积分'的'德育银行'项目为突破口，以'德行指标'为积分评价标准，以机制化、制度化、体系化'育化'工作机制为实施手段，以党建领导的'法治、德治、自治'三治融合的乡村现代治理体系为有效推动，以推进乡村产业、人才、生态、文化全面振兴加快实现生产现代化、生活现代化、生态现代化、文化现代化、治理现代化的农业农村现代化为目标"的乡村治理"德育模式"。[1] 这不仅激发了村民遵守道德规范与社会行为的自觉意识与自发行动，极大地提高了村民文明水平，有效解决了乡村各种矛盾纠纷，促进了乡村治理能力与治理水平的提

---

[1]　李继凯、王宁：《探索具有齐鲁特色的乡村治理新模式——青岛西海岸新区乡村治理"德育模式"调查》，《乡村论丛》2023 年第 2 期。

升，也有效促进了乡村产业、人才、生态等全面振兴，对推动农业农村现代化具有重要作用。

一 乡村治理"德育模式"基本概念

"德育模式"是基于我国传统道德规范与社会行为准则，立足当前乡村发展需求，以村规民约为基准，针对村民社会行为设计的评价积分体系，以"德"为评价指标，以"育"为实践手段，通过物质兑换与精神鼓励方式，既规范了村民的社会行为，实现了乡村治理能力与水平的提升，也促进了农民从社会行为向经济行为的"延伸"，从而实现了乡村治理向乡村发展的"升级"。以"德育"体系为抓手，乡村治理为突破，数字化发展为助力，聚焦农业农村现代化，围绕乡村振兴目标，探索了新路径。

"德育模式"是以村民参与村庄公共事务为评价手段的乡村治理模式，在农村党组织领导下，村庄导入学校德育理念，建立评价指标体系，通过综合服务站兑换日常生活用品，实现对农民家庭的量化评价和激励引导，引导农民自主自愿参与乡村各项公共事务，形成"党建引领、体系支撑、积分牵引、数字赋能、双向共治"的乡村治理运行机制。

二 乡村治理"德育模式"实践内容

"德育模式"作为具有创新性、探索性的乡村治理及乡村振兴模式，需要一个率先实践、丰富完善的过程。同时，"德育模式"具有复杂性、综合性等特征，包括设计积分评价指标、建立评价评估机制、形成推动工作机制等内容。

（一）探索乡村治理"德育模式"积分评价形式

乡村治理"德育模式"起源于 2020 年青岛西海岸新区在镇、村两级党组织领导下实施的党支部领办"德育银行"。[①] "德育银行"引入银行的储

---

① 郭明、高璇、刘良艺：《道德积分制：国家政权对乡土社会的"柔性整合"——以青岛市西海岸新区"德育银行"实践为例》，《中共福建省委党校（福建行政学院）学报》2022年第 4 期。

蓄模式，让"德者有所得"。村民把日常行为获取的积分存入"银行"，当德育积分达到一定数额，就可以在积分兑换日到综合服务站换取洗衣液、卫生纸等生活必需品。这样，村民遵守道德规范与行为准则，不仅获得了物质实惠，还获得了精神层面的"实惠"。乡村治理"德育模式"将"村中事"变成"家中事"，把"道德层面"变成"行为准则"，把"自觉行为"变成"物质奖励"，把"物质实惠"变成"精神荣誉"，从而破解了乡村治理中各项事务"没依据、没抓手、没人听"的问题，推动形成了文明乡风、良好家风、淳朴民风，为加快形成闻名全国的"乡村治理'德育模式'"奠定了基础。

（二）形成"1+5+N"乡村德育评价体系

科学合理的德育评价指标体系是乡村治理"德育模式"的基础与核心。在实践中，青岛西海岸新区创新探索出一套"1+5+N"的乡村德育评价体系。

"德育模式"的"1+5+N"评价体系具体包括："1"为党支部引领，体现指标为农村党员模范带头作用，具体包括党员双倍扣分、党员联系户表现、获取各级荣誉。"5"为五美体系：生态宜居美，包括居家环境卫生、垃圾分类投放、家畜散养；睦邻和合美，包括赡养老人、关心帮助困难群体；乡风淳朴美，包括乡村创业及带动、考取大学及中级以上资格证书；乐于奉献美，包括拾金不昧、主动捐助；守法有序美，包括文明祭祀、举报违法违纪。"N"是开放性指标，是由村党支部认定的事项，除了村党支部根据村庄发展实际制定的 N 项指标外，还通过召开村民代表大会等方式，广泛征求全村关于 N 项指标的意见和建议（见图 16-2）。

"德育模式"的工作体系既坚实、完整，又具灵活性、有生机，面对乡村发展中的新问题、新需求，不断升级解决方案，构建可持续发展的动态评价体系。同时通过指标评价社会行为，以积分牵引的手段，通过德育活动以身边事影响身边人所营造的氛围，引导群众意识到文化道德的重要意义，进一步激励村民加强精神文明建设，引导群众形成行为规范的良性循环。

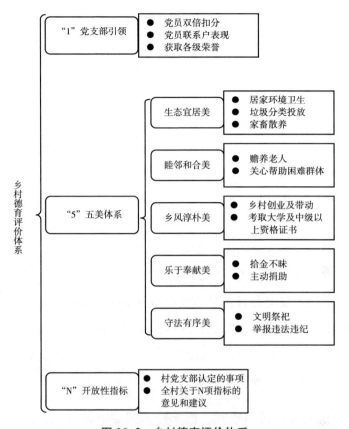

图 16-2 乡村德育评价体系

（三）创建乡村治理"德育模式"工作机制

建立公开、公平、公正的德育积分评价机制与实施推动工作机制是确保"德育模式"扎实推进的关键。"德育模式"的整个工作机制分六步，第一步成立党支部领办"德育模式"乡村治理领导小组，负责村内"德育模式"的全面统筹、组织实施及流程优化；第二步成立运行评价委员会，负责项目实施、流程监督以及分数的评价认定、积分审核，确保项目运行规范有序；第三步为集体打分和个人申报，每月组织运行评价委员会对农户开展打分，联户党员和个人对符合个人加分的项目进行实时申报；第四步为积分评审，评价委员会对积分进行评审，录入村民积分账户；第五步是积分公示，通过村民股东代表大会、村务公示栏、微信群等途径公示积分情况，接受广大村民的监督；第六步是积分兑换和结果运用，村民使用德育积分等价兑换相关物品和服务，德育积分也可作为德育之星评选或其他评优奖励的重要依据。

（四）搭建乡村治理"德育模式"数字平台

"德育模式"充分发挥数字化手段在积分管理和村务管理方面的作用，以数字化技术助力村务治理，助推"德"的引导和"育"的落地，使"德"的行为有规范、规范的行为可量化、量化的行为可传播。以数字化手段助力村庄积分管理。通过村民信息采集、积分细则录入、积分上报、积分兑换等全流程电子化管理，使复杂的村级事务数字化、标准化、具象化，让乡村治理工作从"凭感觉"转向"可量化"。以数字化手段助力村庄党建和村务治理。数字化平台为村内三务公开、议事厅、党委风采提供了线上的交流和展示平台，使培养村民参与乡村事务有途径、其他村庄学习优秀做法有依据。以数字化手段助力村民参与乡村发展事业。App开设了"村民议事厅"，村两委会议决议通过线上形式向村民进行公开，村民代表、全体大会进行线上、线下并行征集意见、表决投票，使得离乡在外的村民也能够及时参与村务管理，村级事务管理更充分地体现民意。

三 乡村治理"德育模式"探索取得主要成效

"德育模式"通过积分激励引导村民积极参与村庄治理，使乡村治理与村民利益、荣誉紧密联系起来，推动乡村治理由无形变有形，使"小积分"起"大作用"。"德育模式"，在村容村貌、乡风文明、乡村文化及乡村发展等方面都取得了显著效果。[1]

（一）村容村貌得到优化

"德育模式"在村庄村容村貌整治上取得的效果尤为明显。2018年，宝山镇设施比较落后，村庄道路硬化不到位，通过实施"德育模式"，如今有很大改观，在房前屋后、村民室内干净整洁等方面都出现了截然不同的变

---

[1] 午言：《"三治结合"是中国特色社会主义乡村善治之路》，《实践》（党的教育版）2020年第7期。

化。"德育模式"的实施使村民逐渐改变了"村情村貌不关己"的态度，增强了村民共建共治共享的"主人翁"意识，有效改变了农村环境卫生"脏、乱、差"的面貌，营造了团结一致、人人参与"村容村貌"整治的良好氛围。

（二）文明水平得到提升

"德育模式"极大地促进了乡村文明程度的提升，加强了村民自我管理、自我服务、自我教育和自我监督的意识，成功打通了社会基层治理的"最后一公里"，在参与的过程中，村民们纷纷攒积分、比积分、亮积分，更加热心于村级管理和公益服务事业。村民越来越讲文明、懂礼貌，父母赡养及子女教育问题都得到了一定程度的解决，邻里关系和睦，村庄面貌焕然一新。

（三）乡村氛围更加和谐

党的二十大报告提出建设宜居宜业和美乡村，"德育模式"成为村党支部凝聚民心能力的有效抓手，推动了村庄党群关系、干群关系更加和谐。当村民遇到问题与困难时，愿意主动与村干部沟通，将许多矛盾被化解在萌芽状态。六汪镇全域 61 个村推广"德育模式"，2021 年化解矛盾纠纷及历史遗留问题 164 起，及时化解矛盾纠纷，化解率在 95% 以上，实现了邻里和睦、社会和谐、村庄安宁，真正做到了小事不出村、大事不出镇。

（四）乡村文化更加振兴

通过"德育模式"的实施，传承了传统文化美德，培育了文明乡风、良好家风和淳朴民风。村民更加热心于村级管理和公益服务事业，积极向党组织靠拢。同时打造特色化的"德育频道"，在电视上展示镇村的特色内容。在"德育模式"的助推下，许多村庄创建了广场舞队伍、艺术团和篮球协会等，进一步强健村民体魄、健康农村生活。

第十七章　国家级新区基层治理与基础设施建设的经验与展望

国家级新区作为国家经济社会发展的新引擎、新动力，其建设和发展需要新区全体人民共同参与，其成果和收益应被新区全体人民共同享有。新区的全面综合发展离不开基层建设，也无法回避社会治理创新这一时代命题。本章主要梳理总结国家级新区基层治理的成功经验，并分析存在的问题和不足，探讨国家级新区如何在优惠政策趋弱的背景下，利用"先行先试"空间进行体制机制创新，引领基层治理发展。

第一节　国家级新区基层治理的经验总结

近年来，社会治理创新已经成为国家级新区积极开展的重要实践，积极了丰富的经验，其中一些共同经验值得总结提炼。国家级新区在基层社会治理创新过程中根据实际情况，因时、因地地推动党建引领、"三治"融合、数据应用及小微治理等，并在此基础上实现交融复合创新，打造了新区社会治理的特有面貌。

一　党建引领

党组织在社会治理中应主动积极地发挥模范带头作用，并采取系统的方式方法。习近平总书记强调，要把加强基层党的建设、巩固党的执政基础作为贯穿社会治理和基层建设的一条红线。

从各国家级新区的社会治理模式可以看出，各地对党建引领高度重视，通过实行领导干部普遍直接联系群众制度，建立党建联席会议制度，明确需求、资源、项目三张清单，落实双报到、双报告制度，进一步融洽党群、干群关系，将基层党建与基层社会紧密结合，充分发挥党组织在社会治理中的领导作用，从而做到"以人民为中心、以问题为导向、以创新为关键、以制度为保障，把党的群众路线贯穿到各领域全过程"。①

二　"三治"融合

在社会治理中将自治、法治与德治相结合，即权力的归位和社会权利的到位。中央政法委提出，"坚持自治、法治、德治相结合，是新时代'枫桥经验'的精髓，也是新时期基层社会治理创新的发展方向"。②

各国家级新区的基层社会治理探索都强调了自治、德治和法治的有效融合、相互补充，通过搭建乡贤评理堂、百姓参政团、阳光议事厅、村民议事会、坊间论坛、村民论坛等不同形式的群众参政议政平台，建立市、镇、村三级道德评议组织，成立道德法庭及设立道德基金，完善道德模范先进典型的评选表彰及学习宣传机制，推进"警调、检调、诉调、访调"对接机制全覆盖，引导各级干部运用法治思维和法治方式服务群众，有效提升公众参与度，化解社会矛盾纠纷，维护社会长治久安。

三　数据应用

随着信息技术不断发展，移动互联网成为信息传播的重要渠道，深刻影响着人们的生产生活方式。在基层社会治理中，改变传统治理思维变得尤为重要。探索"互联网+社会治理"方式，利用云计算、大数据等技术，了解公众意愿、预判社会问题、增进社会共识，有效提升政府数字化建设和社会治理智能化水平。可以说，在基层社会治理中融入互联网思维，是推动基层治理能力现代化的有效途径。

习近平总书记强调，要运用大数据提升国家治理现代化水平。数据技术

---

① 陈东辉：《基层党建引领社会治理创新的探索与路径》，《理论与改革》2019年第3期。

② 桂晓伟：《以"三治融合"重塑基层治权》，《武汉大学学报》（哲学社会科学版）2023年第1期。

在基层社会治理中可以发挥重要作用，通过政府电子政务网络、三级联动电子工作平台、智网工程、智能手机和网络应用、社会综合治理云平台、采集唤醒和激活沉睡数据、提升回应速度等，可以解决服务群众的"最后一公里"甚至"最后一米"问题，达到社会治理的智能化、科学化和现代化，提升了社会治理创新的效能、效率和效果。

四 小微治理

基层社会治理立足于基层地区，将治理任务、方案、措施等予以落细、落小、落实。"微治理"既是基层社会治理精细化的客观需求，也是基础社会治理精细化的实施场域和实现形式。

当下，很多国家级新区存在新市民激增、超大型楼盘不断涌现、社区服务范围有限、基层群众自治组织"悬浮"、群众参与"脱嵌"等现象，亟须符合社会治理重心向基层下移、社会治理精细化趋势的小微治理。小微治理能够促进政府管理与群众自治的有效衔接和良性互动，其划小社会治理单元、关注居民日常生活，以及构建居民紧密利益共同体、社区清单制度、社区共治协商平台等做法，有助于提升社会治理的回应性。

第二节　国家级新区基层治理存在的不足

尽管各国家级新区高度重视治理创新，探索形成了经济治理、城市治理、社会治理有效衔接的综合治理体系，取得了显著成效，但离实现基层治理体系和治理能力现代化的目标仍存在一定的差距，城市基层治理还存在诸多短板。

一 科学高效的行政区划和政府管理体制有待持续创新

近年来，国家级新区的人口规模、经济体量不断增大，大体量带来的管理难度和复杂性日渐提升，社会流动加快、服务需求多样、城市设施中的隐患增多、城市风险点高度密集，这就要求政府以公共服务、社会治理为工作重心，率先推动行政管理体制科学化、现代化。

然而，大多数新区的管理体制都面临着管理幅度过宽的问题，较难做到精深开发、精细管理；街镇治理水平空间差异明显，社区分类治理精度不高，个别远郊和农村地区环境脏乱差现象突出；基层街镇管理人手缺乏，尤其是大镇、大居，很难实现精细化管理；存在条块关系复杂，既有中央相关机构、新片区等多个垂直管理的"条"，又有开发区、园区、社区、基本管理单元等多类型的"块"，区域治理"碎片化"显现、强势政府责任无限等问题，基层治理的体制瓶颈依然突出，科学化治理体制创新亟待深化。

二　创造引领高品质生活的公共服务供给能力有待提高

服务和管理是城市基层治理的重要"两翼"。以人为本，扩大优质公共服务供给，让所有人共享发展成果，满足民众多样化需求，走向共同富裕，是国家级新区推动基层治理体系和治理能力现代化的内在要求。

近年来，尽管多数新区实施了文化新地标建设、家门口服务、15 分钟生活圈等计划，教育、文化、医疗等民生服务水平显著提升，但公共服务在规模数量、结构类型、空间配置、品质能级等方面依然存在先天不足，总量规模有待提升，空间均衡化配置有待深化、服务品质有待提升。尤其是养老、医疗、教育等公共服务，人均指标与全市中心城区或其他大都市对比存在不小的差距，服务供给能力的短板依然突出。

三　联动协同的跨层级、跨部门、跨地域整体治理新机制有待深化

在迈向治理能力现代化的进程中，依托数字化转型，切实解决政府上下层级联动、横向部门协同的问题，是未来城市治理创新的主攻方向。多数国家级新区在基层治理数字化智能化方面取得了重大成就。但在实践中，完全实现数据共享互认还存在一定的困难，部门之间、条块之间资源统筹、力量整合、机制衔接有待深化，特别是在跨层级、跨地域、跨系统、跨部门、跨业务的协同管理和服务上，联动联勤的响应度、配合度有待进一步提升。

在跨层级治理方面，虽然有"准入清单""多表合一"，但条线向基层

派单派活的惯性和冲动依然存在，条线响应度不高，基层话语权不大，自上而下的"倒三角"压力依然很大。[1] 基层"台账信息多、表单填报多、数据重复多、信息共享少"的问题依然明显。在跨部门治理方面，尚未形成与数字化转型相适应的"整体智治"现代政府新形态、新机制。

四 共商共建共治共享的基层社会治理共同体建设有待强化

完善共建共治共享的社会治理制度，是国家治理体系和治理能力现代化的重要内容。各国家级新区围绕基层党建、社会组织、基层赋能减负、居民自治等开展了大量实践，取得了一定成效，但从社会治理社会化专业化的要求来看，还有一定的发展潜力。

首先，基层党建引领的资源整合能力、业务融合能力、行动统筹能力、思想引领能力有待进一步增强。其次，扁平化的"街区"治理机制尚不健全。最后，公众参与、社会组织参与社会治理的范围、机制、能力有限，社会企业、基金会等发展较为滞后，社会治理的社会化资源配置能力有限，"政府做、群众看"的行政化倾向依然明显，"强政府、弱社会"的总体格局并未发生实质性变化。

第三节 高质量提升国家级新区基层治理水平的建议

对于以上基层治理中存在的问题，下文有针对性地提出一些有效提升国家级新区基层治理能力的对策，以期更好地推动基层治理能力提高，为新区的发展奠定良好的基础。

一 强化基层党组织作用

基层党组织在基层社会治理能力提升的过程中起到了不可忽视的作用，

---

[1] 伊庆山：《基层网格化治理中跨部门协同联动的菱形架构、运行困境及优化路径》，《江汉大学学报》（社会科学版）2023 年第 3 期。

要进一步加强基层党组织建设，保证基层社会治理体系和治理能力不断提升。

（一）强化党建引领组织保障

首先要强化党建引领基层治理的组织保障，加强组织领导。各级党委要加强对基层基础治理的统一领导，建立健全协调推进机制，及时协调解决基层突出问题。推行村（社区）党组织书记通过法定程序担任村（居）委会主任，倡导村党组织书记通过法定程序担任村级集体经济组织、合作经济组织负责人，推动村（社区）党组织纪委书记或纪检委员担任村监会主任，支持村（社区）"两委"班子成员兼任团支部、妇联及村（居）委会下属委员会负责人。村（居）委会成员、村（居）民代表中党员应当占一定比例。

充分发挥乡镇（街道）党（工）委在区域化党建中的"龙头"作用。围绕红色资源、乡村振兴、基层治理等，坚持点线结合，打造特色鲜明的党建示范区。坚持常态长效整顿软弱涣散基层党组织，聚焦换届遗留问题村和集体经济薄弱村，建立工作台账。强化基层治理主体责任，各级组织、政法部门要发挥牵头协调作用，进一步细化工作举措，强化工作指导。民政、编制、农业农村、卫生健康、应急管理等部门要结合自身职责，明确任务目标，抓好工作落实，形成推进基层治理工作的强大合力。①

（二）提升基层统筹领导能力

着力提升乡镇（街道）统筹领导能力。全面推行乡镇"大党委"、街道"大工委"工作机制，加强乡镇（街道）党（工）委对基层政权建设的全面领导。依法依规继续实行派驻体制的公安派出所、税务分局（所）、市场监管所等，接受乡镇（街道）统一指挥协调，工作考核和主要负责人任命听取驻地乡镇（街道）意见。健全乡镇（街道）与县级派驻公安、司法、市场监管等机构的协调配合机制。持续深化乡镇（街道）综合行政执法改革，切实理顺县级职能部门特别是综合执法机构与乡镇（街道）综合执法

---

① 章荣君：《社会治理精细化趋势下"微治理"的生成逻辑》，《湖湘论坛》2018年第6期。

队职责关系，进一步加强乡镇（街道）综合执法队建设，制定执法清单、明确执法边界、规范执法行为、提升执法能力。

二 鼓励多元主体积极参与基层社会治理

社会治理创新是广泛吸纳各类主体参与并持续激发主体活力的过程，这就需要最大程度地发挥各类主体参与社会治理的效能。

（一）充分调动社会资源

要坚持共建共治共享，充分调动社会组织、社会工作者、志愿者和慈善资源等社会力量，引导市场力量，更好发挥政府作用，构建多方参与格局，让全体人民共享发展成果。要不断强化政府在基本公共服务供给保障中的主体地位，优化村（社区）务功能布局，促进服务资源高效配置和有效辐射。发挥村（社区）党组织、基层群众性自治组织作用，支持群团组织积极参与村、社区服务。健全社会力量参与村、社区服务激励政策，组织实施社会力量参与社区、乡镇的服务行动，推动社区与其他组织之间的协调配合。[①]不断引导驻区单位向社区居民开放停车场地、文化体育设施、会议活动场地等资源。支持社区服务企业发展，积极引导市场主体进入社区服务领域，鼓励开展连锁经营。

针对城镇、乡村社区的治理能力提升，开展社区社会组织专项行动，实施一批项目计划。开展系列主题活动，培育一批品牌社区社会组织，引导服务性、公益性、互助性社区社会组织广泛参与社区服务。依托社区综合服务设施建立志愿服务站点，搭建志愿服务组织（者）、服务对象和服务项目对接平台，以困难群体和特殊人群为重点，广泛开展志愿服务，大力开展邻里互助服务和互动交流活动。在乡镇（街道）设置面向村（社区）服务的社会工作站。依托社区综合服务设施建立社会工作室，开展社会工作专业服务。

（二）提升服务群众能力

要落实政府在社会治理中的职责，简政放权，将资源等向基层倾斜，不

---

① 冯志峰、万华颖：《"元治理"理论视阈下的基层社会治理》，《东方论坛》2019年第2期。

断提升乡镇（街道）服务群众能力。紧紧围绕乡镇（街道）服务重点，建好用好乡镇（街道）综合指挥和信息化网络平台，实行首接负责、接诉即办、流转交办、部门联动、结果反馈、办理排名等工作机制。对涉及辖区公共服务、城市管理、应急处置、平安建设等需要多层级、多部门协同解决的基层治理综合性事项，乡镇（街道）要按照职责相近、管辖有利的原则进行统筹协调，不断完善党建引领的社会参与制度。

要鼓励、引导、支持事业单位和群众团体积极参与社会治理，增强社会公众、人民群众参与社会治理的主观能动性，拓展人民群众的参与渠道，调动人民群众的积极性。

三　推进基层法治和德治建设

基层要不断提升法治化水平，引导党员干部树立法治理念，基层政府也要加强法律知识的普及。[①]

（一）提高基层干部法律意识

充分发挥党员干部的示范带头作用，深入开展法制宣传教育和法律进农村活动。深入开展"扫黑除恶"专项斗争，集中整治黑恶势力、宗族恶势力、村霸干扰侵蚀问题。积极做好信教群众工作，依法管理宗教活动场所，旗帜鲜明地抵制宗教势力干涉公共事务，坚决抵御非法宗教活动。以法律法规为依据，全面制定修订村规民约，严格落实村党组织领导和把关要求。

将习近平法治思想作为基层党员、干部培训的重点内容，提升党员干部的法律意识。提升群众在基层治理过程中的参与度，加大全民普法工作力度，严格落实"谁执法谁普法"普法责任制，高质量推进"八五"普法工作，创新方式方法，丰富载体平台。

（二）完善基层公共服务法律体系

加强人民法庭、公安派出所、司法所建设，强化"一乡镇一法庭""一

---

① 张文显、徐勇、何显明等：《推进自治法治德治融合建设，创新基层社会治理》，《治理研究》2018 年第 6 期。

村（社区）—警（辅警）"建设，严格规范执法司法行为，提高执法司法公信力和群众满意度。加强和规范村（居）法律顾问工作，引导广大律师、基层法律服务工作者提供专业服务，参与人民调解和法律援助，引导群众通过合法途径表达利益诉求，解决矛盾纠纷。深入推进公共法律服务实体、热线和网络平台建设，建成覆盖全域、普惠均等的公共法律服务网络。

（三）加强思想道德建设

以社会主义核心价值观为引导，大力弘扬习近平新时代中国特色社会主义思想，改善村风、村貌。将依法治国与以德治国相结合，进一步完善道德评议机制，鼓励引导基层群众向道德模范学习，发挥道德模范的带头作用。加强科学知识、卫生知识、健康知识的宣传工作，不断完善群众的知识体系，为建立社会主义新风尚打下坚实的基础。引导社会力量参与基层社会治理，充分发挥社会组织、慈善机构等社会团体的作用。支持在乡镇治理过程中采用购买公共服务的方式，让专业的人做专业的事。推进基层志愿服务体系的建立，营造邻里友好互助的社会氛围，为群众生活提供更多便利。

四　创新基层社会治理模式

基层社会治理停滞不前的主要原因之一就是基层社会治理模式较为陈旧，不能根据社会发展及时调整治理方式与创新治理手段，使得现阶段基层治理能力不能得到很好的提升，不能很好地适应现代社会发展形势。随着数字化、"互联网+政务"的快速发展，基层社会治理中也要融入更多的互联网成分，畅通基层群众了解政务信息、反映问题的渠道。

（一）提高数字化政务服务效能

基层政府要强化系统集成、数据融合和网络安全保障。加快全国一体化政务服务平台建设，按照党中央、国务院的决策部署，实现全国政务服务"一张网"。不断加快社会服务平台建设，提升社会服务水平，为百姓办事提供更快捷便利的方式。推动"互联网+政务服务"向街道、社区延伸覆盖。①

---

① 曹海军、曹志立：《新时代村级党建引领乡村治理的实践逻辑》，《探索》2020 年第 1 期。

加快部署政务通用自助服务一体机，完善社区政务自助便民服务网络。

构建全方位获取基础信息的自动感知采集网络，收集乡镇（街道）相关基础数据，着力实现对"人、地、物、事、组织"等基本要素的精准掌控。打通信息壁垒，构建数据资源共享体系，推动业务协同办理，实现基层治理有关数据跨部门、跨区域共同维护与使用。建立健全数据共享体系，将数据与人工智能技术深度融合，建立健全科学数据标准体系，提高视频图像智能化应用水平。充分考虑老年人、残疾人的习惯和特点，推动互联网应用的适老化及无障碍改造。推动政务服务平台、社区感知设施、家庭终端和城乡安全风险监测预警系统互联互通，推动实时监测、智能预警、应急救援救护和智慧养老等社区惠民服务应用。

推进数字化基层社区服务圈、智慧家庭建设，促进社区家庭联动智慧服务生活圈发展。大力发展社区、城镇、基层电子商务，探索推动无人物流配送进社区。推动"互联网+"与社区服务的深度融合，逐步构建服务便捷、管理精细、设施智能、环境宜居、机密安全的智慧型新社区。深入组织开展智慧型社区、现代社区服务体系、新型农村社区服务站点等试点，高效匹配社区、基层全生活链的供需，扩大多层次便利化社会服务供给。鼓励社会资本投资建设智慧化社区，运用第五代移动通信（5G）、物联网等现代信息技术推进智慧社区信息基础设施建设。

（二）鼓励基层治理改革创新

以村（社区）党组织为主渠道落实各项政策法规，发挥基层群众性自治组织的作用，增强综合服务能力。全面推行"一窗"受理和"一站"办理，实现政务代办服务村（社区）全覆盖。完善即时响应机制，推广投诉即办等基层经验，社区服务设施开放时间和服务时间一般不少于每天8小时，群众关切项目应开展24小时线上服务，保留必要的线下办事服务渠道，及时响应居民需求。完善政府购买服务机制，明确购买服务项目立项、经费预算、信息发布、项目管理、绩效评估等长效配套设施，鼓励基层群众性自治组织、社会组织承接政府购买服务事项，广泛参与社区服务。完善服务评价机制，健全群众满意度调查评估制度，实现组织开展社区服务群众满意度调查覆盖所有村（社区）。推广社区服务"好差评"评价激励制度，普遍建立精准匹配村（社区）居民需求的评价机制。完善村（居）民自我服务机制，加强基层群众性自治组织规范化建设，引导村（居）民广泛参与社区服务，增强自治能力，提高自我服务水平。

五　全面推行网格化管理

目前，基层治理依然面临人员力量不足、管理手段单一等问题，迫切需要通过体制创新，打造精细化的社区、基层服务平台，构建简约高效的基层管理体制，使基层有条件、有能力更好地为群众提供精细化服务。

行之有效的方法就是在基层治理中实行网格化管理，不断深化网格化管理。[①] 网格化管理一般以居民小组或住宅小区、若干楼院为单元划分社区网格，把社区内的党建和政法综治、民政、城管、信访、市场监管、卫生健康、应急管理等各类网格统一整合成"一张网"。商务楼宇、商圈市场等根据实际情况可单独划定网格。坚持大网格、微治理，构建全域覆盖、全网整合、规范高效、常态运行的社区网格化管理服务体系。

建立健全信息收集、问题发现、任务分办、协同处置、结果反馈的工作机制，做到民有所呼、我有所应。专职网格员要开展日常巡查走访，了解掌握社情民意，及时处理矛盾问题。对网格排查上报事项，社区做好梳理汇总，街道根据问题性质和管理权限做好相应的监督和检查工作，相关职能部门要压紧压实责任，主动承接、限时办理并及时向组织进行反馈，推动基层行政执法力量能够下沉到网格中、下沉到人民群众中，引导各类企业、社会组织、志愿者队伍积极参与网格化管理。

---

① 田毅鹏：《网格化管理的形态转换与基层治理升级》，《学术月刊》2021 年第 3 期。

智慧城市发展篇

　　人类社会正步入信息时代，互联网、大数据、云计算等新一代信息技术迅猛发展，一系列战略性新兴产业快速崛起，城市建设也逐步迈向以信息技术为支撑、以创新智慧为动力的智慧化新时代。2020年，习近平总书记在浙江考察时指出，让城市更聪明一些、更智慧一些，是推动城市治理体系和治理能力现代化的必由之路。在党的二十大报告中，习近平总书记强调，加强城市基础设施建设，打造宜居、韧性、智慧城市。这为各地开展智慧城市建设指明了方向。城市是人类生活的家园，智慧城市则是智慧社会、智慧文明与智慧生活的主要载体，更是城市化进程中优化城市发展结构、实现城市可持续发展的新主题与新方案。作为世界上最早开展智慧城市建设的国家之一，我国早在2012年就开展了智慧城市试点。在试点过程中，国家层面做出了一系列顶层设计与相关部署，将智慧城市建设和发展列为国家战略和大政方针。在这种政策背景和发展趋势下，国家级新区作为我国区域发展的支点、承担国家重大发展和改革开放战略任务的综合功能区，积极推进智慧城市建设，坚持以人为中心的发展理念，将生态文明建设融入智慧城市建设，大力推进海绵城市建设。如何通过城市智慧化转型更好地发挥新区功能，已经成为国家级新区在新形势下面临的战略性任务之一。

第十八章　智慧城市建设政策

国家级新区智慧城市建设在一系列国家与地方政策和规划指导下有序进行：国家层面的政策为智慧城市建设提供了顶层设计和规划方案，推动国家智慧城市试点分批次开展；地方性相关政策结合各新区实际为新区智慧城市发展精准施策，推动城市智慧化应用逐步普及；各地区、城市辅之以相应的人才和土地、环境等配套性政策和措施，进而从基础设施、技术、人才、生态环境等方面多管齐下，共同助力国家级新区智慧城市建设。

第一节　智慧城市政策体系与试点

2012年《关于开展国家智慧城市试点工作的通知》发布以来，我国智慧城市建设形成了从中央到地方的政策体系，有序推进智慧城市试点。上海浦东新区、重庆两江新区和青岛西海岸新区成为国家智慧城市试点，为智慧城市建设创造了良好的环境，其他国家级新区也相继出台了一系列政策支持智慧城市建设。

一　智慧城市建设政策体系

随着我国智慧城市建设从初期探索、快速成长到全面执行，已形成初步体系化成果，创造了良好的政策环境。目前，我国已经形成从中央到地方的垂直化智慧城市建设政策体系，中央政府通过制定全国性政策不断完善顶层设计，地方政府在中央政策指引下根据自身发展实际，制定了智慧城市建设政策，推动我国智慧城市建设政策体系不断完善。表18-1展示了国家层面

2012~2022年智慧城市建设部分重点政策。从演进脉络来看，我国智慧城市建设政策体系的发展可分为感知基础架构与顶层设计、智慧产业培育与创新驱动、智慧应用领域异构发展三个阶段。①

（一）第一阶段：感知基础架构与顶层设计

第一阶段始于2012年，是智慧城市建设及其政策体系的起步阶段。2012年住建部办公厅发布《关于开展国家智慧城市试点工作的通知》、《国家智慧城市试点暂行管理办法》以及《国家智慧城市（区、镇）试点指标体系（试行）》，明确了智慧城市试点建设的具体实施和管理办法；② 2013年国务院发布《关于促进信息消费扩大内需的若干意见》，明确提出我国智慧城市建设目标；2014年中共中央、国务院发布《国家新型城镇化规划（2014—2020年）》，指明了新型城镇化与智慧城市的关系；国家发改委等八部门联合发布《关于促进智慧城市健康发展的指导意见》，指明了智慧城市的发展方向。这一阶段的政策文件提出了物联网技术的概念与架构体系，为夯实智慧城市发展必备的感知层基础提供了条件。

（二）第二阶段：智慧产业培育与创新驱动

第二阶段始于2015年，是智慧城市建设及其政策体系的快速发展阶段。在创新发展战略的引领下，我国智慧城市政策数量快速增长，且聚焦支撑智慧城市建设的核心技术和创新产业领域。例如，2015年国务院先后发布《关于积极推进"互联网+"行动的指导意见》和《关于印发促进大数据发展行动纲要的通知》，提高城市信息化、智慧化发展水平，进而提高城市服务能力。此外，2015年国家标准委、中央网信办和国家发改委联合发布了《关于开展智慧城市标准体系和评价指标体系建设及应用实施的指导意见》，为智慧城市试点提供了科学、合理的评价标准与指标体系指导。

① 李霞、陈琦、贾宏曼：《中国智慧城市政策体系演化研究》，《科研管理》2022年第43期。
② 李德智、王婷婷：《我国智慧城市政策主题分析与时空特征研究》，《现代城市研究》2023年第2期。

（三）第三阶段：智慧应用领域异构发展

第三阶段始于 2018 年，是智慧城市建设及其政策体系的全面执行阶段。这一阶段全国智慧城市政策在各智慧应用领域呈现多维度异构发展特征。政策聚焦政务服务领域，通过发展智慧政务，在智慧交通、智慧医疗等领域多点开花，重点关注智慧基础设施建设，如 2021 年住建部和工信部联合发布了《关于确定智慧城市基础设施与智能网联汽车协同发展第一批试点城市的通知》，2022 年住建部和国家发改委共同发布《"十四五"全国城市基础设施建设规划》，为智慧基础设施建设提供更好的基础性支撑。

表 18-1　2012~2022 年我国智慧城市建设部分重点政策

时间	印发单位	政策
2012 年 12 月	住建部办公厅	《关于开展国家智慧城市试点工作的通知》
		《国家智慧城市试点暂行管理办法》
		《国家智慧城市（区、镇）试点指标体系（试行）》
2013 年 8 月	国务院	《关于促进信息消费扩大内需的若干意见》
2014 年 3 月	中共中央、国务院	《国家新型城镇化规划（2014—2020 年）》
2014 年 8 月	国家发改委、工信部、科技部、公安部、财政部、国土资源部、住建部、交通部	《关于促进智慧城市健康发展的指导意见》
2015 年 7 月	国务院	《关于积极推进"互联网+"行动的指导意见》
2015 年 8 月	国务院	《关于印发促进大数据发展行动纲要的通知》
2015 年 11 月	国家标准委、中央网信办、国家发改委	《关于开展智慧城市标准体系和评价指标体系建设及应用实施的指导意见》
2016 年 9 月	国务院	《关于加快推进"互联网+政务服务"工作的指导意见》
2016 年 11 月	国家发改委办公厅、中央网信办秘书局、国家标准委办公室	《关于组织开展新型智慧城市评价工作务实推动新型智慧城市健康快速发展的通知》
2016 年 12 月	国务院	《国家信息化发展战略纲要》
2017 年 1 月	交通部办公厅	《推进智慧交通发展行动计划（2017—2020 年）》
2017 年 9 月	交通部	《智慧交通让出行更便捷行动方案（2017—2020 年）》

续表

时间	印发单位	政策
2018 年 6 月	国家市场监管总局、国家标准委	《智慧城市顶层设计指南》
2019 年 1 月	自然资源部	《智慧城市时空大数据平台建设技术大纲(2019 版)》
2019 年 11 月	工信部	《"5G+工业互联网"512 工程推进方案》
2020 年 1 月	国务院办公厅	《关于支持国家级新区深化改革创新加快推动高质量发展的指导意见》
2020 年 4 月	国家发改委	《2020 年新型城镇化建设重点任务》
2020 年 10 月	中共中央	《关于制定国民经济和社会发展第十四个五年规划和二〇三五年远景目标的建议》
2020 年 12 月	工信部	《工业互联网创新发展行动计划(2021—2023 年)》
2021 年 4 月	国家发改委	《2021 年新型城镇化和城乡融合发展重点任务》
2021 年 5 月	住建部、工信部	《关于确定智慧城市基础设施与智能网联汽车协同发展第一批试点城市的通知》
2022 年 1 月	国务院	《"十四五"数字经济发展规划》
2022 年 3 月	国家发改委	《2022 年新型城镇化和城乡融合发展重点任务》
2022 年 5 月	中共中央办公厅、国务院办公厅	《关于推进以县城为重要载体的城镇化建设的意见》
2022 年 6 月	国务院	《关于加强数字政府建设的指导意见》
2022 年 7 月	国家发改委	《"十四五"新型城镇化实施方案》
2022 年 7 月	住建部、国家发改委	《"十四五"全国城市基础设施建设规划》
2022 年 11 月	科技部、住建部	《"十四五"城镇化与城市发展科技创新专项规划》

二 国家智慧城市试点进展

国家智慧城市试点是我国推动智慧城市建设和发展，引领中国特色新型城市化道路探索的重要方式，对我国在新形势下"以点带面"带动全国城市智慧化建设、提升城市创新能力而言具有重要意义。[①] 目前，国家级智慧城市试点工作有序推进。在政策层面，2012 年 12 月，住房和城乡建设部发

---

① 姚璐、王书华、范瑞:《智慧城市试点政策的创新效应研究》,《经济与管理研究》2023 年第 43 期。

布《关于开展国家智慧城市试点工作的通知》，同时印发《国家智慧城市试点暂行管理办法》以及《国家智慧城市（区、镇）试点指标体系（试行）》，为国家智慧城市建设提供了顶层设计，并提出了国家智慧城市试点的具体评选方式，规定了地方城市申报、省级住建主管部门初审、专家综合评审等评定程序。

从试点情况来看，国家智慧城市建设批次多、范围广，已公布三批国家层面智慧城市（区、县、镇）名单。首批国家智慧城市试点于 2013 年 1 月公布，共计 90 个，其中地级市 37 个，区（县）50 个、镇 3 个，后增补 9 个；2013 年 8 月，住建部公布第二批国家智慧城市试点名单，在首批基础上确定 103 个试点城市（区、县、镇）；2015 年 4 月，住建部和科技部公布第三批国家智慧城市试点名单，确定北京市门头沟区等 84 个城市（区、县、镇）为国家智慧城市 2014 年新增试点。

三 国家级新区智慧城市政策

2020 年 1 月，国务院办公厅发布《关于支持国家级新区深化改革创新加快推动高质量发展的指导意见》，提出深入推进智慧城市建设，提升城市精细化管理水平，为国家级新区智慧城市建设提供了基本遵循。在国家级新区中，上海浦东新区和重庆两江新区均入选首批国家智慧城市试点名单，青岛西海岸新区入选第三批国家智慧城市试点名单。国家级新区在相关政策指引下制定了合理的规划和发展路线，力争打造新一代智慧化城市。

（一）上海浦东新区智慧城市政策

上海浦东新区入选首批国家智慧城市试点名单后，出台了一系列智慧城市建设政策。2020 年起，上海全面实施"工赋上海"三年行动计划，通过加快工业互联网"新基建"建设，打造新型工业生产制造和服务体系，推动工业软件、数字孪生、工业智能等一系列核心技术创新升级。[1] 2022 年 1

---

[1] 《上海市人民政府办公厅关于印发〈推动工业互联网创新升级实施"工赋上海"三年行动计划（2020—2022 年）的通知〉》，2020 年 6 月 19 日。

月，浦东新区发布的《浦东新区全面推进城市数字化转型"十四五"规划》是"十四五"期间全面打造智慧城市的总领性政策文件。《浦东新区人工智能赋能经济数字化转型三年行动方案（2021—2023年）》及相关细则相继出台，面向智能制造、智慧医疗、金融科技等领域，提出了产业强基、生态协同、开放引领、数字跃升、赋能百业"五大工程"及23项配套工作任务（见表18-2）。①

表 18-2   2020~2022 年上海浦东新区智慧城市建设部分重点政策

时间	政策
2020 年 6 月	《推动工业互联网创新升级实施"工赋上海"三年行动计划（2020—2022 年）》
2021 年 10 月	《浦东新区全面推进城市数字化转型"十四五"规划》
2022 年 4 月	《浦东新区人工智能赋能经济数字化转型三年行动方案（2021—2023 年）》
2022 年 9 月	《浦东新区人工智能赋能经济数字化转型高质量发展专项操作细则》

资料来源：上海市浦东新区人民政府。

（二）重庆两江新区智慧城市政策

重庆两江新区针对智慧城市建设和发展出台了一系列政策，为打造新一代智慧城市创造了良好的政策环境。2020 年 7 月，两江新区出台"1+3"政策，明确将推动数字产业化、产业数字化、城市智慧化，促进智能产业、智能制造、智慧应用协同发展，加快建设智慧之城。② 2022 年，新区先后发布《重庆两江新区工业互联网创新发展行动计划》、《重庆两江新区推进软件和信息服务业建圈强链行动计划（2022—2025 年）》及《两江新区打造智能网联新能源汽车产业集群龙头引领行动计划（2022—2025 年）》，不断推动新一代信息技术与城市建设不断融合，引领两江新区成为全域一体化智慧城市应用示范（见表18-3）。

---

① 《浦东新区人工智能赋能经济数字化转型三年行动方案（2021—2023 年）》，https：//www. ndrc. gov. cn/fggz/dqjj/qt/202204/t20220427＿1323319. html？state＝123&state＝123，2022 年 4 月 27 日。

② 重庆两江新区管理委员会：《关于大力发展数字经济加快建设智慧之城的实施意见》，2020 年 7 月 22 日。

表 18-3　2020~2022 年重庆两江新区智慧城市建设部分重点政策

时间	政策
2020 年 7 月	《关于大力发展数字经济加快建设智慧之城的实施意见》
2020 年 7 月	《两江新区关于加快新型基础设施建设的实施意见》
2020 年 7 月	《两江新区支持工业互联网加快发展十条政策》
2020 年 7 月	《加快发展线上业态线上服务线上管理的实施意见》
2022 年 9 月	《重庆两江新区工业互联网创新发展行动计划》
2022 年 9 月	《重庆两江新区推进软件和信息服务业建圈强链行动计划(2022—2025 年)》
2022 年 10 月	《两江新区打造智能网联新能源汽车产业集群龙头引领行动计划(2022—2025 年)》

资料来源：重庆两江新区管理委员会。

（三）青岛西海岸新区智慧城市政策

青岛西海岸新区陆续出台政策支持智慧城市建设。2021 年 5 月，西海岸新区制定了《青岛西海岸新区关于加快新型智慧城市建设的意见》（以下简称为《意见》），明确探索"三轮驱动"创新模式，推动智慧基础设施建设以构建物联感知体系，加快城市云脑建设以构建新区智慧核心，不断提升智慧管理水平、加强智慧社区建设、形成智慧产业生态，进而实现以数字化、网络化、智能化技术赋能城市发展。在《意见》指导下，西海岸新区在各领域加快部署，并出台相关政策推动智慧城市建设（见表 18-4）。

表 18-4　2021~2022 年青岛西海岸新区智慧城市建设部分重点政策

时间	政策
2021 年 5 月	《青岛西海岸新区关于加快新型智慧城市建设的意见》
2022 年 11 月	《青岛西海岸新区通信基础设施建设与保护管理办法》

资料来源：青岛市西海岸新区管理委员会。

（四）其他国家级新区智慧城市政策

除以上三个被单独列为国家智慧城市试点的国家级新区外，其他国家级新区也在国家和地方政策支持下，加快智慧城市建设，根据自身发展实际出台一系列政策，强化新一代信息技术创新动能，持续发展智慧产业与智慧应用。表18-5展示了2020～2022年其他国家级新区智慧城市建设部分重点政策。

表18-5 2020～2022年其他国家级新区智慧城市建设部分重点政策

国家级新区	时间	政策
天津滨海新区	2020年12月	《滨海新区科技创新三年行动计划（2020—2022年）》
	2021年9月	《天津市滨海新区智慧城市建设"十四五"规划》
浙江舟山群岛新区	2020年9月	《舟山市新型基础设施建设三年行动计划（2020—2022年）》
	2021年5月	《舟山市国民经济和社会发展第十四个五年规划和二〇三五年远景目标纲要》
甘肃兰州新区	2021年10月	《兰州新区新型智慧城市基础平台安全管理办法（试行）》
	2022年1月	《兰州新区"十四五"工业和信息化发展规划》
广州南沙新区	2020年7月	《广州市南沙区信息化与智慧城市建设"十四五"规划》
陕西西咸新区	2022年9月	《西咸新区"十四五"科技创新发展规划（2021—2025年）》
	2022年11月	《西咸新区数字经济发展三年行动计划（2022—2024年）》
	2022年11月	《西咸新区"十四五"新型智慧城市发展规划》
贵州贵安新区	2021年9月	《贵阳市贵安新区"十四五"数字经济发展专项规划（2021—2025年）》
	2022年1月	《入驻贵阳大数据科创城支持政策》
	2022年3月	《贵阳市贵安新区"软件再出发"行动计划（2022—2025年）》
大连金普新区	2021年7月	《大连金普新区工业互联网发展行动计划（2021—2023年）》
四川天府新区	2022年10月	《四川天府新区成都直管区加快数字经济高质量发展若干政策（修订版）》
湖南湘江新区	2021年4月	《湘江新区核心片区智慧城市与信息化发展规划（2021—2025年）》
	2021年4月	《湘江新区核心片区智慧城市与信息化重点项目三年行动计划（2021—2023年）》
南京江北新区	2020年6月	《江北新区（自贸区）促进区块链产业发展若干政策措施》
	2021年8月	《南京江北新区科技创新平台引进培育支持办法（修订版）》
福建福州新区	2020年9月	《关于推动工业互联网创新应用三条措施》
云南滇中新区	2022年3月	《云南滇中新区"十四五"数字经济产业发展规划》

续表

国家级新区	时间	政策
黑龙江哈尔滨新区	2022 年 5 月	《哈尔滨市支持数字经济加快发展若干政策》
	2022 年 8 月	《哈尔滨市建设国家新一代人工智能创新发展试验区若干政策》
吉林长春新区	2020 年 10 月	《关于加快推进 5G 通信网络建设的实施意见》
江西赣江新区	2022 年 5 月	《赣江新区关于支持数字经济高质量发展的若干措施》

资料来源：各国家级新区人民政府、管理委员会。

第二节 国家级新区智慧城市人才建设规划

智慧城市建设对战略管理、技术研发、专业技能及营销运营等方面的人才队伍建设提出了要求。为推进智慧城市建设，各国家级新区在人才培养、引进和激励等方面均出台了政策，为智慧城市发展打下良好的人力资源基础。

一 智慧城市建设人才需求

人才是推动物联网、云计算等新一代信息技术创新发展以及智慧城市建设的主体，高素质、高水平、高技能和高层次的复合型人才是建设智慧城市的关键。然而，目前我国智慧城市建设仍面临着人才因素制约，主要体现在高层次创新人才、专业高技能人才和企业经营管理复合型人才不足，人才培养、引进和激励机制不够完善等。[①] 在各类新兴技术快速发展、各类智慧应用迅速普及的今天，智慧城市建设对各类人才的需求旺盛，主要包括战略管理人才、技术研发人才、专业技能人才以及营销运营人才。

（一）战略管理人才

战略管理人才是城市智慧化发展的领导者和城市智慧化解决方案的规划者。智慧城市的建设是在整体框架的基础上进行的，遵循先规划后实施的步骤，这要求智慧城市建设的规划和领导者，包括专家学者、城市管理者等具

[①] 陈晓娟：《智慧城市建设的人才需求与发展措施》，《中国信息界》2013 年第 10 期。

备高度的战略眼光，为智慧城市建设提供科学、合理、可行、可持续的顶层设计方案。

（二）技术研发人才

技术创新与研发是智慧城市建设中的核心要素。技术研发人才包括互联网、大数据、云计算、区块链、人工智能等新一代信息技术领域的软件开发者、硬件工程师、测试工程师、算法工程师等，这些都属于高层次创新人才和领军人才，其对新兴领域前沿技术的研发、掌握和创新是助力智慧城市建设的关键一环。

（三）专业技能人才

新兴产业的发展和城市智慧应用的普及对信息技术领域掌握新技术、新知识的专业技能人才和复合型人才提出了要求。例如，为进一步推进智慧城市发展，2020 年各地加快城市信息模型（City Information Modeling，CIM）基础平台建设，同时加强以建筑信息模型（BIM）、地理信息系统（GIS）、物联网（IOT）等为基础的新型设施建设。新技术平台的应用对 CIM 人才提出了要求，特别是要建立 CIM 人才培养长效机制，打造多种形式的高层次人才培养平台，为智慧城市发展提供人才后备保障。

（四）营销运营人才

营销运营人才是数字信息产品运营、质量测试、数字信息技术支持以及营销自动化方面的专家、社交媒体营销专员、电子商务营销人员等。[①] 智慧城市的建设不仅需要技术创新，还需要服务和管理创新，包括对现有服务产品和业务的开发、更新及创新，做到服务创新与技术创新相互促进，共同推动智慧城市发展。

二 国家级新区智慧城市建设人才政策

为打造智慧城市建设人才队伍，国家层面制定了一系列政策，对人才队伍建设进行了顶层规划。2021 年 4 月人力资源社会保障部办公厅发布《关

---

① 赣江新区创新发展局：《关于加强数字经济人才队伍建设的若干措施（试行）》，2022 年 7 月。

于加强新职业培训工作的通知》，明确加快培养大批高素质劳动者和技术技能人才，改善新职业人才供给结构，支持战略性新兴产业发展，推动数字经济与实体经济深度融合。2022 年 10 月，中共中央办公厅、国务院办公厅印发《关于加强新时代高技能人才队伍建设的意见》，提出要围绕国家重大战略、重大工程、重大项目、重点产业实施高技能领军人才培育计划；围绕建设网络强国、数字中国，实施提升全民数字素养与技能行动，建立一批数字技能人才培养试验区，打造一批数字素养与技能提升培训基地，举办全民数字素养与技能提升活动。

在国家相关人才政策与人才队伍建设规划的指导下，结合自身智慧城市建设中对人才的需求，各国家级新区纷纷制定了智慧城市人才相关政策，部分重点政策如表 18-6 所示。

表 18-6　2020~2022 年国家级新区智慧城市人才建设部分重点政策

国家级新区	时间	政策
上海浦东新区	2022 年 3 月	《浦东新区"十四五"期间创新型人才财政扶持办法》
天津滨海新区	2022 年 5 月	《滨海新区引进高层次教育人才的实施办法(试行)》
	2022 年 10 月	《滨海新区推进大学科技园建设若干措施(试行)》
重庆两江新区	2020 年 4 月	《重庆两江新区国家海外人才离岸创新创业基地平台建设和运营扶持办法》
	2022 年 10 月	《重庆两江新区英才服务管理办法》
浙江舟山群岛新区	2022 年 8 月	《舟山市全民科学素质行动规划纲要实施方案(2021—2025 年)》
甘肃兰州新区	2022 年 1 月	《兰州新区高层次人才引进培养扶持办法》
	2022 年 1 月	《兰州新区促进人才集聚奖励扶持办法》
	2022 年 1 月	《兰州新区领军人才选拔管理办法》
广州南沙新区	2020 年 5 月	《广州南沙新区(自贸片区)集聚人才创新发展若干措施实施细则(修订稿)》
	2021 年 2 月	《广州南沙新区创建国际化人才特区实施方案》
	2022 年 6 月	《广州南沙新区(自贸片区)支持港澳青年创业就业"新十条"措施》

续表

国家级新区	时间	政策
陕西西咸新区	2022 年 3 月	《西咸新区"秦创原创新人才计划"认定办法》
	2022 年 6 月	《西咸新区建设省级人才发展改革试验区打造秦创原人才聚集高地三年行动计划(2022—2024)》
	2022 年 9 月	《关于打造秦创原人才聚集高地进一步支持人才创新创业的若干措施》
	2022 年 9 月	《西咸新区空港新城打造人才聚集高地三年行动计划(2022—2024 年)》
贵州贵安新区	2022 年 3 月	《贵阳市贵安新区"软件再出发"行动计划(2022—2025 年)》
青岛西海岸新区	2021 年 4 月	《工业互联网工程技术人才职称评审实施意见》
	2022 年 6 月	《青岛西海岸新区全民科学素质行动规划纲要实施方案(2021—2025 年)》
大连金普新区	2022 年 12 月	《金普新区集聚人才十项重点政策(2.0 版)》
南京江北新区	2020 年 10 月	《关于优化升级南京江北新区(自贸试验区)集成电路人才试验区政策》
	2021 年 3 月	《江北新区(自贸试验区)高层次人才奖补实施办法(试行)》
福建福州新区	2022 年 7 月	《福州市高层次人才认定和支持办法》
云南滇中新区	2021 年 12 月	《云南滇中新区"聚才计划"实施办法(暂行)》
吉林长春新区	2022 年 5 月	《长春新区加快高层次人才集聚若干政策(修订)》
江西赣江新区	2021 年 7 月	《赣江新区人才引进和扶持实施办法》
	2022 年 3 月	《赣江新区关于促进大众创业万众创新发展的若干措施(试行)》
	2022 年 7 月	《关于加强数字经济人才队伍建设的若干措施(试行)》

资料来源：各国家级新区人民政府、管理委员会。

三 国家级新区智慧城市人才队伍建设总结评价

根据各个国家级新区发布的人才建设相关政策可以看到，各国家级新区智慧城市人才队伍建设主要从"引才"、"育才"和"留才"三个方面进行。

在"引才"方面，第一，广泛吸引海外人才。例如上海浦东新区、重庆两江新区、广州南沙新区等注重吸引国际人才资源，积极引进海外高层次人才。第二，充分利用国内人才资源。各新区纷纷制定各大高校人才引进计划以及人才认定标准，辅之以配套的落户、资金奖励等措施，吸引人才集聚。第三，不断创新引才模式。例如江西赣江新区充分突出"飞地引才"，对新区"飞地"全职引进以及"飞地"柔性引进的人才分类，分别予以不同程度的政策优惠和奖励补贴。"人才飞地"政策打破行政区划界限，有利于吸引各类高端人才，形成人才集聚效应。[①]

在"育才"方面，第一，建立健全人才培养体系。各新区注重实行全面的人才培养模式，培育高等学历人才，提高专业技术人才比重，加强产学研融合发展，鼓励高校与企业合作，创新就业创业模式，落实人才培养机制。第二，积极探索专业人才培养模式。例如贵州贵安新区、青岛西海岸新区聚焦智慧城市建设涉及的专业领域，针对相关专业人才数量不足、能力不强等实际情况，以城市发展需求为导向，对相关领域的人才培养模式进行新一轮探索。第三，不断提高全民科学素养。浙江舟山群岛新区、青岛西海岸新区等发布相关行动方案，推动全民科学素质提高，从根本上培育智慧城市建设所需的高水平、高层次人才。

在"留才"方面，第一，不断完善各类人才评价、人才激励、人才扶持政策。各新区制定人才成果评定等相关方案，人才评价方案突出"市场导向"，对成果突出的人才及团队进行奖励与激励，不断加大对核心团队的扶持力度。第二，持续营造智慧人文环境。各新区通过提高市民的人文科学素养，加强信息技术、智慧应用在城市生活中的普及，营造智慧人文环境。

各国家级新区在智慧城市建设过程中均将人才队伍的建设和壮大作为重要任务，多管齐下，全方位做好智慧人才储备工作。但在实际操作过程中，仍存在人才战略同质化、重"引才"轻"育才""留才"等问题，导致新区智慧城市建设中难以形成具备一定规模的稳定、高质的人才队伍，人才问题仍然是国家级新区智慧城市发展中的瓶颈之一。

---

① 闫元霜、刘伟明：《"人才飞地"政策助力地方政府破解引才困境探究》，《领导科学论坛》2023年第4期。

第三节　国家级新区智慧城市生态环境政策

在"双碳"背景下，智慧城市建设面临绿色低碳的新要求。应充分采用新一代信息技术，使绿色和智慧融合发展。在这一趋势下，国家级新区的智慧城市绿色发展依托于一系列土地、环境政策逐步走上正轨。

一　智慧城市绿色发展要求

从环境的角度讲，城市是自然环境与社会环境的结合，即在自然环境的基础上通过科学技术等人化的方式形成社会环境，人在城市中的活动对城市环境会产生显著的影响。[1] 因此，智慧城市的建设和发展应当将人类社会与自然环境之间的关系放在重要位置，努力实现二者的高度和谐，例如通过城市绿化或绿地建设等方式使人工建筑、基础设施和自然景观形成完美的统一。

2022 年 5 月，国家工业信息安全发展研究中心、中国产业互联网发展联盟、工业大数据分析与集成应用工信部重点实验室、人民网财经研究院以及联想集团共同发布《依托智慧服务共创新型智慧城市——2022 智慧城市白皮书》。白皮书提出了一系列智慧城市建设的新理念、新架构、新建议，在有关绿色发展方面，白皮书认为生态环境友好是新型智慧城市的特征之一，绿色低碳是新型智慧城市的新发展导向，随着以 5G、大数据、云计算、区块链、人工智能等为代表的新 IT 技术进入实用化阶段，城市成为"双碳"目标实现的最大应用场景，扩大城市绿色生态空间、强化生态环境治理、提升智慧城市治理水平、推动绿色低碳循环发展等已经成为新型绿色智慧城市的发展需求。[2]

绿色智慧城市主要从以下四个方面提出了对良好的生态环境质量的

---

[1]　李百炼、伍业钢：《智慧生态城市：内涵、架构与运行机理》，人民智库，2023 年 1 月 12 日。

[2]　国家工业信息安全发展研究中心等：《依托智慧服务共创新型智慧城市——2022 智慧城市白皮书》，2022 年 5 月。

要求：一是清洁的空气和卫生健康的水源；二是宁静的社区、美丽的城市公园和较大比例的城市绿化；三是绿色建筑及建筑周围协调、和谐的自然环境；四是具有持续性、注重公平地满足现代与后代在发展和环境方面的需要。特别是在国家"双碳"战略的实施过程中，智慧城市建设更应从注重硬件基础设施、技术创新研发应用转向注重经济社会的系统性变革，既包括生活方式的改变，也强调以人为本的思维。面对新 IT 技术和绿色能源技术的双核驱动，绿色可持续已成为智慧城市建设和发展的新方向。

二 国家级新区智慧城市建设相关生态环境政策

我国关于国家级新区智慧城市建设出台了一系列政策。《国务院办公厅关于支持国家级新区深化改革创新加快推动高质量发展的指导意见》提出，国家级新区在智慧城市建设过程中应当率先全面执行绿色建筑标准，推进海绵城市建设，把宜居、绿色、便利等理念体现到规划建设的各个细节，创造体现品质和文化底蕴的生产生活环境。这对国家级新区在智慧城市建设中注重生态环境保护、贯彻可持续理念提出了要求。2022 年 3 月国家发改委发布《2022 年新型城镇化和城乡融合发展重点任务》，提出新型城镇化建设应当提升智慧化水平，不断完善国土空间基础信息平台；健全防洪排涝设施，推动河湖水系和生态空间治理修复，提高排水防涝、雨洪行泄、地面蓄水渗水能力；推进绿色低碳发展，开展绿色生活创建行动，倡导绿色出行和绿色家庭、绿色社区建设等任务要求。

这些生态环境政策构成了国家级新区在新型智慧城市建设中的顶层设计方案和基本遵循。在此基础上，各国家级新区针对生态环境各个方面，包括土地、水域、大气等出台了一系列政策方案与规划，构建了环境保护、绿色发展及可持续发展层面的配套性支持方案，以指导国家级新区在智慧城市发展中更加注重减碳减排、土地利用、自然环境保护，尤其注重新一代信息技术各项应用场景下人与自然的和谐共生。国家级新区智慧城市土地、环境部分重点政策如表 18-7 所示。

表18-7 2020~2022年国家级新区智慧城市土地、环境部分重点政策

国家级新区	时间	政策
上海浦东新区	2020年1月	《浦东新区河道综合管理养护工作若干操作规则》
	2021年9月	《浦东新区生态环境保护"十四五"规划》
	2021年10月	《浦东新区绿化林业"十四五"规划》
	2022年8月	《浦东新区生态环境"双随机、一公开"监管工作实施方案》
天津滨海新区	2021年7月	《天津市滨海新区人民政府关于实施"三线一单"生态环境分区管控的意见》
重庆两江新区	2022年1月	《重庆两江新区生态环境保护"十四五"规划(2021—2025年)》
	2022年8月	《两江新区水生态环境保护"十四五"规划(2021--2025年)》
浙江舟山群岛新区	2020年8月	《舟山市"三线一单"生态环境分区管控方案》
	2022年5月	《舟山市2022年治水治污工作实施方案》
甘肃兰州新区	2020年6月	《兰州新区创建国家节水型城市实施方案》
	2021年7月	《兰州新区"三线一单"生态环境分区管控实施方案》
广州南沙新区	2020年4月	《关于加快推进成片连片改造促进节约集约用地的若干措施》
陕西西咸新区	2020年6月	《全域治水 碧水兴城 西咸新区河湖水系保护治理三年行动实施方案(2019—2021年)》
	2022年1月	《西咸新区水资源管理办法(试行)》
贵州贵安新区	2020年4月	《贵安新区直管区绿色建筑管理办法(试行)》
	2020年11月	《贵安新区生态环境分区管控"三线一单"实施方案》
青岛西海岸新区	2021年4月	《青岛西海岸新区(黄岛区)国家生态文明建设示范区规划(2020—2030年)》
大连金普新区	2020年5月	《金普新区农村生活污水治理专项规划(2020—2025年)》
	2020年5月	《金普新区贯彻落实〈辽宁省绿色建筑条例〉实施方案》
四川天府新区	2020年7月	《天府新区城市环境品质提升工作实施方案》
南京江北新区	2022年6月	《南京江北新区水资源刚性约束"四水四定"试点实施方案》
福建福州新区	2022年1月	《福州市"十四五"生态环境保护规划》
黑龙江哈尔滨新区	2020年3月	《哈尔滨新区江北一体发展区环境影响评价制度改革实施意见》
吉林长春新区	2022年11月	《关于深入打好污染防治攻坚战的实施方案》
	2022年11月	《长春新区生态文明建设行动计划(2023—2025年)》
江西赣江新区	2021年2月	《赣江新区直管区绿色建筑创建行动实施计划》
	2021年8月	《关于进一步推动赣江新区直管区绿色建筑发展的实施方案(2021—2025)》

资料来源：各国家级新区人民政府、管理委员会。

三 国家级新区智慧城市生态环境建设总结评价

"智慧城市"也应当是"智慧生态城市",注重以人为本、智慧创新和生态可持续。[①] 从各国家级新区智慧城市建设相关生态环境政策来看,各新区在智慧城市建设过程中十分重视生态环境保护,立足本地自然生态情况与发展实际,制定了涉及生态环境建设方方面面的规划及具体行动方案。

第一,制定"十四五"时期总体生态环境保护规划,与"十四五"经济社会发展规划相衔接。上海浦东新区、重庆两江新区、福建福州新区均在"十四五"规划的基础上,围绕经济高质量发展和生态环境高水平保护,在生态环境保护领域制定了相关规划,体现了这些国家级新区推进高质量发展的总体思路,为智慧城市生态环境保护创造了良好的制度环境、提供了必要的顶层设计。

第二,制定生态环境保护分区、分领域具体管理计划,构建起较为完整的生态环境保护政策体系。天津滨海新区、浙江舟山群岛新区、甘肃兰州新区、贵州贵安新区均为实施"三单一线"生态环境分区管控出台具体方案,管住空间布局、规范发展行为,构建生态环境分区管控体系的环境管理机制;各新区根据自身生态环境情况还分别在绿化林业、河湖水系、城市土地等重点领域加快布局,出台针对性的政策措施,推动"智慧生态城市"综合治理。

第三,构建生态环境保护监督评价体系,加强生态环境建设过程中的监管。上海浦东新区、黑龙江哈尔滨新区等出台生态环境监管工作方案、环境影响评价改革方案等,以保障生态安全和改善环境质量为目的,对城市生态环境治理实施监督、评价和管理,明确各级责任主体、制定明确评价标准,推动生态环境保护工作标准化、透明化、科学化。

各国家级新区按照总体规划、具体实施方案在智慧城市建设过程中融入

[①] 李百炼、伍业钢:《智慧生态城市:内涵、架构与运行机理》,《国家治理》2022年第24期。

生态环境要素，致力于打造"智慧生态城市"，并取得了一定成果。但从各个新区来看，仍存在不同程度的问题制约着生态环境保护工作的推进：部分新区缺乏生态环境保护中长期总体规划，顶层设计不足；部分生态环境领域的保护工作不完善、不全面；缺乏评估生态环境保护工作成效的具体标准和方案等。建立完整、全面的生态环境政策体系仍是国家级新区推进智慧城市建设的重要环节。

第十九章　国家级新区智慧城市发展情况

国家级新区积极探索并不断推进智慧城市建设，在技术、资本、政策及人才等要素的支撑下，实行"政府主导型"主体发展模式，根据自身战略定位和发展要求，走创新驱动、产业驱动、管理服务驱动及多目标发展等多元路径。在此过程中，上海浦东新区率先建立并完善智慧城市评价体系，其他新区在智慧政务、智慧教育、智慧健康、智慧能源等各智慧应用领域纷纷发力。但从目前来看，国家级新区智慧城市建设仍存在顶层设计不足、自主创新不足、投融资模式单一等问题亟待解决。

第一节　智慧城市的内涵、特征与支撑要素

智慧城市是指在制度框架下，以新一代信息技术和城市创新生态为动力，通过其在城市发展各领域的融合与应用，达到协同共治、融合之治和整体智治等目标的城市体系。智慧城市具有全面透彻的感知、宽带泛在的互联、智能融合的应用和以人为本的可持续创新四大特征，支撑要素主要包括技术、资本、政策和人才。

一　智慧城市的内涵

2008 年，IBM 提出"智慧地球"（Smart Planet）愿景，并于 2010 年进一步提出"智慧城市"（Smart City）愿景，由此"智慧城市"概念正式进入人们的视野。IBM 认为，城市由关系到其主要功能的六个核心系统组成，包括组织（人）、业务（政务）、交通、通信、水和能源，这些系统以一种

协作的方式相互衔接，而城市本身便表现为由这些系统组成的宏观系统；智慧则是指利用智能传感器等设备参与资产管理、物流配置等过程，帮助用户制定更好的运营方案。① 从"数字城市"到"智慧城市"的演变过程不仅是概念的简单升级，更需要突出"智慧"的特征。

IBM 强调了信息技术在城市建设相关领域的应用。但是，"智慧城市"并非"智能城市"，城市是人居住的环境，人是城市建设的主体和最终受益者，因此智慧城市的内涵应更多关注以人为本、人的智慧参与以及可持续发展等。综上所述，智慧城市是指在制度框架下，以互联网、物联网、大数据、云计算等新一代信息技术和知识社会环境下孕育的城市创新生态为动力，通过其在城市规划、管理、教育、医疗、交通、公用事业、公共安全等领域的融合与应用，达到协同共治、融合之治和整体智治等目标的城市体系。②

二 智慧城市的特征

智慧城市具有四大特征：全面透彻的感知、宽带泛在的互联、智能融合的应用和以人为本的可持续创新。

第一，智慧城市通过传感技术，能够实现对城市管理各方面的监测和全面感知。借助新一代信息基础和传感技术，智慧城市能够以感知化、物联化和智能化的方式实时、全面的使"人"的视线穿透社会各部门、各层级，获得城市管理各方面的海量信息和数据，为通过信息分析实现更好的社会管理创造条件。

第二，通过各类有线、无线网络信息技术，智慧城市中的各类主体、各类产业、各个部门、各项业务以及各子系统之间均能实现全面的互联互通。在此基础上，城市六大核心系统能够得到有效整合，而整座城市就是"系统之系统"，从而以一种更加智慧的方式协调运作。

---

① 张卫良：《智慧城市：一个美丽的社会愿景》，《杭州（周刊）》2014 年第 3 期。
② 方卫华、绪宗刚：《智慧城市：内涵重构、主要困境及优化思路》，《东南学术》2022 年第 2 期。

第三，智慧城市将区块链、云计算以及各种智能融合技术应用到生产、生活和城市治理当中，从而大幅提高生产效率、促进经济发展、创造普遍均等的便民服务以及大幅提高城市管理水平。智慧化技术的应用催生出智慧交通、智慧医疗、智慧教育、智慧管理等，进一步渗透到人民生产生活的方方面面。

第四，以人为本、协同共治是智慧城市建设的价值内涵，也是其不同于"智能城市"的核心内容所在。智慧城市建设尤其注重人的创新性参与，不断塑造开放创新的城市空间和公共价值，从民众的需求出发，基于各类社交网络、平台和各类工具不断提升公众在城市规划、建设、管理和创新等领域的参与度，聚焦市民的生活工作质量，相较于数字城市更具发展的科学性和可持续性。

三 智慧城市的支撑要素

从实践层面来看，要实现国家级新区智慧城市建设就需要有相应的要素支撑，主要包括技术、资本、政策和人才等。[①] 一方面，四类要素互相联系、互为补充，形成完整和谐的要素系统；另一方面，四类要素不断发挥基础性和支撑性作用，共同赋能国家级新区智慧城市建设。

（一）技术要素

新一代信息技术是智慧城市建设的动力，其中物联网、大数据和云计算是支撑智慧城市发展的三大关键技术。[②] 物联网是指依托于各种感知技术和装置采集与监控物体或过程的信息，并通过网络介入实现物与物、物与人之间的广泛互联以及对物理世界的实时感知、识别和管理。大数据通过专业化处理使得由物联网通过网络感知产生的原始数据实现"增值"，即完成从数据到有效信息的转变。云计算则通过网络云将巨大的数据处理程序

---

① 吴卫东、陈航：《中国智慧城市建设研究综述》，《延安大学学报》（社会科学版）2022年第44期。

② 赵立祥、张奉君主编《大城市治理——城市副中心建设的理论与实践》，社会科学文献出版社，2020。

分解，使用多部服务器组成的系统对分解后的程序进行处理分析并将结果返回给用户。[①] 其海量数据分布式储存和并行处理能力能为智慧城市一体化智能控制服务平台建设创造条件，并为实现智慧城市人工智能提供关键技术路径。

（二）资本要素

充足的资本是国家级新区智慧城市建设和运行的保障。从投资主体来看，政府是智慧城市建设初期的单独投资主体，智慧城市建设采用政府"自建自营"模式。随着智慧城市深入发展，资金需求日益增加，投资主体呈现出包括民间资本机构、民营企业、外资企业在内的多元化特征，并进一步形成特许经营、公私合营、商业建设运营等运营模式。[②] 从融资模式来看，PPP 模式即政府和社会资本合作模式在智慧城市建设中将发挥越来越重要的作用。政府通过特许经营权、合理定价、财政补贴等事先公开的收益约定规则，引入社会资本参与城市基础设施等公益性事业投资和运营，进而提高公共产品或服务的质量和供给效率。[③]

（三）政策要素

在我国智慧城市建设中，"政府主导"因素大于"市场演变"因素，政策在城市规划中起着决定性作用。目前，我国已初步形成以国家层面规章制度为总领、地方性政策法规为补充的智慧城市建设政策体系，辅之以相应的人才政策、生态环境政策等，共同助力国家级新区智慧城市发展。"十四五"时期，国家在智慧城市建设方面的政策力度不断加大，指导智慧城市建设。《"十四五"数字经济发展规划》要求深化新型智慧城市建设，推动城市数据整合共享和业务协同，提升城市综合管理服务能力，因地制宜构建数字孪生城市。基于此，南京江北新区出台相应规划并提出到 2025 年率先建成"全国数字孪生第一城"。《关于加强数字政府建设的指导意见》提出

---

① 许子明、田杨锋：《云计算的发展历史及其应用》，《信息记录材料》2018 年第 19 期。

② 赵立祥、张奉君主编《大城市治理——城市副中心建设的理念与实践》，社会科学文献出版社，2020。

③ 《2015〈政府工作报告〉缩略词注释》，https：//baike.baidu.com/reference，2015 年 3 月 11 日。

推进智慧城市建设，加快推进城市运行"一网统管"，提升城市治理科学化、精细化、智能化水平。基于此，上海浦东新区、天津滨海新区等国家级新区不断加快智慧政府建设，重点加强重点领域可视化管控、大数据治理、智能化决策，持续推进高效智慧政务。

（四）人才要素

人才是国家级新区智慧城市建设的推动主体，决定了智慧城市的学习和创新能力。[①] 智慧城市建设涵盖的领域范围广、实用性强、对技术的要求高，对高素质、高水平、高层次的复合型人才需求更强烈。然而，人才缺乏也是国家级新区智慧城市建设过程中在建设人才队伍时面临的最主要问题。为此，各国家级新区必须制定相应的人才战略，完善人才培养体系，发挥高等院校在基础学科、信息技术等专业学科教学与培养方面的优势；加强职业教育培训；根据新区的战略定位，围绕"智慧人才"培育制定计划；不断创新引才模式，大力引进海外人才，营造智慧人文环境。

第二节　国家级新区智慧城市评价体系

智慧城市评价体系以智慧城市整体运行系统为对象，是一种多指标的综合评价体系，具有评价范围多样化、评价体系创新化和评价结果标准化的特征。上海浦东新区智慧城市评价体系是全国首个公开发布的智慧城市指标体系，其是所有国家级新区中唯一构建智慧城市评价体系的新区。

一　智慧城市评价体系

智慧城市评价体系通过多维度指标设置对智慧城市建设水平进行评估，涉及评价对象、评价指标等，是评价智慧城市建设水平的重要方式和标尺，

---

① 许庆瑞、张素平、张军：《人才战略和智慧城市的建设》，《西安电子科技大学学报》（社会科学版）2013 年第 23 期。

反映了智慧城市评估的标准性和科学性，对智慧城市建设实效和水平提升具有重要的指导意义。[①]

（一）评价对象

智慧城市评价体系的对象是智慧城市整体运行系统，包括整体系统之下的政治、经济、社会、环境、科技等各种子系统。[②] 政治子系统从智慧城市的设计、规划、管理等方面渗透至其他子系统，是智慧城市整体运行系统的总领部分；经济子系统是智慧城市建设的物质维度，要求城市经济结构、产业体系和各个经济部门的智慧化发展；社会子系统关注"以人为中心"的人文导向性城市发展；环境子系统是符合城市主体运行规律、维系城市生态自然平衡的系统；科技子系统反映城市在科学技术支撑下交通、医疗、商业等部门的互联互通情况，是智慧城市整体运行系统的动力组成部分。

（二）智慧城市评价指标体系

国内外政府机构、学术机构围绕智慧城市评价体系的制定做了大量的工作。国外智慧城市评价指标体系包括欧盟智慧城市发展评估指标、美国智慧社区论坛以及 IBM 公司的智慧城市评价体系。在我国，住建部、工信部以及国家发展改革委、中央网信办、国家标准委等均开展了相关研究；在地区层面，2010 年南京提出智慧南京评价指标体系，是中国最早研究智慧城市发展指标体系的城市之一；上海浦东新区先后发布智慧城市评价指标体系1.0、智慧城市评价指标体系2.0，是国内首个公开发布智慧城市评价体系的；此后宁波、北京等城市也逐步建立相应的指标体系。此外，部分研究机构以及一些学者也参与了智慧城市指标体系研究，并制定了一系列指标用以评价智慧城市发展情况。表19-1展示了部分国内外智慧城市评价体系。

[①] 庄广新、方可、王妍：《新型智慧城市评价指标体系研究》，《信息技术与标准化》2021年第3期。

[②] 李春华、许翃章主编《智慧城市概论》，社会科学文献出版社，2017。

表 19-1　部分国内外智慧城市评价指标体系

范围	类型	单位	一级指标
国外	机构指标	维也纳工业大学区域科学中心	智慧经济、智慧公民、智慧环境、智慧移动、智慧治理、智慧生活
		美国智慧社区论坛（ICF）	宽带连接、知识型劳动力、创新、数字包容、营销和宣传
	公司指标	IBM	城市服务、市民、商业、交通、通信、能源、供水
国内	部门指标	住房和城乡建设部	保障体系与基础设施、智慧建设与宜居、智慧管理与服务、智慧产业与经济
		工业和信息化部	智慧准备、智慧管理、智慧服务
		国家发展改革委、中央网信办、国家标准委	惠民服务、精准治理、生态宜居、智能设施、信息资源、网络安全、改革创新、市民体验
	城市指标	北京市	智慧基础设施、智慧人文科学素养、智慧政务、智慧节能环保
		上海浦东新区	智慧城市基础设施、智慧城市公共管理和服务、智慧城市信息服务经济发展、智慧城市人文科学素养、智慧城市主观感知、智慧城市软环境建设
		南京市	网络互联、智慧产业、智慧服务、智慧人文
		宁波市	智慧人群、智慧基础设施、智慧治理、智慧民生、智慧经济、智慧环境、智慧规划
	机构指标	国脉互联智慧城市研究中心	智慧基础设施、智慧管理、智慧服务、智慧经济、智慧人群、保障体系
		中国人民大学智慧城市研究中心等	智慧基础运营、智慧管理服务、智慧经济人文、智慧综合保障
		赛迪世纪智慧城市资讯中心	感知环境、创新经济、智慧服务、市民幸福、智能治理

（三）智慧城市评价指标体系的特点

根据上述内容，结合实际来看，智慧城市评价体系具有评价范围多样化、评价体系创新化和评价结果标准化的特征。① 首先，评价的地域和指标范围的多样化。从地域范围来看，在全球性智慧城市评价体系相继出现的同时，区域性评价体系不断被构建；从指标范围来看，选取的指标覆盖智慧城市政治、经济、文化、社会、环境等方面。其次，评价体系处于持续演进过程中。智慧城市指标涵盖内容日趋丰富，智慧城市发展程度指标测度方法持续更新。最后，评价结果标准化和体系化。随着智慧城市加快建设，一些评价指标体系成为国际或区域标准，进一步推动智慧城市评价的体系化发展。

二 国家级新区智慧城市评价体系构建

目前，上海浦东新区是所有国家级新区中唯一拥有独立智慧城市评价体系的，其评价体系为其他国家级新区提供了示范。但从现状来看，缺乏有针对性的独立评价体系、对智慧城市发展评估意识不强是大多数国家级新区存在的问题。

（一）上海浦东新区智慧城市评价体系

上海浦东新区智慧城市评价体系由上海浦东智慧城市发展研究院提出，是国内首个公开发布的智慧城市评价规则。智慧城市评价指标体系2.0在智慧城市评价指标体系1.0的基础上提出，包含6个维度、18个二级指标和37个三级指标，旨在较为准确的衡量和反映智慧城市建设的主要进度和发展水平（见表19-2）。上海浦东新区作为全国首个综合配套改革试点，将中国改革开放的示范区、全球科技创新的策源地等作为战略定位，也是第一批国家智慧城市试点之一，在新区建设和智慧城市建设中具有特殊地位。该评价体系的制定为上海浦东新区智慧城市建设提供了基本遵循，也为评价智慧城市建设成效提供了科学、准确、全面的方法，是上海浦东新区智慧城市建设过程中的有益成果。

---

① 尹丽波主编《世界信息化发展报告（2017~2018）》，社会科学文献出版社，2018。

表 19-2　《智慧城市评价指标体系 2.0》

一级指标	二级指标	三级指标
智慧城市基础设施	宽带网络建设水平	家庭光纤可接入率、主要公共场所无线网络覆盖率、户均网络接入水平
智慧城市公共管理和服务	智慧化的政府服务	行政审批事项网上办理水平、政府非涉密公文网上流转率
	智慧化的交通管理	智能公交站牌建设率、市民交通诱导信息使用率
	智慧化的医疗体系	市民电子健康档案建档率、病历电子化率
	智慧化的环境保护	环境质量自动化监测比例、重点污染源监控水平
	智慧化的能源管理	家庭智能表具安装率、新能源汽车比例、建筑物数字化节能比例
	智慧化的城市安全	重大突发事件应急系统建设率、危化品运输监控率
	智慧化的教育体系	城市教育支出水平、网络教学比例
	智慧化的社区管理	社区综合信息服务能力
智慧城市信息服务经济发展	产业发展水平	信息服务业增加值占地区生产总值比重、信息服务业从业人员占社会从业人员总数的比例
	企业信息化运营水平	企业网站建站率、企业电子商务行为率、企业信息化系统使用率
智慧城市人文科学素养	市民收入水平	人均可支配收入
	市民文化科学素养	大专及以上学历占总人口比重
	市民生活网络化水平	市民上网率、家庭网购比例
智慧城市市民主观感知	生活的便捷感	交通信息获取便捷度、城市医疗信息获取便捷程度、政府服务信息获取便捷程度
	生活的安全感	食品药品安全电子监控满意度、环境安全信息监控满意度、交通安全信息系统满意度
智慧城市软环境建设	智慧城市规划设计	智慧城市发展规划、智慧城市组织领导机制
	智慧城市氛围创造	智慧城市论坛会议及培训水平

资料来源：上海浦东智慧城市发展研究院。

（二）重庆两江新区智慧城市评价体系

为客观准确评价智慧城市建设和发展水平，规范高效推进新型智慧城市建设，重庆市于 2020 年发布《重庆市新型智慧城市评估指标体系（试行）》。指标体系由三级指标体系组成，其中一级指标 3 个、二级指标 13 个、三级指标 43 个（见表 19-3）。该指标体系基于全国总体评估重点和覆盖范围，结合智慧城市建设重点，强调"云联数算用"要素集群建设，以定量评价为主、定性评估为辅，以评促建、以评促改、标杆引领，成为评估重庆两江新区智慧城市建设水平的重要标尺之一。

表 19-3 《重庆市新型智慧城市评估指标体系（试行）》

一级指标	二级指标	三级指标
基础设施建设	云基础设施	政务信息系统迁移上云率、政务信息系统整合率、"上云上平台"企业数量
	网络基础设施	固定宽带家庭普及率、家庭光纤入户率、移动宽带用户普及率、单位面积 5G 基站建设数
	数据资源	"三清单"制度、数据共享交换平台、政务信息资源数据共享率
	计算设施	大数据赋能平台、调用市级智能中枢核心能力平台能力组件个数
智能化应用	民生服务	社区医院及一级以上医疗机构电子病历普及率、智慧医院覆盖率、智慧校园覆盖率、智慧小区覆盖率、智慧公园覆盖率、电子社保卡签发率
	城市治理	城市公共区域高清视频监控覆盖率、城市公共区域视频联网率、数字城管覆盖率、公交车来车信息实时预报率、公交电子站牌覆盖率、公共停车场(库)系统信息联网率、城市公用设施智能化应用率
	政府管理	接入"渝快办"App 应用业务、电子证照使用率
	产业融合	政府服务一站式办理率、市级数字化车间和智能工厂数量、市级工业互联网试点示范项目数量、市级认定智慧园区数量、市级智慧农业示范点数量、市级智慧商圈数量、市级认定智慧工地数量、市级智慧景区数量、电商交易额占比
	生态宜居	—
	特色应用	特色发展指标
发展环境	体制机制	主管机构、工作推进计划、规章制度建设
	数字经济发展	数字经济创新发展示范项目数量
	示范推广	培育线上平台数量、培育线上品牌数量

资料来源：重庆市人民政府。

三 国家级新区智慧城市评价体系评价

从国家级新区智慧城市评价体系的现状来看，上海浦东新区在智慧城市建设过程中已经形成了较为科学、合理、完善的评价体系。上海浦东新区智慧城市评价体系提出时间早，在四大原则指导下不断修改完善，内容囊括基础设施、公共管理和服务、信息服务经济发展、人文科学素养、市民主观感知、城市软环境建设等维度，最终形成了一个经得起智慧城市建设实践考验、能够为上海浦东新区智慧城市建设提供准确衡量方式的标准范本。上海浦东新区智慧城市评价体系是全国首个公开发布的智慧城市指标体系，是国家级新区智慧城市评价体系构建的先行者，为其他地区特别是其他国家级新区智慧城市评价体系的研究打开了思路。

然而，必须意识到在所有国家级新区中，上海浦东新区是目前唯一自行提出智慧城市评价体系的新区，而其他国家级新区均未构建智慧城市评价体系。这些国家级新区或是依据所在城市的评价体系度量智慧城市发展水平，或是采用国家部门或其他机构制定的标准，在探索符合自身发展特征的智慧城市评价体系中尚未取得显著成果，甚至部分国家级新区并不重视评价智慧城市建设情况。特别是考虑到国家级新区在国家和区域发展战略中的特殊定位，其在智慧城市建设上与其他城市相比更应该建立自己的评价体系，并将自身所承担的战略任务纳入评价体系，从而更加准确、客观、科学地衡量智慧城市建设水平。

第三节　国家级新区智慧城市发展情况

我国国家级新区智慧城市建设实行"政府主导型"发展模式，包括创新驱动型、产业驱动型、管理服务驱动型、多目标发展型等。现阶段，国家级新区在城市治理和生产生活各领域全面推广智慧应用，着力打造智慧城市，在取得丰硕成果的同时仍存在一些问题。

一　国家级新区智慧城市发展模式

智慧城市发展模式指的是城市主体在一定的资源条件下，基于特定的驱动因素针对智慧城市发展理念、发展目标、发展路径、制度规范、评价体系等方面所形成的整体性的认识和规律性的把握。其逻辑思路是谁来建设、靠什么建设、建设的驱动力是什么、怎样建设、如何保障建设、建设成什么样的智慧城市。[①]

在我国，国家级新区智慧城市同其他城市一样实行"政府主导型"发展模式，强调政府主导地位，以新型基础设施建设为着力点，不断带动相关信息产业发展，同时推广智慧应用，在应用技术层面推进智慧城市发展。从基本的逻辑思路来讲，我国国家级新区智慧城市建设以政府为主体，通过国家层面的顶层设计，由新型基础设施和新一代信息技术驱动，采取政府主导投资、政府与社会资本合作投资等多样化投资方式，建设宜居、韧性、创新、智慧、绿色、人文的新型智慧城市。

二 国家级新区智慧城市建设路径

国家级新区智慧城市建设路径大体包括四种：创新驱动型路径、产业驱动型路径、管理服务驱动型路径以及多目标发展型路径（见表19-4）。[②]

表 19-4 国家级新区智慧城市建设路径

路径	内涵	典型国家级新区
创新驱动型	以新一代信息技术为基础,建立包含智慧城市创新主体、创新基础设施、创新管理服务体系在内的创新体系	天津滨海新区、陕西西咸新区
产业驱动型	基于新一代信息技术产业形成的以智慧产业链或智慧产业集群为核心驱动力的智慧城市发展路径	甘肃兰州新区、广州南沙新区、湖南湘江新区、云南滇中新区、吉林长春新区
管理服务驱动型	利用信息技术,不断完善城市信息网络,实现基础设施智能化转型,使公共管理和公共服务体系实现智能化全面提升的智慧城市发展路径	重庆两江新区、浙江舟山群岛新区、贵州贵安新区、青岛西海岸新区、大连金普新区、四川天府新区、福建福州新区、江西赣江新区
多目标发展型	在智慧城市建设过程中综合考虑技术创新、产业发展以及公共管理服务等因素而形成的发展路径	上海浦东新区、南京江北新区、黑龙江哈尔滨新区

---

① 赵立祥、张奉君主编《大城市治理——城市副中心建设的理论与实践》，社会科学文献出版社，2020。

② 赵立祥、张奉君主编《大城市治理——城市副中心建设的理论与实践》，社会科学文献出版社，2020。

（一）创新驱动型路径

创新驱动型路径以新一代信息技术为基础，建立包括智慧城市创新主体、创新基础设施、创新管理服务体系在内的创新体系，为智慧城市打造内核驱动力。

陕西西咸新区作为全国首个以创新城市发展方式为主题的国家级新区、致力于通过新型智慧城市建设，促进工业化、信息化、城镇化有机融合，推动产业转型升级，进一步创新城市智慧化管理方式，打造区域发展的升级版。陕西西咸新区大力倡导以硬科技为核心的数字经济、智能经济和创业创新，在推进智慧城市的过程中以国家"双创"示范基地为引领，扎实推进西咸新区同方丝路未来创新研究院、中俄丝路创新园、中国西部科技创新港等科技创新园区（基地）建设。

（二）产业驱动型路径

产业驱动型路径是指基于新一代信息技术产业形成的以智慧产业链或智慧产业集群为核心驱动力的智慧城市发展路径。

广州南沙新区致力于打造高新技术产业集群，积极推进从引进数字经济细分领域的头部企业到形成关键领域链条的数字经济完整产业链建设。新区在《广州市数字经济促进条例》提出的"壮大数字经济核心产业，打造人工智能等'万千百'亿级产业集群"指导下，着力打造南沙人工智能产业集聚区，以产业集群为抓手，将数字经济融入城市构建"3+5+X"战略性新兴产业体系的过程中。其中，三大新兴支柱产业包括新一代信息技术、智能与新能源汽车产业。[1]

（三）管理服务驱动型路径

管理服务驱动型路径是指利用信息技术，不断完善城市信息网络，使公共管理和公共服务体系实现智能化转型的智慧城市发展路径。

大连金普新区致力于打造城市运行管理中心，统筹协调城市建设管理，

---

[1]　《数字经济"广州探索"：聚焦产业集群，南沙发力人工智能创智慧城区》，https：//baijiahao．baidu．com／s？id＝1733298479412694646&wfr＝spider&for＝pc，2022 年 5 月。

汇总城市运行管理业务数据。城市运行管理中心具备四大核心能力：一是整合政府及社会数据，构建城市运行指标体系，实现城市运行整体的"数据大集中"；二是利用城市运行数据全面感知，构建城市治理预警模型，实现城市治理的"决策大创新"；三是实行城市跨部门统一管理，构建优化协同流程，实现协同事件统一调度的"业务大协同"；四是借助城市应用服务统一平台发布，完善实施惠民利企服务，实现政企民融合转型的"服务大融合"。

（四）多目标发展型驱动路径

多目标发展型路径是指新区在智慧城市建设过程中综合考虑技术创新、产业发展以及公共管理服务等因素而形成的发展路径。走此路径的代表是上海浦东新区。

上海浦东新区张江科学城作为人工智能企业的聚集地，汇聚了大量国内外科创型企业和科研院所，为新型智慧城市建设打造"城市大脑"。从浦东新区整体来看，信息技术向城市管理、金融、先进制造、生物医药、新能源等重点领域广泛渗透，大部分领域已实现网络化、数字化、智能化；注重提高民生福祉，推动审批平台、电子病历、电子书包、智慧养老等为民项目实施；城市管理更加高效，建成公共数据中心、市场主体资源整合与应用平台、实有人口信息数据库等，推动政府跨部门数据协同共享。

三　智慧应用

目前，国家级新区智慧城市建设已经进入全面执行阶段，信息技术与实体应用高度融合，逐步形成了各领域多样化的智慧应用场景。本部分围绕五类常见智慧应用领域，选取国家级新区的典型案例对其发展情况加以说明。

（一）智慧政务

智慧政务是现代政务发展的新阶段。它在电子政务的基础上，依托智慧化应用和服务实现各职能部门资源的高度整合，提高政府的业务办理和管理效率，以实现政府机构的个性化、互动式、协作型运行。[①]

---

① 周玄：《论"智慧政务"与"数字政府"的互动关系》，《中国管理信息化》2021 年第24 期。

2018 年来，天津滨海新区积极推进智慧政务建设，打造智慧城市大脑。作为新一代城市数字化治理综合基础设施，它以运营管理中心为载体，集城市综合管理、应急协同指挥和数据分析应用等功能于一体。在智慧大脑支持下，滨海新区政务服务智能导航一张图上线，实现政务服务就近办、精准办；智能审批一张图上线，以智能审批代替人工审批；智能监管一张图上线，通过对监管范围和审批成果的空间化展示，实现"审管联动立体化"。

（二）智慧健康

智慧健康是指通过智能化技术和数据分析手段，对人体生理指标和健康行为进行实时监测、分析和预测，实现医疗各主体之间的互动，提供个性化、定制化、精准化的健康管理和医疗服务。[①]

黑龙江哈尔滨新区以科技赋能智慧医疗，打造"哈尔滨新区大健康智慧服务平台"。平台通过大数据生成居民健康画像，经人工智能分析主动向用户提供个性化、自动化、终身化的健康服务与康复、养老、护理等应用场景。针对百姓诉求，优先上线"保障药物预约、身边药房查询、健康科普讲堂"等功能。平台还加紧与全区各医疗机构对接，让市民在享受到同质化医疗服务的同时，深化健康医疗大数据在医学科研、临床诊疗、产品研发等方面的应用。

（三）智慧教育

智慧教育即教育信息化，是指在教育领域（教育管理、教学和科研）全面深入地运用现代信息技术来促进教育改革与发展的过程。其技术特点是数字化、网络化、智能化和多媒体化，基本特征是开放、共享、交互、协作和泛在。[②]

重庆两江新区采用"5G+智慧教育"模式，打造基于 5G 的两江新区智慧教育融合试点。该项目以《两江新区智慧教育发展规划》为指南，以两江新区智慧教育云平台和智慧校园建设实践为基础，以全域覆盖的人工智能设施和编程教育为特色，从互动教学、综合评价、智慧校园、区域管理四方

---

① 刘尚海、陈博：《智慧健康生态系统及生态链研究》，《中国科技论坛》2015 年第 4 期。
② 刘莉莉：《智慧教育的内涵与发展策略》，《中国多媒体与网络教学学报（上旬刊）》2023
　年第 5 期。

面展开。两江新区还将加快创建全国智慧教育示范区，以现有智慧教育环境和5G教育专网为基础，进一步规划5G与四大领域的发展路径，布局新的智慧教育发展方向。

（四）智慧交通

智慧交通以互联网、物联网等网络组合为基础，以智慧装备、智慧出行、智慧管理为重要内容，是解决交通供需结构性失衡问题的交通发展新模式。[①]

陕西西咸新区于2022年正式启动智能网联产业建设，为智能交通建设和智能网联产业发展搭建新平台。西咸新区依托秦创原创新驱动平台，以百度智行科技、陕汽创新中心为龙头，以陕车智联、商汤科技等企业为支撑，围绕"车—路—云—网—图"，打造智能网联汽车全产业链及国家级智能网联自动驾驶车路协同示范区，逐步实现西咸新区自动驾驶车路协同开放道路贯通。

（五）智慧能源

智慧能源是指通过技术创新和制度变革，在能源开发利用、生产消费的全过程和各环节建立健全符合生态文明和可持续发展要求的能源技术和能源制度体系，从而呈现出的一种全新能源形式。[②]

2021年，上海浦东新区发布政企携手打造的"智慧能源双碳云平台"，在智慧能源领域运用数据赋能。该平台基于大数据及物联网，全面整合电力、水务、燃气等多方系统平台数据，以清洁能源碳减排量、交通电能替代碳减排量等能源碳排数据为分析对象，为政府部门、能源企业提供碳监测、碳评估及碳预测等服务。例如，在电力方面，智慧城市能源云平台将能源客户拥有的分散式小规模电源集成优化，进行远程控制和利用，提升设备利用率，科学降低电网基础投资。

四 国家级新区发展情况评价

在国家宏观政策指导下，各国家级新区坚持先行先试、科学规划，立足

---

① 郭朝阳：《城市智慧交通的内涵及建设思路》，《山西建筑》2021年第47期。
② 中国智慧能源产业技术创新战略联盟：《中国智慧能源产业发展报告（2015）》，2015。

城市特色与发展需求，纷纷探索出适合自身智慧城市建设的发展模式与建设路径。具体来看，第一，所有国家级新区均在开展智慧城市建设，这体现了国家级新区作为国家发展的特殊战略要地，顺应经济社会发展大势、紧随国家大政方针、探索创新型城市发展模式的决心；第二，各国家级新区均制定了智慧城市建设总体规划，深度推进政治、经济、文化、社会、生态等城市生活各领域的智慧化转型与应用，并取得了一定进展；第三，各国家级新区在评价指标体系构建、智慧应用等方面相互借鉴，同时向其他城市推广经验、学习借鉴，不断推动新区自身乃至全国智慧城市整体发展水平的提高。另外，国家级新区智慧城市发展时间较短，各类理念构建、技术发展、项目建设仍处于初期，在智慧城市建设中仍存在不少问题。

第一，顶层设计与统筹规划仍有不足。尽管国家和地方纷纷出台智慧城市建设政策和规划，但总体来看顶层设计依然缺乏，政策法规不完善。在试点过程中，新区智慧城市建设各自为政的现象依然存在，各地发展进度不一。同时，国家级新区智慧城市建设涉及领域众多，行业标准体系缺乏的现象较为严重，建设标准难以统一，尚未实现信息资源整合、互联共享。

第二，创新不足，关键技术仍待突破。在智慧城市建设中对新一代信息技术应用的要求极高。当前国家级新区智慧城市发展受到基础软件、高端芯片、电子专用设备等核心基础软件制约，在一些先进前沿技术的开发、应用和标准研究上仍没有形成自主创新能力，关键技术仍待突破。相应的，这也反映了各新区在相关技术领域人才缺乏。

第三，新型基础设施建设有效投融资模式缺乏。[①] 各国家级新区尽管在部分领域开展了智慧城市新型基础设施建设的市场化探索，但总体来看，由政府主导投资仍是主流。投资主体单一、缺乏多元化的投融资机制是新区智慧城市建设中面临的难题。

---

① 郭文文：《我国智慧城市建设投融资模式研究及问题分析》，《商业观察》2023 年第 17 期。

第二十章 国家级新区智慧化海绵城市建设

作为新一代城市管理理念，海绵城市建设遵循规划引领、生态优先等原则，以城市水资源优化配置、城市防洪排涝、水生态环境建设等为目标，是智慧城市规划设计的最新发展方向之一。海绵城市建设已被纳入国家"十四五"规划、2035 年远景目标、2030 年前碳达峰行动方案等国家战略。在国家级新区海绵城市建设过程中融入智慧化理念，进而实现国家级新区海绵城市的智慧化发展，是国家级新区智慧化海绵城市建设的必由之路。陕西西咸新区和贵州贵安新区积极开展全国海绵城市建设试点。

第一节 海绵城市的内涵与建设

海绵城市是指通过自然途径和人工措施相结合的方式，充分发挥城市生态系统对雨水的吸纳缓释作用，提升城市蓄水、渗水和涵养水的能力，最终实现水的自然积存、自然渗透、自然净化。海绵城市建设以规划引领、生态优先、安全为重、因地制宜、统筹建设为基本原则，最终目标是推动城市生态文明建设，实现经济、社会和环境资源协调发展。

一 海绵城市的内涵

在城市建设过程中，洪涝灾害、水质污染、水资源匮乏等城市生态问题日益突出，这些"水问题"作为城市建设中的综合性问题，若不予以解决，必然会引发城市发展"水危机"，最终影响城市生产生活方方面面。"海绵城市"的提出正是立足于我国城市建设的水情特征和各类水问题。

在中央提出建设海绵城市等指导方针后，2014 年，住房和城乡建设部发布了《海绵城市建设技术指南——低影响开发雨水系统构建（试行）》，将海绵城市定义为：城市能够像海绵一样，在适应环境变化和应对雨水带来的自然灾害等方面具有良好的"弹性"，下雨时吸水、蓄水、渗水、净水，需要时将蓄存的水"释放"并加以利用。因此，"海绵城市"也称"水弹性城市"，国际通用术语为"构建低影响开发雨水系统"。2015 年，国务院办公厅发布的《关于推进海绵城市建设的指导意见》指出，海绵城市是指通过加强城市规划建设管理，充分发挥建筑、道路和绿地、水系等生态系统对雨水的吸纳、蓄渗和缓释作用，有效控制雨水径流，实现自然积存、自然渗透、自然净化的城市发展方法。

从官方给出的定义来看，海绵城市是以景观为载体的水生态基础设施和跨领域的生态规划理论与方法体系为基础，融合"人适应水"的价值观而打造新一代城市的规划设计理念。[①] 首先，"海绵"是指城市中以景观为载体的水生态基础设施，通过土地和城市的规划与设计，使每一处景观都具备一定涵养水源、净化雨污功能，最终作为水生态基础设施可持续地解决城市水问题；其次，海绵城市的建设是极具技术性的城市生态规划问题，该问题的解决既要建立在对城市整体水系统空间格局、安全格局的分析上，也要落实在城市中各个功能区块乃至微观区块水单元的规划中；最后，"人适应水""人与自然和谐共生"的发展理念是海绵城市的核心价值观，海绵城市以"自然积存、自然渗透、自然净化"为特征，其中就蕴含了人类活动和城市建设应当适应而非单纯改变水环境的思想。

二　海绵城市的构建方式

海绵城市的构建以一定规模和质量的"海绵体"为基本条件，以"责

---

① 俞孔坚、李迪华、袁弘等：《"海绵城市"理论与实践》，《城市规划》2015 年第 39 期。

任主体—规划—设计—建设实施—运行维护"为构建路径，旨在打造具有自然积存、自然渗透、自然净化等特征的城市。

（一）海绵城市的建设条件

建设海绵城市要求有一定数量和规模的"海绵体"，即城市中以景观为载体的水生态基础设施。城市"海绵体"既包括河、湖、池塘等水系，也包括绿地、花园、可渗透路面这样的城市配套设施。雨水通过这些"海绵体"下渗、滞蓄、净化、回用，最后剩余部分径流通过管网、泵站外排，从而可有效提高城市排水系统的标准，缓解城市内涝的压力。

具体来看，建设海绵城市，首先要不断扩大和提高"海绵体"的规模和质量。这里的"海绵体"指的是一座城市本身就具备的各种水系、绿地等水生态基础设施。根据《海绵城市建设技术指南——低影响开发雨水系统构建（试行）》，各地应最大限度地保护原有的河湖、湿地、坑塘、沟渠等"海绵体"不受开发活动的影响；受到破坏的"海绵体"也应通过综合运用物理、生物和生态等手段逐步予以修复，并维持一定比例的生态空间。

其次，在建设海绵城市过程中，有条件的地区和城市还应新建一定规模的"海绵体"。根据《海绵城市建设技术指南——低影响开发雨水系统构建（试行）》，海绵城市建设要以城市建筑、小区、道路、绿地与广场等为载体。比如让城市屋顶"绿"起来，"绿色"屋顶在滞留雨水的同时还起到节能减排、缓解热岛效应等作用。道路、广场可以采用透水铺装，特别是城市中的绿地应充分"沉下去"。

（二）海绵城市的构建途径

建设海绵城市，即构建低影响开发雨水系统，主要是指通过"渗、滞、蓄、净、用、排"等多种技术途径，实现城市良性水文循环，提高对径流雨水的渗透、调蓄、净化、利用和排放能力，维持或恢复城市的海绵功能。[①] 海绵城市——构建低影响开发雨水系统，需要统筹协调城市开发建设

---

① 俞孔坚：《美丽中国的水生态基础设施：理论与实践》，《鄱阳湖学刊》2015年第1期。

的各个环节，遵循"责任主体—规划—设计—建设实施—运行维护"的路径。

首先，各地政府是海绵城市建设的责任主体，负责统筹协调城市规划、城市排水、城市道路、城市园林、城市交通、城市项目业主及城市建设其他方面；在规划阶段，责任主体应当提出海绵城市建设的总体规划，明确实施理念、实施目标与实施策略，因地制宜地确定相应的规划控制指标，这一过程应当辅之以相应的政策法规；在设计阶段，针对不同低影响开发设施及其组合，在制定相应的设计任务书的基础上对设施布局、设施设计及工程预算进行科学合理的规划，具体到城市建设，则包括建筑与小区、道路、绿地与广场、水系等各个微观单元，并对这一过程进行严格审查监督；最后进入建设实施与运行维护阶段。

三　海绵城市的建设进展

2015年，国务院办公厅印发《关于推进海绵城市建设的指导意见》，提出建设海绵城市，明确海绵城市建设时间表：到2020年，城市建成区20%以上的面积达到目标要求；到2030年，城市建成区80%以上的面积达到目标要求。这针对我国海绵城市的建设提出了明确规划。2015年，财政部公布两批次共计30个城市作为海绵城市建设试点，2021年进一步确定两批次共计30个系统化全域推进海绵城市建设示范。国家级新区紧跟我国海绵城市建设进程，陕西西咸新区和贵州贵安新区是国家第一批海绵城市建设试点，其他国家级新区在国家和地方政策与规划支持下积极探索海绵城市建设，生态文明建设取得良好成果。

（一）中央财政支持海绵城市建设试点

2014年12月，财政部发布《关于开展中央财政支持海绵城市建设试点工作的通知》，采用城市申报、竞争性评审的方式选择试点城市，根据城市的规模分档由中央财政给予专项资金补助，并由财政部、住房和城乡建设部、水利部定期对试点工作组织绩效评价，根据结果进行奖罚。2015年4月和2016年4月，第一批、第二批中央财政支持海绵城市建设试点名单公布（见表20-1）。其中，第一批试点城市共计 16 个，第二批试点城市共计 14 个。

表 20-1　全国各批次中央财政支持海绵城市建设试点名单

批次	试点城市名单
第一批（2015 年）	迁安、白城、镇江、嘉兴、池州、厦门、萍乡、济南、鹤壁、武汉、常德、南宁、重庆、遂宁、贵州贵安新区、陕西西咸新区
第二批（2016 年）	北京、天津、大连、上海、宁波、福州、青岛、珠海、深圳、三亚、玉溪、庆阳、西宁、固原

资料来源：财政部。

（二）系统化全域推进海绵城市建设示范城市

为解决城市建设中的水环境、水生态和城市内涝问题，我国先后公布两批中央财政支持海绵城市建设试点名单，但试点效果并不理想，特别是城市内涝问题未得到有效解决。"十四五"期间，为进一步推进海绵城市建设，财政部、住建部和水利部决定开展系统化全域推进海绵城市建设示范工作，目的在于充分基于国家海绵城市试点工作的经验和成果，建立与系统化全域推进海绵城市相适应的长效机制，最终实现示范城市防洪排涝能力及地下空间建设水平明显提升，推动全国海绵城市建设迈上新台阶。两批次系统化全域推进海绵城市建设示范城市见表20-2。

表 20-2　全国各批次系统化全域推进海绵城市建设示范城市名单

批次	示范城市名单
第一批（2021 年）	唐山、长治、四平、无锡、宿迁、杭州、马鞍山、龙岩、南平、鹰潭、潍坊、信阳、孝感、岳阳、广州、汕头、泸州、铜川、天水、乌鲁木齐
第二批（2022 年）	秦皇岛、晋城、呼和浩特、沈阳、松原、大庆、昆山、进化、芜湖、漳州、南昌、烟台、开封、宜昌、株洲、中山、桂林、广元、广安、安顺、昆明、渭南、平凉、格尔木、银川

资料来源：财政部、住房和城乡建设部、水利部。

（三）国家级新区海绵城市建设

国家层面十分重视国家级新区海绵城市建设，将其作为国家城市建设的重要组成部分。2020年，国务院办公厅发布的《关于支持国家级新区深化改革创新加快推动高质量发展的指导意见》明确提到，率先全面执行绿色建筑标准，推进海绵城市建设，把宜居、绿色、便利等理念体现到规划建设的各个细节。这为国家级新区作为全国海绵城市建设的先行者和示范者提供了政策遵循与基本规划，大大推动国家级新区更多地将城市人文因素、人文理念、绿色可持续理念融入智慧城市建设过程中。

在国家大政方针指引下，各国家级新区积极探索海绵城市发展路径和规划。陕西西咸新区和贵州贵安新区成功入选国家级新区海绵城市建设试点名单。此外，其他国家级新区也进行了海绵城市建设的探索与实践，将绿色、宜居、可持续等理念融入城市建设中，并形成了一些城市生态文明建设成果和优秀示范项目。

第二节　中央财政支持国家级新区海绵城市建设试点

在所有国家级新区中，陕西西咸新区和贵州贵安新区属于首批入选中央财政支持海绵城市建设试点名单的。与其他国家级新区相比，两新区海绵城市建设起步早、获国家支持力度大、成效佳，因而成为国家级新区海绵城市建设示范。

一　陕西西咸新区海绵城市建设

西咸新区地处温带大陆性季风型半干旱、半湿润的气候区，夏季降水多以暴雨形式出现，加之没有健全的排水管网系统，雨季来临时极易造成城区内涝灾害。[①] 同时，水自然承载能力有限、地下水超采，成为西咸新区城市

---

① 马洁云、郑艳、周泽宇：《建设韧性城市：西咸新区气候适应型城市建设试点案例》，《城市》2021年第1期。

发展瓶颈之一。西咸新区将海绵城市建设作为创新城市发展方式的着力点，按照绿色、生态、可持续的理念，通过低影响开发的方式开展海绵城市建设探索。

（一）建设规划

在海绵城市建设之初，西咸新区结合实际，制定的《西咸新区海绵城市建设总体规划》（以下简称为《规划》）成为创新城市发展方式、统筹推进海绵城市建设、解决城市发展中水问题的纲领性文件。《规划》将西咸新区海绵系统分为自然海绵、半人工海绵和人工海绵三类，分别对应宏观、中观和微观三个层次。宏观层次上，严格保护水、林、田等自然本底，维持城市开发前的自然水位循环；中观层次上，修复因城市粗放建设而遭受破坏的河湖水系等水环境、水生态；微观层次上，严格落实建设项目低影响开发管控，降低城市开发对生态环境的影响。

在总体规划的基础上，西咸新区在各级规划中主动融入海绵城市建设内容，将有序配置水资源作为协调管控的依据和纽带，确保数量指标等的协调和连接。具体来看，西咸新区海绵城市建设主要包括三大路径：一是把雨水综合利用作为重点，通过沣河、渭河、斗门水库等实现湿地海绵修复，构建河湖水系体系；二是通过渭北帝陵风光带、周秦汉古都风光带及生态农田，实现生态海绵保育，构建绿色生态本底；三是通过道路林带、街头绿地及城市公园形成海绵城市建设体系，构建城市绿网格局。[①]

（二）沣西新城——西咸新区海绵城市试点核心区

沣西新城自 2015 年起，经过探索与实践，形成了一套适宜本地实际的海绵城市技术标准规范，培育了一批较为成功的市场主体，提升了区域内的水生态、水资源、水环境、水安全保障能力，为生态文明建设献上了促进城市发展转型、践行绿色生态理念的"西咸样本"。

建筑小区、城市道路、景观绿地、中央雨洪系统四级雨水管理系统成为沣西新城海绵城市建设探索中的最大亮点。其中建筑小区解决了雨水源头消

---

① 杨迪轩：《西咸新区沣西新城海绵城市建设经验及展望》，《新西部》2023 年第 2 期。

纳问题，城市道路解决了过程控制以及富余雨水的传输功能问题，景观绿地成为区域级的雨水调蓄空间、枢纽，中央雨洪系统（即中心绿廊）会对整个区域的多余雨水进行收集和调蓄。[①] 此外，沣西新城开展地表明沟排水系统专项设计审查和雨水收集净化利用组织系统施工；探索应用龟背式明渠排水等先进城市雨洪管理技术；统筹解决海绵城市与建筑、市政、景观等方面的技术衔接问题；完善城市防洪排涝体系，提高城市防灾减灾能力。

2018年是我国首批海绵城市试点建设的收官之年，包括沣西新城中心绿廊、西部云谷、总部经济园、秦皇大道雨水收集利用工程在内的8个示范项目都采取了"渗、滞、蓄、净、用、排"等措施，最大限度实现了降雨的就地消纳利用。77个海绵城市试点项目全部投入使用，有效发挥了示范效应。

（三）经验总结

一要坚持规划引领。顶层设计是海绵城市建设的关键。西咸新区在海绵城市建设过程中引入"地域性雨水管理系统"理念，在总规划的基础上开展多项雨水综合管理相关规划研究及编制工作，为海绵城市建设提供了规划和政策基础。

二要强化理论指导。西咸新区从设计、科研等多部门多行业多学科角度出发，与知名高校和科研院所开展一系列技术合作。例如，沣西新城与长安大学、西安理工大学等高校开展合作，研究海绵城市透水沥青路面等问题。

三要坚持因地制宜。西咸新区根据自身实际，探索推广不同区域、不同自然社会特征下海绵城市建设模式，开展多个低影响开发雨水综合利用试点项目，走集约型、绿色化的高质量发展道路，从而实现人水和谐的现代城市治理。[②]

四要重视试点推广。沣西新城高度重视试点经验推广工作，主动对接

[①] 《"新城+海绵"西咸新区沣西新城探索城市发展"新路径"》，https://baijiahao. baidu.com/s？id=1611373969263609166&wfr=spider&for=pc，2018年9月。

[②] 杨迪轩：《西咸新区沣西新城海绵城市建设经验及展望》，《新西部》2023年第2期。

西咸新区内各兄弟新城，引导新区海绵城市建设全域铺开；开展海绵城市产业化探索实践，全方位服务国家系统化全域推进海绵城市建设示范工作。

二 贵州贵安新区海绵城市建设

贵安新区位于贵阳市和安顺市结合部、长江和珠江分水岭地区，是两江上游重要的生态屏障，区内水系、湖库众多。贵安新区的生态安全事关整个流域的水环境及水体水质保护；从气候上看，贵安新区属亚热带（副热带）高原季风湿润气候区，雨热同季，雨量充沛，易发生城市内涝等灾害。2015年4月，贵州贵安新区被列为全国首批16个海绵城市建设试点之一。将海绵城市理念融入城市发展、建设生态文明示范区成为贵安新区城市建设的新方向。

（一）建设规划

贵安新区围绕"打造全国海绵城市贵安样本"目标，提出了"全域海绵"理念，并编制了一系列规划。《贵安新区总体规划（2013—2030年）》确立了整个新区的低冲击开发理念；《贵安新区海绵城市总体规划》从生态海绵、弹性海绵、活力海绵及智慧海绵等方面构建海绵城市系统，指导贵安新区全域范围内开展海绵城市建设；《贵安新区中心区海绵城市建设规划》在中心区范围内进行了排水分区和管控分区的划分，将控制指标落实到相应的地块和道路，指导后续工程设计和项目建设。此外，贵安新区还专门编制各类专项规划、设计导则等35项管控制度，与新区总规、控规、道路交通、排水防涝、水系统、绿地系统等规划实现"多规合一"。

（二）"两湖一河"PPP项目——贵州贵安新区海绵城市建设的缩影

海绵城市"两湖一河"PPP项目是贵安新区首个以PPP模式落地实施的国家海绵城市试点建设项目，采用分区域构建模式，通过系统研究海绵设施及雨水收集利用、城市水生态修复、海绵道路、城市绿地及绩效评价等技术，形成集成创新。该项目按照排水分区，由月亮湖公园、星月湖公园和车田河水系（卧龙湖至飞龙湖段）构成，是新区最大的海绵城市调蓄湿地。

月亮湖湖水流经星月湖汇入车田河水系，对于下游河流水质保障具有重要意义。[1]

"两湖一河"项目在具体建设过程中坚持创新引领、生态优先、因地制宜，打造贵安新区海绵城市建设范本。建设过程中，项目团队大胆创新，使公园在提升行洪安全、增强调蓄能力、加强径流分担能力等方面呈现出显著效果。贵安新区将低影响开发手段贯穿项目建设的各个阶段，将传统的"末端治理"转变为"源头减排、过程控制、系统治理、统筹建设"，积极构建水质、水量三级控制屏障系统，成功解决了湖区水资源年内分配不均的问题。确保水安全的同时，海绵城市建设通过城市设计和公园景观打造，强化生态湿地功能，提升区域生物多样性，让生态湿地成为雨水入河前的最后一道屏障，大大改善了水环境，加快推动水生态修复，取得了良好的生态环保和经济社会效益。[2]

（三）经验总结

贵安新区在城市开发建设和海绵城市建设过程中各个方面均坚持海绵城市的建设理念，积极打造"全域海绵"城市，以达到保护水环境、建设生态文明示范区的目的。

第一，坚持规划创新、源头治理，让城市"会呼吸"。贵安新区首创"城市再生水循环利用系统"，充分发挥城市绿地、道路、水系等对雨水的吸纳、蓄渗和缓释作用，有效缓解城市内涝；严格控制道路和场地竖向，构建水量、水质三级控制屏障系统，杜绝城市内涝点出现。

第二，海绵城市建设下沉社区，改善水生态，惠及民生。贵安新区星湖云社区运用海绵建设原理，对收集的雨水净化处理后回收利用，达到节水效果；星河社区在建设内部道路时采用透水砖，配合植草沟、下沉式绿地等景观绿化措施，构造全方位雨水吸纳及保持系统，提高雨水资源利用

---

① 贵州贵安新区管理委员会：《浮动湿地、雨水花园……贵安新区两湖一河项目中的"海绵黑科技"》，2022年11月24日。

② 贵州贵安新区管理委员会：《浮动湿地、雨水花园……贵安新区两湖一河项目中的"海绵黑科技"》，2022年11月24日。

水平。

第三，与智慧城市建设相结合，采用大数据提升海绵城市综合管理水平，对涉及海绵城市规划、建设、运营和环境绩效的全过程形成"一张图"的数据化综合管理。贵安新区打造海绵城市建设监测中心，搭建海绵城市大数据监测系统及综合管理云平台，为海绵城市的建设提供现代数字化管理手段。[①]

自试点建设开展以来，贵安新区将自然途径与人工措施相结合，在确保城市排水防涝安全的前提下，最大限度实现雨水在城市区域的积存、渗透和净化，减少城市开发建设对生态环境的影响。贵安新区是全国率先完成海绵城市规划控制体系建设试点的，初步形成"小雨不积水、大雨不内涝、热岛有缓解、水体不黑臭"的海绵城市系统。

第三节　其他国家级新区海绵城市发展情况

除陕西西咸新区和贵州贵安新区外，其他国家级新区同样科学规划、因地制宜、统筹安排，通过加强城市规划建设管理，充分发挥城市生态系统对雨水的吸纳、蓄渗和缓释作用，加快推进海绵城市建设，努力实现自然积存、自然渗透、自然净化的城市发展。

一　试点先行，打造海绵城市建设示范区

上海浦东新区临港区域是上海海绵城市建设的展示窗口，积极构建海绵城市长效管理机制。临港海绵城市建设与改造涉及临港主城区、临港森林一期、临港国际物流园区和芦潮港社区功能板块，体系性覆盖了工业厂房海绵改造、居民小区与道路海绵化、亲水湖泊与河道海绵改造等各类海绵项目，并在建设过程中取得全国海绵城市建设的示范性成果；在滴水湖核心片区，

---

① 邱胜：《一座会"呼吸"的城市——贵安新区海绵城市建设观察》，《当代贵州》2017年第14期。

临港继续保持相对较高的海绵城市建设指标要求，打造高品质海绵城市示范区，将防洪除涝能力提升至二三十年一遇标准。

重庆两江新区将悦来新城作为海绵城市试点区域。悦来新城充分利用地形和植被，改造城市道路、打造"海绵公园"、优化小区环境，并利用透水混凝土、下沉式雨水花园、湿地水草池、雨水塘等控制大面积铺装产生的初期径流污染。通过海绵城市建设，悦来新城有效控制了雨水径流，城市防洪、排涝、雨水利用等问题得到解决，城市环境更加自然、安全，建设成为适应环境变化的弹性城市。

江西赣江新区自 2018 年起将儒乐湖新城作为海绵城市建设的示范点，努力打造"美丽中国江西样板先行区"。儒乐湖新城海绵城市建设中，以自然途径与人工措施相结合的方式，在确保城市排水防涝安全的前提下，最大限度实现雨水在区域内的积存、渗透和净化，促进雨水资源的利用和生态环境的保护，最终形成"山—城—湖—江"的良好生态格局。

表 20-3　国家级新区海绵城市建设：试点先行

国家级新区	海绵城市建设内容
上海浦东新区	重点打造临港海绵城市：涉及临港主城区、临港森林一期、临港国际物流园区和芦潮港社区功能板块，建设滴水湖核心片区海绵城市示范区
重庆两江新区	重点建设悦来新城海绵城市：利用地形和植被，改造城市道路、打造"海绵公园"、优化小区环境，解决城市防洪、排涝、雨水利用等问题
江西赣江新区	重点建设儒乐湖新城海绵城市示范点：通过自然途径与人工措施相结合，在确保城市排水防涝安全前提下，最大限度实现雨水在区域内的积存、渗透和净化，形成"山—城—湖—江"的良好生态格局

二　全域推进，实现整体海绵化新格局

浙江舟山群岛新区全地域、全领域推进海绵城市建设。新建改建海绵型建筑与小区，实现雨水源头控制；加快城市公园与绿地建设，增强对雨水的渗透、吸纳、利用能力；优化城市道路与广场排水，优先采用生态排水，有

效削减雨水径流；加强城市水环境综合整治，发挥水体调蓄功能。[①]

青岛西海岸新区构建一整套区域范围内的海绵城市建设管控体系。实施海绵城市建设分区管控。依据宜建、有条件建设、限制建设三个类别划分70个管控区，综合或部分采用"渗、蓄、滞、净、用、排"等海绵城市建设的低影响开发措施，明确控规地块的海绵城市各类指标，细化海绵城市开发规划设计要点，在全区域内系统化统筹解决水生态、水环境、水安全和水资源等问题。

黑龙江哈尔滨新区走"灰绿"相结合的海绵城市建设道路，利用技术开发，重点解决城市排水问题。哈尔滨新区建立区域雨水排放管理制度，科学布局建设雨水调蓄设施，推进海绵型建筑和相关基础设施建设，基本解决了城市内涝灾害。新区还运用大数据做好数字化的顶层设计，遵循"城市—区域—地块"的基本逻辑，采用数值模拟与机器学习等技术手段，为海绵城市建设制定科学、系统的顶层规划，打造集海绵技术、园林景观、生态水系、城市防涝于一体的宜居环境。

吉林长春新区同样将打造海绵城市布局于新区全域。长春新区充分考虑产业布局与再生水利用的匹配性，配套建设再生水利用系统，建设滞、渗、蓄、用、排相结合的雨水收集利用设施，不断扩大再生水使用范围，提高再生水利用率；打造地下花园式污水厂，提高冬季污水处理效果，借鉴国外先进经验，建设更加完善的排水与污水处理系统，极大地提升了生态环境质量。

表 20-4　国家级新区海绵城市建设：全域推进

国家级新区	海绵城市建设内容
浙江舟山群岛新区	新建改建海绵型建筑与小区；加快城市公园与绿地建设；优化城市道路与广场排水；加强城市水环境综合整治
青岛西海岸新区	构建海绵城市建设管控体系，实施海绵城市建设分区管控，综合或部分采用各类低影响开发措施

---

① 《舟山市人民政府办公室关于推进海绵城市建设的实施意见》，2020 年 12 月 15 日。

国家级新区	海绵城市建设内容
黑龙江哈尔滨新区	建立区域雨水排放管理制度,重点解决城市排水问题;推进海绵型建筑和相关基础设施建设;运用大数据做好数字化顶层设计
吉林长春新区	充分考虑产业布局与再生水利用的匹配性,配套建设再生水利用系统;打造地下花园式污水厂,借鉴国外先进经验,建设更加完善的排水与污水处理系统

三　因地制宜,走出地区特色化新路径

天津滨海新区在海绵城市建设中针对土地盐碱化问题制定相应的生态修复与规划策略。与其他国家级新区相比,滨海新区位于海河流域,是全国唯一水资源总量低于用水总量的,水质污染严重,土壤盐碱度高。[1] 针对这一问题,滨海新区使用生态技术修复盐碱地,将其变为可利用资源;推动本地耐寒耐盐碱植物的种植和研究,建立盐生植物群落生态系统;在盐碱地区域慎用透水铺装以免直接将雨水排入地下,防止地下水污染;发挥植物的生态修复作用,促进土壤的自然改良和修复。各项策略共同实行,为海绵城市建设夯实生态基底。

甘肃兰州新区地处西北地区,地表植被覆盖率较低。新区为打造现代化海绵城市,在保护、修复自然基底的过程中加强人为干预,创建国家园林城市。兰州新区先后建成百花公园、文曲湖公园、临港花海等 11 个城市绿地公园,大面积推动城市道路绿化建设,建成区绿地率大幅提升,形成了湿地、绿廊、花海相连的现代化生态新城。科学绿化使得兰州新区构建起与现代化建设相适应的集防风林带、生态水系、绿廊花海、湿地公园于一体的生态体系,为黄河中上游生态治理积累了经验。

广州南沙新区地处滨海河口地区,针对由外江、河涌、湿地等"大海绵"体系与公建、小区、公园等"小海绵"体系共同构成的城市系统,开

---

① 陈辉:《滨海新区盐碱地海绵城市规划策略研究》,《城市建设理论研究(电子版)》2018年第 8 期。

创"大小海绵"互存的海绵城市建设模式：利用城市外江、河涌、湿地等水利设施保证防洪、排涝，确保城市安全；物尽其用，充分利用市政道路、景观、地块建设海绵设施，将城市大的雨水洪峰通过市政体系排除，减少地块雨水承载量。"大小海绵"模式破除了市政和水利管理壁垒，将不同的管理机构统筹起来，形成了以海绵城市建设目标为导向的工作推进模式。

南京江北新区以城市生态基底布局，分区域打造海绵化建设项目，在海绵城市建设过程中重点融入景观要素，突出人文特征。江北新区在长江岸线湿地保护与环境提升项目中践行"长江大保护"发展理念，用城市绿带将生态恢复、水体保护、文化休闲、历史记忆、商业服务及艺术展示等功能完美串联，打造成一条集防洪、景观、交通于一体的生态型、景观型"最美滨江岸线"；江北新区浦滨路道路及景观提升工程基于"海绵"理念，全面协调浦滨路道路排水及景观设计，统筹考虑沿线景观水体、滨水景观带等开放空间，灰绿结合，兼顾景观与海绵功能；浅山休闲公园作为海绵花园，其基本效益除雨洪资源利用外，还包括构建集展示、休闲、活动和防灾避难为一体的多功能城市开放空间。

表20-5 国家级新区海绵城市建设：因地制宜

国家级新区	海绵城市建设内容
天津滨海新区	针对土地盐碱化问题，制定相应的生态修复与规划策略。使用生态技术修复盐碱地；推动本地耐寒耐盐碱植物的种植和研究；在盐碱地区域慎用透水铺装以免直接将雨水排入地下；充分发挥植物的生态修复作用
甘肃兰州新区	针对植被覆盖率较低问题，加强人为干预，创建国家园林城市。先后建成百花公园、文曲湖公园、临港花海等11个城市绿地公园，大面积推动城市道路绿化建设，形成湿地、绿廊、花海相连的现代化生态新城
广州南沙新区	针对由"大海绵"体系与"小海绵"体系构成的城市系统，开创"大小海绵"互存的海绵城市建设模式：利用城市外江、河涌、湿地等水利设施保证防洪排涝；开发市政道路、景观、地块建设海绵设施
南京江北新区	分区域打造海绵化项目，重点融入景观要素。长江岸线湿地保护与环境提升项目打造集防洪、景观、交通于一体的"最美滨江岸线"；浦滨路道路及景观提升工程协调道路排水及景观设计；浅山休闲公园项目构建集展示、休闲、活动和防灾避难于一体的多功能城市开放空间

四　创新突破，探索生态投融资新路径

大连金普新区积极运用 PPP 模式推进海绵城市建设。金普新区海绵城市建设 PPP 项目由政府牵头、引入社会企业，采用"BOT＋TOT"模式，存量项目涉及城市公园、城市绿道、老旧小区、城市排水管网等多项设施改造与建设。PPP 模式能够有效缓解金普新区在推进海绵城市建设过程中的财政压力，极大地解决了投融资难题，对于有效修复城市生态环境、促进水资源再生利用、推进落实海绵城市建设而言具有重要意义。

湖南湘江新区在强化海绵城市的防涝功能的基础上引入市场机制，把"水资源"变成"水资产"，以绿色金融"反哺"海绵城市建设。湘江新区通过雨水资源的收储、处理和转让，进一步提高区域水资源的利用效率。2020 年 11 月，湘江新区顺利完成全国首单雨水资源水权交易，开了我国海绵城市雨水资源水权交易先河。水权市场化交易是优化水资源配置的重要方式。[①] 湘江新区通过水权交易，采用水资源合同管理模式，盘活分散的闲置雨水资源，为海绵城市的建设提供了新的投融资模式和渠道，也为雨水资源的社会价值、经济价值、生态价值实现提供了经验借鉴。

福建福州新区海绵城市建设相关投资主体创新投资管理模式，解决投资成本过高问题。在海绵城市建设过程中，为避免传统投资模式带来的可能亏损，福州新区开发投资集团及时调整规划和投资管理模式，在湖文支路苗圃建设中，开展"绿色银行"项目试点，采用"种植＋收储"的全新模式，并借助"数字福建"平台，对接市政运营管理系统，建立苗木管理台账，实现管理工作的规范化和精细化，大大提高了投资效益。

---

① 张泽：《论水权交易的功能导向与优化措施》，《人民黄河》2023 年第 45 期。

表 20-6　国家级新区海绵城市建设：创新突破

国家级新区	海绵城市建设内容
大连金普新区	运用 PPP 模式推进海绵城市建设。采用"BOT+TOT"模式，存量项目涉及城市公园、城市绿道、老旧小区、城市排水管网等多项设施改造与建设，极大地解决了投融资难题
湖南湘江新区	在强化海绵城市的防涝功能的基础上引入市场机制，以绿色金融"反哺"海绵城市建设。通过雨水资源的收储、处理和转让，提高区域水资源的利用效率；通过水权交易，采用水资源合同管理模式，盘活分散的闲置雨水资源
福建福州新区	创新投资管理模式，提高投资效益。为避免传统投资模式带来的可能亏损，福州新区开发投资集团及时调整规划和投资管理模式，开展"绿色银行"项目试点，采用"种植+收储"的全新模式，并借助"数字福建"平台，实现管理工作的规范化和精细化

第二十一章 国家级新区智慧城市建设的特色示范点

国家级新区作为承担国家重大发展和改革开放战略任务的综合功能区,对其他城市的建设起着指导性作用。一方面,对于传统城市来说,在新区建立"智慧城区",有益于探索智慧城市建设的模式和经验;另一方面,对于新区来说,可以按照智慧城市的架构来规划,一个城区相当于一个缩微的城市,规模不大,从资金、技术、人才、管理等方面来说都较好操作。国家级新区作为具有引导性、前瞻性、科学性的城市,其智慧城市建设有助于为其他城市建设提供指南。本章将全面介绍 2021~2022 年国家级新区智慧城市建设示范点,并选取国家级新区智慧城市建设中的成功示范点进行阐述。

第一节 关注民生需求,提高公共服务水平

人民群众对城市有更微观、更深入的接触,是智慧城市建设的需求方和参与方。各新区积极关注民生需求,增强城市整体性、宜居性,致力于提升公共服务水平,促进城市便捷化发展,增强群众的幸福感(见表 21-1)。

表 21-1 2021~2022 年国家级新区智慧化民生项目建设成果

新区名称	时间	建设成果
上海浦东新区	2021 年 10 月	"浦老惠"养老服务平台
天津滨海新区	2022 年 12 月	老旧小区市政运营一体化、智慧停车
重庆两江新区	2021 年 6 月	智慧社区、智慧化便民服务中心、数字城管
甘肃兰州新区	2021 年 7 月	智慧医疗、智慧停车无感支付、"互联网+政务服务"项目

新区名称	时间	建设成果
贵州贵安新区	2022年1月	"智慧乡镇"平台
大连金普新区	2022年7月	"全科智慧网""金普社区通""一网通办"的"街道大工委—社区大党委—网格党支部"的组织体系
四川天府新区	2022年11月	"幸福盒子"项目
南京江北新区	2021年9月	南京超级算力中心
江西赣江新区	2022年5月	儒乐湖新城

一 上海浦东新区互联网+智慧养老模式

随着数字化、信息化的不断发展，越来越多的老年人渴望跨越"数字鸿沟"，享受智能化带来的便捷和高品质生活。作为上海老年人口总量最大的区，浦东新区在探索完善大城养老"浦东样本"的过程中，将"智慧养老"放在了重要位置。[①] 2021年10月，"浦老惠"养老服务平台正式上线。这是新区民政部门为服务并融入浦东社会主义现代化建设引领区的新发展格局、按照"浦东能突破、全市能推广、全国能借鉴"的要求，探索的"互联网+"时代智慧养老新模式。

（一）"浦老惠"平台提供多方面服务

"浦老惠"平台已经整合了入住养老院、护工上门、辅具租赁、紧急设备申请、养老顾问、适老化改造、法律援助等11个养老场景，解决老年人日常生活需求。这些功能又整合了政府资源、社会资源、市场资源，为老年人提供多元化、专业化、个性化服务，让老年人享受高品质养老服务。

同时，这些服务供应商也面对着更加严格的要求和监管。与"浦老惠"签约的服务供应商，都是经过了详细考察、从大量服务供应商中精选出来的，不仅规模相对较大，口碑也较好。"浦老惠"平台还建立了服务供应商

---

① 《浦东积极探索 互联网+智慧养老新模式》，http://sh.sina.com.cn/zw/q/2022-08-02/detaili-imizmscv4551170.shtml，2022年8月2日。

准入准出机制，每次服务完成都会有专门的回访，对供应商的服务进行打分，以便年底开展考评。

（二）打造浦东养老服务新名片

智慧养老是新型智慧城市建设的重要内容，是实现养老服务制度创新、精细管理、优化服务的重要途径。在浦东，科技助老、智慧养老不断推陈出新。

2014年，浦东新区科技助老信息平台开始运行，积极探索精准化、个性化、专业化的科技助老服务新模式。"浦老惠"平台是对既有科技助老平台的迭代升级，也是浦东新区深入推进养老服务领域创新引领、实施服务便民利民的又一重要举措，以科技赋能补齐短板、变革驱动养老服务高质量发展，稳步提升浦东老年人的获得感、幸福感、安全感。科技助老、智慧养老，是浦东新区在"十四五"期间推动浦东养老服务体系不断提质增能、在引领区建设中展现"大城养老"浦东样板的着力点之一。政府搭台、市场化运作，"浦老惠"成为上海浦东新区智慧化民生建设全新的起点。

二 重庆两江新区智慧社区便民惠民

智慧社区建设是智慧城市建设的重要组成部分，旨在充分利用物联网、云计算、移动互联网等新一代信息通信技术，为社区居民提供安全、舒适、便利的现代化、智慧化生活环境。[①] 智慧社区是智慧城市建设过程中重要的单元，也能够提升居民的获得感、体验感。从传统物业到智慧社区，社区管理方式、管理人员结构都发生了改变，这种智能化、智慧化转型对智慧城市建设起到积极推动作用。

（一）促进居民生活方便安心

智能服务已融入重庆两江新区社区居民的日常生活。智能浇灌系统通过监测温度和土壤湿度，自动浇灌植物；智能垃圾桶自动检测桶内垃圾，一旦装满将自动预警，通知后台清理……

---

① 《提供线上线下融合服务，为社区居民提供现代化、智慧化生活环境》，http://www.liangjiang. gov. cn/Content/2021-06/04/content_ 10177999. htm, 2021年6月4日。

智慧社区能充分满足老年人的需求。老年人在家可以通过收看电视节目，直接获取街道、社区推送的惠民政策等综合资讯，联系社区服务机构、派出所，足不出户便可获得服务与帮助，如办理民政救助、参加社区老年大学、了解社区文化及公益活动等。

在智能化便民服务中心，居民可以直接与政务机器人互动获取政策资讯。在24小时服务区，可通过社保终端和政务终端，办理养老认证、身份证复印等各项业务。

（二）推动数字管理安全高效

基于大数据分析，建设标准、规范化信息服务系统，创新服务项目，增加增值服务。传统物业管理包括对房屋建筑、公共设施、绿化、卫生、交通、生活秩序和环境等项目的管理。智慧社区在传统物业的基础上，将各类信息系统和资源进行整合，构建统一的社区信息平台，改善社区服务。基于大数据分析，社区能够指导和研发更符合社区居民需求的产品，有针对性地进行社区商业改进，完善空间产品设计，增加增值服务需求。比如，根据社区容积率高、采光差等空间限制，引入洗衣烘干房，解决住户晾晒问题。

据统计，在城市社区管理中，2022年1~9月，两江新区数字城管主动发现问题约17.79万件，立案约17.65万件，处置率97.61%；"12319"城市管理服务热线民生服务系统上报案件3906件，处置率99.49%；危险源监测系统监测报警信息77次，通知报警信息77次。[①] 依托数字化平台，两江新区完成了信息收集、处理、反馈、监管，人防、物防、技防同时发力，将精细化城市治理延伸到全区的各个角落。

三 黑龙江哈尔滨新区"智能交管"助推城市交通管理

哈尔滨新区依托"哈尔滨高寒城市智能公交系统"项目的有力支撑，通过"互联网+"、大数据、云计算、物联网等技术，提升数字化、网络化、

---

① 《宜居宜业 近悦远来 两江新区全力推动城市品质再升级》，http：//www.liangjiang.gov.cn/Content/2022-10/14/content_ 10429405.htm，2022年10月14日。

智能化治理能力，不断推进公共交通数字化转型，助推行业管理提质增效，进一步提升群众出行的满意度。

（一）优先廊道提升公交加速度

公交优先廊道采用智慧信号融合优化系统自动识别车流大小，即时优化所产生的效果，单独的廊道不受社会车辆干扰。"智慧交管"可以实时收集路口流量、车辆排队长度等信息，分析路口的交通需求，自动优化路口的信号灯周期，以此来适应早晚高峰、平峰不断变化的交通流。系统启用以来，线路运行效率提升了32%。

不仅如此，通过廊道的公交车都安装了车载物联网设备，在每个路口安装路侧物联网设备，设备间可以实现快速组网，通信距离达到150米，可以实现数据双向互通，这一技术的应用在全国属首例。与此同时，路侧设备还可以将驾驶建议发送至车载端，提高公交车运行的准点率。

（二）"智慧大脑"优化管理精度

依托"哈尔滨高寒城市智能公交系统"项目，哈尔滨快速建成交通运行监测调度指挥中心，为全市公交、出租、两客一危及重型货车等各类交通运载工具安装智能监控设备73598台，打造了新阳路、南直路、长江路3条公交优先廊道，规划建设了2300余块公交电子站牌，推出了"哈尔滨交通出行"App及微信公众号。

"交通智慧大脑"汇聚公交、出租、网约、客运、货运等行业数据150余类，可满足车辆的运营管理、行业监管、运行监测、决策支持和出行服务等实时响应需要。

以高寒城市智能公交系统为基础构建的智慧公交管理"云"平台，不仅实现了对全市200余条公交线路、6000余台公交车辆的实时监控，也实现了行业、企业、线路不同层级的指挥监控调度。①

（三）"智能调度"推动便捷出行

哈尔滨福通客运有限公司运行监测调度指挥中心的每个调度员工位上都

---

① 《"智能交管"让城市交通拥有"智慧大脑"》，http：//www. harbin. gov. cn/art/2022/7/23/art_ 98_ 1277550. html，2022 年 7 月 23 日。

配有两个显示器。调度人员可以通过系统与公交司机进行沟通，在确保安全的前提下，及时发出调度指令，使线路车辆运行间隔更均衡，最大限度减少拥挤度，缩短乘客等车时间。

智能调度平台根据反馈信息自动计算发车间隔，制定合理准确的运营计划，实现车辆运营的精准管理。通过车厢内的 6 个摄像头，能清楚看到乘客数量，随时调整运营间隔。企业可根据实际情况，采取大站快车等灵活调度方式，缩短乘客候车时间，实现车辆运营的精准管理。公交企业的调度生产数据也会被同步推送到公交电子站牌和手机 App 上，乘客可实时查询公交车运行位置。

此外，智能化系统还包括公交车停靠秩序管理系统。该系统可通过 WSN 技术识别站位空位，预告进站车辆停车位置；对违规停靠车辆进行抓拍，并作为事后处罚的依据；异常滞站停车预警、站台违规停车信息管理；违规信息分析、统计等。

通过建立运营企业和行管部门互联互通的信息化监管体系，解决交通运输行业点多、线长、面广等管理难题，从"凭经验"向"全流程可见、实时管控"的数据化、智能化管理方式转变，推动交通运输行业管理质效大幅提升。

第二节　打造公共平台，提升社会管理能力

智慧城市与现代信息技术联系紧密，各新区正积极利用互联网、大数据等技术对信息化公共平台进行整合，加快基础设施建设，促进社会治理精细化，为智慧城市的安全运营保驾护航。

表 21-2　2021~2022 年国家级新区信息化公共平台建设成果

新区名称	时间	建设成果
天津滨海新区	2022 年 6 月	安全保障系统、大应急融合平台项目
重庆两江新区	2021 年 8 月	国家智慧医保实验室
浙江舟山群岛新区	2022 年 6 月	"1+2+3+3+7+N"智慧体系(六横镇)

续表

新区名称	时间	建设成果
甘肃兰州新区	2022 年 3 月	智慧信息、案件预警、网格管理、城市管理、应急管理、政务服务六大系统
广州南沙新区	2022 年 6 月	电子化招标投标平台
贵州贵安新区	2022 年 11 月	医疗保障信息平台智能监管系统
青岛西海岸新区	2022 年 12 月	"数字西海岸 1+1+1"平台
四川天府新区	2021 年 12 月	人口基础、企业法人、空间地理、宏观经济等信息四大资源数据库
湖南湘江新区	2021 年 9 月	湘江集团信息化监督平台
南京江北新区	2021 年 10 月	区块链平台
江西赣江新区	2021 年 12 月	基层党建信息化平台

资料来源：作者根据网络资料总结整理而得。

一　天津滨海新区智慧城市安全保障体系建设

天津滨海新区智慧城市安全保障体系建设按照标准先行、充分授权、分步实施的总体思路。将网络安全等级保护国家标准和数据安全能力成熟度国家标准相结合，并率先运用在智慧城市的安全保障体系建设中，建设网络数据安全管理运营总枢纽、安全威胁监测中心、安全检测分析中心、安全指挥运营中心、内生安全防御基础设施、漏洞缺陷管理基础设施、安全应急指挥基础设施、数据安全治理基础设施，[①] 保障"混合云""融合网""大数据资源中心""区块链平台""智能计算平台""数字孪生城市"和"物理网感知平台"等 30 余个重点业务系统稳定运行，以安全保发展，以发展促安全，为智慧城市安全运营保驾护航。

（一）强化顶层设计根治源头

随着一系列网络数据安全国家标准和地方标准的落地实施，天津成为数据安全国家标准的唯一省级试点，新区网信部门勇于体制机制创新，"政府

---

① 魏彬、孙斌、金刚等：《产业协同与智慧城市建设安全保障体系》，《信息技术与标准化》2022 年第 5 期。

领导、网信统筹、多方参与、分工协作"，参考国家标准，编制符合新区特点的《智慧滨海网络数据安全合规指南》和《智慧滨海数据分类分级指南》两项指导性文件，由网信部门统筹协调，智慧滨海各使用单位、系统建设单位分步实施，逐级落地。指南整体以数据生存周期为核心，明确指出每个层级要开展的必要工作、建立的管理体制机制以及如何常态化开展网络数据安全保护工作，全面提高运营者的网络数据安全综合保障能力。

（二）打造城市动态持续性监管手段

天津滨海新区将动态监管、持续性监管的理念贯穿始终，以《信息安全技术—数据安全能力成熟度模型》国家标准和天津市《网络数据安全监督检查规范》为执行基准，以网络数据生存周期为核心，将数据安全国家标准的评估指标体系引入安全保障体系，最终建成滨海新区网络安全协同总枢纽平台、网络数据安全监督检查系统。

二 浙江舟山群岛新区六横镇多方位接轨数字城镇

为进一步推动城市治理体系和治理能力现代化，提高城镇化水平，实现精细化和动态管理，舟山市六横镇以小城镇环境综合整治行动和美丽城镇建设为契机，投资 6970 万元打造"六横智慧城市（智慧海）管理中心项目"，构建"1+2+3+3+7+N"智慧体系（即一个"大脑"、两级"指挥中心"、三级服务管理、"智慧六横"三中心、"七个一"工作体系、N 个专题系统）。[①] 通过对政府的各职能部门的业务信息进行整合，立足城市运行监测、管理、处置、决策四大领域，围绕城市管理、安全生产、公共安全、社区（村）服务、卫生安全防控、产业服务等主题建设，提升城市运行水平和突发事件的处置效率，实现实时监测预警一体化、市民互动一体化、事件综合协调一体化以及城市运行体征量化管理。

（一）增强城市智能感知能力与协同共享能力

六横镇打通、融合城市各类物联网络，将物联感知数据按需汇聚到城市

---

① 《六横多方位打造智慧城市 接轨美丽城镇数字时代》，http：//zszjj. zhoushan. gov. cn/art/2021/4/2/art_ 1518890_ 58883791. html，2021 年 4 月 2 日。

数据中心，将物理城市映射为数字城市，让管理者能全面、实时、直观地掌握城市体征，支撑感知城市的构建。此外，目前六横城市大数据建设以政府数据共享交换为主，城市级数据的整合共享、关联分析、融合碰撞等能力构建相对欠缺。智慧海项目的建成投用，可以全面加快城市数据资源的有序汇聚，深度共享、关联分析、高效利用，为政府、企业和市民提供跨层级、跨地域、跨部门、跨业务的协同服务，以数据赋能城市业务应用、支撑数据城市构建。

（二）升级城市分析预测能力与运营服务能力

六横镇构建城市大数据中心，汇聚海量城市数据，创建城市大数据分析模型，为城市管理配备更精确、高效、及时的分析、预测等功能，辅助管理者在城市规划、建设、管理等方面做出更智慧的决策，支撑认知城市的构建。此外，构建统一运营的保障管理体系，监控城市状态并调控城市运行，保障城市在安全、稳定、可靠的状态下高效运转。充分开放的城市运营模式可以让更多企业、市民参与智慧城市建设，共享智慧城市建设红利。

三　广州南沙新区招投标智慧监管推进城乡建设

广州市住房和城乡建设局积极推行电子化招标投标，深化电子招标投标试点城市各项成果运用，全力推动房屋建筑工程招投标领域的全流程电子化、全过程线上办。通过对接交易平台、分析交易数据、过程预警监管等方式，运用科技信息手段加强监督，逐步扩大智慧监管服务场景覆盖范围。[①]

（一）实行数据互联共享促进智慧化监管提质增效

广州市住房和城乡建设局以建设项目需求为导向，积极挖掘互联网智能化优势，整合资源，降低企业交易成本，不断提升电子政务服务水平，使行业监管做到"无事不扰"和"无处不在"。同时，这也为解决专家不足、买标卖标、不履行主体责任等问题找到了一条新路径。

---

① 《市住房城乡建设局运用大数据赋能招投标智慧监管》，http：//www.gzns.gov.cn/zwgk/rdzt/yhyshj/ysdt/content/post_ 8354988.html，2022 年 6 月 23 日。

实现远程异地评标。将集中的"实体评标室"拓展为独立的"云上评标室"，打破评标地域和专业领域"边界"。目前广州公共资源交易中心已与佛山市、海南省等地实现评标对接，实时交互评标数据，共享评标专家资源，有效解决专业、技术有特殊要求的项目评标专家缺乏问题。远程异地评标不仅极大地丰富了各专业专家数量，还有效规避了"熟人评标""围猎专家"等问题，从源头上预防腐败行为发生。

建立合同在线签订制度。招投标全流程电子化延伸至标后，招标人可与中标人在交易系统上在线签订合同及补充合同，经双方在线同步审核、确认均无异议后，完成合同在线签订。为维护合同双方利益，交易系统还将中标通知书发出日期、中标价等信息共享至在线签订合同环节，供各方监督。

（二）运用大数据比对分析发现投标违法违规线索

依托数据建立的各种预警功能，提高了招投标监管系统和交易系统线索甄别的准确性和时效性，在广州市招标投标监管工作中发挥了重要作用。

遏制项目负责人"挂证"行为。开标时交易系统自动比对投标单位与项目负责人社会保险缴纳单位信息，出现不一致情形的视为"挂证"线索，招投标监管部门随即启动调查。评标完成后，中标候选人的项目负责人涉嫌"挂证"的，交易系统及时向招标人推送提示信息，充分保障招标人的知情权，招标人在定标前进行核实，避免产生定标风险。

打击投标人串通投标行为。通过评标系统自动比对同一项目各投标人加密打包投标文件电脑机器特征码、工程量清单编制硬件信息和工程量清单相似度，投标人之间机器码或清单硬件信息相同的，被评标委员会直接否决投标。为深入挖掘串通投标线索，精准打击串通投标行为，系统还自动将当前投标人机器码、清单硬件信息码与交易系统中相关历史数据进行比对，通过数据分析，将曾用过同一电脑的多个投标人视为关系密切企业，再次出现参与同一项目投标的，纳入串通投标违法行为线索，由监管部门启动核查，实现"靶向"监管。

四　青岛西海岸新区优化城市管理水平

2022年，西海岸新区工信局（科技局、大数据局）联合区文明办开发"数字西海岸"小程序，以满足全国文明典范城市创建工作中对数字化平台的建设需求。平台自启用以来，累计监测预警20220次，高效处置绿化缺失问题2810起、环境卫生问题930起、设施破损问题680起、车辆违停问题570起，下发督办997次，形成了文明创城指挥调度"一张图"、上报整改"一张网"、事件督办"一本账"，推动了全国文明典范城市创建工作减负增效，俨然成为城市云脑全国文明典范城市创建管理平台的重要组成部分。①

（一）智慧平台促进城市管理

该平台总体架构为"1+1+1"，即"1个指挥调度大屏、1套业务管理系统、1个移动小程序"。其中，1个指挥调度大屏，依托城市云脑指挥大屏，实现全国文明典范城市创建工作"信息上屏、事件落图、处置协同"；1套业务管理系统，开发全国文明典范城市创建管理核心程序，利用城市云脑450个视频点位资源，调用城市云脑"能力超市"中车辆违停、占道经营等多种AI算法，对重点区域的交通秩序、市容秩序、环境卫生等九大类事件进行智能监测，形成业务闭环；1个移动小程序，即开发"数字西海岸"小程序，包含巡查上报、事件定位、快速处置等功能。

（二）智能分析提供智慧方案

对于上报的事件，该平台建立了市容秩序、交通秩序、环境卫生等九大类事件流转中心，对其进行智能分析研判，自动匹配事件类别，并派发至区城管局、区市场监管局、各镇街等，相关责任单位及时查看并进行整改，极大地提高了事件处置效率。此外，该平台还会进行事件高发区域智能识别，综合分析高频事件发生的实时状况、形成原因、工作人员分布等要素，提出长效解决方案。

---

① 《安上"云大脑"，城市管理更智慧》，https：//www.xihaian.gov.cn/ywdt/bmdt/202304/ t20230421_ 7154856. shtml，2023年4月21日。

五 南京江北新区城市治理迈向"数智化"

南京江北新区依托大数据和现代信息技术的发展，打造智慧城市，以"数智化"探索城市治理新路径，带动城市产业发展、转变城市发展模式、推动城市精细化治理，让更多人享受到"数智化"的"红利"。

（一）"区块链+小区自治"难题"秒解"

区块链平台是居民参与决策的"利器"，也是物业方做事办事的"靠山"。区块链技术安全透明、不可篡改、可追溯的特性，让居民和物业双方的信任度大大增加，实现难题"秒解"。

"区块链"的生活化应用体现在助力小区自治中。在南京市进入强制"垃圾分类"时代初期，江北新区沿江街道便利用区块链技术轻松解决了因时间紧、任务重而带来的"撤桶并点"、垃圾房选址等难题。

（二）"网格+网络"数字化推动基层治理

推动基层治理体系和治理能力现代化，离不开数字化"大脑"的驱动。江北新区以"网格+网络"推进全要素网格治理、全科式政务服务、全能型综合执法、全维度数据整合作为工作目标，提出了以条块结合为突破口，以数字化推动机构改革后组织内部流程创新与再造，以实现部门协同治理，推动政府职能转变和行政效能提升。

"网格+网络"实现了"信息孤岛"变"信息通衢"。江北新区"网格+网络"的数字化治理实践依托于网格数字化治理平台开展。该项目已于2020年底投入运行，覆盖了新区15个部局、7个街道、79个社区、1017个网格，初步构建了新区多部门协同治理信息化平台基础框架，有效推动了政府职能转变和行政效能提升，并持续拓展"网格+网络"应用场景。①

（三）"一体化+内涵改革"助推便民服务

顶山街道将"网格E家"作为打通为民服务"最后一公里"的微平台、

---

① 《以"数智化"点亮城市治理新路径》，http://njna. nanjing. gov. cn/cxrc/cxrcdt/202109/t20210929_3147854. html，2021年9月29日。

微载体，将各类便民服务、全科化服务送至百姓的家门口。街道以"1+10+N"三级便民服务体系为基础，即1个街道便民服务中心、10个社区"网格E家"和N个物业小区便民服务点，打造"权限通""技能通""服务通"的"全科式服务"，让居民们"只跑一窗"、"只进一门"即可享受便捷的服务。[①]

泰山街道的双网化治理、沿江街道的全科社工打造、葛塘街道的村级阵地服务能力提升等，街道从管理型向服务型转变的最大动因就是便民服务。新区开发了适配实际工作的城市治理一体化平台，街道体制机制改革也取得初步成效，主要表现在"多张网转向一张网、管理型转向服务型、被动型转向主动型"，提倡共建共治共享。

截至2021年10月，新区7个街道便民服务平台建设完成，已经将政务服务网铺设到各个街道的便民服务中心，并延伸至所有社区便民服务站，同时还明确了近150项可以进驻街道层级的事项清单。

第三节　推动数字孪生技术，实现城市转型升级

"十四五"规划明确提出，要"探索建设数字孪生城市"，打造新型智慧城市，持续推动数字孪生城市产业发展。在此背景下，智慧城市建设进入黄金时代。各新区加速推进数字孪生城市建设和行业应用场景创新（见表21-3）。

表21-3　2021~2022年国家级新区数字孪生项目建设成果

新区名称	时间	建设成果
上海浦东新区	2022年12月	基于医疗服务机器人和人工智能构建"数字孪生体"
重庆两江新区	2022年9月	运用数字孪生技术，完成了1200平方公里地理信息建模，搭建了经济运行、产业发展、科技创新、开放门户、营商环境、民生共享、绿色发展、基层治理、城市管理、生态监测、城市安全等12类场景

---

① 《江北新区顶山街道构建新主城"善治"新格局》，http：//njna. nanjing. gov. cn/jd/dsjd/tpxw/202102/t20210202_ 2813784. html，2021年2月2日。

续表

新区名称	时间	建设成果
甘肃兰州新区	2022 年 11 月	数字孪生流域标准化建设
陕西西咸新区	2022 年 3 月	数字孪生城市平台
贵州贵安新区	2022 年 11 月	智慧航空口岸数字孪生
四川天府新区	2021 年 9 月	564 平方公里的数字孪生城市信息建模
湖南湘江新区	2022 年 2 月	数字孪生 Citybase 实验室
南京江北新区	2021 年 9 月	全国首个纯 IPv6 示范区
云南滇中新区	2022 年 8 月	引水工程"数字孪生"
黑龙江哈尔滨新区	2022 年 7 月	数字孪生智慧园区
江西赣江新区	2022 年 4 月	数字孪生流域建设

一 重庆两江新区数字孪生技术助力"智慧"发展

重庆万物双生科技（重庆）有限公司用数字孪生技术为城市管理赋能，坚持"开放的平台，更是开放的世界"这一理念，助力行业、客户、合作伙伴实现数字孪生转型升级，参与多个智慧城市项目建设。

（一）数字孪生为城市构建"智慧大脑"

数字孪生技术以计算机图形学和人工智能为基础，将城市全要素和时空全过程在虚拟世界中模拟仿真，实现在虚拟世界中对现实世界可看可控可仿真，从而加强智慧产业集群的信息互联协同，推动新基建大潮下各领域的数字化升级。[①]

两江新区智慧城市运行管理中心聚焦城市管理、经济运营、云端招商等业务，利用数字孪生技术，融合了海量、多源、异构的空间数据和业务数据，集全域智能、综合态势、科技创新、开放门户、经济运行、绿色生态等典型场景与功能于一体。两江新区智慧城市运行管理中心承担着"城市大

---

① 《51WORLD 用数字孪生技术助力智慧城市建设》，http：//www. liangjiang. gov. cn/Content/2021-08/27/content_ 10218063. htm，2021 年 8 月 27 日。

脑"的职责，通过可视化、数据化的呈现方式，帮助进行城市管理决策及政务公开，实现"智慧城市切实可用、建设成绩开放透明"。

（二）数字治理实现城市建设高效管理

两江新区智慧城市运行管理中心按照"1个底座+N个专题场景"的思路，应用数字孪生技术，使"城市大脑"和实体城市同生共长，实时呈现城市的各项数据。

在招商方面，投资企业可以身临其境地了解片区实景、公服配套及生态环境等，成为两江新区打造前沿智慧新城的新名片、新工具。

在城市治理方面，使用高精度场景及重点建筑还原技术，形成城市级数据闭环赋能体系，帮助城市提升"看哪知哪"的高效治理能力。

二　四川天府新区赋能城市多维度协同发展

四川天府新区作为肩负着白纸画图、平地立城的重大使命、承载着建设公园城市的光荣使命的年轻城市，建城营城内核与"宜居和包容"理念高度统一，数字化转型过程中的技术理念具备国际一流水准。

（一）数字孪生扩大城市发展边际

天府新区贯彻人本逻辑，聚焦天府居民的生活需求，打造智慧化管理数字孪生系统。通过 BIM、GIS 等数据信息集成，运用 3D 建模等技术，打破物理空间局限，首先建成了 564 平方公里的数字孪生城市信息模型，联动城市大脑汇集多源数据，实现跨层级、跨部门、跨区域、跨系统、跨业务数据可视化，打破数据孤岛。通过统一管理平台，为基层减负赋能，唤醒沉睡的数据，提高使用率、提升管理手段、优化服务应用，实现城市治理精细化、公共服务高效化，从多维度推动城市协同包容发展。

（二）智慧规划平台助力公园城市建设

天府新区对城市的生长进行全周期记录和全过程智能化管理，打造互联互通的自然资源"一张网"、三维立体的自然资源"一张图"和统一的应用支撑"一平台"，推动规划效率平均提升 200%。同时，在传统规划功能的基础上，扩充与公园城市内核相对应的 10 余个特色规划功能，推动城市规划与公园城市生产、生活、生态的全面匹配，构建起满足自然资源调查监测、监管决策和政务服务的三大应用体系。

（三）智慧防汛体系全面提升城市韧性

天府新区以人工智能和大数据分析为核心动力，利用先进的物联网设备、NB-IOT、4G、5G、卫星等通信手段以及边缘计算技术，推动多源数据深度融合，完善水情、雨情智能感知网络，实时监测和分析雨量、水位、流量、图像和视频数据，构建包括防汛"一张图"在内的数据资源中心及水灾害领域的专业模型。

围绕"精准化预警，智慧化推演，智能化决策"，通过专业模型和智能分析，实现汛情态势研判、智能预报预警、灾害趋势预测，从事前"防微杜渐"的预防、事中"防大汛、抢大险、救大灾"的应急处突、事后"全面冷静"的回顾分析三个维度全面提升城市面对汛情等紧急事件的韧性。

三 南京江北新区用数字孪生定义新主城

随着智慧城市建设迭代，引发对芯片、服务器、计算机等智能硬件以及新一代智慧技术的巨大需求，江北新区率先布局物联网、5G 等新一代信息基础设施，启动全国首个纯 IPv6 示范区建设，率先建设"全国数字孪生第一城"。[①]

（一）数字城市与物理城市"齐步走"

江北新区的数字城市和物理城市同步规划、同步建设。从地下建设开始，物理城市所有的建筑、道路、设施以及物件、事件都有相应的数字虚拟映象，从而实现从规划、建设到管理的全要素、全过程的数字化。

"智慧"导向体现在新区智能工地管理中；体现在政务云数据中心、电子化审批中；体现在医疗卫生领域，就是医生精准掌握病人全生命周期健康

① 《用数字孪生定义新主城》，http://njna.nanjing.gov.cn/cxrc/cxrcdt/202109/t20210918_3137278.html，2021 年 9 月 18 日。

状况；体现在教育领域，教育者知晓每位孩子身心健康和学习状况，推动个性化教育。

（二）智慧城市"回报"助力新区建设

江北新区以"敢为人先"的精神前瞻性布局智慧城市建设，智慧城市建设也正以其"独特魅力"慢慢地助力江北新区发展。以智慧工地为例，江北新区的标杆项目探索运用新技术、新手段，解决城市治理的难点问题。浦滨路将智慧导视设施与标识性文化元素融合，为新区树立标杆；湛水路马汊河桥改建工程设立新区首个"潮汐车道"，方便群众出行。

瞄准智慧城市建设中的关键技术路线，江北新区以"科技互联，项目共管"的模式，发力数字管理"新基建"，为江北新区"智慧城市"建设注入活力。江北图书馆作为南京首批尝试使用智慧工地的项目，实现 BIM 技术全生命周期应用以及生产过程的智慧化管理，采用智能 AI 安全风险识别，实现安全管控零死角，打造智慧管理平台，开展信息化协同作业，促进工程建设管理运行全过程提速、提质、提效。

第四节　注重发展质量，打造生态宜居城市

良好的生态环境是打造宜居城市的重要外部条件，近年来，新区坚持绿色、健康、可持续的发展理念，高度重视智慧城市发展所引发的环境问题，积极加强城市生态文明建设，实现产业和城市的和谐发展，实现从 BIM 到 CIM 的跨越，其中滨海新区中新天津生态城率先实现了"生态+智慧"双轮驱动的城市建设。

全国"绿水青山就是金山银山"实践创新基地名单于 2022 年末公布，中新天津生态城位列其中。作为滨海新区首个国家绿色发展示范区，中新天津生态城自开发建设以来，始终秉持"生态优先"的发展理念，以"生态+智慧"双轮驱动发展战略引领城市建设，走出了一条绿水青山"高颜值"与经济发展"高质量"相得益彰的生态城建设路径。

中新天津生态城是中国、新加坡两国政府战略性合作项目。生态城市的

建设显示了中新两国政府应对全球气候变化、加强环境保护、节约资源和能源的决心，为资源节约型、环境友好型社会的建设提供了积极示范。

（一）积极打造国家级标杆区

作为首个绿色发展示范区和国家智慧城市建设试点，生态城将"生态"与"智慧"元素融合，实施"生态城市升级版"和"智慧城市创新版"双轮驱动发展战略。在顶层设计上，制定了基础设施和创新环境、产业发展和人才培育、城市数据和智能应用、国际合作和推广复制四方面的任务，全面"激活"人工智能基因。在技术创新上，投入使用 5G、北斗技术、大数据汇聚平台、CIM 平台等高端技术。[①] 生态城秉承着应用至上原则，切实做到善政、兴业、惠民，从数字生产资料挖掘到头部企业引领的产业链构建，依托人才支撑体系，智慧赋能营商环境，全力打造智慧城市产业发展平台，加快推动人工智能与城市发展深度融合。

（二）增强城市管理协调统筹力

生态城利用前沿技术推动城市管理理念、管理手段和管理模式创新。生态城 CIM 平台，即城市信息模型，能生动复刻实体空间，生成数字孪生城市，同时可实现工地管理智慧化，使区内建筑在节能、节水、运维等方面的技术和效果可视化，综合反映建筑运行水平；生态城不动产登记中心，通过智慧手段实现了近零碳排放，而无废城市管理平台将居民生活垃圾的分类投放、医疗垃圾的追踪溯源、建筑垃圾的合规清运、餐厨垃圾的增量调控等纳入智慧化全生命周期管理之下；智慧城市运营中心——生态城的"城市大脑"，则可以用六个字概括，即"联动、闭环、实操"，在消防、环保、城市网格化处置体系中发挥着巨大作用。

（三）落实智能产业专业执行力

2019 年生态城率先完成 5G 全域覆盖，使 5G+AI 的产业实践成为可能，打造了跨领域、专业化的技术创新平台。通过打造"四优"的生态环境、

---

① 《中新天津生态城智慧城市》，http：//www.tjbh.gov.cn/ZT/contents/14044/485815.html，2021 年 5 月 18 日。

生活环境、营商环境和产业环境，生态城逐步成为人工智能产业研创的沃土。同时，生态城不断利用智慧技术赋能营商环境，建立企业知识图谱，使区内企业持续发展壮大、迸发创新活力。

第五节　数字要素汇聚新区，科技赋能产城融合

智慧城市建设离不开大数据，各新区抢抓大数据的红利，以推动数字经济发展为主要方向，在改革中求创新，在探索中谋发展，以科学技术为抓手，在推动产城融合的过程中释放出强劲的动能。

一　重庆两江新区"云联数算用"建设"智慧名城"

作为内陆首个国家级开发开放新区，两江新区加快建设国际化、绿色化、智能化、人文化现代城市，奋力在开启全面建设社会主义现代化国家新征程中体现担当作为。

（一）要素集群汇聚发展

重庆俨然成为国内外众多龙头企业、领军企业和创新企业抢滩的"新靶场"。"云联数算用"是重庆加快建设"智慧名城"的五大关键领域，也成为各家企业立足自身定位瞄准的"靶子"。

以"云"提供新服务。近年来，腾讯、阿里巴巴、百度等行业领军企业纷纷与重庆签订战略级合作协议，"阿里云""腾讯云""百度智能云"等为重庆智慧城市建设构筑起海量级别的"大数据库"，搭建起"上传下行"的传输和应用桥梁。全市"上云用数赋智"企业超 11 万家。

以"联"夯实新基础。以 5G 为例，截至 2022 年，重庆已建成 5G 基站 7.3 万个，中国广电开通 5G 网络服务，中国联通在重庆组建 5G 融合创新中心，中国移动携手宗申打造"5G+智慧工厂示范标杆"……

以"数"创造生产力。大数据是新的生产力。两江新区数字经济企业近 8000 家，数字经济增加值占全市的近 1/3，软件服务、大数据等产业发展迅速。云江智联、广域铭岛、品胜科技等一众工业互联网平台为制造业的

转型升级提供支撑，工业互联网标识解析国家顶级节点（重庆）标识注册量累计突破 125 亿。①

以"算"提供新支撑。目前，中科曙光的先进计算中心、重庆人工智能创新中心已落地，中新国际超算中心已启动建设，京东探索研究院超算中心、中国移动边缘计算平台已投用，全市规划算力达 1200P。

以"用"注入新动能。智慧交通、智慧医疗、智慧教育、智慧旅游贯穿人们的衣食住行，表 21-4 展示了两江新区智慧化应用情况。

表 21-4　重庆两江新区智慧化应用情况

智慧建设	应用	建设成果
智慧交通	城市轨道空间全息测量产品	实时获取无 GNSS 空间的全息数据,实现从城市轨道空间全息数据采集、处理到数字孪生的全栈技术体系,解决了山地城市无 GNSS 信号条件下地下空间建模难的问题,实现了毫秒级时间分辨率、绝对位置精度优于 3 厘米以及重复性精度优于 1 厘米的城市轨道空间全息采集技术
智慧医疗	互联网医院	已建有 7 家互联网医院,服务线上患者 52.79 万人次
智慧教育	全息课堂	以"全虚拟、全交互、全动态"的方式,让学生身临其境地操作传统实验室无法实现的实验,使学生更直观地领略现实环境中观察不到的宏观与微观场景
智慧旅游	设置视频监控采集游客数据	通过贝叶斯公式等函数计算,推导出目标人群下一个行为的概率,并以此作出科学的预测

资料来源：作者根据网络资料总结整理而得。

（二）企业落地推动"智造"

"智造重镇"建设为经济发展提供了强大的支撑，"智造重镇"以"芯屏器核网"为特点。

锻造"芯"，华润微电子、万国半导体、中国电科等 70 余家芯片制造企业和 40 余家设计企业汇聚重庆；做大"屏"，京东方、康佳、康宁、莱

① 《两江新区：加快建设"智慧之城"》，http：//www. liangjiang. gov. cn/Content/2022-08/16/content_ 10399945. htm，2022 年 8 月 16 日。

宝等一批领军企业在渝大展拳脚；提升"器"，VIVO、OPPO、华硕、广达、英业达、富士康等智造企业打造全球智能终端重要生产基地；增强"核"，以比亚迪、赣锋锂电、吉利等动力电池项目为代表的核心零部件产业链供应链逐渐成形；链成"网"，忽米网、广域铭岛、励颐拓等助力重庆构建"一链一网一平台"生态体系。

二　甘肃兰州新区"智变"发展凸显"智能"效应

抢抓国家"东数西算""上云用数赋智"等数据产业发展机遇，兰州新区打造最强"城市大脑"，全面提升城市品质，先后获得"智慧城市创新奖""中国领军智慧城区"等多项荣誉。

（一）"科技+智慧"打造新型智慧城市

兰州新区以大数据产业发展为契机，用"科技+智慧"加速打造基础设施先进、信息网络通畅、生产生活便捷、城市管理高效的新型智慧城市，成效显著。

智慧消防、智慧环保、智慧医疗等各种与大众生活息息相关的智慧应用，勾勒了兰州新区的美好图景。智慧医疗系统项目通过建立园区—社区—村镇三级医疗体系，实现一级医疗机构院内各业务的全流程信息化管理，门急诊总诊疗超 49 万人次，提供公卫服务签约总人数超 13 万人，签约率 90%，建档总人数为 124426 人。提供健康证线上办理、审核、预约体检服务，通过线上平台缩短办事时间，缓解各医院体检中心的就医压力，目前申请办理 28000 多次，发证 13400 余件。①

此外，围绕"惠民、优政、兴业"目标，兰州新区打造了"一云（政务云）、二网（电子政务外网、市政无线专网）、三平台（大数据共享交换平台、时空信息平台、统一物联网平台）、多应用"体系，建设了智慧城市政务云等 22 个项目，扎实的信息设施基础底座和丰富的应用场景，有效助力新区城市智慧化管理。

---

① 《"数""政"合算，"智"启未来》，http：//www. lzxq. gov. cn/system/2022/09/05/0306 20660. shtml，2022 年 9 月 5 日。

（二）数字政府建设全省"一盘棋"

2022 年，兰州新区"数字政府"系统成功上线，实现与全省数字政府系统同步运行，12 个子系统全方位服务于民。

截至 2022 年上半年，"数字政府"上线事项 5593 项，网办率达 96.68%，全程网办率达 95.57%。上线 51 个"一件事一次办"，企业办事便利度显著提升。实现新区 3 个办事大厅 12 类 590 台智能终端对接，22 家单位接入数据共享交换平台，创建数据目录 4041 个，共享资源 1096 个。政务、商务、经济等数据共享能力有效提升，制度性交易成本显著降低。在此基础上，兰州新区"数字政府"融合了新区人才综合服务平台，集成健康证申报、体检预约、大厅导航、自助填单、办事预约等特色服务，通过"数""政"融合，新区营商环境"智"与"质"显著提升，极大方便了群众和企业办事。

（三）打造国家大数据产业高地

依托独特优势，兰州新区紧抓国家"东数西算"和"丝绸之路信息港"建设机遇，建成国际互联网数据专用通道，落地丝绸之路大数据产业园、国网云数据中心等项目，加快建设国家级互联网骨干直联点，获批国家大数据产业示范基地，形成集智能设备研发生产、数据存储运算、软件开发集成等于一体的数据信息产业链，打造国家大数据产业高地和"东数西算"项目最佳承载地。

截至 2022 年上半年，兰州新区引进落地中科曙光先进计算中心、华为云计算、中国移动数据中心、中国电信数据中心、国网云数据中心、腾讯财付通等大数据和信息化产业项目 39 个，总投资 366 亿元，入选工业和信息化部第十批"国家新型工业化产业示范基地（大数据）"名单。[1] 目前，中国移动、中国电信数据中心一期、兰州新区大数据产业园一期、华为云计算中心等 15 个项目上网运行，国网云数据中心、腾讯财付通、5G 融合应用等 24 个项目正加快建设，总装配机架达 3 万个，运营后可实现年产值 15 亿元。

---

[1] 《乘"云"而上　兰州新区迎来"智变"》，http：//www.lzxq.gov.cn/system/2022/08/17/030610493. shtml，2022 年 8 月 17 日。

三 贵州贵安新区"数据大脑"促使城市智慧化运转

贵安新区充分挖掘大数据发展红利,将大数据技术融入城市发展的多个领域,打造各类手机端、云平台、数据库、电子地图等大数据辅助分析、管理、决策和服务系统,让社会治理、服务保障、企业生产经营等更加精准、精细、高效。

(一)智慧监管优化服务保障

贵安供电局调控中心运用大数据、互联网、物联网等技术,实现了主网调控、配网调控、设备监视、配网抢修调度、客户服务调度等。近年来,贵安供电局充分利用贵安新区大数据发展红利,积极推进数字化转型。2021年,该局斥资1980万元在南方电网系统内打造了首个能源互联网运行控制平台,开启贵安新区智慧用能新时代。该平台依托互联网、大数据、云计算等技术,实现综合能源服务的信息共享、用能优化和多能协同,为贵安新区各类企业、用户提供更加安全、可靠、经济、优质的能源服务。

(二)数据赋能提升企业管理效率

依托于贵安新区大数据产业,贵州贵安新区东江科技有限公司将大数据和智能制造融入生产线,围绕智能制造精准发力。东江科技与贵州财经大学合作建立生产过程监控管理及分析系统。该系统集质量管理、供应商管理、研发管理、设备管理于一体,能详细掌握公司各个环节的数据,为公司生产、管理提供精准的数据支撑,从而实现从订单到生产、发货、交货、开票、回款等的全流程管理。除了东江科技外,晶泰科(贵州)光电科技有限公司、贵州安芯数控技术有限公司等也运用大数据发力智能制造。

(三)"云"端发力改善社会治理

利用手机端、云平台、数据库、电子地图等建立起大数据辅助分析、管理、决策和服务系统,已成为贵安新区充分利用大数据技术高效提升社会治理水平的重要标志和方式。表21-5展示了贵州贵安新区大数据技术的具体应用场景。

表21-5 贵州贵安新区大数据应用场景建设

智慧建设	应用	建设成果
智慧水务	智慧水务信息化系统平台	可对供水流程实行全方位实时监控,自动分析、科学调度,预测供水设备和供水管网事故,提高事故发生后的快速反应和处理能力,使事故损失和影响降到最低
智慧消防	"黔小消"App	通过App的智能化识别,大大减轻了工作人员的工作负担,大幅提高了工作效率和精准率
	数字化消防站App	用以加强队伍管理和实战训练,集装备管理、指挥调度等系统于一体,实现与现有系统功能互补、接口互通、数据互享,为提升综合实战能力提供技术支撑
智慧停车场	智慧停车公共信息服务平台	具备系统管理、设备管理、监控管理、运营管理等功能,以路侧停车、路内停车、充电桩三大业务板块为主,实现统一可视化管理
智慧监管	市场监管贵安云平台	构建"互联网+监管"模式,将工商、质监、食药监等部门的业务数据进行聚合、分类及整理,形成统一的市场监管业务综合信息数据库

四 大连金普新区加"数"抢占数字经济"智高点"

大连金普新区抢抓数字经济发展机遇,全面构建适应数字时代体系,抢占数字经济"智高点",着力打造"一枢纽三高地",即全国重要的大型数据枢纽和全国知名的数字技术创新高地、全国一流的数字产业发展高地、全国领先的数字经济融合应用高地。

(一)加强数字基础设施建设

金普新区紧跟国家战略,加强前瞻性思考、全局性谋划,致力于新一代信息技术基础设施建设。大连金普新区与中电科、百度等国内一批顶尖的企业建立全面战略合作关系,着力打造数字经济新基建试验区。新区数字城市管理中心运营启动,着力打造"东北第一城市大脑"。与东软、华为、中澳科技等企业在智慧社区、智慧交通、智慧医疗等领域开展合作。其中,金普新区携手中国电科提供城市态势全景特征图服务、城市精准治理与决策服务等。切实推动了新区党政部门的数据共享、汇聚、交换，提升了城市态势综合分析、政务协同管理、应急指挥协调、网络空间安全、惠民利企服务水平，解决了"数据烟囱""信息孤岛"等问题，最大限度地释放了数据价值。为新区企业和市民提供数据资源和信息服务，形成日常运行和应急指挥"平战结合"的综合运行管理模式，实现"一网连全区、一屏观全貌、一心统全城"。

（二）推动基层数字化平台建设

城乡社区是基层社会治理现代化的前沿阵地。金普新区充分发挥国家级新区的科技创新优势，结合"智慧城市""城市大脑"建设，将大数据、区块链、物联网技术与网格员日常"巡格"工作紧密结合，搭建了"全科智慧网""金普社区通""金普民生综合服务平台"三大智慧治理平台，实现数字技术与基层社会治理深度融合。

表 21-6 大连金普新区三大智慧平台基本概况

平台名称	平台用途	建设成果
全科智慧网	报事吹哨、诉求反映、民意速达快捷通道	高效感知各类基层社会问题，并实现智辅决策、智能监管、智能服务和群众广泛参与
金普社区通	"自动收集、分层处置、全程记录、群众测评"问题跟踪系统	实现群众需求导向的即时化、扁平化、智能化处理，真正构建起"民呼我应"的基层社会治理新模式。2022 年以来，平台共发布各类公告、通知及便民服务信息等 4 万余条，累计阅读量 2000 万次，居民互动 3 万余条
金普民生综合服务平台	提供公共服务和便民服务事项办理、智慧社区服务和数字化养老服务等业务	平台全面运行以来，互动交流超过 6000 人次，事项办结率超过 95%，打造了"小事不出网格、大事不出社区"的闭环式管理云服务机制，实现了对基础要素的全面采集、城市部件的实时掌控、全年龄段人群的服务管理、安全隐患的发现处置、矛盾纠纷的排查调处和群众诉求的及时响应，推动基层治理生态再上新台阶

（三）加快园区产业数字化升级

抢抓数字经济发展新机遇，大连金普新区积极加快园区产业数字化建设。金普新区以中国电科、百度 Apollo、瓦格芯片、本田东软睿驰等科技创新型项目为引领，大力培育新模式、新业态、新技术，让数字经济成为金普新区的"产业地标"。同时，金普新区致力于产业数字化升级，以 5G 应用场景为核心目标，推动企业加快实现工业互联网的应用。截至 2022 年初，金普新区有工业互联网企业 32 家，涉及电子、制造、化工、生物医药、物流、汽车、服装等行业。其中有 19 家企业打造了 26 个工业互联网应用场景。比如，大连冰山集团有限公司打造"BinGo 冰山工业互联网应用平台""AR 远程专家维修诊断""远程专家验厂"3 个场景；大连兆和环境科技股份有限公司打造"数字化车间、兆和云平台、协同交付"3 个场景等。[①]

五 江西赣江新区儒乐湖新城以"数智"引领城市建设

赣江新区儒乐湖新城聚焦"产城融合"和"双智城市"发展主题，大力推动数字经济发展，在改革中创新，在探索中发展，释放出强劲的发展动力。

（一）创新发展数字产业

2022 年 1 月，赣江新区儒乐湖数字经济产业园获评首批省级数字经济集聚区，将数字经济作为儒乐湖高质量发展的核心引擎，重点打造东邻里产业区、万创城小微企业区、创新科技岛、金赣商务区及儒乐星镇生活区"五大板块"，聚焦服务型制造业、生产性服务业、生活性服务业三大产业，主攻工业软件、工业互联网、智能制造、人工智能等重点产业赛道。截至 2022 年 8 月底，儒乐湖省级数字经济集聚区入驻企业 50 多家，数字经济核心产业企业包括萨瑞微电子、睿聪科技、嘉捷鑫源、芯诚微电子、亿发姆公司等近 30 家。

---

① 《金普新区加"数"前行 抢占数字经济"智高点"》，https://www.dljp.gov.cn/tz/003005/20220316/c0f45420-da13-451f-8503-18398c163730.html，2022 年 3 月 16 日。

（二）打造招商引资新洼地

儒乐湖新城强化创新引领，聚焦服务型制造业、生产性服务业、生活性服务业三大产业精准招商，为企业发展壮大提供全生命周期服务，加快产业向群而聚、向新而进、向高而攀。按照"数字产业化，赛道越细越好"的原则，瞄准细分领域的"专精特新""单打冠军""独角兽""瞪羚"等高成长性企业招商。新区与红谷集群共同设立10亿元科创基金，引进了一批核心技术源自欧美发达国家及沿海发达地区的数字产业化重大项目。如北京市"专精特新"企业伟卓科技投资20亿元建设全球应急管理总部及地质导向设备生产运营基地项目、显示领域颠覆性的黑科技——无介质全息显示技术发明者像航科技投资11亿元建设华中区域总部等项目。此外，新区还引进了获IDG等国内外顶级机构投资且估值达70亿元的北京海致科技有限公司建设华中区域总部项目。[①]

第六节　结合新区特色，打造特色智慧城市

因地理位置、目标定位、发展水平、产业结构、文化传统等情况不同，各国家级新区结合自身整体规划，凸显全局性与自身优势，发展出了综合功能型、民生导向型、产业导向型等各具特色的建设模式（见表21-7）。

表21-7　2021~2022年国家级新区结合新区特色智慧化建设成果

新区名称	时间	建设成果
天津滨海新区	2022年5月	天津港"智慧零碳"码头
浙江舟山群岛新区	2022年10月	海岛旅游"智慧大脑"
陕西西咸新区	2022年12月	秦创原总窗口建设
青岛西海岸新区	2022年11月	山东港口青岛港智慧码头、青岛自贸区大宗商品交易数字化
福建福州新区	2022年12月	水系科学调度系统
吉林长春新区	2021年5月	国际互联网数据专用通道

---

① 《儒乐湖新城："数""智"引领　打造"未来之城"新标杆》，http://www.gjxq.gov.cn/art/2022/10/9/art_42022_4167379.html，2022年10月9日。

一 天津滨海新区天津港推进"智慧""绿色"建设

天津港集团以一系列示范性"全球首创"破解世界难题，全球首创的传统集装箱码头全流程自动化升级改造项目在行业首个自动驾驶示范区稳定运行；全球首个"智慧零碳"码头引领世界自动化集装箱码头进入 2.0 时代；"低碳"成为港口绿色发展的底色，"风光储荷一体化"智慧绿色能源系统成功并网发电；2021 年，集装箱吞吐量迈过 2000 万标准箱台阶，三年复合增长率居全球十大港口首位。

（一）智慧港口建设步伐加快

智能化、智慧化发展，是全球港口关注的焦点。得益于近年来我国科技实力的显著增强和关键核心技术取得的重大突破，天津港集团打造智慧港口"创新联合体"，实现 5G、互联网、大数据、人工智能、区块链等新一代信息技术与港口各领域的深度融合。

天津港集团智慧港口建设"进度条"不断刷新。2021 年 10 月 17 日，全球首个"智慧零碳"码头——天津港北疆港区 C 段智能化集装箱码头正式投产运营，以全新模式引领世界港口智能化升级和低碳发展。2021 年以来，该码头累计作业船舶 100 余艘，并创造了平均单桥效率 34.6 箱/小时等多项峰值纪录；陆运方面收提箱效率同步提升，车辆平均滞场时间仅 11.5 分钟。2021 年，天津港又率先解决了业界四绳轮胎吊场桥改造难题，成为全球首个"单小车岸桥+四绳轮胎吊+电动集卡"自动化作业的智慧码头。

依托信息化手段，天津港建立全港各货类"效率看板"，擦亮"津港效率，全球领先"的金字招牌。在口岸单位大力支持下，优化通关流程，着力打造"五保五即"服务，船舶准班率在全球名列前茅，重点外贸船舶直靠率达 100%，近年来先后 50 余次刷新各货类作业效率纪录，马士基、中远海等全球主要船公司航线效率始终保持前列。

（二）绿色发展转型提速

天津港成功发布全球首个"智慧零碳"码头，构建"风光储荷一体化"智慧绿色能源系统，实现绿电 100% 自主供应、全程零碳排放，全部自有港作船舶靠泊 100% 使用岸电。"十四五"时期，天津港集团大力推进零碳港区、零碳港口建设，加大绿色能源开发利用力度，重点推进防波堤集中式风电和港区内分布式风电、光伏发电系统建设。

此外，天津港主动调整运输结构，构建绿色运输模式，推广绿色运输模式，着力打造"公转铁+散改集"双示范港口，构建煤炭—矿石"重来重去"的"钟摆式"运输模式，铁矿石铁路运输占比达到 65%，达到全国领先水平。

（三）打造"海上门户"枢纽

天津港不断加密外贸航线，国际航运枢纽功能进一步凸显。天津港同 200 多个国家和地区的 800 多个港口有贸易往来，"一带一路"沿线港口吞吐量占 60% 以上。同时，天津港深化与国内港航企业的战略合作，发起成立中国内贸集装箱港航服务联盟，打造"两港一航"精品航线，升级推出"海上高速—FAST"品牌，全流程协同联动提升流通效率，更好服务南北大循环。

作为中蒙俄经济走廊东部起点、新亚欧大陆桥重要节点和 21 世纪海上丝绸之路战略支点，天津港更是发挥优势，推动海铁联运发展，实现二连浩特、阿拉山口和满洲里三条陆桥通道全部班列化运行，成为我国唯一拥有三条亚欧大陆桥跨境通道的港口，更好地服务"一带一路"建设。[①]

二　陕西西咸新区沣西新城成功打造智能产业生态圈

作为秦创原成果转化"加速器"示范区，沣西新城依托辖区高校、科研院所以及骨干企业，推动科研成果加速落地转化，不断提升新城人工智能产业的核心竞争力，助力秦创原总窗口建设。[②]

（一）"两链融合"加快科技成果落地

沣西新城依托西工大翱翔小镇、交大创新港未来技术学院、西部云谷硬

---

① 《天津港擦亮"智慧""绿色"金字招牌》，http：//www.tjbh.gov.cn/contents/12158/532201.html，2022 年 5 月 14 日。

② 《秦创原沣西新城："服务链"耦合"创新链"打造人工智能产业生态圈》，http：//www.xixianxinqu.gov.cn/xwzx/xcdt/639976f7f8fd1c4c21311647.html，2022 年 12 月 13 日。

科技小镇、陕西省人工智能暨硬科技加速基地，聚焦智能驾驶、智慧城市、智慧交通、智慧健康、智慧文旅等前沿课题，打造人工智能产业新生态，培育了以西图数联、商汤科技、酷哇机器人、沐秦智能等为代表的一批企业，形成了聚集效应。

沣西新城以新一代信息技术为主导，以云计算、大数据、物联网等为着力点，以大数据存储、分析、应用为突破口，聚焦信息产业和龙头企业，先后引进三一西安产业园、紫光陕数、陕西大数据集团、树根互联、微软创新中心等一大批重大项目，打造了国家级大数据产业基地，获批全国首个以大数据为方向的新型工业示范基地，为沣西新城人工智能产业发展奠定了良好的基础。

（二）"双轮驱动"建立全链条服务体系

沣西新城围绕企业实际需求，坚持科技创新与体制机制创新"双轮驱动"，形成了"专业技术+专项服务+资源整合+市场化运营"全链条的人工智能产业服务体系。

在企业产业发展方面，沣西新城主动对接各方资源，为企业提供精准服务。在科技人才培育方面，沣西新城重点打造"科学家+工程师"、科技经纪人及"新双创"三支队伍，打通创新链"堵点"；推动产学研深度融合，实现高等院校人才培养与企业需求"无缝对接"。同时引导各类创新主体在关键前沿领域加强专利布局、知识产权交易和运营服务，促进科技项目成果就地转化。沣西新城已引入交大国家技术转移中心等10余个创新平台、20余家专业服务机构，从"政、产、学、研、金、投"六个维度全方位为企业提供服务，打造人工智能产业聚集区。

三 福建福州新区水系智慧调度与管理建设

福州市采用"信息化、自动化、智慧化"三大策略，运用大数据、物联网、云计算等技术，建设水系科学调度系统。系统围绕"内涝""黑臭"两个核心，通过雨量站、水质水位器等监测监控体系打造"眼"，通过自主学习优化迭代的水模型等智能预测分析和调度决策评价打造"脑"，通过水系基础设施的 RCT 自动化控制打造"手"，建立具备国际领先水平的城区水系综合治理的"最强大脑"。[①]

同时创新整合涉水机构，在全国率先成立福州市城区水系联排联调中心，开展多水合一与库湖河网厂站一体化统筹管理，实现"事前预警预报、提前布防，事中辅助决策、统一指挥，事后灾后评估、优化系统"的全过程精准调控，构建"眼、脑、手"的"智"水新格局。

具体来看，一方面，建设"大、中、小、微"四级排水设施，统筹流域生态环境治理和城市内涝治理。库、堤、闸、站等城市防洪排涝系统形成大排水，用于防洪挡潮、排涝水；河、湖、池等城区蓄滞行泄系统形成中排水。另一方面，建设福州市城区水系科学调度系统，精准调控库、湖、河、闸、站等水系基础设施。构建水系管理全生命周期的监管平台，构建"眼、脑、手"的水系治理"最强大脑"，打造一个社会"共建、共治、共享"的治水管水体系，全面推动治理能力现代化与智慧化。

福州市通过一中心管全城变"九龙治水"为"多水合一"，一平台集智慧变"粗犷调度"为"精准调度"，一张图统排涝变"各自为界"为"统筹调度"，一体系护河湖变"单一应对"为"系统管理"。

四　吉林长春新区国际互联网数据专用通道赋能开放发展

长春新区国际互联网数据专用通道是吉林省首条通达我国互联网国际出入口局的直连高速通道。长春新区国际互联网数据专用通道的开通，标志着新区网络基础支撑服务能力和对外开放合作水平进入新阶段，将改善新区国际通信营商环境，推动发展外向型经济、互联网经济，为助推吉林省构建"一主六双"产业布局、促进东北新一轮振兴发展注入新活力、新动力。

国际互联网数据专用通道是面向外向型产业园区建设，直达我国互联网国际出入口局的专用链路，具有低时延、大带宽（刚性通道）、高可靠性等

[①] 《初选入围案例｜福州水系智慧调度与管理新标杆》，https：//www. 360kuai. com/pc/978095a78a8885524？cota＝3&kuai_ so＝1&refer_ scene＝so_ 3&sign＝360_ da20e874，2022年12月7日。

特点。长春新区国际互联网数据专用通道于 2021 年 1 月获得国家工业和信息化部正式批复，经过紧张筹备和建设，正式开通后已具备高效可靠的国际通信网络"超能力"。该通道通过降低现有网络汇聚点数量、移入运营商高品质网络，为省内企业提供高速、稳定、安全的国际通信资源，在大幅提升国际互联网的访问效率和性能的同时，大力促进港口物流、医药产业、互联网、跨境电商等外向型产业聚集发展，进一步吸引外商投资，为培育发展以互联网产业为代表的数字经济进一步夯实硬件基础，为打造网络强省、数字吉林、智慧城市提供了基本保障，为吉林省参与"一带一路"建设、打造内陆开放新高地提供了高效、稳定的通信网络支撑。①

长春新区围绕"数字吉林"建设，不断促进数字经济和实体经济的深度融合。新区聚集了软件、光电信息和服务外包等相关企业 500 余户，形成"吉林一号"卫星数据服务、"吉湾 1 号"芯片等一批国际知名的数据成果；中云数讯、数吉钱包、吉湾微电子、中软吉大、锐迅信息、嘉诚信息等骨干信息技术企业发展到 18 家；引进华为云数据中心、北湖科技园、中关村信息谷等一批引领性项目；建设中白、中俄、中日等一批国际产业园区；神州数码信创基地、西安高科 IT 产业园、海信汽车电子研发基地、海尔海创汇创新中心等数字产业项目正在加速推进，已形成数字产业、外向型产业上下游协同互动的发展格局。

---

① 《吉林省首条国际互联网数据专用通道在长春新区开通"数字化"赋能开放合作进入新阶段》，http：//ccxq. gov. cn/xqyw/tpxw/202105/t20210519_ 2119686. html，2021 年 5 月 19 日。

第二十二章　国家级新区智慧城市建设的经验与展望

作为数字经济建设、新一代信息技术落地应用的重要载体，近年来智慧城市的发展逐步从探索走向成熟，建设主体逐渐丰富，互动性也增强。智慧城市建设和发展路径多样，国家级新区开展智慧城市建设的广度与深度不断拓展。由于城市基础与地理区位存在差异，国家级新区开发与建设的路径也不唯一，经过多年的发展，各个新区纷纷探索出适合自身发展需要的路径。目前国家级新区关于智慧城市建设，不仅在技术与物理层面仍存在开发动力不足等问题，公众的参与感、获得感亟待提升也是值得重点关注的问题。

第一节　国家级新区智慧城市建设的意义

作为一种更为高级的城市形态，智慧城市不仅仅是简单借助技术手段使其运行趋于数字化、智能化，而是实现城市治理从理念到结构的重塑。智慧城市的表象特征是大数据、人工智能、物联网、社交网络等技术平台建设和场景应用，本质特征则是集以人为本、多元参与、联通协调、可持续发展于一体的治理创新。

一　智慧城市的创新效应推动城市培育新动能

智慧城市建设是基于新一代信息技术以及数字平台。就智慧城市建设来看，实质上是依托于信息技术的城市发展模式创新、城市治理模式创新，是城市经济转型发展的转换器。[①]

具体而言，一方面，智慧城市是将城市中的各个经济主体紧密联系起来，强调经济发展的可持续性、居民生活的便利性以及管理运行的智能化，着重于城市综合发展与总体效益。更重要的是，智慧城市建设在充分利用信息技术的同时，不断培育人力资本、绿色创新、数字经济等城市经济增长的新动能。另一方面，智慧城市是通过互联网、物联网将城市中的交通、产业、医疗卫生、生产等各个子系统高效衔接起来，从而实现城市治理智能化，有利于城市发展。总体而言，智慧城市不仅可以培育新的经济增长动能，更能促进城市协调可持续发展。

二 智慧城市的产业结构优化效应催生产业发展新业态

智慧城市为数字经济发展与智慧政府建设提供了新契机，借助产业结构优化助推城市经济高质量发展。智慧城市能够催生数字产业化发展的新业态，促进新兴产业发展，也能够使互联网等信息技术与传统产业融合，推动产业数字化发展，从而优化产业结构。伴随着产业结构优化，传统产业的整体运行效率能够得到有效提升，并且基础型数字经济、服务型数字经济、融合型数字经济、技术型数字经济以及资源型数字经济能够得到充分发展，从而促进经济增长。[②]

三 智慧城市的资源配置效应促进信息资源共享

智慧城市具有资源配置效应，能够进一步强化互联网、物联网等数字平台的信息共享和互联互通作用。从企业角度来看，企业借助数字技术、数字平台，能够与其他企业进行良好沟通，实现信息共享，并且企业能够及时掌握市场需求变化，解决由信息不对称引发的资源配置低效问题。从城市角度

---

① 辜胜阻、王敏：《智慧城市建设的理论思考与战略选择》，《中国人口·资源与环境》2012年第5期。
② 王敏、李亚非、马树才：《智慧城市建设是否促进了产业结构升级》，《财经科学》2020年第12期。

来看，智慧城市能够实现城市间协同发展，从而缓解地区间资源错配问题，实现绿色发展，增加经济效益。从政府角度来看，智慧城市有利于政府智能化管理，包括政府能够更好发挥其在市场经济中的作用和缓解信息不对称所导致的公共资源浪费等问题，从而促进经济高质量发展。

四　智慧城市的政策溢出效应加强区域间协同发展

智慧城市的政策溢出效应可以作用于区域间共同发展。互联网技术、平台具有网络效应，能够突破时空限制密切联系各个经济主体，从而打破要素流动空间壁垒，尤其是数字要素不受时空约束。智慧城市源自信息技术的应用，是实体空间与虚拟空间的耦合发展，延续了互联网互联互通的效应，可以加强新区智慧城市建设地区与非智慧城市建设地区的联系，推动区域间协同发展。

第二节　国家级新区智慧城市建设存在的问题

目前，国家级新区智慧城市正迈入高质量发展阶段，但仍存在一些不足。以下问题相对较为普遍地存在于各新区智慧城市建设过程中。

一　贪大求全，缺乏城市制度规划

智慧城市的内涵决定了其高起点和高标准的特征。由于涉及多主体、多层次、多领域、多维度的复杂体系建构，智慧城市建设不可能凭借单个部门力量和单一学科知识划归完成，需要系统、权威、专业、规范的顶层设计进行指引和整合。应从全局全域的视角出发，对各要素统筹调度，协调各方、统一目标，制定科学高效的实施路径，降低风险和投入成本，避免重复建设和布局不当，力求可持续发展。在智慧城市建设过程中，有些城市没有结合实际，选择与之匹配的合理的智慧城市建设目标、规模、项目和技术路线，单纯追求大而全，于是在有限的时间和资金条件下，相当一部分智慧城市建设项目没有取得预期效果。

智慧城市建设需要以规划为引导，利用新技术对原有的发展模式进行创新，以此来促进城市发展进入高级形态，提高信息化水平。目前，关于智慧城市建设认识不到位、思路不清晰，重概念、轻规划的问题仍存在于各新区中。虽然很多城市都根据智慧城市发展需求，制定了相应的政策，然而在内容方面存在不全面和不准确等问题。智慧城市建设需要投入大量的资金和技术，为此政府提供了财政及技术支持，也制定了相应的制度。但没有明确具体的财政资金应用和技术研发要求，没有从全局角度出发统筹智慧城市建设，没有考虑到产生问题及其所衍生的问题，规划缺少操作性和应用性，这在一定程度上会造成无效建设和资源浪费，更为严重的是，引发资源分配失衡、基层治理负担加重等问题，增加了社会治理难度。

二 千城一面，缺乏地域特色

创新是我国智慧城市建设的动力，也是充分体现地域特征与城市特色的关键。应把握城市发展的根本性特征，将其作为顶层设计的主要依据，对传统城市发展理念进行创新，确保所建设智慧城市满足实际发展需要，从而加快智慧城市建设。要想保证智慧城市建设速度，就需要对现有的城市发展情况进行调查和分析，结合城市现阶段的发展情况制定合理的规划。但是现阶段很多地区为了能够尽快落实智慧城市建设要求，没有针对当地发展情况进行有序调查，对城市发展规律掌握不够，也没有对城市居民需求进行调查，难以使智慧城市呈现出个性化的发展趋势。

一方面，在智慧城市设计与建设的过程中，未充分考虑城市自身特色以及经济建设、民生建设和生态建设中的主要问题的情况比较突出，许多城市硬搬国内外的各类经验，一味套用先进城市和示范城市的做法。另一方面，在城市建设过程中盲目扩大投资，没有考虑到城市实际发展需求。这导致建设初期热火朝天，中后期因经费不足等而出现投资力量薄弱、管理能力不足、无法吸引新兴产业、大量资源浪费的情况，这对于城市经济可持续发展是非常不利的，也大大降低了预期的社会、经济和环境效益，导致城市特色文化支离破碎。

三　华而不实，缺乏多元主体参与

一部分城市在智慧城市建设的过程中只注重表面，不注重与现实需求的对接，导致智慧城市的建设只是"空壳子"，没有满足城市发展的根本需求。例如，有的城市到处都是摄像头和大屏展示，但不太追求数据感知的质量、完整性和数据的整合共享，让大量的数据只停留在大屏展示的初始阶段，并没有通过数据开放平台，让相关领域专家和企业进行智慧分析、智慧计算和智慧运行从而得出具有指导意义的政策建议，导致数据难以真正在城市的智慧运行和智慧管理中发挥应有的作用。

同时，智慧城市建设无论以何种结构、何种方式进行，在实践中都离不开多元主体的参与。从规划到实施，从运营到创新，智慧城市建设是一个系统而庞大的工程，需要各参与主体的协同行动，这也是推进市域社会治理现代化的需求。但在现实中，"政府本位"的思维仍然存在，智慧城市建设和社会治理难以摆脱"总体—支配型"的行动困境。在社会治理体系中，党和政府担负领导和主要责任理所应当，其地位由制度和能力所决定。这与智慧城市和社会治理所要求的多元主体参与并不矛盾。然而，有些城市在实践过程中存在其他主体被边缘化的现象，久而久之就把自身定位为一种被动角色，参与机会少、能力不足、责任感弱等因素则进一步强化了这种定位。在制度保障不健全的"外因"与非政府主体参与不足的"内因"的双重作用下，基层自治弱化，政府财政压力增大，难以激励社会各方参与具体的智慧城市建设工作，不利于智慧城市可持续发展，致使在社会治理中无法实现主体间合理有效的分工与配合。

四　重硬轻软，发展资源受到约束

有的地方政府在智慧城市建设中，舍得在硬件上投资，但不重视把项目资金用于采购软件，开放数据让专业的技术人员进行数据分析、智慧计算、构建模型软件，难以让采集到的数据真正在智慧城市的民生建设、经济建设和环境建设中发挥作用。同时，由于现代信息和通信技术的迭代更新速度非常快，智慧城市在建设过程中通常每隔一段时间就需要升级一次信息基础设施并更换大量的设备，这也是一笔较大的支出。硬件的生命周期相对较短，不注重软件投入、不注重数据应用，若干年后，一批硬件可能还没有充分发挥作用就报废了。这一困境不仅让智慧城市建设事倍功半，没有达到预期目标，也会造成智慧城市建设的投入产出效益低下。

智慧城市建设和发展的核心资源要素是技术、人才、资本，但伴随智慧城市的发展，技术、人才、资本显现出越来越明显的发展困境。首先，在技术层面上，关键核心技术亟待提升，缺"核"少"芯"问题仍然突出，多数企业发展还处在引进和仿制阶段，智慧城市建设中所需的不少核心控制技术大多掌握在欧美发达国家手里，技术上的牵制也使得智慧城市发展受到限制。其次，在人才层面，我国智慧产业领域人才缺口较大，加之部分城市管理者未能认识到人才的重要性，故而人才紧缺问题也日益凸显出来。最后，在资本层面，智慧城市投入大且建设周期较长，地方政府面临着较大的财政压力。我国智慧城市建设正处于初期，如何解决融资问题，弥补巨大资金缺口是城市建设者需要思考的重点课题。

五 唱独角戏，缺乏资源整合机制

目前，大多数智慧城市建设以政府投入为主，这在城市信息基础设施建设阶段有一定的优越性，但在操作的过程中面临诸多问题。一方面，由于组织变革未能先行，在旧思维和历史惯性的作用下，智慧城市建设只是体现为使用新技术工具部分实现了对基础操作性公务的代替，却令本就臃肿的组织更加冗余，影响社会治理现代化。另一方面，政府部门间仍存在条块分割、职责交叉、管理粗放等，导致了政出多门、政策效应相互抵消、政策碎片化等现象。智慧城市建设的本意是破解这一体制痼疾，但是智慧城市建设往往从部门起步，政务数据系统由各委办局、各辖区街道或各单位独立建设，信息数据分散存储，城市信息化发展中"纵强横弱"的格局难以被打破，各类型信息系统的广泛应用甚至还会加剧"信息孤岛"效应，从而进一步阻碍智慧城市功能的发挥。这不仅使政府部门间难以实现有效的互联互通、业务协同和数据共享，也造成社会整体的数据流通障碍与信息共享不足，给社会治理带来极大的困难。

目前，信息资源的开放、共享、利用仍是智慧城市发展中的难点。由于统一平台与规范建设滞后，智慧城市建设中的各部门在不同层面或相同层面采用不同的数据平台处理相关数据，无法促成跨部门跨组织的数据整合、信息共享，反而增加了社会治理成本，政府办公效率无法得到有效提升。[1] 城市各部门、各系统之间缺乏科学有效的信息共享机制，很多问题往往是技术上容易解决，但在管理机制体制上难以实现，造成信息资源碎片化。一旦城市信息基础设施建设基本完成，就需要建立完善的数据开放和管理体系，形成政府引导、全民参与、政企合作的多方共建生态。这不仅可以带动数字经济的发展，还能发挥各个领域专业技术人员的作用，将数据真正利用起来，在城市治理中发挥积极作用。

六　权责不明，存在"数字鸿沟"现象

数据开放法律尚未完善，地方政策对责任主体的界定更是模糊，而数据本身并不是单一存在的，基本上都存在多部门职能交叉的情况。因此，对数据采集、利用等主体的权责归属难以界定。往往因职责不清而导致在实际应用过程中出现各部门互相推诿、效率低下的现象。

与此同时，受到条块分割的行政管理体制和行政运行机制的影响，不同职能部门通常都拥有不同的智能平台。这些智能治理平台通常是由不同的企业设计和研发的，各智能平台的信息采集方式、数据存储格式等存在一定的差异，致使各智能平台间难以实现数据等的自由交换和快速传递，给数据处理带来了较大难度，进而影响数据运用，给智慧城市建设带来了较大阻力。

七　技术薄弱，缺乏数据风险应对保障措施

城市治理涉及政府职能部门、街道办事处、社区、社会组织、企业、城

---

[1]　陈欢欢：《智慧城市建设中的市域社会治理问题探究》，《领导科学论坛》2022 年第 10 期。

市居民等多元主体。现阶段，智慧城市建设主要以对城市数据的高效收集、快速整合、全面利用为基础。随着现代社会大数据技术的应用，公共数据等政务数据在多元治理主体之间的传递与共享，有利于充分发挥政务数据的价值和提升城市治理效能。但是很多城市在智慧城市建设过程中并没有能力建立更全面的计算机数据防护体系，很容易出现数据泄露的情况，特别是负责研发和维护城市智能治理平台运行的企业，可以很轻易地将城市智能治理平台中存储的存量数据和实时更新的数据据为己有。

通常政府数据包含海量的、最核心的个人以及企业的隐私数据，而在智慧城市建设过程中，往往会运用到大量的企业和个人数据，这些数据如何脱敏、用何种技术手段处理、如何界定隐私的边界等，都是需要重视的问题。在当下这个数据高度共享的社会中，智慧城市将政府数据、商业数据以及个人数据整合成一个城市大数据系统，这些数据一旦被泄露或者被不法分子进行不正当利用，很容易引发严重的信息风险。① 例如，近年来出现的公民信息被不法分子利用漏洞进行偷盗和贩卖的情况，便是智慧城市建设中必须要关注的。智慧城市的发展涉及交通体系、公共指挥、医疗体系、视频监控等，由此可见进一步加强智慧城市数据防护系统的建设是非常重要的。

八 担心风险，参与主体持消极态度

一方面，对于智慧城市来说，信息数据是确保智慧城市发展的核心。在智慧城市建设和运行的实践中，城市治理者之所以能够较为准确及时地对城市居民的治理需求予以回应，并能够较为精准地预判城市运行中潜藏的治理风险，主要是基于城市治理者对城市居民在日常工作、生活、学习和消费等环节留下的电子印迹以及由此产生的数据的归集和分析，而这些数据中很多是属于城市居民个人隐私的范畴。城市治理者在采集和运用城市居民的个人信息来降低城市治理难度和提升城市治理效能的同时，城市居民的

---

① 武婷婷：《智慧城市建设对城市经济高质量发展的影响》，《营销界》2022 年第 13 期。

个人信息特别是个人隐私的安全也面临着考验，城市居民正逐步成为透明的数据人。如何在有效利用城市居民的个人信息来实现城市精细化治理目标的同时，切实保障好城市居民的个人隐私安全俨然成为政府必须要面对的现实问题。①

目前很多城市在建立信息共享体系的过程中遇到了非常大的阻碍，很多企业和个人因害怕信息风险而不愿意主动分享数据，宁愿不开放也不愿意承担任何风险，对数据共享开放采取"能少则少"的态度，并且部分城市的信息数据共享能力和信息数据保护能力也相对不足，同样阻碍了智慧城市的建设。

另一方面，智慧城市建设是一项庞大、繁杂、涉及面广、投入资源大、时间跨度长的系统工程，需要长期不断地投入大量资金，导致资金缺口庞大，制约了可持续发展。各地智慧城市建设一般涉及政务、城管、交通、医疗、教育等公共系统，多数项目投资动辄上亿元或十几亿元，给债务规模较大的城市带来巨大的财政压力。政企有效合作模式发展不成熟，存在投资回收难等痛点，导致部分企业虽然有意参与智慧城市建设，但仍然存在顾虑，这在一定程度上延缓了智慧城市建设。②

九　"龙头"企业对政府主导地位的干扰

伴随着智慧城市建设，少数掌握数据存储和智能技术优势的企业投入到智慧城市建设与运营方面的技术人员和研发资金不断增加，并由此催生出很多专业性的智慧城市运营商。

在智慧城市治理模式的驱动下，智能城市治理系统正逐步从传统的治理手段演变为城市治理决策指令的主要生成者，城市政府对于研发智能城市治理系统的少数掌握数据存储和智能技术优势的巨型企业的依赖度不断增强，拥有数据、算法和资本三重优势的少数巨型企业在城市治理体系中

---

① 陈鹏：《智慧城市建设面临的现实困境与优化路径》，《宁夏党校学报》2022 年第 1 期。
② 黄婧：《福建省智慧城市建设存在的主要问题及建议》，《海峡科学》2022 年第 2 期。

的主导地位日渐凸显。智慧城市建设中的数据存储系统、拥有深度学习算法的城市智能治理平台以及数据存储系统与智能治理平台的运行等，主要由少数巨型企业来主导。数据、算法和资本三重优势的叠加，使得少数巨型企业俨然成为"超级政府"。因此，在推动智慧城市建设的同时，如何减轻城市政府对于少数拥有数据、算法和资本优势的巨型企业的技术依赖已经成为当前我国智慧城市建设中必须要解决的现实难题，政府绝对不能因一味地追求城市治理效率和治理效能的提升而丧失了在城市治理体系中的主导地位。

第三节 国家级新区智慧城市未来发展的建议

国家级新区作为中国城市建设的"排头兵"，其智慧城市建设更是促进城市发展的一种新模式，是提升人民生活品质、提高城市综合竞争力的关键。智慧城市建设能够为城市经济发展赋能。现代社会正处于新的工业革命中，智慧城市建设为经济发展创造了很多增长点，未来各新区应继续推进智慧城市建设。本节分别从政府层面、技术层面、产业经济方面、新型智慧城市建设方面提出了相关建议。

一 政府层面

（一）加强统筹规划，做好顶层设计工作

一方面，智慧城市的理念和内涵非常广泛与抽象，不同人站在不同的角度看待智慧城市，缺乏对智慧城市科学统一的认识。另一方面，智慧城市具有建设周期长、涉及范围广、领域多、投资主体与资金投入情况都较为复杂等特点，这就要求政府部门必须做好前期评估工作，做好顶层设计工作，避免在建设过程中出现盲目跟风、忽略本地实际情况、资源浪费等问题。不难发现智慧城市在初期发展迅速，但后期会受到诸多因素限制，出现这种问题的主要原因是"先搞建设，后提规划"的做法。

智慧城市是一个变迁的概念，提高对智慧城市内涵的科学认识有助于科

学建设智慧城市，有利于明晰智慧城市建设方向。[①] 由于地理位置、目标定位、发展水平、产业结构、文化传统等的不同，各国家级新区开创了服务导向型、综合功能型、民生导向型、产业导向型等各具特色的智慧城市建设模式。

首先，在今后的发展中，各新区务必成立专门的领导调研小组，立足实际，同时结合城市总体规划，凸显前瞻性、全局性和自身优势，对自身发展情况进行总结；与周边兄弟城市关于智慧城市建设的经验进行分享，并积极开展合作，结合本区域的资源禀赋和比较优势，规避潜在风险，有侧重地推进智慧城市建设；成立专门调研小组向全国智慧化水平名列前茅的城市学习，取长补短，避免盲目跟风，在做足准备工作的基础上，提出适合本区域的战略性规划，循序渐进，稳中求胜。

其次，各新区要发动各方共同推进智慧城市建设。智慧城市建设不应是政府一厢情愿的，而是要社会各方积极参与。一方面，要做好政府部门内部的培训学习工作，让公务人员了解智慧城市的本质内涵，激发其建言献策的积极性。同时，政府部门要与当地高校、科研院所或专业机构联动，汇集各领域专家学者，进一步完善顶层制度设计，共建地方性综合智库，促使决策咨询与咨政建言双向互动，加强智慧城市建设与社会治理的绩效评估和风险评估。[②] 另一方面，要做好市民宜教工作，人民群众对城市有着更微观、更深入的接触，智慧城市建设也需要将人民群众的重要性纳入考虑范畴。人民群众是智慧城市建设的需求方、参与方，也是建设运营绩效重要的评价方，将"人民城市为人民"的理念融入规划设计，结合城市未来发展需求和技术高速迭代，合理制定目标，适度超前规划，不断增强城市的整体性、系统性、宜居性、包容性和生长性，[③] 让每位市民认识到智慧城市能怎样改善他们的生活，探索开拓市民主动了解智慧城市建设的渠道，充分利用微博、微

---

① 胡星辰：《智慧城市建设对城市经济高质量发展的影响研究》，四川大学硕士学位论文，2022。
② 陈欢欢：《智慧城市建设中的市域社会治理问题探究》，《领导科学论坛》2022 年第 10 期。
③ 吴建平：《智慧城市建设的核心理念与应然路向》，《国家治理》2022 年第 24 期。

信、公众号、市长信箱等激发市民建言献策的积极性，积极将"智慧化"渗透到居民生活的角角落落。

最后，各新区应提升智慧化管理水平。智慧城市治理问题任重而道远，治理的智慧化程度对整个城市智慧化发展而言有着至关重要的作用。第一，数据是智慧城市运营的基础性支撑，能为智慧城市的管理提供新的洞察力。新一代信息技术的发展，离不开数据的感知、存储、处理、应用等环节，数据的最终质量与效用的发挥离不开软硬件的有效支持，不可重硬轻软。要不断加大政府数据资源整合能力，资源整合是后期政务平台搭建、在线服务水平的基础，否则搭建出的平台也只是"形式主义"。因此，各新区要根据国家政务信息系统统筹共享部署的安排，依据"大平台、大数据、大系统"的标准，加快对政务内部各个信息系统的整合，并将整合结果接入数据共享交换平台，推进政府部门的信息共享。第二，做好与上级领导部门门户网站的对接工作，尽早实现与国家政务信息服务平台的资源共享，以此打造地区政务数据服务高地。第三，不断完善数据资源管理制度，在数据资源充沛的基础上进行合理管控，为后续工作打好基础，提升政务在线服务水平、政务媒体化参与程度，加快公共资源平台建设，做好宣传工作，提升政府文件流转率。

（二）明确部门职责，优化治理组织结构

智慧城市建设对于政府而言本来就是一种挑战，一个城市智慧化发展水平与政府的工作效率有着不可割裂的关系。而对于城市智慧建设的决策者而言，提高效率的最佳途径就是明确各部门职责，突破思维定式，优化治理组织结构，引进人才，主动思考。

一方面，明确自身定位，具体问题具体分析。在充分学习和借鉴他人发展成果的基础上，不能照搬硬套，否则最终建立的发展模式只是一个"空壳子"，治标不治本。因此，各个新区一定要抓住自身特色。比如，西咸新区、兰州新区应充分利用"一带一路"建设带来的机遇，充分挖掘本土旅游文化资源，利用智慧旅游网站、微博微信、手机客户端等渠道，针对地标性经典景区实现无线网络全覆盖，积极对城市文化进行宣传，提升文旅事业的信息服务水平。

另一方面，加强组织变革与智慧城市建设的相互联动。以机构变革带动组织变革，通过信息平台的使用，改变层级式、线性组织结构，构建扁平化、交互式的组织模式，降低信息沟通成本，形成高效协调的组织体系；在注重打造智能化环境的同时，努力催生学习型组织，提升社会治理水平。同时，强化智慧城市建设绩效评估导向，关注社会治理效能达成度。将绩效评估结果与考核制度、选拔制度、问责制度、奖惩制度挂钩，对奖惩力度进行平衡，建立健全容错纠错机制，形成良好的政治生态和激励机制。对于社会治理成效显著的智慧城市建设项目，加大扶持力度，并积极加以推广。

（三）积极吸引人才，营造良好科创环境

从长远角度来看，随着智慧城市的发展，科学技术必将成为助推智慧城市发展的首要因素。在智慧城市发展的过程中出现的问题最终都要靠科技创新来解决，而创新来源于人才。因此，各个新区要积极优化人力资本结构，提升人力资本水平，采取不同的方式培养人才，吸引人才以及留住人才，保障智慧城市建设过程中的人才支撑，以便在现有的技术水平和实践应用中逐步酝酿新一代信息技术，引发新的技术革新，提升城市整体创新能力。[1]

首先，各个新区应重视对本地人才的培养问题。由于各新区的信息产业发展情况不同，部分新区在人才方面会相对匮乏。因此，在人才培养方面，本地高校、研究所是首选的人才培养摇篮。各新区应将本地各大高校作为载体，联合区内龙头企业，围绕发展中的前沿问题，定期搭建技术分享论坛与研讨会等交流平台，以提升各行业信息资源共享与交流水平。除了技术外，在商业发展方面，支持培养具备一定素养的新生代企业家，完善激励机制，探索建立"以才引才"的人才互推互荐链式机制。

其次，吸引外来优质人才汇聚，相应的科研创新环境也必不可少。一方面，创新环境的构造依赖于各新区提供相应的政策保障、研发资金保障，并且创建科技服务中心、设立科研奖励创新机制、提供住房补贴，以及为随行

---

① 胡星辰：《智慧城市建设对城市经济高质量发展的影响研究》，四川大学硕士学位论文，2022。

家人提供入学、转业相关优惠政策等，为人才引进"保驾护航"。另一方面，智慧城市建设所需人才应具备更高的素质，人才引进应不设地域限制。各新区应结合自身发展方向，重点引进一批杰出人才，同时加强与周边地区、经济发展较好地区的国内外科研机构、高等院校的合作，畅通人才流动渠道。

最后，充分掌握人才资源信息，建立人才数据库，提高人才利用效率。在拥有一定人才资源之后，如何高效利用人才资源是急需解决的问题。为了避免由信息不对称所造成的人力、物力、财力等浪费，应对所有人才资源信息进行收集、整理，统筹管理，建立人才资源信息数据库，梳理不同领域的人才资源信息并进行阶梯级分类。如此一来，在智慧城市建设过程中，当遇到问题需要向专家寻求帮助时，对不同领域不同专业人士的具体情况一目了然，从而大大提高了解决问题的效率。

二 技术层面

（一）加快基础设施建设，强化信息平台建设

智慧城市与现代信息技术联系紧密，各个新区应充分利用互联网、大数据等技术对各个信息化应用平台进行分类整合，推动各个领域的信息交流，提升各行各业相互了解的程度，在智慧城市建设过程中打破壁垒，实现信息透明化，提升各领域的智慧化水平，改变碎片化的智能信息平台格局。信息平台的搭建依赖于对技术的掌握，各个领域对此都有着不同的认识，为此不同的领域就会有不同的做法，取得成果的可以相互借鉴，但各个领域的信息技术掌握程度不一，应建立能够统筹各单位信息平台搭建的机制，以此实现各个平台的高效利用。

各新区应建设自己的大数据中心。各个新区近年来都积极进行大数据资源平台搭建，并根据本区域实际情况制定了一系列数据资源管理规范。但很多新区数据中心覆盖范围较小，仅涉及核心区域。此外，各新区应在大数据中心的基础上持续推进数据采集和分类，完善基础数据库的采集、传输、存储、使用、开放等环节的规范体系，进一步拓展主题库建设，加快构建基于

多部门共建项目而形成的主题信息资源，如社会保障、信用体系、安全生产、生态环保等，通过政务资源共享平台深化本新区的大数据工作。这有利于打破部门边界，实现数字化城市管理工作中最少的行政层级，快速应对外部变化，直接发挥数字化城市管理信息平台的作用。

（二）促使开发与应用并行，提高科创转化能力

产业生态化实际上就是一种高科技含量的产业发展模式，通过科学技术的发展以及企业创新能力的提升，促进产业生态化技术的整体提升。只有依赖科学技术进步，产业生态化技术才能同步提升，提高资源的利用效率，同时提高单位产出，减少废弃物排放，在生产过程的每个环节都进行资源的有效循环和再利用，实现经济与生态可持续发展。企业要让科研成果落地，与实际生产并行，使得科技成果能够在短时间内转化企业的生产力。要以应用为导向，着力推进企业和科研院所、高校的产研学合作，逐步推进智慧城市建设。[①]

一方面，高新产业是行业内技术创新主体，担负着实现或提高产品社会价值的重任，而高新技术企业本身就具有技术创新的能力和动力，将资金投入额的一部分用于科技研究和开发新技术，这就会产生一定的技术红利，各新区应成立专项帮扶资金并辅以税收政策，鼓励行业内的技术创新，不同的企业间和相同的企业内部，都要积极推动科技成果共享，特别是同一产业链上的企业，这样才能通过共享科技成果同步提高生产效率，才能使得一个产业形成螺旋上升的发展模式，提升产业竞争力。另一方面，充足的资金是产业生态化发展的必要条件之一，积极引导公司推进投融资，吸引社会资金参与，建立良好的投资融资平台，不断优化投资结构，提高投资质量和效益。

（三）保障信息数据安全，加强城市安保建设

智慧城市建设需要依靠网络信息技术，保障信息数据安全是智慧城市建设中的一大挑战。智慧城市运行过程中会产生的海量数据，涉及国家、社会、企事业单位、民众的信息，这些信息既包含了国家机密，也涉及企事业

---

① 谭燕：《智慧城市建设对经济高质量发展的影响》，西南财经大学硕士学位论文，2022。

单位及公民的个人隐私，一旦泄露会严重损害国家利益和公民权益，产生极大的负面影响。各新区必须制定数据开放与共享边界、数据开放保护隐私、数据脱敏等条款。

一方面，构建部门间、行业间协调处理机制，建立信息安全人才队伍，提升网络数据安全技术保障水平，建立信息安全监控系统，定期对数据资源进行检测，提高数据信息安全管理水平，建立安全漏洞预警机制，提高网络信息安全应急能力，对可能出现的问题提前预判，提高网络安全风险响应和处置能力。[①] 另一方面，各新区企业与政府应互相监督，以增强对重要产品知识产权和核心信息数据的保护意识，对网络安全进行科学管理，做到事前、事中和事后控制相结合，保障有序开展智慧城市建设。

三 产业经济方面

（一）优化产业发展结构，加快传统产业转型

各新区智慧城市的产城融合发展必须重视产业结构的升级优化以及产业发展的过程中区域内部相关基础设施的完善，产业结构是包括农业在内的完整的三次产业结构，产业结构优化是经济发展中产城融合发展的前提条件。

各新区智慧城市中的农业占比较小，以观光农业和高科技现代化农业为主，可以考虑将农业劳动力转移至城市，极大地促进第二、第三产业发展，同时推动产业结构优化，工业化进程中积累的资本在一定程度上又可以投入信息产业促进信息化发展，大力发展工业的同时还可以通过反哺农业进一步促进农业现代化发展。由此，新型城镇化和工业化共同推动产业结构合理化，产业结构优化调整对于促进产城融合发展有着正向螺旋式的作用。

第三产业是第一、第二产业健康持续发展的配套性服务产业，第三产业的良性发展同时对第一、第二产业的发展也有着不可小觑的推动力。智慧城市要大力发展第三产业，完善配套以提升第三产业所占比重。一方面持续发展传统服务业，另一方面鼓励发展新兴服务业，立足智慧城市的发展实际，

---

① 李靓：《兰州市数字化城市管理提升研究》，兰州大学硕士学位论文，2019。

依靠科技手段对高新技术产业进行选择性突破，优化智慧城市的产业生态，从而尽可能地建立覆盖周边城镇、带动产业发展、增加居民就业机会的智慧产业体系，形成一个多样性、完整性的产业链，切实提高第三产业所占比重。智慧城市的信息产业相较于其他产业，规模大、增长幅度大，各新区政府应该主动关注信息产业发展，通过比较分析制定鼓励性措施，推动信息产业稳步发展。

此外，针对传统产业转型，国家级新区应以现代化信息产业为抓手，以传统支柱产业改造提升为后盾，以信息产业的发展推动传统产业的进步。面对现阶段产业结构的转型升级，粗放型劳动密集型产业已逐渐不能满足社会发展的需求，知识密集型产业日益引起各行各业关注。

首先，应尽快搭建产业信息公共平台，充分发挥集聚优势，依托国家现有产业转型成功示范区，推进本地区产业技术开发，培养本地区的产业自主研发能力。其次，支持本地区传统产业延伸产业链、提高附加值等，以信息化为支撑推动传统产业信息化队伍建设，信息化和工业化相结合，以提升新区产业竞争力、增加产能为抓手，从深度和广度两方面推动"两化"融合发展。最后，建立产业升级检测、绩效考核体系，根据本地产业分布、规模，建立符合当地实际情况的评价指标体系，定期掌握产业在信息化方面的投入和产出情况，为今后的决策提供数据支撑。力争在现有规模的基础上，充分了解和落实好产业升级扶持政策，利用好现有的信息产业扶持政策，以企业信息化水平提升为重点，引导企业加大对信息基础设施硬件、软件方面的人力、物力投入，进一步完善信息化产业推进机制，加强各方统筹协调，明确发展目标和阶段性任务。

（二）减轻对少数巨型企业依赖，加大扶持中小企业力度

从新区正在实施的智慧城市建设项目来看，主导智慧城市建设的是少数拥有数据、算法和算力等技术优势的巨型企业，整个智慧城市运行系统中的核心技术和关键部件主要都是由这些企业提供的，智慧城市的日常运行也主要依靠这些企业来负责维持，政府在智慧城市建设上对少数巨型企业在技术和人才等方面的依赖程度可见一斑，而这也给智慧城市的运行安全带来极大

的风险。① 政府可以考虑组建专门负责建设和运营智慧城市系统的国有独资企业，依托高等院校和科研院所加大培养智慧城市建设、运行和维护等方面专业技术人才的力度，以此来减轻政府对少数巨型企业的人才依赖，确保智慧城市系统的运行安全。

在推进智慧化建设中，相比于大企业，中小企业作为实体经济的主力军，势必要不遗余力地提升自身信息化水平，各新区政府也应加大对中小企业的扶持力度。

首先，做好宣传工作，中小企业要从认识上了解信息化的重要性。对于中小企业而言，企业"一把手"的信息化认识水平对整个企业信息化发展的推动尤为重要。因此，企业领导者要积极主动了解所处城市的信息化发展规律，从而推动企业由上到下统一认识，关注信息化发展中的前沿与热点问题。在解决了认识问题之后，中小企业所面临的就是如何发展的问题。对于我国而言，中小企业贷款难、担保难是一个普遍性问题。因此，各个新区也应为中小企业提供生存空间，在财税政策上给予扶持，增强中小企业对金融资本的获取能力，为其信息化发展提供经济保障势在必行。其次，加大对中小企业公共服务平台的建设力度，加大企业信息资源整合力度，消除因信息不对称而导致的跨区合作受阻，进一步吸纳更多企业信息资源，采集与中小企业发展相关的政策信息，打造覆盖本区域乃至全国网上商业信息供需平台。最后，支持中小企业与当地各高校研究所开展交流合作，积极促进新区的"产、学、研"结合，促进企业全方位发展。

（三）培育优势产业，促进产业生态链多元化发展

产城融合发展过程中，要重视产业和城市的融合发展。智慧城市发展过程中，各新区应该根据资源特色等发展有优势的产业，而后针对该优势产业推动以产业链延伸为导向的多元化发展，做到区域经济发展中每个新区都有自己的特色和优势产业，而且能够把该特色和优势产业做强做大，推动整体经济发展。同时，特色和优势产业发展过程中，以点带面，既推动城镇化发

---

① 陈鹏：《智慧城市建设面临的现实困境与优化路径》，《宁夏党校学报》2022年第1期。

展，又推动工业化和信息化发展，同时通过反哺农业有效促进农业现代化发展，真正推动产城融合度进一步提升。

在智慧城市的成长阶段，智慧产业、智能经济的规模高速扩张，智慧城市发展日益多元化。以产业链延伸为导向，以优势产业为依托，依靠科学技术的不断进步和资源的进一步整合，发展相关的高新技术产业，高科技信息产业又反过来推动产业的纵深发展和横向扩展，增长模式向高起点、高科技、高效益、长产业链、高附加值、高度节能环保转变，对产业内部各资源进行优化配置和战略重组，[①] 发展智能经济。各新区应充分利用本区域产业集群和城市配套服务的优势。智慧城市的发展必须不断寻求多样化的接续和替代性产业，优化产业布局，升级产业结构，注重发展高新技术产业，以此促进城市转型成功。

四　新型智慧城市建设方面

（一）优化生态环境，打造宜居宜业城市

无论国内还是国外都已经明确"城市发展不能以牺牲自然环境为代价"，各新区智慧城市建设必须坚持绿色、健康、可持续发展理念。智慧城市的快速发展带来了日益严重的环境问题，影响了产业的提升和城市的发展。良好的生态环境是产城融合发展的重要外部条件。各新区应高度重视智慧城市发展所带来的环境问题，加强城市生态文明建设，实现产业和城市的和谐发展，主要可以从以下几方面着手。

1. 增加智慧城市的生态空间

智慧城市在规划期就要确定城市生态空间的建设比例与分布，定量化规定生态空间的建设比例，为城市的可持续发展提供良好的生态环境，在已有的城市湿地和公园等生态空间上，进一步增加绿化面积，提升城市绿化的覆盖率，保护原有的生态空间和生态资源，在智慧生态型产城融合发展的基础上保障城市生态空间。

---

① 张雨朦：《智慧城市产城融合模式创新研究》，贵州财经大学硕士学位论文，2019。

2. 优化智慧城市的生态布局

智慧城市在空间布局上要以产城融合发展理念为核心，合理布局和优化城市生产、生活和生态空间，不同空间的发展结构不同，要逐一考虑、逐一解决，使得"三生"空间达到高度的协调统一，从而实现智慧城市的生产建设、生活设施和生态美化和谐统一。

3. 实现智慧城市的循环经济创新发展

智慧城市要在智慧产业、高新技术产业的基础上进行产业链的整体化创新，关注机制构建、平台建设、链条完善、环境优化、废弃物转化等。发挥创新是第一驱动力的作用，推动产业低碳循环、环保节约，实现产业创新。各新区在智慧城市建设中可以发展生态产业，结合当地适宜的环境条件发展生态农业，推动农业现代化发展；推动工业升级，使其与城市环境相适应，推动生态工业发展；推动第三产业创新，推动城市服务业绿色化发展。

4. 加强智慧城市的环境保护

智慧城市的建设过程中，要致力于打造良好的城市环境，通过保护城市的自然环境和人工绿色环境，加强城市和产业的污染问题治理，增强居民的环保意识和以城市为家的意识，真正实现智慧城市绿色发展的总体目标。智慧城市要建设生态功能区，对于大气、水、土壤等资源进行高强度的政策性保护，加强大气污染防治，提升环境质量，治理土地污染，改善整体环境，特别是空气质量问题，强化对雾霾天气的治理，利用科技化监测手段保护人类赖以生存的大气环境。

（二）融合"双碳"战略，助力新型智慧城市建设

中国信息通信研究院在《新型智慧城市发展研究报告（2019 年）》①中提出，新型智慧城市建设应包含顶层设计、体制机制、智能基础设施、智能运行中枢、智慧生活、智慧生产、智慧治理、智慧生态、技术创新与标准体系、安全保障体系建设架构 10 个方面，其中智慧城市建设中与"双碳"相关的内容主要可以概括为：在顶层设计层面，新型智慧城市顶层设计中应

---

① 中国信息通信研究院：《新型智慧城市发展研究报告（2019 年）》，2019 年 10 月。

增加关于"双碳"战略的内容，通过数字化全面赋能，助力"双碳"战略目标实现。在数字基础设施层面，云网端与"双碳"紧密相关，终端侧应大力推进碳监测物联网终端部署，实现碳数据采集信息化、广泛化；网络侧应推广绿色5G建设，发挥5G"使能效应"，助力各行业提质增效、节能降耗；云计算侧的数据中心是碳减排最相关的内容，应打造绿色数据中心，通过余热回收和清洁能源供应等大大减少数据中心的碳排放。在智能中枢层面，新型智慧城市将继续升级迭代数据中台、AI能力中台、物联网中台、应用支撑平台、城市时空信息平台等中枢平台，但更重要的是进行"双碳"主题的专题库建设，在数据基础上进行"双碳"智能分析和智能算法研究，支撑上层"双碳"相关的智慧应用。在智慧应用层面，在优政、惠民、兴业等方面更多地打造"双碳"特色应用，并且在城市智能运营管理中心进行"双碳"相关信息的可视化呈现，帮助城市管理者了解"双碳"战略进度并做好决策、指挥工作。[①]

在国家"双碳"战略下，各新区作为城市发展的"排头兵"，应积极发挥"领头羊"的作用。

一是在智慧城市顶层设计层面加强对"双碳"内容的规划。结合"双碳"智慧城市整体架构，在智慧城市建设的各个方面融入"双碳"理念，提高政府、企业、民众对"双碳"战略的认识。加强5G、人工智能、云计算、大数据、区块链等新一代信息技术在"双碳"领域的运用，同时使碳减排的节能技术、绿色能源技术与智慧城市建设深度结合，加强智慧城市中"双碳"数据资产的积累，发力数字经济与绿色转型。

二是探索智慧城市在"双碳"领域的商业模式。智慧城市建设与"双碳"战略结合需要建立长效运营机制，在发展数字经济的同时大力发展负碳经济；新区应鼓励智慧城市建设的各方积极参与，探索成功的商业模式，在智慧城市建设中助推"双碳"目标实现。

---

① 董正浩、李帅峥、邓成明、沙默泉：《"双碳"战略下新型智慧城市建设思考》，《信息通信技术与政策》2022年第1期。

三是加强体制机制方面的创新和保障，确保在智慧城市建设中"双碳"相关目标达成。加强在智慧城市"双碳"领域的技术创新和场景创新，并形成相关标准，把先进的成功经验推广到全国，发挥示范效应与溢出效应；"双碳"战略是国家战略，关系到国家的核心利益，各新区需要确保"双碳"重要数据的安全，加强信息安全保护工作。

（三）促进海绵城市与智慧城市融合发展，加强城市生态韧性

建设全域海绵城市，增强城市生态韧性。构建不同层级的海绵系统，让城市能够像海绵一样，在适应气候变化和应对雨水带来的环境问题等方面具有良好的"弹性"，降雨时能够像海绵一样吸收和蓄存雨水、吸水、蓄水、渗水、净水，需要时将蓄存的水"释放"出来并加以利用，能吸收，能渗透，能涵养，能净化，能释放。① 从智慧城市与海绵城市融合角度出发，可以从以下几个方面着手。

一是通过智慧管理系统，推动海绵城市信息收集和管理，支持科学的海绵城市规划和设计；二是为海绵城市规划和设计人员提供支撑工具，科学分解规划目标，仿真优化规划和设计成果；三是建立海绵城市工程管理系统，保障工程质量和投资效益；四是建立支持海绵城市运行的监测和维护系统，保障海绵城市工程长期运行的有效性，开展海绵城市工程绩效评估。通过以上几方面，提高海绵城市建设的数据获取能力和数据综合处理能力、水模型应用能力、大数据统计分析应用水平，以及工程评估能力和绩效管理能力。

---

① 《打造气候适应型智慧城市，让城市像海绵"会呼吸"》，http://news. sohu. com/a/560221292_ 481474，2022 年 6 月 23 日。

学术成果展示篇

    自 1992 年我国第一个国家级新区——上海浦东新区设立以来，国家级新区受到越来越多学者的关注，国家级新区已成为一个全新的研究领域与方向，即"国家级新区研究"。相关专家学者围绕国家文件、新区政策，通过发表专著、期刊论文、学位论文等对其进行研究，这有助于丰富国家级新区建设与发展的理论研究，也将为推动国家级新区建设再上新高度做出贡献。本篇分为国家级新区学术成果展示与国家级新区学术成果分析两部分，对 2021~2022 年公开发表在核心、权威期刊等上有关国家级新区的学术成果①进行整理归纳，并按照新区和文章类别展开分析。

---

① 学术成果展示的文章均来源于中国知网公开发表的符合 SCI、EI、CSSCI、CSCD、核心期刊标准的期刊。

第二十三章　国家级新区学术成果展示

本章主要收集了 2021 年、2022 年相关学者和专家就 18 个国家级新区（不含河北雄安新区）发表的专著、期刊论文及相关学位论文，由于版面原因，仅对部分新区相关学术成果进行展示，包括有关国家级新区的期刊论文、学位论文展示等。

各新区相关学术成果具体内容如下。

表 23-1　2021~2022 年有关上海浦东新区学术成果

篇名	作者	期刊	发表日期
筑基可信经济底座打造元宇宙创新高地 ——以上海浦东新区为例	陈韬、陈亦凡	上海城市管理	2022 年 11 月
上海市浦东新区渔业产业发展现状及思考	陈国伟	水产科技情报	2022 年 10 月
多元主体参与视角下的农村公路市场化管养机制研究 ——以上海浦东新区实践为例	王信、陈烨	城市发展研究	2022 年 10 月
国家级新区高质量发展与数字经济的耦合协调研究 ——以浦东新区为例	汪立鑫、孟彩霞	上海经济	2022 年 9 月
相对集中行政许可权模式革新与立法进路 ——以浦东新区"一业一证"改革为例	俞四海	东方法学	2022 年 9 月
上海市浦东新区流感样病例与大气颗粒物相关性分析	陈谦、王远萍、刘丹等	公共卫生与预防医学	2022 年 9 月
大气污染物短期效应对上海市浦东新区居民肺癌死亡影响的病例交叉研究	陈亦晨、赵宜静、杨琛等	现代预防医学	2022 年 9 月
论我国立法被授权主体的扩容 ——以授权上海制定浦东新区法规为例	王春业	政治与法律	2022 年 9 月

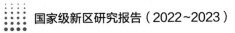

续表

篇名	作者	期刊	发表日期
论浦东新区法规的性质、位阶与权限	姚魏	政治与法律	2022年9月
共治的景观 ——基于上海市浦东新区东明街道参与式社区治理实践	刘悦来、谢宛芸	园林	2022年8月
探寻农业高质量发展路径 ——浦东新区农产品品牌建设纪实	陈灵、张韬	上海农村经济	2022年7月
新时期城市文化空间专项规划编制思考与探索 ——以上海浦东新区为例	邴燕萍	上海城市规划	2022年6月
大都市区农业产业化联合体发展探究 ——以上海浦东新区为例	王丽媛、马莹、马佳	中国农学通报	2022年5月
社会救助中的民众获得感、幸福感、安全感研究 ——基于上海浦东新区的实证调查	路锦非	社会科学辑刊	2022年5月
碳达峰碳中和目标下的新城新区国土空间规划策略基于浦东新区的实证与思考	罗翔、赖志勇、曹慧霆	上海国土资源	2022年3月
2010~2020年上海市浦东新区恶性肿瘤死亡率及早死概率空间流行病学特征分析	陈亦晨、孙良红、李小攀等	中华肿瘤防治杂志	2022年3月
公共服务供给空间布局的基层创变 ——以上海浦东新区"家门口"服务体系为例	李锦峰	理论与改革	2022年3月
浦东新区"一村一品一联合体"产业振兴发展模式分析	马志国	上海农村经济	2022年2月
浦东新区农村集体经济转型发展的路径探索	李永航	上海农村经济	2022年2月
超大城市基层应急治理现代化路径研究 ——以上海市浦东新区为例	熊竞	上海城市管理	2022年1月
浦东新区打造社会主义现代化建设引领区的全新内涵和推进路径	徐建	科学发展	2022年1月
上海市浦东新区1176例产妇中医体质分布及与围产期抑郁的相关性分析	刘想想、顾晶菁、张丽珊等	山西医药杂志	2021年11月
浦东新区税收法规的制度创新空间	王桦宇、	检察风云	2021年11月
2002~2020年上海市浦东新区居民主要慢性病早死概率研究	陈亦晨、陈华、周弋等	中国全科医学	2021年10月

续表

篇名	作者	期刊	发表日期
上海自贸试验区、临港新片区、浦东新区的功能联动和错位发展	纪慰华	科学发展	2021 年 7 月
上海老旧社区微更新中多元参与机制优化研究 ——以浦东新区四个社区微更新案例为例	程颖馨、徐磊青	住宅科技	2021 年 6 月
上海市浦东新区 MSM 的规模估计及性行为特征	辛辛、朱黎丹、张勇等	中国热带医学	2021 年 5 月
2002~2019 年上海市浦东新区居民慢性阻塞性肺疾病死亡特征与减寿率分析	陈亦晨、陈华、孙良红等	公共卫生与预防医学	2021 年 4 月
2012~2019 年上海市浦东新区常见呼吸道冠状病毒分子流行特征研究	崔琪奇、张雪纯、袁洋等	职业与健康	2021 年 4 月
全域旅游发展能级特征及影响因素研究 ——以上海浦东新区为例	林兰、顾春辉、尚勇敏	全球城市研究（中英文）	2021 年 3 月
城乡交错区耕地非农转换影响因素及空间分布识别 ——以上海浦东新区为例	段鑫宇、蔡银莺、张安录	长江流域资源与环境	2021 年 1 月

表 23-2 2021~2022 年有关天津滨海新区学术成果

篇名	作者	期刊	发表日期
我国滨海土壤盐渍化现状及应对措施 ——以天津市滨海新区大港区为例	周学良	环境保护	2022 年 12 月
天津市滨海新区近 20 年城区时空演变特征及驱动力分析	孙玥、王艳慧、杨志刚等	地理信息世界	2022 年 12 月
天津滨海新区生态空间演变与治理机制研究	张子璇、孙轩	现代城市研究	2022 年 12 月
职业教育生态系统应用研究 ——以天津市滨海新区为例	张楠楠、周凯、汪珊	河北大学成人教育学院学报	2022 年 9 月
滨海新区加快双创载体建设优化创新生态的成效、问题与对策	张薇平、张静	求知	2022 年 9 月
鸟类生境优先理念下的滨海新区规划策略 ——以广西北部湾经济区龙港新区总体规划修编为例	沙鸥、马妍婷、方舟等	规划师	2022 年 9 月

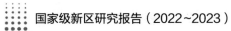

续表

篇名	作者	期刊	发表日期
小微企业金融服务现状、问题及政策建议——以滨海新区为例	姜雪迎	北方金融	2022年8月
天津滨海新区盐碱土壤钙素形态特征研究	赵杰、肖辉、王立艳等	湖北农业科学	2022年6月
2016~2020年天津市滨海新区食源性疾病监测结果分析	王雪娇、刘钦、赵苗苗等	职业与健康	2022年6月
天津滨海新区融资租赁业税收政策研究	李淏田	焦作大学学报	2022年6月
天津滨海新区深部地热流体水文地球化学特征	石晓今、李嫄源、黄贤龙	物探与化探	2022年4月
2018~2021年天津市滨海新区汉沽中医医院门诊降糖药的使用情况分析	杨文芬、王春胜	现代药物与临床	2022年3月
人才政策创新与滨海新区产业发展软环境提升	曲洁、闫凌州	天津科技	2022年3月
目标群体的政策规避与政策悬浮：生活垃圾分类何以不能落地生根？——以天津市滨海新区为例	吴群芳、刘清华	城市发展研究	2021年11月
天津市滨海新区2017~2020年流感病原学特征分析	王英、王福、孔维兰等	中国卫生检验杂志	2021年11月
天津滨海新区土壤盐渍化特征及其改良探讨	程绪江、侯建涛、董路阳等	矿产勘查	2021年10月
国内外典型城市新城发展分析及对天津滨海新区经济发展的思考	薄文广、刘佳丽、李睿佳	城市	2021年10月
天津市滨海新区内涝原因及应对措施分析	戴英	山西建筑	2021年9月
天津市滨海新区滩涂开发利用特征的遥感分析	李霄宇、程亮、沙红良等	海洋通报	2021年8月
2008~2017年天津市滨海新区恶性肿瘤发病特征及趋势分析	刘军秋、柳艳萍、刘明法等	中国慢性病预防与控制	2021年7月
推动天津滨海新区高质量发展的路径研究	尚凯丽	产业创新研究	2021年7月
双循环发展新格局下天津滨海新区加快建设世界一流产业创新中心的思考	汪锐、芮真慧	天津经济	2021年4月
天津滨海新区产业链金融SWOT分析与路径选择	黄雯	北方金融	2021年3月

篇名	作者	期刊	发表日期
天府新区公园城市建设对滨海新区的启示	尚凯丽	环渤海经济瞭望	2021 年 3 月
京津冀协同发展背景下的产业发展问题研究 ——以天津滨海新区为例	周雪峰	投资与创业	2021 年 3 月

表 23-3　2021~2022 年有关重庆两江新区学术成果

篇名	作者	期刊	发表日期
双区双引擎,协同共唱"教育双城记" ——浅析成都天府新区、重庆两江新区教育协同发展路径	扈月星	科学咨询 (科技·管理)	2022 年 9 月
高品质生活为目标的城市新区规划探索 ——以两江新区多功城片区控规为例	周觅	低碳世界	2022 年 6 月
城市建设用地时空演变特征及驱动分析 ——以重庆市两江新区为例	刘毅、邵景安、梁修银等	重庆工商大学学报(自然科学版)	2021 年 12 月
快速城市化地区热力景观格局演变研究 ——以重庆两江新区为例	刘建、陈静、肖禾等	贵州师范大学学报(自然科学版)	2021 年 11 月
国家级新区零售商业空间演变特征及影响机理 ——以重庆两江新区为例	黄圣义、晁恒、李贵才	北京大学学报(自然科学版)	2021 年 9 月
中国西南典型山地城市环境宜居性评价 ——以重庆市两江新区城区为例	刘建、肖禾、丁忆等	三峡生态环境监测	2021 年 9 月
密集"出拳"　打好"创新牌"　重庆两江新区以科技创新赋能高质量发展	白静	中国科技产业	2021 年 8 月
以"两江新区"为例的国家级新区财政科技政策效果评价	陈娟、陈勇	中阿科技论坛(中英文)	2021 年 1 月

表 23-4　2021~2022 年有关浙江舟山群岛新区学术成果

篇名	作者	期刊	发表日期
舟山群岛新区大型围填海工程对水下地形地貌影响研究 ——以大鱼山围填海工程为例	严镔镔、韩文章、徐霄尉	国土与自然资源研究	2022 年 4 月

续表

篇名	作者	期刊	发表日期
共同富裕路上青年参与乡村振兴：现状、问题与对策 ——基于浙江舟山群岛新区调查	王月琴	浙江海洋大学学报（人文科学版）	2021 年 12 月
浙江舟山群岛新区主要海岛功能布局研究	毛翰宣、秦诗立、徐博文等	海洋开发与管理	2021 年 12 月
国家级新区产城融合的耦合协调评价 ——以舟山群岛新区和青岛西海岸新区为例	安静、王荣成	资源开发与市场	2021 年 1 月

表 23-5　2021～2022 年有关甘肃兰州新区学术成果

篇名	作者	期刊	发表日期
产业数字化转型的阶段与模式 ——京东数智兰州新区多式联运平台案例分析	王子阳、朱武祥、罗浚知等	数据	2022 年 8 月
兰州新区水生态工程建设存在的问题与对策	王道明	黑龙江科学	2022 年 6 月
兰州新区土壤盐碱化治理与生态保护机制研究	李建承、王奉军、柴宗越等	农村经济与科技	2022 年 6 月
基于 GF-1 影像的兰州新区土地利用类型时空变化分析	张兆鹏、田昕、朱新杰等	地理信息世界	2022 年 6 月
兰州新区与西咸新区空间布局比较研究	钱秋红	合作经济与科技	2022 年 3 月
城市停车设施规划策略研究 ——以兰州新区为例	马亚君、陈玉虎	城市建筑空间	2022 年 2 月
兰州新区浅层地温能赋存条件及土壤源热泵系统适宜性分析	范斌、丁宏伟、张霖鑫等	干旱区地理	2022 年 1 月
兰州新区大厚度湿陷性黄土宏细观参数试验研究	徐硕昌、刘德仁、王旭等	铁道科学与工程学报	2021 年 12 月

续表

篇名	作者	期刊	发表日期
兰州新区未利用地综合开发利用促进新型城镇化建设的分析研究	魏涛、黄晓辉	西部资源	2021 年 12 月
兰州新区生态治理投融资问题浅析	马向东	财会研究	2021 年 11 月
基于税收大数据的大宗商品贸易税收风险分析研究 ——以兰州新区为例	国家税务总局兰州新区税务局课题组	发展	2021 年 11 月
兰州新区地表形变与土地利用类型关系研究	陈有东、张立峰、何毅等	测绘科学	2021 年 10 月
"一带一路"背景下兰州新区旅游移动商务发展优势及策略研究	傅菁	营销界	2021 年 7 月
空间重构背景下兰州新区战略定位的再认识	卢君君、魏书威、王辉	开发研究	2021 年 4 月
兰州新区 SCS 径流模型改进与应用研究	张永明、蒲秉华、王鹏全等	人民黄河	2021 年 3 月
基于地理国情监测的兰州新区土地利用时空演变分析	王奕璇、张志斌、王仁慈	甘肃农业大学学报	2021 年 2 月
国家级新区成为对外开放发展平台的对策研究 ——以兰州新区为例	朱珍红	中国商论	2021 年 1 月

表 23-6　2021~2022 年有关广州南沙新区学术成果

篇名	作者	期刊	发表日期
基于多源数据融合的广州南沙核心区三维工程地质建模	曾敏、赵信文、陈松等	华南地质	2022 年 6 月
国家新区城市火灾风险评估方法探索 ——以广州南沙新区为例	丁叶	智能城市	2021 年 9 月
国土空间规划体系下南沙新区详细规划成果智能化审查研究	陈东梅、彭璐璐、马星等	规划师	2021 年 7 月

续表

篇名	作者	期刊	发表日期
基于 GIS 的广州南沙新区居住适宜性评价研究	文薪荐、吴坤泽	测绘与空间地理信息	2021 年 7 月
南沙新区建设用地规划实施及节约集约评价	杨婷、丘宇洲、刘金沧	测绘与空间地理信息	2021 年 2 月

表 23-7　2021~2022 年有关陕西西咸新区学术成果

篇名	作者	期刊	发表日期
西咸新区土地利用变化特征与区域经济发展关系研究	管子隆、刘园、强敏敏等	西北水电	2022 年 10 月
西咸新区海绵城市建设对南昌市的启示	杨志鹏、刘小平	江西水利科技	2022 年 8 月
浅析西咸新区多参数测井中含水层、隔水层的解释方法	王亚辉、陈娜、吴文涛等	地下水	2022 年 7 月
西咸新区中小企业融资现状分析	曹庆娜、曹馨予	上海商业	2022 年 1 月
新型城镇化背景下城市新区绿色低碳发展策略 ——以西安市西咸新区为例	张倩	淮南职业技术学院学报	2021 年 10 月
集约型地下综合空间一体化设计实践 ——以西安西咸新区能源金贸区地下综合空间为例	张建军、杨琴	隧道建设（中英文）	2021 年 9 月
陕西省西咸新区地下水位动态及驱动因子定量评估	王筱、杨阿敏、周维博	兰州大学学报（自然科学版）	2021 年 8 月
西咸新区生物滞留设施地被植物种植设计	王晶懋、刘晖、许博文等	中国城市林业	2021 年 7 月
经济新常态背景下西咸新区产业结构优化与转型升级的创新对策研究	张玲	营销界	2021 年 4 月
西咸新区海绵城市建设对沣河洪水特性影响模拟研究	纪亚星、同玉、侯精明等	水资源与水工程学报	2021 年 4 月
西咸新区海绵城市建设经验对自贸西路项目的启发	秦梓译	智能城市	2021 年 4 月
基于 AHP 的西咸新区半干旱地区雨水利用效益模糊综合评价	岳红岩	水资源开发与管理	2021 年 2 月

表 23-8　2021~2022 年有关贵州贵安新区学术成果

篇名	作者	期刊	发表日期
智库聚集区：助推贵阳市和贵安新区高质量融合发展的催化剂	张同江、龙茜	智库理论与实践	2022 年 12 月
雨水管线末端生态设施设计探析——以贵安新区海绵城市试点区为例	史志广、张洋、由阳	给水排水	2022 年 11 月
贵安新区数字经济发展战略研究	翟斌、龚征旗	科技经济市场	2022 年 9 月
基于景观指数的黔中经济区耕地细碎化时空特征——以贵安新区为例	甘华军、赵智	中南农业科技	2022 年 8 月
基于综合分析法的城市需水预测研究——以贵州省贵安新区为例	李析男、赵先进、余红敏	水利水电快报	2022 年 5 月
贵安新区绿色产业发展分析	臧一丁、朱瑞雪、唐丹等	产业与科技论坛	2022 年 3 月
贵安新区东部岩溶地下水水化学特征	刘影、王中美、杨秀丽等	长江科学院院报	2022 年 1 月
2009 年~2018 年黔中经济区耕地时空变化特征与地形关联分析——以贵安新区为例	甘华军、赵智、陈颖等	智能建筑与智慧城市	2021 年 7 月
浅析贵安新区生态环境及发展潜力	周来权、吴中伦、张万权等	中小企业管理与科技（中旬刊）	2021 年 6 月
产教融合生态圈模型的构想与路径选择——基于绿色视阈下贵安新区的探索	翟博文、陈昌礼、陈辉林	中国高校科技	2021 年 5 月
海绵城市改造类项目建设经验探索——以贵安新区为例	卢静	城市建筑	2021 年 2 月

表 23-9　2021~2022 年有关青岛西海岸新区学术成果

篇名	作者	期刊	发表日期
道德积分制：国家政权对乡土社会的"柔性整合"——以青岛市西海岸新区"德育银行"实践为例	郭明、高璇、刘良艺	中共福建省委党校（福建行政学院）学报	2022 年 9 月
基于人类活动强度的青岛西海岸新区湿地景观格局梯度响应	许建然、季民、朱瑞青	测绘与空间地理信息	2022 年 8 月
全要素统筹视角下的滨海区域绿地地下空间利用初探——以青岛西海岸新区为例	王志刚、王鹏	青岛理工大学学报	2022 年 6 月

续表

篇名	作者	期刊	发表日期
青岛西海岸新区基层卫生健康服务体系探索与实践	丁溧、张栋、丁刚等	中国初级卫生保健	2022 年 1 月
节事活动传播城市形象策略研究 ——以青岛西海岸新区城市品牌建设为例	袁婷	青年记者	2021 年 9 月
青岛市西海岸新区土地利用变化及驱动力分析	相妮、薛洁、王平云	城市勘测	2021 年 8 月
基于易涝点缓解的海绵城市建设途径探究 ——以青岛西海岸新区为例	赵梦圆	居舍	2021 年 6 月
以人才振兴推动乡村振兴 ——以青岛西海岸新区探索实践为例	刘玉军、胡浩、张晓丽	农民科技培训	2021 年 5 月
国家级新区产城融合的耦合协调评价 ——以舟山群岛新区和青岛西海岸新区为例	安静、王荣成	资源开发与市场	2021 年 1 月

表 23-10　2021~2022 年有关大连金普新区学术成果

篇名	作者	期刊	发表日期
"互联网+养老"：智慧养老服务模式研究 ——以大连市金普新区为例	邢瑶、崔瑾	文化产业	2022 年 12 月
大连市金普新区 2010~2020 年梅毒流行特征分析与趋势研究	徐伦	中国实用医药	2022 年 3 月
渤海围填海历史遗留问题处理的实践经验启示 ——以大连金普新区为例	关骁健、鞠茂伟、陈兆林等	海洋环境科学	2021 年 11 月
大连市金普新区城市建筑三维形态的时空分异研究	王雨娜	科学技术创新	2021 年 11 月
基于 GIS 的大连市金普新区洪水淹没分析	张静、倪金、马诗敏等	地质与资源	2021 年 10 月
国土空间规划体系下的风貌专项规划探索 ——以大连金普新区风貌专项规划为例	杨磊、徐银凤、盛艺翔	规划师	2021 年 10 月
国家级新区高质量发展研究 ——以大连市金普新区为例	黄佳祺、陈晓娴、马雯婷等	中国商论	2021 年 9 月
基于 GIS 的城市景观聚集度空间分异研究 ——以大连市金普新区为例	李冬蕾、侯英姿、王方雄	国土与自然资源研究	2021 年 6 月

续表

篇名	作者	期刊	发表日期
"双循环"背景下国家级新区商贸零售业转型升级对策研究 ——以大连金普新区为例	林原、赵东方	辽宁经济	2021 年 5 月
金普新区 2013~2018 耕地利用变化分析	王彦军	测绘与空间地理信息	2021 年 2 月

表 23-11　2021~2022 年有关四川天府新区学术成果

篇名	作者	期刊	发表日期
基于 MCR 模型的天府新区生态廊道构建	侯晓云、许戈、王疆评等	四川林业科技	2022 年 8 月
天府新区化工企业废水处理现状及治理建议	张鸿剑	化工设计通讯	2022 年 7 月
健康城市背景下城市森林空间规划研究 ——以天府新区成都直管区为例	冯黎、陈明坤、白宇等	风景园林	2022 年 3 月
基于移动窗口法的绿色基础设施时空分异研究 ——以四川天府新区及协调管控区为例	王诗源、魏琪力、王倩娜等	西北林学院学报	2021 年 10 月
公园城市水系统顶层规划的实践探索 ——以天府新区为例	王波、胡滨、牟秋、阮晨	城市规划	2021 年 8 月
关于新能源新材料产业功能区发展的思考和建议 ——以四川省成都市天府新区为例	张令普	新材料产业	2021 年 8 月
成都市天府新区体育公共服务供给现状及对策分析	彭思敏、曾晓东	体育科技文献通报	2021 年 5 月
基于"智慧气象"的设施农业气象监测服务体系研究 ——以四川天府新区为例	张净雯、杨丰恺	四川农业科技	2021 年 5 月
基于 AHP 的天府新区保税物流中心选址分析	庾娟	现代商贸工业	2021 年 3 月

表 23-12　2021~2022 年有关湖南湘江新区学术成果

篇名	作者	期刊	发表日期
量化视角下的跨江新区要素配置问题研究 ——以湖南长沙湘江新区为例	柯登证	广西城镇建设	2022 年 10 月

续表

篇名	作者	期刊	发表日期
湖南湘江新区与国家级新区经济运行对比分析 ——基于 2020 年主要经济数据	陈志辉	商学研究	2022 年 2 月
基于地理空间视角的湖南湘江新区辐射带动作用分析	曾海波、雷帆、曹里等	衡阳师范学院学报	2021 年 12 月
空间规划背景下湘江新区基础设施完善度评价	曾海波、雷帆、胡芳等	国土资源导刊	2021 年 9 月
国家级新区与行政区融合发展机理研究 ——以管委会型的湖南湘江新区为例	于小强、邓聪慧、刘文蕙	开发研究	2021 年 8 月
人本需求和生态文明建设视角下的"多规"城乡空间优化调控研究 ——以国家级新区湘江新区为例	甘宁、沈彦	安徽农业科学	2021 年 5 月

表 23-13 2021～2022 年有关南京江北新区学术成果

篇名	作者	期刊	发表日期
时空视角下的南京江北新区国土空间用地格局分析	柴燕妮、张浩、杨峰	地理空间信息	2022 年 12 月
基于 XGBoost 算法的城市热点区域房价预测 ——以南京江北新区为例	朱海煜、王志杰、叶灿灿	建筑经济	2022 年 12 月
基于三维建模的南京江北新区地下空间资源质量评价	孟天宇、王睿、葛伟亚等	地理信息世界	2022 年 10 月
基于产业导向的城市建设策略 ——以南京江北新区为例	王能洲、周昭英	城市	2022 年 9 月
人才安居租赁补贴政策绩效评价研究 ——以南京市江北新区为例	胡梦媛、刘健、吴翔华	住宅与房地产	2022 年 8 月
基于必要条件分析的企业创新活力影响因素研究 ——以南京江北新区上市企业为例	李玮玮	江苏商论	2022 年 8 月
南京江北新区"互联网+"背景下社区嵌入式医养结合服务模式的实践与思考	张妍、罗承洋、李建清	江苏卫生事业管理	2022 年 7 月
基于分形理论的滨江城市天际线量化评价和建议 ——以南京市江北新区为例	严菲、张佳亮、严军	住宅产业	2022 年 7 月
城市建筑布局要素对区域热环境影响的 ENVI-met 模拟与分析 ——以南京江北新区部分区域为例	张桂欣、刘祎、祝善友	气候与环境研究	2022 年 7 月

篇名	作者	期刊	发表日期
南京江北新区中小企业营商环境满意度评价研究 ——基于 AHP—熵权法	刘欢、开喆	经营与管理	2022 年 7 月
全域视角下文化遗产综合价值评估体系研究 ——以南京江北新区为例	赵鹏、贺云翱	南京林业大学学报(人文社会科学版)	2022 年 6 月
产业税负与税收弹性分析 ——以南京江北新区为例	周瑾、陈喆、周大彭等	现代管理科学	2022 年 6 月
"南京都市圈"发展战略下南京江北新区提升区域辐射力的路径	叶南客、吴海瑾、曾盛红	中共南京市委党校学报	2022 年 2 月
南京江北新区 PM_(2.5)中水溶性有机氮的污染特征及其来源	关璐、丁铖、张毓秀等	环境科学	2021 年 11 月
南京江北新区相邻深浅基坑开挖时序优化研究	陶勇、吕所章、杨平等	建筑科学与工程学报	2021 年 11 月
南京市江北新区化工工人与钢铁工人慢性阻塞性肺疾病流行病学调查	杨震、朱蛇锁、杨帆等	中国临床研究	2021 年 10 月
需求视角下人才住房选址影响因素分析 ——以南京市江北新区直管区为例	吴翔华、黄雨婴	工程经济	2021 年 8 月
基于绿色资源评价的绿色空间体系建构及优化提升 ——以南京江北新区为例	周韵	智能建筑与智慧城市	2021 年 6 月
南京江北新区 PM_(2.5)中水溶性离子的季节特征和来源解析	邱晨晨、宫海星、于兴娜等	环境科学学报	2021 年 5 月
"小街区,密路网"导向下旧城大街区开放式更新方法研究 ——以南京江北新区为例	蒋玉龙	居舍	2021 年 1 月
南京江北新区新型城镇化发展质量评价与提升路径	王菲华、王能洲	现代管理科学	2021 年 1 月

表 23-14　2021~2022 年有关福建福州新区学术成果

篇名	作者	期刊	发表日期
福州新区生态安全格局体系的构建路径	曾睿、何伦凤	福州党校学报	2022 年 2 月
福州新区建设背景下生态脆弱性的演变研究	许章华、陈文慧、石文春等	遥感信息	2021 年 12 月

表 23-15 2021~2022 年有关云南滇中新区学术成果

篇名	作者	期刊	发表日期
以政府产业引导基金推动产业发展研究 ——以云南滇中新区为例	赵显超	环渤海经济瞭望	2022 年 8 月
生态文明视角下的城市新区生物多样性设计应对 ——以滇中新区小哨新城核心区城市设计为例	纪叶	城市建筑	2022 年 5 月

表 23-16 2021~2022 年有关黑龙江哈尔滨新区学术成果

篇名	作者	期刊	发表日期
医疗服务设施网络优化配置研究 ——以哈尔滨新区为例	张红、李昕航、李梦婷等	黑龙江科学	2022 年 11 月
哈尔滨新区不同下垫面悬浮大气微塑料污染特征及潜在生态风险评估	门志远、刘硕、李昀东等	环境科学学报	2022 年 3 月
基于 POI 数据城市新区空间组织发育与高质量发展 ——以哈尔滨新区为例	马灵玉	房地产世界	2022 年 1 月
哈尔滨新区空间格局动态监测分析	李昭彤、罗研	测绘与空间地理信息	2021 年 6 月

表 23-17 2021~2022 年有关吉林长春新区学术成果

篇名	作者	期刊	发表日期
长春新区产业空间布局优化对策分析	刘研	现代商贸工业	2022 年 5 月
长春新区农村生活污水污染负荷计算及治理措施研究 ——以长德经济开发区为例	杨婧、吴兴晨、孙述海	吉林地质	2021 年 9 月
长春新区地下水水质特征及其对生态健康的评价	孙岐发、杨柯、孙苗桉等	中国地质	2020 年 4 月

表 23-18 2021~2022 年有关江西赣江新区学术成果

篇名	作者	期刊	发表日期
"双创"背景下大学生创业影响因素分析 ——以赣江新区为例	邹智嫒、姚善烨、李心怡等	财富时代	2022 年 11 月

篇名	作者	期刊	发表日期
基于 PSCF 与 CWT 方法的赣江新区大气污染物潜在源区个例分析	蒋子瑶、彭王敏子、陈琦	气象与减灾研究	2022 年 9 月
赣江新区绿色金融发展效率及影响因素研究	康斐、边俊杰	绿色科技	2021 年 12 月
浅谈区块链技术在赣江新区绿色金融发展中的应用	黄珺、刘漪	山西农经	2021 年 7 月
江西绿色金融发展现状与对策——基于赣江新区绿色金融改革创新试验区的分析	曾家健、刘冬香	全国流通经济	2021 年 4 月
赣江新区景观格局的变化与模拟分析	王东豪、陈竹安、陈涛	湖北民族大学学报（自然科学版）	2021 年 3 月

表 23-19　2021~2022 年有关国家级新区学术成果

篇名	作者	期刊/知网	发表日期
国家级新区内"多区叠合"现象及其效应分析	王兴平、韩静	城市发展研究	2022 年 6 月
国家级新区产业政策研究	夏童童、程志伟、郭慧捷	合作经济与科技	2022 年 1 月
国家级新区带动欠发达地区"弯道超车"研究	尚虎平、刘俊腾	科学学研究	2021 年 11 月
国家级新区高质量发展面临的困境与对策	冯烽	当代经济管理	2021 年 10 月
国家级新区的设立与区域创新能力——来自 70 个大中城市面板数据的实证研究	谢果、李凯、叶龙涛	华东经济管理	2021 年 9 月
产城融合与国家级新区高质量发展：机理诠释与推进策略	冯烽	经济学家	2021 年 9 月
国家级新区的产业结构转型效应及机制研究	胡宗义、江冲、李毅	工业技术经济	2021 年 9 月
中国国家级新区的研究述评与趋势展望	郭御龙、张梦时	未来与发展	2021 年 7 月
高质量发展导向下国家级新区空间优化——基于双效评价与四分图分析	周霞、王楠、毕添宇等	城市发展研究	2021 年 6 月

续表

篇名	作者	期刊/知网	发表日期
国家级新区对经济发展的提升效应 ——基于 293 个城市的多期双重差分检验	陈珍珍、何宇、徐长生	城市问题	2021 年 3 月
构建新型伙伴关系：国家级新区的协同发展路径研究	郭御龙、张梦时	经济体制改革	2021 年 3 月
国家级新区产城融合的耦合协调评价 ——以舟山群岛新区和青岛西海岸新区为例	安静、王荣成	资源开发 与市场	2021 年 1 月
国家级新区尺度政治建构的内在逻辑解析	王璇、邬艳丽	国际城市规划	2020 年 12 月
国家级新区设立对外商投资水平影响研究	万智超	江西财经大学 硕士学位论文	2022 年 6 月
国家级新区设立对城市群城市分工的影响研究	吕丛睿	吉林大学 硕士学位论文	2022 年 5 月
国家级新区设立对所在城市 FDI 流入的影响	吴林飞	西南财经大学 硕士学位论文	2022 年 5 月
国家级新区对产业结构升级的影响研究	朱梦杰	兰州交通大学 硕士学位论文	2022 年 4 月
国家级新区设立对区域技术创新的影响	吕沛泽	西南财经大学 硕士学位论文	2022 年 3 月
国家级新区土地利用效益与交通发展水平的耦合协调关系研究	詹晓惠	重庆大学 硕士学位论文	2021 年 6 月
国家级新区城市绿色空间布局结构模式研究	高方媛	西安建筑 科技大学 硕士学位论文	2021 年 6 月
西部国家级新区与陆海新通道协同联动机制研究	项肖	兰州财经大学 硕士学位论文	2021 年 5 月

表 23-20　2021~2022 年国家级新区相关专著

书名	作者	出版单位	出版年份
国家级新区辐射带动力及其实现机制研究	范巧	经济科学出版社	2021
国家级新区研究报告（2021）	卢纳熙、苏琳琪	社会科学文献出版社	2021

第二十四章　国家级新区学术成果分析

第一节　总述

文献资料是获取知识与信息的一个重要途径，可以帮助学者对新区的人口、自然资源、经济、文化等方面有系统的认识与了解，同时是各新区进行决策时的科学依据。当代学者对经济社会中信息资料进行收集、整理并分析，以文献、研究报告等形式及时准确地提供给各类决策机构，为决策者制定政策提供参考方向，促进地区可持续发展。

根据上一章资料的收集与整理，本节从不同文献类别等角度入手，对2021年与2022年的学术成果进行进一步分析（见图24-1）。

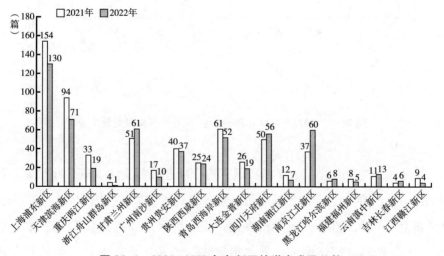

图 24-1　2021~2022 年各新区的学术成果总数

从图24-1可知，18个国家级新区（不包括河北雄安新区）2021年与2022年分别有642篇、583篇学术成果，2022年较2021年有小幅的下降，但 2020~2022 年学术成果数量趋于稳定。其中，上海浦东新区、天津滨海新区连续三年学术成果总量领先于其他国家级新区，分别居第一位与第二位，两新区 2021 年学术成果总量分别为 154 篇、94 篇；2022 年学术成果总量分别为 130 篇、71 篇，两新区的成果数量变化趋势与 18 个新区成果总数的总体变化趋势相同。

从部分新区学术成果的类别入手，具体由图 24-2 可知，2021 年与 2022 年经济类、工业技术类学术成果是比较常见的。

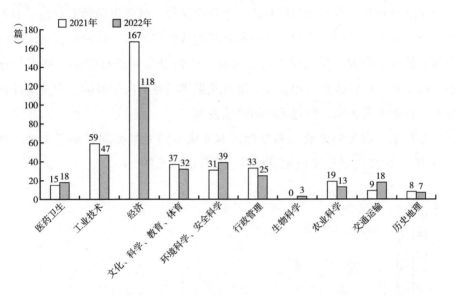

图 24-2　2021~2022 年部分新区不同类别文献数量比较

一方面，"十四五"时期是我国开启全面建设社会主义现代化国家新征程的第一个五年，当今世界正经历百年未有之大变局，我国发展的内部条件和外部环境正在发生深刻复杂的变化，要继续保持经济社会持续健康发展。"十四五"期间城市建设不再是"粗放式"外延扩张，而是"品质化"的内涵提升。国家级新区肩负探索中国特色新型城镇化发展模式的使命和责任，按照"十四五"规划中"在质量效益明显提升的基础上实现经济持续健康发展，充分发挥经济增长潜力"，"优化经济结构、提升创新能力"。

另一方面，党的二十大报告指出，建设现代化产业体系。坚持把发展经济的着力点放在实体经济上，推进新型工业化，加快建设制造强国、质量强国、航天强国、交通强国、网络强国、数字中国。实施产业基础再造工程和重大技术装备攻关工程，支持专精特新企业发展，推动制造业高端化、智能化、绿色化发展。巩固优势产业领先地位，在关系安全发展的领域加快补齐短板，提升战略性资源供应保障能力。推动战略性新兴产业融合集群发展，构建新一代信息技术、人工智能、生物技术、新能源、新材料、高端装备、绿色环保等一批新的增长引擎。加快发展数字经济，促进数字经济和实体经济深度融合，打造具有国际竞争力的数字产业集群。因此，国家级新区作为城市建设的"排头兵"，需要尽快推动新型工业化，加快培养工科类创新型人才，构建新增长引擎，加快构建新发展格局。

除此之外，环境科学、安全科学类成果总量保持上升趋势。党的二十大报告指出，加快发展方式绿色转型。推动经济社会发展绿色化、低碳化是实现高质量发展的关键环节。加快推动产业结构、能源结构、交通运输结构等调整优化。实施全面节约战略，推进各类资源节约集约利用，加快构建废弃物循环利用体系。完善支持绿色发展的财税、金融、投资、价格政策和标准体系，发展绿色低碳产业，健全资源环境要素市场化配置体系，加快节能降碳先进技术研发和推广应用，倡导绿色消费，推动形成绿色低碳的生产方式和生活方式。实现绿色发展是全面建设社会主义现代化国家的内在要求，是优化生态系统的根本之策。国家级新区有责任主动融入国家环境保护战略，积极落实"碳达峰碳中和"战略，坚持先立后破，拓展新区发展空间，为其他中小城市树立标杆。

第二节　部分国家级新区成果分析

下文选取以上海浦东新区和天津滨海新区为主题的研究成果进行详细的分析，具体如下。

一　上海浦东新区成果分析

以上海浦东新区为研究对象，2021 年与 2022 年的文献数量分别为 154 篇、130 篇。其中经济类文献成果在这两年间均居首位（见图 24-3）。2020 年 11 月，习近平总书记出席浦东开发开放 30 周年庆祝大会并发表重要讲话，赋予了浦东打造社会主义现代化建设引领区的重大历史使命。浦东新区始终坚定"咬定青山不放松"的精神，勇于挑最重担子、啃最硬骨头、创更大奇迹，扬鞭快马、奋勇争先，努力成为更高水平改革开放的开路先锋、全面建设社会主义现代化国家的"排头兵"、彰显"四个自信"的实践范例，更好向世界展示中国理念、中国精神、中国道路。

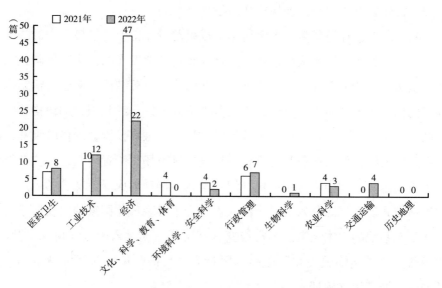

图 24-3　上海浦东新区不同类别学术成果的具体情况

2021 年 6 月，上海市委、市政府出台《关于支持浦东新区改革开放再出发实现新时代高质量发展的若干意见》，从制度创新、经济发展、政府治理、绿色生态 4 个维度提出了着力推进首创性改革、引领性开放、突破性创新，着力提升城市能级和综合竞争力等举措。浦东综合改革从先行先试到系统集成，扩大开放从要素开放到制度开放，自主创新从创新基地到创新引擎，资源配置从区域配置到全球配置，引领区建设全面展开。

浦东新区坚持创新驱动、功能带动，经济发展质量跃上新台阶。新区已经基本建成上海"四个中心"核心区以及具有全球影响力的科创中心核心区框架。随着"四大功能"不断强化、"六大硬核"产业蓬勃发展、特色产业园区接连涌现，浦东经济总量和质量效益迈上新台阶，地区生产总值占全市的比重超过1/3，人均地区生产总值达到中上等发达国家水平。

二　天津滨海新区成果分析

以天津滨海新区为主题的研究成果中，经济类与工业技术类文献在2021年与2022年均列前两位（见图24-4）。天津滨海新区区委副书记、区长杨茂荣指出，"十四五"时期是滨海新区加快实现国家赋予的功能定位，落实"津城""滨城"双城发展布局的重要五年，也是开展"二次创业"、推进新时代高质量发展的关键五年。新区将把握新阶段、贯彻新理念、融入新格局，着力实施"五大战略"，推进"四大工程"，全力打造社会主义现代化建设先行区、"一基地三区"核心区、高质量发展示范区，基本建成美丽"滨城"。

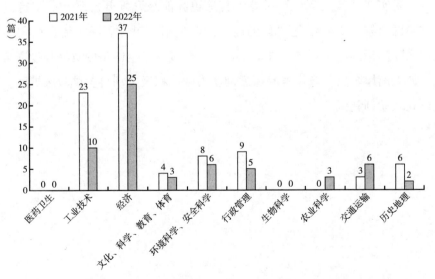

图 24-4　天津滨海新区不同类别学术成果的具体情况

关于推动经济高质量发展与工业技术不断突破目标的实现，天津滨海新区主要从以下几方面落实。

一是实施"创新立区"战略，打造创新发展先导区。抓好合成生物技术、先进操作系统、先进计算等一批国家级创新中心建设，做好海河实验室承接工作，打造全国先进的科技大平台集群。强化企业创新主体地位，实施创新集聚谷行动，聚焦信创产业、生物制造、先进计算等创新领域，突破一批"卡脖子"关键核心技术，打造更多天津版"国之重器"。促进政、产、研、金、才等要素高效联动，创新链、产业链、人才链、金融链"四链"深度融合。

二是实施"制造强区"战略，打造国家先进制造研发基地中心区。坚持实体经济发展方向，培育壮大战略性新兴产业，大力发展以智能科技产业为引领、先进制造业为核心、高端服务业为支撑的现代产业体系，着力打造主题园区，力争到"十四五"期末，形成石油化工4000亿级、汽车3000亿级产业集群，智能科技、信创、新能源、新材料、生物医药、海洋经济和航空航天7个千亿级产业集群。

三是实施"开放兴区"战略，打造更高能级开发开放平台。坚持以自贸试验区引领开放，深化"首创性"制度创新，对标国际一流自由贸易港区和国际高标准经贸规则，推动全要素、全过程、全链条的贸易和投资自由化，加大离岸金融、离岸贸易探索创新力度。积极推动自贸试验区扩区，探索设立联动创新区。

图书在版编目（CIP）数据

国家级新区研究报告 . 2022-2023 / 卢山冰，邢姣主编 . --北京：社会科学文献出版社，2023.11
ISBN 978-7-5228-2551-9

Ⅰ.①国… Ⅱ.①卢… ②邢… Ⅲ.①经济开发区-研究报告-中国-2022-2023 Ⅳ.①F127.9

中国国家版本馆 CIP 数据核字（2023）第 184364 号

国家级新区研究报告（2022~2023）

主　　编／卢山冰　邢　姣
副 主 编／成波霖　姜渭涛

出 版 人／冀祥德
责任编辑／吴　敏
责任印制／王京美

出　　版／社会科学文献出版社·皮书出版分社（010）59367127
　　　　　地址：北京市北三环中路甲 29 号院华龙大厦　邮编：100029
　　　　　网址：www.ssap.com.cn
发　　行／社会科学文献出版社（010）59367028
印　　装／三河市龙林印务有限公司

规　　格／开本：787mm×1092mm　1/16
　　　　　印张：27.25　字数：409 千字
版　　次／2023 年 11 月第 1 版　2023 年 11 月第 1 次印刷
书　　号／ISBN 978-7-5228-2551-9
定　　价／128.00 元

读者服务电话：4008918866